张岱年伦理与文化思想研究

迟成勇 著

合肥工业大学出版社

序

早就注意到迟成勇同志热心于张岱年学术思想的研究，去年6月在石家庄召开的“‘综合创新’与马克思主义中国化”学术研讨会上才有缘认识。今年6月13日，他来函说为了纪念张岱年先生110周年诞辰，准备将2006年以来发表的关于张先生学术思想研究的20多篇论文汇集起来，分五个部分，出一本论文集，并且希望我给该书写一个“序”。7月16日，成勇同志来京面谈两个多小时，我才知道他在郭广银教授指导下写的博士论文《中华民族精神的文化观照与历史嬗变》[①]，就深受张岱年先生关于中华民族精神研究的启发，高度认同张先生以“自强不息”“厚德载物”为中华民族精神之核心和集中体现的观点。以后他持续地研究张先生的道德哲学、人生哲学、价值哲学和文化哲学思想，一个专题、一个专题地写出研究论文，研究细致深入且有一定的系统性，所以本书并不叫人感到有“拼盘”之感，而是近年来不可多得的一本关于张先生伦理和文化思想研究的学术专著。

本书的研究对象张岱年先生，是一个青年时代就接受了马克思主义世界观，终身信持辩证唯物论和社会主义的好学深思的学者，虽然经历过抗日战争时期的艰困和新中国成立后被错划为右派的心灵创伤，但初心不改，始终坚持用马克思主义观点研究哲学、哲学史、伦理学和文化问题，“直道而行”“修辞立其诚”，为马克思主义中国化做出了多方面的理论贡献，为后人留下了丰厚的学术思想遗产。比如他在上个世纪30年代，就试图以辩证唯物论为指导，以中国哲学为主要思想和话语资源，借鉴西方的逻辑分析方法，创造一个“将唯物、理想、解析综合于一”的“天人新论”的中国化马克思主义哲学体系。在1936年（27岁）写成的《中国哲学大纲》一书中，已经形成一个“天论”“人论”“知论”的大框架；1948年在《天人简论》中，又将

① 迟成勇著：《中华民族精神的文化观照与历史嬗变》，南京：南京大学出版社2013年版。

其主要内容概括为“天人本至”“物统事理”“物源心流”“永恒两一”“大化三极”“知通内外”“真知三表”“群己一体”“人群三事”“拟议新德”十个论题。他在抗战时期陆续写成的《哲学思维论》《知实论》《事理论》《品德论》几部论稿①，“所成不及原初设想之半”，这部鸿篇巨制可惜因外缘条件不具备而未能完成。张岱年先生的哲学史研究，以挖掘和揭示中国哲学史中的唯物主义和辩证法思想传统为主要特点，力图为辩证唯物论在中国哲学中“寻根”，说明这种哲学并不完全是外来的，它在中国传统哲学中也有其“内应”，甚至可以说有深厚根基。比如他试图创立的“天人新论”哲学体系，“对于西洋哲学方面说，可以说是新唯物论之更进的引申；对于中国哲学方面说，可以说是王船山、颜习斋、戴东原的哲学之再度的发展。”② 因为在他看来，以王船山、颜习斋、戴东原为代表的中国近三百年哲学，“实以唯物为主潮”③。张岱年先生的马克思主义文化观，在30年代就以“创造的综合”“文化的创造主义”问世，到80年代终于定型为“在马克思列宁主义原则的指导下，以社会主义的价值观来综合中西文化之长而创新中国文化”的“文化综合创新论”④。它已成为在当今中国得到广泛认同的一种主流文化理论，“综合创新”也成为百年中国马克思主义文化观的一个标识性概念，张先生被公认为是高擎“综合创新”文化大旗的旗手。

以上三个方面，即张先生在哲学、哲学史和文化研究方面所做出的贡献，早已为学术界所关注，有关研究成果也比较多。比如，河北师范大学编的《张申府张岱年研究集刊》已出版四辑，每一辑都有“‘天人新论’研究”“中国哲学史研究”“综合创新文化观研究”三个栏目，就反映了上述实际情况。而作为中国第一代马克思主义伦理学家的张岱年先生，他在道德哲学、人生哲学、价值哲学等方面所做出的理论贡献，对其进行专门和系统研究的学者就比较少，有关研究论文也往往是放在对其哲学或哲学史研究的成果中。当然这也不无道理。因为包括人性论、人生境界论、品德论等在内的“人论”，本身就是张先生的“天人新论”哲学的一部分。他创造的“将唯物、理想、解析综合于一”，即马、中、西“三流合一”的新综合哲学，就是以道德理想主义为中国哲学的特点和象征。研究这种新综合哲学，当然要研究“立成人之道”即如何培养理想人格的学说。人生哲学是中国哲学的重要组成

① 张岱年著：《真与善的探索》，济南：齐鲁书社1988年版。
② 《张岱年全集》（第1卷），石家庄：河北人民出版社1996年版，第277-278页。
③ 《张岱年全集》（第1卷），石家庄：河北人民出版社1996年版，第273页。
④ 《张岱年全集》（第6卷），石家庄：河北人民出版社1996年版，第252、253-254页。

部分，正如张先生所说的："中国哲学家所思所议，三分之二都是关于人生问题的。世界上关于人生哲学的思想，实以中国为最富，其所触及的问题既多，其所达到的境界亦深。"① 正因为如此，他也特别重视研究中国伦理思想的丰富内涵、发展规律和基本理论问题，在这方面为发展中国化马克思主义哲学做出了许多开创性的贡献。迟成勇同志正是有鉴于此，把研究视角主要聚焦于张先生的伦理思想，这部论著不但为张岱年学术思想研究开一新生面，而且也是对其哲学和哲学史思想研究的拓展与深化。

关于中国伦理思想和学说，张岱年先生曾将其概括为八个基本理论问题：一是人性问题，即道德的起源问题；二是道德的最高原则与道德规范问题；三是礼义与衣食的关系问题，即道德与社会经济的关系问题；四是"义利""理欲"问题，即公利与私利的关系以及道德理想与物质利益的关系问题；五是"力命""义命"问题，即客观必然性与主观意志自由的关系问题；六是"志功"问题，即动机与效果的关系问题；七是道德在天地之间的意义，即伦理学与本体论的关系问题；八是修养方法问题，即道德修养及其最高境界的问题。② 迟著指出，对于这些问题，张先生都力图用辩证唯物论和历史唯物论观点来解释和回答，批判统治阶级宣传的唯心主义道德论，而肯定"仓廪实则知礼节，衣食足则知荣辱"之类以物质生活为礼义道德之基础的观点；同时他又认为精神生活高于物质生活，强调加强道德修养、提高人的精神境界亦具有重要意义。对于中国古代的各种伦理思想和学说，张先生都是采取具体分析、批判继承、科学扬弃的态度，比如对于维护封建尊卑等级秩序的"三纲"，他认为必须彻底否定，而"五常"则含有合理性伦理思想，应该批判继承并结合时代精神予以创新发展。

迟著还注意到，张岱年先生早年和晚年都十分重视中国的新道德建设问题。在1936年发表的《生活理想之四原则》一文中，他就提出了"理生合一""与群合一""义命合一""动的天人合一"四个中国化马克思主义的人生哲学原则，受到学术界的重视。③ 以后在《品德论》《天人简论》等论著中，他又把"理生合一"进一步表述为"充生以达理、胜乖以达和"，即充实发展人的内在生命力，克服生活中的冲突，以达到和谐的道德理想境界；把"与群为一"表述为"群己一体"，认为个人皆系群体之一员，实赖群体之社会而存在，群己关系是全与分的关系，群己为不可分离之一体。在张先

① 《张岱年全集》（第2卷），石家庄：河北人民出版社1996年版，第194页。

② 参见《张岱年全集》（第3卷），石家庄：河北人民出版社1996年版，第508页。

③ 参见方克立《青年张岱年的哲学睿识》，《中国社会科学院研究生院学报》2014年第6期。

生看来，“理生合一”“群己一体”是人生理想的根本原则，也体现了新道德的根本精神。他批判和解构了“君为臣纲、父为子纲、夫为妻纲”的旧三纲说，而提出了适应时代需要的“新三纲说”。他说：“古人所讲三纲，久已腐矣，今日应讲新三纲。一、群为己纲——个人服从集体，群之利益即己之利益；二、智为愚纲——无知听从有知；三、众为寡纲——少数服从多数。”① “新三纲说”可谓新道德观之纲领，而以“兼善天下，以人群为一体”为最高境界。新中国成立后，特别是“文革”后，张先生极其重视中国社会主义新道德建设的问题，他曾根据时代发展将“新三纲说”再次更新为“（1）爱国主义；（2）为人民服务的集体主义；（3）社会主义人道主义”② 三个基本原则，认为这是今日必须确立的“新三纲”。关于新道德的具体规范，1948年张先生在《天人简论》中曾提出“六达德”（公忠、任恤、信诚、谦让、廉立、勇毅）和“六基德”（孝亲、慈幼、勤劳、节俭、爱护公物、知耻）之说，1992年在《试论新时代的道德规范建设》一文中又提出公忠、仁爱（任恤）、信诚、廉耻、礼让、孝慈、勤俭、勇敢、刚直“九德”说③，1993年在《建设新道德与弘扬美德》一文中将“九德”调整为“（1）忠（区别忠君之忠，可以称之为公忠），（2）信（诚实），（3）慈（泛爱），（4）孝（爱敬父母），（5）廉（亦可称为廉耻），（6）礼（礼节），（7）勤（勤劳），（8）俭（节俭），（9）勇（勇毅）”④。可以看出，这些道德规范既有对传统美德的继承，又有对传统道德的改造与更新。对于学界前辈张岱年先生为中国的新道德建设而殚思极虑，不断贡献出自己的新思考，迟著都详细加以介绍，深入分析阐释，认为这正表现了张先生热爱祖国、热爱人民、具有坚定的马克思主义理论信仰和社会主义信念的高尚品格。

张岱年先生的人生哲学思想，迟著认为在其早年写的《生活理想之四原则》中就有鲜明体现，以后不断得到充实和发展。它是以马克思主义为指导，以中国传统人生论为批判继承的主要资源，同时也借鉴了西方理性主义和生命哲学中的某些合理因素，“综旧典而开新风”，进行了革命的改造与转换，既批判了中国传统人生论“重理轻生”的唯心主义，也不同于西方近代以个人为本位的人生哲学，而以“理生合一”“群己一体”为人生理想之根本原

① 《张岱年全集》（第1卷），石家庄：河北人民出版社1996年版，第462页。

② 《张岱年全集》（第7卷），石家庄：河北人民出版社1996年版，第427、488页；张岱年著：《晚思集》，北京：新世界出版社2002年版，第15页。

③ 《张岱年全集》（第7卷），石家庄：河北人民出版社1996年版，第237页。

④ 《张岱年全集》（第7卷），石家庄：河北人民出版社1996年版，第428页。

则，本质上是一种辩证唯物论的人生哲学，社会主义的人生哲学，革命的科学的人生哲学。张先生认为“生之圆满”即人生理想的实现与通过革命实现“天下为公”、人人平等的社会理想是统一的。他特别强调伟大理想的实现必须依靠人们改造自然、变革社会、改善现实的奋斗，要充分发挥人的创造精神。中国古人有“正德、利用、厚生”三事之说，张先生在《天人简论》中又提出了一个新三事说：“一曰御天，二曰革制，三曰化性。御天者改变自然，革制者改革社会，化性者改变人生。三方俱改，然后可达人生之理想境界。”① 由此可见，这种人生哲学充分体现了马克思主义哲学的实践唯物主义品格。

迟著还指出，在上个世纪八九十年代，张岱年先生是首倡价值哲学研究的学者。他认为中国古代哲学中有着丰富的价值思想，特别重视人的价值和人格独立，开展这方面的研究有助于推动思想解放运动。比如《左传》中有“立德、立功、立言”的“三不朽”说，就是对人生价值尤其是人的社会价值的积极肯定；《孝经》记述孔子有“天地之性人为贵”之说，则是对人类在宇宙中的崇高地位的肯定。荀子说：“水火有气而无生，草木有生而无知，禽兽有知而无义，人有气有生有知亦且有义，故最为天下贵。”（《荀子·王制》）这是他对人类之所以具有崇高价值的论证，所谓“义”即道德的观念和行为。孔子说：“三军可夺帅也，匹夫不可夺志也。”（《论语·子罕》）他承认包括“匹夫”在内的每个人都有独立的意志与人格，这是对人的价值的进一步肯定，认为每个人的自我价值都应该得到尊重。重视人的道德价值和独立人格，对中华民族精神的培育和发展具有重要意义。张先生重视儒家的内在价值论，同时也注意到中国古代价值观的多元性，并指出传统价值观重视人的价值而忽视物的价值，也有不利于科学技术发展的消极方面。

张岱年先生也是在学术界最早开展中华民族精神研究的学者，旨在通过这一研究加强爱国主义教育，推动社会主义精神文明建设。在他看来，以“自强不息”“厚德载物”为核心和集中体现的中华民族精神，也是中国文化的基本精神，所以迟著是把张先生的中华民族精神论放到其文化哲学中来论述的。这样安排自有其道理，因为张先生自己就说过：关于文化问题，我提出了“综合创新论”和“中华精神论”②。当然，我们也可以换个角度来看这个问题，即把中华民族精神论看作是张先生伦理思想的一项重要内容，一个

① 《张岱年全集》（第3卷），石家庄：河北人民出版社1996年版，第224页。

② 参见《张岱年自选集·学术自传》，重庆：重庆出版社1999年版，第5页；张岱年著：《通往爱智之门》，北京：北京大学出版社2011年版，第245页。

重要组成部分。因为“自强不息”的刚健有为精神和“厚德载物”的兼容并包精神，都是中华民族的传统美德，不仅是个人的优秀品德，而且是推动整个民族发展进步的“大德”，维护多民族统一国家虽历经磨难而不倒也不散的伟大伦理精神。这样考虑问题，那么张先生伦理思想的内容就更丰富了，精神层次也更高了。迟著还高度评价张先生倡导的“综合创新”文化观的重要理论价值和现实意义，并兼及张先生的国学观、读书观和为人为学态度，理论探讨与现实人生紧密结合、互相印证，显示了作者宽阔的研究视野和论集内容的丰富性。但我还是愿意把本书看作是一本主要研究和评述张先生伦理思想的专著。

我已年过八十，手头还有一些更加紧要的工作任务，对于并不十分了解的作者，本来是不敢答应为其大著写序的。成勇同志十多年锲而不舍地研究张岱年学术思想的精神感动了我，破例答应为其论集写序，但却不能不读其书而发几句空泛议论。拜读了他发来的书稿电子文本后，确实感到还是有所收获，主要是对张先生为发展中国化马克思主义伦理学做出的贡献有了更加全面真切的认知。他精通中国伦理思想史，对于伦理学的一些基本理论问题，也用马克思主义观点作出了创造性的诠释和回答，特别是在中国的新道德建设、价值哲学和中华民族精神研究等方面有开创之功。在有关张岱年学术思想研究的成果中，学界过去对伦理学这个维度重视不够，很有必要加强这方面的研究。迟著可能是第一本系统研究张先生伦理思想的学术论著，所以值得推介。权且把我的这篇读后感作为代“序”奉献给作者和读者，不当之处请批评指正。

方克立

2018 年 10 月 5 日

目　录

第一章　张岱年对伦理道德问题的研究

张岱年先生说："哲学主要包括几个方面：宇宙观（自然观），认识论（方法论），历史观与伦理思想（道德学说）。"① 对中国传统哲学而言，道德学说则是其核心内容。中国传统文化是一种德性文化，中国传统哲学在本质上是一种道德哲学，以追求"天人合一"为人生最高道德境界。道德哲学，也是张岱年先生哲学体系的主要内容。在道德哲学研究方面，张岱年先生不仅撰写《道德之"变"与"常"》《现在中国所需要的新道德》《试论新时代的道德规范建设》及《建设新道德与弘扬传统美德》等近百篇有关道德哲学的论文，而且著有《天人五论》《中国伦理思想发展规律的初步研究》及《中国伦理思想研究》等专门论著，提出了自己独特而深刻的道德哲学观。

立足问题意识，坚持问题导向，是张岱年先生建构哲学体系的显著特色。伦理道德问题，是张岱年先生建构道德哲学体系的逻辑起点。从文化渊源来看，中国传统道德哲学、马克思主义道德哲学及西方近代道德哲学，是张岱年先生研究道德哲学的主要文化资源。其中，中国传统道德哲学，是张岱年先生研究伦理道德问题的根源性或母体性的文化资源；马克思主义哲学，是张岱年先生研究伦理道德问题的指导性文化资源；西方近现代道德哲学，是张岱年先生研究伦理道德问题的不可或缺的文化资源。张岱年先生对伦理道德问题的研究，主要包括对传统伦理道德基础理论问题、中国传统伦理学说基本问题及中国传统伦理思想基本派别等方面的研究，为推进马克思主义伦理思想中国化做出了历史性贡献。

---

① 《张岱年全集》（第3卷），石家庄：河北人民出版社1996年版，第449页。

一、张岱年对伦理道德基础理论问题的研究

对伦理道德基础理论问题的研究，是建构道德哲学体系的理论前提。张岱年先生对伦理道德基础理论问题的研究，主要包括伦理与道德概念的含义、伦理学的基本问题、道德的起源与本质、道德原则与规范、道德的基本特征与社会功能及判断道德进步与否的标准等问题。对伦理道德基础理论问题的创造性研究，是张岱年先生对20世纪马克思主义伦理思想中国化的独特贡献。

（一）张岱年对伦理道德基础理论问题的创造性阐释

伦理道德基础理论问题，是伦理学研究的首要问题。一般而言，伦理与道德概念的含义、伦理学的基本问题、道德的起源与本质、道德原则与规范、道德的基本特征与社会功能及判断道德进步与否的标准等，都属于伦理道德基础理论问题的重要内容。在20世纪的中国伦理思想史上，张岱年开创了用马克思主义基本原理研究中国伦理思想的新局面。张岱年以马克思主义为指导，在深刻分析中国传统伦理思想文献资料的基础上，对有关伦理道德基础理论问题，进行新的论证和概括，形成了有关伦理道德基础理论问题和中国伦理思想基础理论问题的基本观点。

第一，对伦理与道德概念的考辨。伦理与道德是伦理学的两个最基本概念。从古至今，关于何谓“伦理”，何谓“道德”，以及二者的关系如何，始终是伦理学界讨论的主要话题之一。一般而言，“伦”有类、辈分、顺序、秩序等含义，后来被引申为不同辈分之间应有的关系。“理”有治玉、分别、条理、道理、治理等意义。“人伦”一词最早可追溯到孟子。孟子说：“人之有道也，饱食暖衣，逸居而无教，则近于禽兽。圣人有忧之，使契为司徒，教以人伦，父子有亲，君臣有义，夫妇有别，长幼有序，朋友有信。”（《孟子·滕文公上》）张岱年说：“伦理学即研究‘人伦’之理的学问，亦即研究人与人的关系的学说。”“‘伦理’一词，见于《礼记·乐记》。《乐记》云：‘乐者通伦理者也。’郑玄注：‘伦，类也。理，分也。’这里所谓伦理泛指伦类条理，尚非今日所谓伦理。”① “伦理”指人伦之理或人际关系的行为准则，在中国古代具体指称“君臣”“父子”“夫妇”“兄弟”及“朋友”的“五伦”

---

① 《张岱年全集》（第3卷），石家庄：河北人民出版社1996年版，第499页。

关系所应该遵循的行为准则。“道”与“德”是中国传统文化中的固有范畴。“道”与“德”两个字在儒道文化典籍中都有论说。孔子说：“志于道，据于德，依于仁，游于艺。”（《论语·述而》）《中庸》云：“苟不至德，至道不凝焉。”道家老子说：“道生之，德畜之，万物莫不遵道而贵德。”（《老子·五十一章》）庄子说：“以天为宗，以德为本，以道为门，兆于变化，谓之圣人。”（《庄子·天下》）张岱年还具体分析了儒家的“道”“德”与道家的“道”“德”在含义上的区别。张岱年认为，儒家的“道”是行为应当遵循的原则，“德”则是实行原则而有所得，亦即道德实际体现；道家所谓“道”指天地万物存在的最高根据，所谓“德”是天地万物各自的本性。可见，儒家的道与德，道家的道与德，在本体论意义上是有原则区别的。

张岱年还具体考察了“道”与“德”两字合用的出处：“在儒家著作中，道德二字相连并提，始见于《周易·说卦传》及《荀子》。《周易·说卦传》云：‘和顺于道德而理于义，穷理尽性以至于命。’《荀子》的《劝学》篇云：‘故学至乎礼而止矣，夫是之谓道德之极。’又《强国》篇云：‘威有三，有道德之威者，有暴察之威者，有狂妄之威者’。”在道家文化典籍中，“《庄子·外篇》则将道德联为一词。如《骈母》篇云：‘多方乎仁义而用之者，列于五藏哉！而非道德之正也。《马蹄》篇云：‘道德不废，安取仁义？’”①可见，“道德”一词早在先秦文化典籍中就有记载，它是中国传统文化中的固有词汇。

张岱年在考察“道德”一词出处的基础上，进一步提出了自己对“道德”含义的理解。张岱年说：“道者当然之理，德者行道而实得之于己。合言道德，兼指当然之理及其实践。”② 又说：“在中国伦理学史上，道德可以说既是一个概念，又是两个概念。分析地看，道与德是两个概念，道指行为应该遵循的原则，德指行为原则的实际体现。作为一个完整的名词来看，道德是行为原则及其具体运用的总称。”③ 张岱年坚持从儒家层面界定道德的含义，即道德包含两层意义，一是行为的准则，二是行为准则在实际行为上的体现。一个有道德的人，必然是把道德知识与道德行为的统一起来，是知与行的统一者。总之，张岱年从中国传统文化语境中提出了自己对“道德”概念的理解。

长期以来，国内哲学界，特别是伦理学界的一些学者受西方伦理文化的

① 《张岱年全集》（第3卷），石家庄：河北人民出版社1996年版，第500页。
② 《张岱年全集》（第3卷），石家庄：河北人民出版社1996年版，第213页。
③ 《张岱年全集》（第3卷），石家庄：河北人民出版社1996年版，第500页。

影响，视伦理与道德为“同义异词”而相互通用。如，中国人民大学罗国杰教授就认为：“不论在中国还是在外国，‘伦理’与‘道德’这两个概念，在一定的词源含义上，可以视为同义异词，指的是社会道德现象。”① 其实，“伦理”与“道德”，既有联系又有区别，乃是当前伦理学界的理论共识。张岱年立足中华传统文化和汉语文字之源对“伦理”与“道德”两个概念及其关系进行正本清源。既没有将“伦理”与“道德”的含义画上等号，也没有套用西方话语来解读“伦理”与“道德”的含义，凸现了伦理与道德概念的民族特色和历史联系，彰显其深厚的传统文化情结。

第二，对伦理学基本问题的解读。伦理学的基本问题，是任何伦理学派都不可回避且必须回答的问题，也是马克思主义伦理学所要解决的重大理论问题和实践问题。张岱年认为，伦理学学科虽然从属于哲学，但伦理学的基本问题不同于哲学的基本问题。“哲学的基本问题是‘思维和存在的关系问题’，也就是‘精神对自然的关系问题’，但是伦理学的基本问题不能直接归结为‘思维和存在的关系问题’，因而，伦理学范围内的斗争是比较复杂的。伦理学的基本问题应是道德的性质、起源与标准的问题。”② 国内学术界在伦理学基本问题上存有很大的争议。罗国杰教授认为，伦理学的基本问题，就是道德与利益的关系问题；③ 北大魏英敏教授认为，“善恶问题是伦理学的基本问题”④；也有学者认为，伦理学的基本问题是“道与德、义与利、群与己的关系问题”⑤；等等。关于对伦理学基本问题的探讨，可谓是众说纷纭，莫衷一是。张岱年认为，如果把哲学的基本问题套用到伦理学中，势必否定伦理学是一门相对独立的学科。学术界对伦理学基本问题的不同认识，其根源在于对伦理学的研究对象的不同理解。

张岱年对伦理学的基本问题提出了自己的独特看法。在《中国伦理思想研究》论著中，张岱年指出：“伦理学说，自古以来，所讨论的问题虽然很多，实则可析别为两大类问题：其一为关于道德现象的问题；其二为关于道德理想和道德价值的问题。这两类问题的性质不同。道德现象的问题是把道德看作社会历史现象，从而考察探索道德演变的客观规律。道德与社会经济的关系问题即属于此类问题。道德理想和道德价值的问题是规定行动的指针、

① 罗国杰、马博宣等：《伦理学教程》，北京：中国人民大学出版社 1985 年版，第 4 页。
② 张岱年、程宜山著：《文化与哲学》，北京：中国人民大学出版社 2006 年版，第 219 页。
③ 罗国杰著：《伦理学》，北京：人民出版社 1989 年版，第 11–12 页。
④ 魏英敏著：《当代中国伦理与道德》，北京：昆仑出版社 2001 年版，第 79 页。
⑤ 肖群忠著：《伦理学基本问题新论》，《道德与文明》2007 年第 11 期。

生活的目标，设定人生的理想，当然的准则。”① 即是说，道德现象的问题是指道德演变的基本规律问题；道德理想和道德价值的问题是指道德的最高原则问题。简而言之，伦理学基本问题，就是关于道德演变的客观规律的问题和关于道德的最高原则的问题。张岱年进一步认为，考察道德演变的客观规律，目的在于确定道德的最高原则。从此意义上说，伦理学的最高问题乃是道德最高原则的问题。张岱年先生还依据伦理学的基本问题，坚持运用辩证唯物主义和历史唯物主义的世界观和方法论，借用西方的逻辑解析法将中国传统伦理学说的基本问题归纳为下列具体八个方面：人性问题，即道德起源问题；道德的最高原则与道德规范的问题；礼义与衣食的关系问题，即道德与社会经济的关系问题；“义利”“理欲”问题，即公利与私利的关系以及道德理想与物质利益的关系问题；“力命”“义命”问题，即客观必然性与主观意志自由的问题；“志功”问题，即动机与效果的问题；道德在天地之间的意义，即伦理学与本体论的关系问题；修养方法问题，即道德修养及其最高境界的问题。② 张岱年先生的概括和提炼是独特而深刻的，在国内伦理学界也是独树一帜的。

第三，对道德的起源与本质问题的探析。关于道德的起源问题，历史上不同的伦理学家提出不同的观点，如神启论、先验论、人性论及生物进化论等，但他们都没有科学地揭示道德的起源问题。马克思主义伦理学认为，道德作为一种社会现象，属于社会上层建筑和社会意识形态，必须而且只能从人类的社会关系和社会生活本身去探讨道德的起源，强调经济关系对道德的决定作用。人类的实践活动、社会关系和社会意识本身，促成了人类道德的发生。关于道德的本质问题，唯心主义思想家完全脱离社会历史条件，或者把道德本质归结为人先天固有的“内心活动”或“主观意志”，或者把道德本质归结为超越时空的某种“绝对精神”乃至“神的意志”。旧唯物主义者完全脱离社会生活，单纯从人的趋利避害和追求感官满足出发，把道德本质归结为“感性需要”或“生理本能”。马克思主义伦理学则认为，道德的一般本质是一种社会意识；道德的特殊本质表现为道德区别于其他社会意识的特有属性；道德的深层次本质是一种人类的实践精神。道德的起源和本质问题，是古今中外伦理学家都致力探讨的最基本问题，但唯有马克思主义伦理学才做出了正确的回答。

张岱年认为，中国古代人性学说的中心问题是人性善恶问题，人性善恶

① 《张岱年全集》（第3卷），石家庄：河北人民出版社1996年版，第512页。
② 《张岱年全集》（第3卷），石家庄：河北人民出版社1996年版，第508页。

问题就是道德的起源问题。具体而言：“道德起源问题即道德意识与道德情感之来源的问题，在中国古代，以人性论为表现形式。除董仲舒宣扬道德来自‘天意’，因而有宗教道德的倾向之外，多数思想家都认为道德源于人的生活。无论是认为道德来自天意，或认为源于人的生活，都着重研讨了道德与人性的关系。性善论宣扬人有善性，道德源于本性；性有善有恶论，认为善出于本性，恶亦出于本性；性恶论认为善非本性而道德来自思虑、积习；性无善无不善论则认为善恶皆非本性而都是本性的改变。”① 中国传统伦理学说中的人性论思想，尽管具有先验论色彩，但至今仍然具有一定的参考价值，为人们进一步探讨道德起源问题提供了历史智慧或有益启示。张岱年坚持历史唯物主义立场来揭示道德的起源问题，认为道德起源于人类群体生活。“唯心主义者和宗教家，把道德建立在对于上帝的信仰上，从所谓上帝的意志引申出道德的原则来”；“唯物主义者的道德理想根植于现实生活之中。在唯物主义哲学观点看来，道德的根据在于社会生活的需要。”② 张岱年一方面批判唯心主义哲学家和宗教家的道德起源论，另一方面充分肯定唯物主义哲学家的道德起源论。张岱年说：“道德源于社会生活。为维持社会生活之延续，其中之个人必有一定之行为而必不能有相反之行为，此即道德之原始。”③ 又说，“人之生活为群体生活，群体生活必有道德。道德即所以维持群体之存在，令其延续而不绝者也。”④ 历史唯物主义认为，社会存在决定社会意识，伦理道德作为一种社会意识，是由社会存在决定的。简言之，道德源于人类生活之需要。人类的生活实践和生产实践是道德产生的根源。

关于道德的本质，张岱年坚持从社会关系和社会生活来揭示和探讨道德的本质。恩格斯说：“每一历史时代的经济生产以及必然由此产生的社会结构，是该时代政治的和精神的历史的基础。”⑤ 无疑，包括意识形态在内的社会意识，不过是以观念体系形式反映出来的社会存在，并不是与社会存在无关的独立实体。社会存在是社会意识形态的根源。因此，揭示道德的本质必须立足于客观的社会存在。张岱年认为，道德的本质是基于社会的生活条件而产生的行为规范。“道德就是关于人们的行为的规矩或准则，也就是人们对于家庭，对于本阶级以及其他阶级，对于本民族以及其他民族，所采取的行

① 《张岱年全集》（第3卷），石家庄：河北人民出版社1996年版，第508-509页。
② 《张岱年全集》（第5卷），石家庄：河北人民出版社1996年版，第358-359页。
③ 《张岱年全集》（第1卷），石家庄：河北人民出版社1996年版，第475页。
④ 《张岱年全集》（第3卷），石家庄：河北人民出版社1996年版，第213页。
⑤ 《马克思恩格斯选集》（第1卷），北京：人民出版社1995年版，第252页。

为的一定的标准。道德在本质上是为了某一范围内的人们的利益而提出的对于人们行为的约束或裁制。”① 从本质上看，道德所要维护和实现的利益是公共利益或群体利益，或者说道德的本质在于利他利群。“道德之基本原则为公。道德之端，以己推人。道德之至，与群为一。以己之所欲推人之所欲，道德之始；兼善天下，而以人群为一体，道德之极。”② 但是，在阶级社会里，道德的本质蕴含在不同的阶级道德中，并通过阶级道德表现出来。张岱年认为，剥削阶级道德与被剥削阶级道德有着不同的本质。剥削阶级道德是维护剥削阶级的利益的，在本质上具有“非道德性”或“反道德性”。剥削阶级的道德在道德的名义上从事着反道德的实际行为，即是剥削阶级道德的真实本质。被剥削阶级道德是为破坏旧社会和建设新社会服务的，体现了道德的普遍理性和对剥削阶级道德的批判精神。在人类历史上，只有代表先进生产力的要求和社会进步趋势的劳动人民和无产阶级道德，才是科学的合理的道德。

第四，对道德原则与规范问题的阐释。道德原则是指一定社会或阶级用以调整人们之间利益关系的根本指导原则。道德规范是指一定社会为了调整人们之间以及个人与社会之间的关系，要求人们遵循的行为准则。不同的社会或不同的时代，其道德原则和规范不尽相同。道德原则和道德规范，都是从相应的时代要求和阶级利益出发，经过概括而形成的。在中外古代伦理思想史上，西方基督教提出的“摩西十戒”的宗教道德规范，中国封建社会提出的“三纲五常”和“三从四德”的道德规范，则是道德规范的典型表征。中国近代以来，孙中山提出了“忠”“孝”“仁”“爱”“信”“义”“和”“平”等基本道德规范，显然是对中国传统美德的继承，但已是赋予资产阶级性质的伦理精神。近代以来，西方资本主义国家大力倡导“自由”“平等”“博爱”“人权”“公正”等基本道德规范。一般而言，在伦理道德基础理论问题中，道德原则的核心议题是如何处理个人与集体的关系问题。在道德原则上，个人主义与集体主义是两种对立的价值原则。西方资本主义社会以个人主义为道德的核心原则，而我国社会主义社会则提倡以集体主义为道德的价值原则。道德原则作为伦理学说的核心，不同学派提出不同的道德原则。

张岱年认为，在中国古代，有所谓纲领条目。纲领与条目的区分是相对的。就伦理道德而言，纲领是指较高的道德原则，条目是指具体的道德规范。

---

① 《张岱年全集》（第3卷），石家庄：河北人民出版社1996年版，第452页。

② 《张岱年全集》（第3卷），石家庄：河北人民出版社1996年版，第213页。

道德原则与道德规范的区别也是相对的。道德原则是较高层次的道德规范，道德规范是较低层次的道德原则。道德作为社会的一种行为准则，主要是以规范的形式来发挥作用的。在道德领域里，道德规范是人们判别善与恶、道德与不道德的基本尺度，也是人们在行为中选择应当怎样做与不应当怎样做的基本标准。张岱年遵循历史与逻辑相统一的规律，对中国古代社会儒家的道德原则与道德规范的演变作了明晰的梳理："在孔子思想体系中，仁是最高原则，忠、信、孝、悌、恭、宽、敏、惠是规范。""孟子关于仁义礼智的学说，以仁义礼智为道德的主要原则，对汉宋的伦理学说有深远的影响。""到汉代，经儒家学者的宣扬，'三纲五常'成为统治阶级道德的基本公式。""三纲可以说是维护封建等级秩序的总纲，五常是封建道德的基本原则。""宋元明清的主要思想家都肯定仁、义、礼、智是最高的道德原则。到明清时代，有人将'孝、悌、忠、信'与'礼、义、廉、耻'联系起来，标举为'孝、悌、忠、信、礼、义、廉、耻'八德。明清时代的一些通俗书籍更宣扬'忠、孝、节、义'四德。这些都是封建统治阶级道德的重要原则和规范。"[①] 张岱年对中国古代道德原则与道德规范的系统考察，既有助于我们把握中国传统道德原则与道德规范的演变过程与规律，又给我们进一步探索社会主义道德原则与规范体系提供了传统道德文化资源。

在分析中国古代道德原则与道德规范的基础上，张岱年早在20世纪30年代又提出了建设新道德的原则与规范的构想。张岱年在《生活理想之四原则》中创造性提出了"中国现在需要新的人生理想"，即提出了"理生合一""与群为一""义命合一"，或"现实理想之统一"及"动的天人合一"，或"天人协调"为生活理想之原则。而"所说的生活理想之原则，大体是想提出一个新的生活理想之纲领"。[②] "生活理想之四原则"的人生理想论，是张岱年人生哲学思想的核心内容。它是以马克思主义的辩证唯物论为指导，对中西传统人生哲学思想精华的批判继承与综合创新，标志着辩证唯物论人生哲学的正式形成。张岱年在《天人简论》中，一方面提出了"规范个人对群体或群体中大多数的行为准则"的"六达德"，即"一公忠，二任恤，三信诚，四谦让，五廉立，六勇毅"；另一方面又提出了规范"家庭生活或日常活动的准则"的"六基德"，即"一孝亲，二慈幼，三勤劳，四节俭，五爱护公物，六知耻"。[③] 其中，"六达德"集中体现为个人对群体行为的道德准则，"六基

① 《张岱年全集》(第3卷)，石家庄：河北人民出版社1996年版，第522–527页。
② 《张岱年全集》(第1卷)，石家庄：河北人民出版社1996年版，第280页。
③ 《张岱年全集》(第3卷)，石家庄：河北人民出版社1996年版，第226–228页。

德”集中概括了家庭生活和日常行为的道德准则。它们既是对中国传统伦理道德的批判性继承，又反映出当时中国现实社会所需要的伦理道德诉求，具有显著的传统性和时代性的特征。从道德规范或道德条目所涉及的领域来看，“六基德”和“六达德”又是涵盖社会公德、职业道德、家庭美德和个人品德的四者融合。

在社会主义新时期，张岱年又提出了“建设社会主义新道德”的命题，要求建构社会主义新道德的原则与规范。张岱年首先把道德原则区分为“基本的原则”和“最主要的原则”：“道德的基本原则是，对于个人来说，不要仅仅追求个人利益，而更要追求人民的利益，不要止于利己，而要致力于利人。由此更前进一步，在一定条件下，为了别人的利益，自愿牺牲自己的利益。忘己济人，舍己救人，这是崇高的道德行为。”“道德的最主要的原则是：在个人利益与最大多数人的利益或民族利益不能两全的时候，要为最大多数人的利益或民族利益而牺牲个人利益以至牺牲个人的生命。为公舍生，为国捐躯，这是道德的最高要求。”① 1992 年，张岱年又提出了新时代的道德原则，即“为人民服务，爱国主义，社会主义的集体主义，以及社会主义的人道主义”；“新时代道德规范的初步设想”即“九德”：“公忠、仁爱（任恤）、信诚、廉耻、礼让、孝慈、勤俭、勇敢、刚直。”② 1993 年，张岱年还把社会主义新道德的基本原则，称之为“新三纲”：“我们今天必须肯定的三个基本原则，（1）爱国主义；（2）为人民服务的集体主义；（3）社会主义人道主义，应该是今日必须确立的新三纲。”③ 社会主义新道德的建设，一方面是对传统道德的批判继承，另一方面是对传统道德精华与时代精神的综合创新。张岱年提出的社会主义新道德的基本原则与基本规范，是立足于改革开放和社会主义市场经济发展的现实需要，体现了与社会主义市场经济相适应、与中华民族传统美德相承接、与社会主义法律相协调的理论特色。

第五，对道德基本特征的论析。道德的基本特征，主要表现为道德的阶级性与继承性、道德的普遍性形式与特殊性内容、道德的稳定性与变动性及知与行的统一等。首先，道德具有鲜明的阶级性。随着私有制的出现和阶级的产生，奴隶社会代替原始社会，原始社会道德也被私有制社会的阶级道德所取代。阶级性是私有制社会道德的鲜明特征。张岱年指出，自从社会分裂为对立的阶级，道德也就带上了阶级的性质。在阶级社会中，不同的阶级有

① 《张岱年全集》（第 5 卷），石家庄：河北人民出版社 1996 年版，第 354 页。
② 《张岱年全集》（第 7 卷），石家庄：河北人民出版社 1996 年版，第 231-237 页。
③ 《张岱年全集》（第 7 卷），石家庄：河北人民出版社 1996 年版，第 427 页。

不同的道德。在中国封建社会中，占统治地位的道德是封建地主阶级的道德，但被统治阶级即劳动人民也有自己的道德。在资本主义社会里，占统治地位的道德是资产阶级道德，但无产阶级也有自己的道德。张岱年还认为，在阶级社会中，不同阶级有着不同的道德，而且不同阶级的道德反映着不同阶级的阶级利益。但“在个人利益、家庭利益和阶级利益之上，还有共同利益”①，即是说，道德的阶级性不排除不同阶级之间还存在着的共同利益。反映社会共同利益的道德观念，可称之为“公共生活规则”。在阶级社会中，反映社会共同利益的道德观，可称之为“共同的道德”，即不同阶级共同承认的道德。

张岱年还认为，道德的阶级性并不排除道德的继承性。历史唯物主义认为，社会意识具有相对独立性，一定时代的社会意识，既是前一代人思想成果的继承和发展，又是后一代人思想发展的渊源。只有坚持辩证的否定即“扬弃”，才是对待历史文化遗产的正确态度。文化实践证明，任何文化伦理都有其历史沿革承接性，任何社会伦理道德的重建都不能割断历史，它只能是在对过去的伦理文化批判继承或转化重构的基础上实现综合创新，别无他途。马克思主义伦理学认为，道德文化具有自身的历史继承性，每个时代的道德文化总是对过去的道德文化进行了“扬弃”。没有道德文化的批判继承，就没有人类道德文化的历史发展。批判继承是道德文化固有的基本特征。批判继承道德文化遗产，是人类道德发展演变的一条基本规律。中国传统伦理道德，是中国古代自然经济和家国同构的产物，是“民主性的精华”和“封建性的糟粕”并存的矛盾文化体系。故需要对其进行“扬弃”，切不可“全盘否定”或“全盘肯定”。张岱年认为，对于以“三纲”为核心的封建道德，必须加以彻底否定，而“五常”则有“民主性的精华”，对此应该批判继承和发扬光大。同时，古代思想家肯定道德的精神价值和人格尊严的思想，宣扬“精忠报国”的爱国主义思想，倡导刚健有为、自强不息的积极进取精神；传统道德中反映公共利益和维护民族利益的道德原则等等，我们都应该加以批判性继承。总之，承认道德的阶级性并不否定道德继承性。道德的阶级性与继承性的统一，也是道德的基本特征。

张岱年还认为，探讨道德的继承性，就必须将道德的特殊性内容与普遍性形式区别开来，继承和发扬任何阶级道德中具有普遍性意义的东西。道德的普遍性形式和特殊性内容，即是说道德在形式上具有普遍性特征，在内容

① 《张岱年全集》（第3卷），石家庄：河北人民出版社1996年版，第539页。

上具有特殊性特征。张岱年说："道德观念和道德规范有一个显著的特点，即一方面具有普遍性形式，一方面又具有特殊性的内容。""统治阶级的道德原则采取普遍性形式，也不是完全没有依据。统治阶级的道德，一方面反映了统治阶级的利益，另一方面也在一定程度上反映了社会的共同利益。统治阶级作为掌握国家政权的阶级，以公共利益的维护者自居，一方面反对国家内部对于公共利益的侵犯，另一方面反对外来的侵略以保卫民族的独立。"① 同时，张岱年又指出，不同阶级的道德，经常是具有共同的形式，而各自蕴含特定的内容。"有不同阶级共同肯定的道德，其显著的例证是信与廉"；"有一些道德规范，统治阶级和劳动人民都加以宣扬，而统治阶级和劳动人民的实际要求却不相同。例如义和勇。统治阶级所谓义的主要含义是承认私有财产、保护私有财产，而劳动人民所谓义的主要含义是人人均等、有福同享。统治阶级所谓勇是为统治者冒险冲锋，劳动人民所谓勇是敢于反抗统治者的压迫。"② 在阶级社会中，同一道德原则或道德规范，统治阶级与劳动人民有不同的理解，赋予其不同含义，即"名同而实不同"，体现出了道德的普遍性形式与特殊性内容的统一。道德的普遍性形式与特殊性内容的统一，是张岱年对道德的基本特征的独特分析。

历史唯物主义认为，经济基础决定上层建筑，道德作为社会上层建筑的组成部分，总是随着经济基础的变动而发生相应的变动。故道德具有变动性。同时，道德作为一种社会意识又具有一定稳定性，其中适用于任何社会形态的精神特质则是不变的，如讲诚信、勿偷盗等。张岱年认为，道德是稳定性与变动性的有机统一。道德应随着时代的变迁和社会生活的变化而发生相应的变化。张岱年又说："道德依时代而不同，随着社会之物质基础之变化而变化；然在各时代之道德中，亦有一贯者在，由此而各时代之道德皆得名为道德。可谓各时代的道德之演化是循一定方向而趋的，亦可谓各时代之道德同为一根本的大原则之表现。此大原则为古代道德所表现，亦为今世道德所表现，且将来道德亦不违之。"又说："旧道德中有虽旧而仍新者存：于此当明道德之'变'与'常'的辩证法。"③ 其中，道德之"变"是指道德发展的历史阶段性和变革性；道德之"常"则是指道德发展的继承性和连续性。张岱年还说："新道德乃旧道德之变革，亦旧道德之发展。新道德与旧道德之间是有连续性的，新道德非完全否定旧道德。""新旧道德之对待关系，亦对立

① 《张岱年全集》（第3卷），石家庄：河北人民出版社1996年版，第544-545页。

② 《张岱年全集》（第3卷），石家庄：河北人民出版社1996年版，第545页。

③ 《张岱年全集》（第1卷），石家庄：河北人民出版社1996年版，第160-161页。

而同一的，变革之而同时亦有所保持，且系发展之。”[①] 道德之“变”与“常”的辩证统一，即道德的稳定性和变动性的统一，既是道德之为道德的基本特征，也是人类道德发展演变的普遍规律。

中国文化是实践理性和道德理性相统一的文化，在中国历史上，儒、释、道各家都非常强调“躬行践履”。强调“行”的重要性，乃是中国伦理学的一个显著特征。马克思主义伦理学认为，道德是人类对物质世界的一种实践把握方式。实践性是道德的内在特性。从荀子的“知之不若行之”到宋明理学家的“蕴之为德行，行之为事业”；从王阳明的“知行合一”到王夫之的“知行相资”，再到孙中山的“知难而行易，行先而知后”等，都强调“躬行践履”的重要性。所谓“广大高明不离乎日用”“极高明而道中庸”，是“为学”“为人”的理想境界，强调的是“践履功夫”“身心修养”。现代新儒家方东美先生指出：“在中国，要成立任何哲学思想体系，总要把形而上、形而下贯穿起来，衔接起来，将超越形上学再点化为内在形上学，儒家中人不管道德上成就多高，还必须‘践行’，把价值理想在现实世界、现实人生中完全实现。道家固然非常超越，但是到最高境界时，又以道为出发地，向下流注：‘道生一，一生二，二生三，三生万物。’道家理想亦须贯注到现实人生中。”[②] 张岱年说：“道德不仅仅是思想观念，而必须见之于实际行动。如果只有言论，徒事空言，言行不相符合，就不是真道德。古往今来，不但有伦理思想，而且有伦理实际。”[③] 道德必须见之于实际行动，只有见之于实际行动的道德，才是真正意义上的道德。因此，道德修养是道德知识与道德行动的有机结合。道德理论与道德实践是密切联系，不可分离的。知与行的有机统一，是道德之为道德的应有特征。

第六，对道德社会功能的分析。历史唯物主义认为，道德作为一种社会意识，与政治、法律、宗教及文艺等各种社会意识形态相互影响、相互配合，对社会物质生活和精神生活产生了显著的能动作用。道德功能的发挥和实现所产生的社会影响及实际效果，就是道德的社会功能。马克思主义伦理学认为，历史上的“道德万能论”和“道德无用论”，由于片面地扩大或否定道德的社会功能，因而都是错误的。一般而言，道德作为社会上层建筑的重要组成部分，它具有调节功能、认识功能、教育功能及评价功能等多种社会功能。具体而言，道德不仅具有认识现实社会经济基础的功能，而且具有调节

① 《张岱年全集》（第1卷），石家庄：河北人民出版社1996年版，第161–162页。
② 方东美著：《原始儒家道家哲学》，台北：台北黎明文化事业股份有限公司1983年版，第18页。
③ 《张岱年全集》（第3卷），石家庄：河北人民出版社1996年版，第500页。

现实社会经济基础的功能；道德不仅能够协调社会成员之间的行为，而且能够调节现实的社会关系；道德不仅对社会主体具有教化作用，而且对社会风气具有导向作用。张岱年指出："人与人之间，各自追求自己的利益，往往发生矛盾冲突。如果人与人之间的矛盾冲突过于激烈，毫无调和之余地，势必同归于尽。为了保持社会生活的继续存在，必须对于个人利益的冲突加以调节，使人与人之间遵守一定的行为准则。这类准则即是道德。道德是调节社会中人与人之间的关系的基本准则。"① 即是说，道德通过协调人们之间的利益关系进而调节人与人、人与社会之间的关系，以确保社会的和谐有序。协调利益关系、调节人际关系及促进社会和谐，是道德的一般社会功能的具体表现。

道德不仅具有普适性的社会功能，而且还有特殊性的社会功能。张岱年不仅分析道德社会功能的一般属性，而且还从阶级属性来解读道德社会功能的特殊属性。张岱年认为，在阶级社会中，不同的阶级有不同的道德。从总体上看，统治阶级的道德是加强统治、巩固其利益的工具；而被统治阶级的道德则是进行反抗斗争的武器。但对统治阶级道德的功能也要作具体的分析。具体而言，"道德的作用有两个方面，一方面是团结本阶级中的人，消弭阶级内部的矛盾冲突；另一方面是影响其他阶级中的人而使他们也屈从于本阶级的利益。"② 即是说在阶级社会中，道德的社会功能，一方面调和本阶级中的各种关系，另一方面协调阶级之间的利益关系。张岱年还说："在中国历史上，统治阶级的道德一般要起两方面的作用：一方面维护当时的统治秩序，力图显示阶级统治的合理性；另一方面也要保证被统治的人民的一定程度的生活，使他们安于受统治的地位，能够'安居乐业'。"③ 此外，张岱年还认为，历史上一些先进的思想家或进步知识分子提出的道德原则和道德规范对净化社会风气具有一定的作用。总之，在阶级社会中，道德具有多种社会功能属性。道德的社会功能包括一般的社会功能与特殊的社会功能，而统治阶级的道德功能，既有正面的功能又有负面的功能。张岱年以历史唯物主义为指导，吸收借鉴理论界有关道德的社会功能的有价值的思想和理论，来阐释道德的社会功能。其中，从阶级性视角揭示道德的特殊性社会功能，是张岱年的独特贡献。

第七，对判断道德进步与否标准的界定。如何判断道德的进步与否，是

① 《张岱年全集》（第7卷），石家庄：河北人民出版社1996年版，第566页。
② 《张岱年全集》（第3卷），石家庄：河北人民出版社1996年版，第453页。
③ 《张岱年全集》（第3卷），石家庄：河北人民出版社1996年版，第545页。

伦理道德基础理论的一个重要问题。马克思主义伦理学认为，对道德进步与否的界定要放在一定的社会历史阶段和一定的阶级关系中加以具体分析。列宁指出："在分析任何一个社会问题时，马克思主义理论的绝对要求，就是要把问题提到一定的历史范围之内。"① 因此，对道德进步与否的标准的界定，必须坚持历史唯物主义的科学态度和阶级分析方法。在人类社会的历史进程中，随着社会物质生产的不断发展，道德也有一定程度的进步。但道德的进步并不与社会物质生产的发展呈线性相关。在阶级社会中，道德的进步也包含着道德的堕落或退步，体现了前进性与曲折性的统一。张岱年指出："在某一阶级社会形态的相对发展的时期，其中统治阶级的道德在某一方面可能表现相对的进步性。到了那一阶级社会形态的没落时期，其中统治阶级的道德就接近破产了。道德堕落是一切剥削阶级在其衰落时期的特点。"② "在阶级社会的演变过程中，生产关系的每一种新的形式都标志着劳动人民在反奴役反压迫的斗争中向前进了一步，因而在道德方面就向前进了一步。"③ 即是说，在阶级社会中，一方面表现为道德的进步，一方面表现为道德的堕落，道德的进步与堕落是交织在一起的。其中，在阶级社会中，劳动人民的道德进步是社会道德进步的主流，道德堕落则是一切剥削阶级在其衰落时期的总趋势。道德的进步与堕落的相互交织，是道德发展演变规律的重要表现。

历史唯物主义认为，从根本上看，社会关系就是人与人之间的利益关系的集中反映，其中物质利益关系是决定一切其他利益关系的基础。因此，马克思主义伦理学在考察社会道德时，十分重视物质利益的分析方法。利益是道德的基础，不同的阶级道德体现了不同的阶级利益。在阶级社会中，统治阶级都标榜自己的道德是代表人民利益的道德，但实际上都是统治阶级利益的反映。张岱年说："封建统治阶级的道德，地主阶级思想家所标榜的'天下之公义'，实际上是维持封建统治的精神工具。资产阶级的道德，资产阶级思想家所标榜的超阶级的永恒道德，实际上体现了资产阶级的利益。封建统治阶级和资产阶级也都讲'公'，他们所讲的'公'只是封建统治阶级之'公'或资产阶级的'公'。"④ 统治阶级道德所标榜的"公"，本质上是统治阶级的利益，它抹杀了道德的阶级性。因此，统治阶级所标榜的"公"，是不可能作为道德进步与否的判断标准的。在如何判断阶级社会中某阶级的道德进步与

① 《列宁选集》（第2卷），北京：人民出版社1995年版，第375页。
② 《张岱年全集》（第3卷），石家庄：河北人民出版社1996年版，第455页。
③ 《张岱年全集》（第3卷），石家庄：河北人民出版社1996年版，第454页。
④ 《张岱年全集》（第5卷），石家庄：河北人民出版社1996年版，第355页。

否的问题上，张岱年提出了“是否反映最大多数人民利益”的判断标准。张岱年明确指出：“社会发展的利益高于任何阶级的阶级利益。因此，我们可以根据社会发展的利益来判定不同阶级的道德之间进步与反动的区别。如果一个阶级的道德是与社会发展的利益相反的，那么它就是反动的道德。”“社会发展的利益也即是最大多数人民的最大利益。最大多数人民的最大利益，即是道德的最高标准。”① 反映最大多数人民的最大利益，是道德进步的价值诉求。简言之，能否反映最大多数的人民利益，是判断道德进步与否的最高标准。

（二）张岱年对伦理道德基础理论问题研究的现实意义

张岱年作为哲学家和伦理学家比较早地把马克思主义基本原理与中国优秀传统伦理文化有机地结合起来，开辟了马克思主义伦理思想研究的新领域。20 世纪八九十年代，国内学者从多维的视角对伦理道德基础理论问题展开了深刻的讨论。而张岱年对伦理道德基础理论问题的阐释，始终坚持马克思主义立场，立足于中国古代伦理思想的丰富史料，使其有关伦理道德基础理论问题的研究具有深厚的历史文化底蕴；同时紧密结合伦理学研究的热点问题和现实的伦理道德建设问题，使其有关伦理道德基础理论问题的研究既有继承性与创新性相结合的方法论特色，又有传统性与时代性相结合的理论特色。毋庸置疑，张岱年对伦理道德基础理论问题的创造性研究，是对 20 世纪马克思主义伦理思想中国化的独特贡献。

张岱年对伦理道德基础理论问题的研究，坚持了批判继承、借鉴吸收与综合创新的方法论原则，既认同伦理学界的某些观点，也提出了自己的独特见解。张岱年说：“人类在思想发展进程中，对道德的本质、作用、起源的认识有个过程。有许多思想家对此有所贡献。我们要发现它，认识它。一方面要进行阶级分析，一方面要进行理论分析，这是我的提法，也有不同意见。”② 张岱年对伦理道德基础理论问题的创造性研究，从方法论上看，是马克思主义辩证唯物主义与历史唯物主义的具体运用；从内容上看，是马克思主义道德学说与中国传统道德学说的有机结合。其研究成果，不仅为学界继续探讨伦理道德基础理论问题提供了可资利用的文化资源，而且为促进马克思主义伦理思想中国化提供了可资借鉴的研究范式。当然，张

---

① 《张岱年全集》（第 5 卷），石家庄：河北人民出版社 1996 年版，第 355 页。

② 《张岱年全集》（第 3 卷），石家庄：河北人民出版社 1996 年版，第 675 页。

岱年对伦理道德基础理论问题的研究也存着不可避免的时代局限性，即当时囿于阶级斗争的惯性思维，侧重于伦理道德的阶级性分析而忽视其民族性和全人类性的理论研究。

[原文刊登于《燕山大学学报》(哲学社会科学版) 2013 年第 5 期，收入本书时略加修改或补充]

二、张岱年对中国传统伦理学说基本问题的研究

中国传统伦理学说基本问题，是一个仁者见仁、智者见智的问题。张岱年先生说："1985 年我撰写了《中国伦理思想研究》一书，对于有关伦理道德的问题做了进一步的探索，提出了一些个人的较新观点。"① 在伦理学研究方面，张岱年先生还相继撰写了《中国哲学关于人生价值的思想》《中国伦理思想发展规律的初步研究》《中国伦理思想的基本倾向》等数十篇论著。其中，张岱年先生对中国传统伦理学说的基本问题进行了深刻而又独创性的研究。

（一）国内理论界对中国传统伦理学说基本问题的论争

伦理学的基本问题，是中外伦理思想史上一个十分重大的理论问题，也是贯穿伦理思想体系发展始终的问题。20 世纪八九十年代以来，国内理论界展开了关于伦理学基本问题的激烈论争。其中，针对中国传统伦理学说的基本问题，有学者认为，中国古典规范伦理学主要讨论的基本问题有"关于人性、人的价值问题，关于道德起源的问题，关于道德社会作用问题，关于道德原则和规范问题及关于道德修养和道德理想问题"②。当代马克思主义伦理学家罗国杰教授认为，道德与利益的关系问题是伦理学的基本问题，并在《关于中国伦理思想史的若干问题》中提出中国传统伦理思想所要研究的主要问题有：道德原则同物质利益的关系问题，简称为道德同利益的关系问题、道德的最高理想问题、人性问题、道德修养问题、道德品质的形成问题、道德评价问题、人生的意义或人生的价值问题、道德的必然和自由的关系问题、

① 张岱年著：《通往爱智之门》，北京：北京大学出版社 2011 年版，第 132-133 页。

② 魏英敏著：《新伦理学教程》，北京：北京大学出版社 1993 年版，第 83-84 页。

道德规范问题及德治和法治的问题等十大问题。而且特别指出，中国传统伦理思想的十大问题都是围绕着伦理学的基本问题即道德同利益的关系问题展开的。① 从总体上看，关于中国传统伦理学说的基本问题，归结起来主要有下列几种观点：第一，道德与社会历史条件的关系；第二，善与恶的矛盾；第三，“应有”与“实有”的关系；第四，人的存在发展要求和个人对他人、对社会尽责任义务的关系；第五，道德与经济利益的关系（包括道德与经济利益关系谁决定谁和道德生活中的外部必然性与意志自由的关系这两个方面）。②

张先生认为，伦理道德问题不等于价值问题。中国哲学中的伦理道德问题，也是伦理学中长期争论的主要问题。从某种意义上说，所有道德现象和赋予道德含义的对象，都是伦理学所感兴趣并欲加以理性反思或分析总结的问题。伦理学说所探讨的问题很多，但张岱年先生认为，伦理学说的基本问题，可分为两大类问题：“其一为关于道德现象的问题；其二为关于道德理想和道德价值的问题。”③ 道德现象问题主要回答道德演变的基本规律是什么的问题。道德理想和道德价值的问题主要回答道德原则是什么的问题。而探讨道德演变规律的目的在于明确道德的最高原则。因此，伦理学的最高问题乃是道德最高原则的问题。张岱年先生依据自己对伦理学基本问题的理解，在充分发掘中国伦理思想史料的基础上，将中国传统伦理学说的基本问题归纳为下列具体八个方面：（1）人性问题，即道德起源问题；（2）道德的最高原则与道德规范的问题；（3）礼义与衣食的关系问题，即道德与社会经济的关系问题；（4）“义利”“理欲”问题，即公利与私利的关系问题以及道德理想与物质利益的关系问题；（5）“力命”“义命”问题，即客观必然性与主观意志自由的问题；（6）“志功”问题，即动机与效果的问题；（7）道德在天地之间的意义，即伦理学与本体论的关系问题；（8）修养方法问题，即道德修养及其最高境界的问题。④ 显然，张岱年先生所提出的中国传统伦理学说的基本问题与国内学者的观点既有联系又有区别。

（二）张岱年对中国传统伦理学说基本问题的创造性阐释

张岱年先生在《谈中国伦理学史的研究方法》中说：“想写好一本中国伦

① 《罗国杰文集》（下卷），石家庄：河北大学出版社 2000 年版，第 691-701 页。

② 许启贤著：《伦理学研究初探》，天津：天津教育出版社 1989 年版，第 144-149 页。

③ 《张岱年全集》（第 3 卷），石家庄：河北人民出版社 1996 年版，第 512 页。

④ 《张岱年全集》（第 3 卷），石家庄：河北人民出版社 1996 年版，第 508 页。

理学史，应该注意做到的：一是革命性和科学性的统一；二是资料与观点的统一；三是阶级分析与理论分析的结合。”① 张岱年先生以马克思主义基本原理为指导，在充分挖掘、梳理分析中国伦理思想史料的基础上，坚持史论相结合的原则、历史与逻辑相统一的方法，以及微观研究和宏观研究相结合的方法，创造性地阐释了中国传统伦理学说的基本问题。

第一，人性问题。人性问题是西方伦理学史和中国伦理学史上一个重要问题。在西方，人性论主要可以概括为三种：感性主义、理性主义及罪恶人性论。在中国古代伦理思想史上，人性问题，一般包括三个方面的内容，即人性是善的还是恶的、人性是先天的还是后天的、人性是普遍的还是分品的等。张岱年先生认为，中国古代自孟子、荀子以至汉唐宋明，很多思想家都提出了自己关于人性的学说。具体而言，在中国伦理思想史上，第一位提出“性”的界说是告子。《孟子》记载告子的言论说：“生之谓之性”“食色，性也。”（《孟子·告子上》）此后，孟子、荀子、董仲舒、韩愈、王安石、程颐、程颢、朱熹、王夫之、戴震等思想家都提出了关于人性的思想，但其所说之性意义实不相同。张岱年先生在《中国哲学大纲·人生论》中总结性的含义有三项不同的意谓：“性之第一意谓，是‘生而自然’，告子‘生之谓性’之性，荀子‘性者天之就也’之性，韩退之所谓‘与生俱生’之性，及宋儒所谓气质之性，都是此意谓的性”；“性之第二意谓，是人之所以为人者。孟子所谓性即此意”；“性之第三意谓，是人生之究竟根据。宋代张子程子朱子等所谓‘天地之性’或‘本然之性’，即此意谓。”② 后来在晚年撰写的《中国伦理思想研究》中又进一步分析道：“总起来说，中国古典哲学中所谓性，主要有四项不同的含义：（1）‘生之谓性’，以生而具有、不学而能的为性。这是告子、荀子的所谓性。（2）以‘人之异于禽兽者’为性，虽也讲‘不学而能’，但主要注意于人与禽兽不同的特点，这是孟子、戴震的所谓性。（3）以作为世界本原的‘理’为性，即所谓‘极本穷源之性’，这是程朱学派的所谓性。（4）王夫之提出‘性者生之理’，以人类生活必须遵循的规律为性，这规律既包含道德的准则，也包含物质生活的规律。”③ 中国古代关于“性”的内涵具有多样性和时代性的特征。

中国古代人性学说的中心问题是人性善恶问题。人性善恶问题就是道德起源的问题。第一个讲性的是孔子。孔子曾说：“性相近，习相远也。”

① 《张岱年全集》（第3卷），石家庄：河北人民出版社1996年版，第674页。
② 《张岱年全集》（第2卷），石家庄：河北人民出版社1996年版，第279–281页。
③ 《张岱年全集》（第3卷），石家庄：河北人民出版社1996年版，第556页。

（《论语·阳货》）但孔子不以善恶论性，而只是认为人的天性是相近的，其差异是由于后天的习染所造成的。从总体上看，中国历史上关于人性讨论，主要有：性善论——孟子，后来宋明理学家及王夫之、颜元、戴震都主张性善论；性无善无不善论——告子，后来王安石亦主张性无善恶；性恶论——荀子；性有善有恶论——世硕。后来董仲舒、扬雄亦主张此说；性三品论——王充、韩愈；性二元论——张载讲天地之性与气质之性，程颢、程颐讲天命之性与气禀之性，朱熹讲本然之性与气质之性，朱门弟子讲义理之性与气质之性。此说受到王夫之、颜元、戴震的批评。[①] 其中，先秦诸子在人性论善恶的论争中，涉及人性概念的界说、人性与兽性之辨、性与习、性与伪等一系列关于人性问题的基本理论，为以后各个历史时期关于人性问题的探讨起了发端或奠基的作用。中国历史上大多数思想家都认为道德起源于人的生活，即人性。唯有汉代大儒董仲舒认为，道德起源于“天意”，具有宗教道德色彩。天地之性或义理之性是纯善的，气质之性则有善有恶。马克思主义认为，人的本质在其现实性上，是一切社会关系的总和。事实上，离开社会关系或社会实践，单纯从善恶角度来探讨人性，只能是抽象的先验论。

张岱年先生运用马克思主义关于辩证唯物主义与历史唯物主义基本原理对中国历史上关于“人性”理论作出总的评价。“人性应是一个具体的共相。以往的哲学家大多把人性看作是一个抽象的共相，因而提出了许多片面的见解，实际上人性乃是一个具体的共相。具体的共相包含许多规定，是许多规定的综合。人性概念之中，包含人类共性，不同民族的民族性，不同时代不同阶级的阶级性，要之包含人类的共性以及各种类型的特殊性。”[②] 由于各家关于性的界说不同，因而人性善恶的学说或是或非。张岱年先生具体分析认为，如果所谓性指生而具有无待学习的本能，那么告子关于“性无善无不善论”是正确的。如果所谓性包含那些有待学习而后实现的可能性，那么世硕关于“性有善有恶论”是正确的。因此，孟子专讲“性善”、荀子专讲“性恶”，都是偏于一端，但都具有重要的理论意义。性善论有助于弘扬人的道德理性，注重个体的道德修养；性恶论贬抑人的感官欲望，强调社会道德教化。张岱年先生认为，人性善恶的问题就是道德起源问题，亦即善恶的起源问题，是具有一定理论价值的。事实上，人的本性是不存在先天的善或恶，但古代

① 《张岱年全集》（第3卷），石家庄：河北人民出版社1996年版，第566页。
② 《张岱年全集》（第3卷），石家庄：河北人民出版社1996年版，第565页。

伦理学家所探讨的人性理论，其合理性在于为其所提出的社会伦理规范体系和道德教化提供了一种形而上的心性根据，也为当代伦理学关于人性的研究提供了现实参考。

第二，道德的最高原则与道德规范的问题。任何社会的道德体系，都是由道德原则、道德规范和道德范畴等构成的。关于道德原则与道德规范，在中国历史上，不同学派的思想家或者同一学派的不同阶段的思想家有不同的观点。当代马克思主义伦理学家罗国杰认为，“先秦时期的‘义利之争’，以及发展到宋明时期的‘理欲之辨’，是关于道德最高原则的争辩。儒家强调‘义’重于‘利’，把仁义看作是最高的道德原则，并以此为核心，建立了一套完整的规范体系；墨家主张‘兼爱’‘交利’，强调‘义利并重’；法家强调赏罚，注重耕战，重利贱义；道家宣扬无为、尚朴，主张超脱一切义利。”① 张岱年先生通过对传统伦理思想史料的分析与总结得出：在孔子思想体系中，“仁”是最高道德原则，忠、信、孝、悌、恭、宽、敏、惠等是道德规范。道家对儒家的“仁义”提出猛烈的批判。老子说：“绝仁弃义，民复孝慈。”（《老子·十九章》）又说：“大道废，有仁义。”（《老子·十八章》）老子肯定“孝慈”的淳朴道德，而摈弃“仁义”道德。庄子说：“自我观之，仁义之端，是非之涂，樊然淆乱，吾恶能知其辩。”（《庄子·齐物论》）庄子对仁义也持否定态度。可见，道家揭示了仁义道德的相对性，但是道家没有提出足以代替仁义的有积极的道德原则。墨子提出的“兼爱”，是墨家的最高道德原则。墨家“兼爱”的理想境界是：“天下之人皆相爱，强不执弱，众不劫寡，富不侮贫，贵不敖贱，诈不欺愚。”（《墨子·兼爱中》）墨家认为，只有实行兼爱的道德原则，才能体现忠孝悌诸德。孟子认为，“仁义礼智”是主要道德原则，“孝悌忠信”则是初步的道德规范。荀子强调礼，以礼为“道德之极”。《管子》不仅提出了“礼仪廉耻”的道德规范，而且把“公”看作为重要的道德原则。《管子·内业》篇云：“一言得而天下服，一言定而天下听，公之谓也。”总之，不同学派或不同的思想家提出各自的道德原则与道德规范。

张岱年先生在具体分析各家各派所提出的道德原则和道德规范的基础上，进一步分析在中国古代社会中居于统治地位的道德原则和道德规范。自汉代，与儒学并称显学的墨学中绝了，因此，墨家的“兼爱”原则在社会生活中没有发挥实际的影响。西汉统治阶级采纳董仲舒的“罢黜百家，

---

① 《罗国杰文集》（上卷），石家庄：河北大学出版社2000年版，第636页。

独尊儒术”的建议，儒家学说在中国封建社会的意识形态领域中占据统治地位。西汉大儒董仲舒提出的“三纲五常”则是封建社会道德体系的核心。“三纲”即“君为臣纲、父为子纲、夫为妻纲”；“五常”即“仁、义、礼、智、信”。其中，“仁义礼智信都有其阶级意义，然而也还有更根本的普遍意义。仁的根本意义是承认别人与自己是同类，在通常的情况下对于别人应有同情心；义的根本意义是尊重公共利益，不侵犯别人的权益；礼的根本意义是人与人的相互交往应遵守一定的规矩；智的根本意义是肯定‘是非善恶’的区别；信的根本意义是对待别人应遵守诺言。”①“三纲五常”是封建社会社会的最高道德原则和道德规范。尽管如此，道德原则和道德规范在历史长河中，不同时代的思想家或哲学家仍然有着不同的认识。张岱年先生具体分析道：宋元明清的主要思想家都肯定仁、义、礼、智是最高的道德原则；到明清时代，有人将“孝、悌、忠、信”与“礼、仪、廉、耻”联结起来，称之为“八德”。也有人将“忠、孝、节、义”称之为“四德”。不论是程朱学派、陆王学派，还是王夫之、戴震，都肯定仁义礼智是道德的最高原则。

历史上思想家提出的道德原则与道德规范，在中国伦理学史上占有重要的地位。从总体上看，儒家以“仁”或“仁义”为最高原则，墨家以“兼爱”为最高原则，道家以“全生保身”为最高原则。“孟子‘四德’与董仲舒‘五常’在中国长期的封建社会中有着深远的影响。道家对于儒家的仁义采取批判的态度，但提不出另外的道德规范来。”② 儒家提倡的“三纲五常”是封建社会最高的道德原则和道德规范，具有显著的阶级性和历史局限性。对于“五常”，张岱年先生认为，应该肯定其合理的精华部分，剔除其不合时代性的糟粕部分；“三纲”从根本上否定了臣对于君、子对于父、妻对于夫的独立性，加强君权、父权、夫权的绳索，对社会发展起了严重的阻碍作用。因此，“三纲”应当毫不留情地废除，但是对于“仁义礼智信”中蕴含的合理性伦理思想应该批判地继承，并结合时代精神予以创造性地转化，为社会主义精神文明建设服务。

第三，礼义与衣食的关系问题，即道德与社会经济的关系问题。道德与社会经济关系问题，是中国传统伦理思想的基本问题之一。道德与社会经济关系问题，即道德与物质利益的关系问题，亦即精神生活与物质生活的关系

① 《张岱年全集》（第3卷），石家庄：河北人民出版社1996年版，第622页。
② 《张岱年全集》（第3卷），石家庄：河北人民出版社1996年版，第509页。

问题。张岱年先生运用《管子》和《孟子》文献中的命题来分析、论证道德与社会经济或物质生活与精神生活的关系。《管子》提出“仓廪实则知礼节，衣食足则知荣辱”的著名命题。“仓廪实”和“衣食足”是物质生活的内容；“知礼节”和“知荣辱”是精神生活的内容。管子肯定物质生活是精神生活的基础。孟子说：“人之有道也，饱食暖衣，逸居而无教，则近于禽兽。圣人有忧之，使契为司徒，教以人伦。”（《孟子·滕文公上》）饱食暖衣是物质生活，教以人伦是精神生活。即是说，物质生活问题的解决是精神生活的必要条件，尚非其充足条件，精神生活的提高有待于人伦教化。孟子还说：“明君制民之产，必使仰足以事父母，俯足以畜妻子，乐岁终身饱，凶年免于死亡，然后驱而之善，故民之从之也轻。今也制民之产，仰不足以事父母，俯不足以畜妻子，乐岁终身苦，凶年不免于死亡，此惟救民而恐不赡，奚暇治礼仪哉?”（《孟子·梁惠王上》）孟子肯定物质生活是礼仪教化等精神生活的前提，没有一定物质生活作基础，就没有所谓的礼仪教化等精神生活。

从比较视域看，张岱年先生认为，在中国历史上，墨家重视人的物质生活，而轻视人的精神生活，提出“非乐”的思想。而儒家之主流则相反，重视人的精神生活，而轻视人的物质生活。孔子说：“饭疏食饮水，曲肱而枕之，乐亦在其中矣！不义而富且贵，于我如浮云。”（《论语·述而》）还说：“君子食无求饱，居无求安”（《论语·学而》），“君子谋道不谋食”“君子忧道不忧贫”（《论语·卫灵公》）等，都强调精神生活高于物质生活。孔子还称赞颜渊说：“一箪食，一瓢饮，在陋巷，人不堪其忧，回也不改其乐，贤哉回也!”（《论语·雍也》）即是说，颜渊虽然过着清贫的物质生活，却乐于高尚的精神生活，故值得称赞。宋代周敦颐解释说：“夫富贵人所爱也，颜子不爱不求，而乐乎贫者，独何心哉？天地间有至贵至富可爱可求，而异乎彼者，见其大而忘其小焉尔!”又说：“天地间，至尊者道，至贵者德而已矣。”（《通书》）实践道德的精神生活高于世俗富贵的物质生活，即所谓的“孔颜乐处”。董仲舒说：“天之生人也，使人生义与利，利以养其体，义以养其心。心不得义不能乐，体不得利不能安。义者心之养，利者体之养也，体莫贵于心，故养莫重于义。”（《春秋繁露·身之养莫于义》）其中，“心之养”贵于“体之养”，体现了精神生活价值高于物质生活价值。东汉王充、唐朝韩愈、北宋思想家李觏等都有关于礼仪与衣食的关系的论说。北宋思想家李觏强调“礼”，认为礼是人生的最高准则。物质生活问题的解决、欲望的满足，都应该遵守礼所规定的限度。“饮食、衣服、宫室、器皿、夫妇、父子、长幼、君臣、上下、师友、宾客、死丧、祭祀，礼之本也。”（《李觏集》卷二）同时又强调食是礼的基础："礼"的起源是"顺人之性欲而为之节文者也"（《李觏集》卷二），所谓"人之性欲"，是指人对衣食住行用的物质需求。同时，李觏还认为，"人所以为人，足食也。"（《国用》）物质生活与礼仪等精神生活有着密切的关系，礼是一切道德的总纲，物质生活需求是礼仪等精神生活的基础或前提条件。

从总体上看，中国古代伦理思想在道德与社会经济的关系问题上，认为物质生活是精神生活的前提和基础，精神生活价值高于物质生活价值，但却有忽视物质生活改善和提升的倾向。马克思主义认为，人类的生活分为物质生活和精神生活两大类，物质生活决定了人类的存在，精神生活反映了人类的本性。对人类来讲，正是有了精神生活，才使物质生活富有意义，才使人类称之为"万物之灵"。张岱年先生认为，在伦理学领域内，既要肯定物质生活是精神生活的基础，还应该肯定精神生活具有高于物质生活的价值。精神生活是物质生活的指导。没有物质基础的生活是空虚的，没有精神指导的物质生活是鄙俗的。张岱年先生在《物质利益与道德理想》中又说："精神生活基于物质生活，而高于物质生活。物质生活是基础，精神生活是人类优于其他动物的特点，表现出人类的优越性。"① 可见，伦理学说要承认物质生活与精神生活的统一。精神生活以对真善美的追求为目标，历史上相当多的杰出人士都充满着对真善美的追求。

第四，"义利""理欲"问题，即公利与私利的关系以及道德理想与物质利益的关系问题。义利问题和理欲问题，都是中国伦理学史上的重要问题。张岱年先生认为，义利问题、理欲问题包含复杂的内容，其中包括个人利益与社会整体利益、阶级利益与民族利益的关系，道德理想与物质利益的关系，精神生活与物质生活的关系，以及人生价值等问题。在中国传统伦理思想中，义利之辨主要有两种观点或两个派别：一是儒家的"义以为上""重义轻利"的义利观，如孔子、孟子、荀子、董仲舒、韩愈、程颐、程颢、朱熹、陆向山、王阳明等是其主要代表；另一派是在重义的前提下，又特别强调利，是义利并重派，如墨子、王安石、陈亮、叶适、李塨等是其主要代表。儒家重义轻利，其所谓利是指个人私利，所谓义是指道德原则或道德规范。儒家义利之辨的核心思想就是把义看作为最有价值、最值得追求的东西，认为义是至善，从而崇尚义而贬抑利。孔子提出"君子喻于义，小人喻于利"（《论语·里仁》）；孟子提出"何必曰利，亦有仁义而已"（《孟子·梁惠王上》）；

① 《张岱年全集》（第5卷），石家庄：河北人民出版社1996年版，第357-358页。

董仲舒提出“正其谊不谋其利，明其道不计其功”（《汉书·董仲舒传》）；儒家重义轻利价值取向鲜明至致。程颢强调义利之辨，他说：“天下之事惟义利而已。”（《河南程氏遗书》卷十一）朱熹说：“义利乃儒者第一要义。”（《朱子大全集·与延平李先生》）南宋陈亮、叶适提倡“事功之学”，对理学提出批评。陈亮强调，讲学问要注重“事功”，他说：“书生之智，知议论之当正，而不知事功之为何物。”（《戊申再上孝宗书》）陈亮强调“事功”的重要性。他的朋友陈傅良叙述他的见解，说他主张“功到成处，便是有德；事到济处，便是道理。”（《止斋文集答陈同父》）可见，陈亮把事功与道德密切结合起来。叶适在伦理学说方面，批评传统的“义利之辨”，反对重义轻利的思想，指出“仁人正谊不谋利，明道不计功。此语初看极好，细看全疏阔。古人以利与人而不自居其功，故道义光明。既无功利，则道义者乃无用之虚语耳。”（《习学记言》）可见，叶适肯定道义与功利是统一的，道义不能离开功利。明末清初思想家李贽、颜元、黄宗羲、王夫之等人在强调经世致用原则的基础上，在批判程朱理学义利观的过程中，提出了具有批判专制主义、蒙昧主义和禁欲主义性质的义利观。其中，颜元对董仲舒的两句话进行修正：“正其谊以谋其利，明其道以计其功。”（《四书正误》卷一）把义与利有机地结合起来，反应当时工商业者和市民阶层的价值取向。墨家宣称义即利，把义与利统一起来。《墨经上》云：“义，利也。”其所谓“利”指“国家百姓人民之利”（《墨子·非命上》），是公共利益，而非个人私利。墨子宣称：“仁人之所以为事者，必兴天下之利，除去天下之害，以此为事者也。”（《墨子·兼爱中》）可见，墨家把道德原则与天下国家之利统一起来。儒家与墨家都提倡公利而反对谋取个人私利。道家既不看重利，也不推崇义，以所谓“圣人”“至人”既要“忘年忘义”，又要“不就利，不违害。”（《庄子·齐物论》）据此，张岱年先生认为，道家的义利观是一种超脱的境界，或者说是一种虚无主义的义利观。

理欲之辨，是义利之辨的历史延伸，它所要说明和表达的是义利之辨的深层意义，故理欲之辨从属于义利之辨。张岱年先生认为，理欲问题蕴含两个问题：一是生命与欲望的关系问题；二是生命与品德的问题。理与欲的问题，即是道德原则与物质利益之间的关系问题。道德原则亦即解决人们的物质利益的相互矛盾的原则。人与人之间，彼此的物质利益往往发生矛盾，而如何解决人们的物质利益的矛盾，则是道德原则的一项内容。先秦时期，孟子提出“养心莫善于寡欲”（《孟子·尽心下》）；荀子提出“以道制欲”，并说：“君子乐得其道，小人乐得其欲。以道制欲，则乐而不乱；以欲忘道，则惑而不乐。”（《荀子·乐论》）荀子将道与欲对立起来，主张欲望应当受到道德原则的限制。天理人欲之辩始见于《礼记·乐记》：“人化物也者，灭天理而穷人欲者也，于是有悖逆诈伪之心，有淫佚作乱之事，……此大乱之道也。”虽然严格区分天理与人欲，但没有把理欲问题提高到理论的高度。孔子说：“志士仁人，无求生以害仁，有杀身以成仁。”（《论语·卫灵公》）孟子说：“生亦我所欲也，义亦我所欲也，二者不可得兼，舍生而取义者也。生亦我所欲，所欲有甚于生者，故不为苟得也。死亦我所恶，所恶有甚于死者，故患有所不辟也。”（《孟子·告子上》）即是说，在生命与道义不能两全的时候，宁可牺牲生命而实践道德。“杀身成仁”“舍生取义”凸现了道德价值的至上性。宋明理学特别强调理欲之辨，主张“存天理灭人欲”。“天理”是指“天地之性”，包括仁义礼智信诸德；“人欲”是指“计较利害”之心，即所谓的“利心”。“天理”是“公”，“人欲”为“私”；“天理”与“人欲”的对立，即是公与私的对立。程颢说：“人心莫不有知，惟蔽于人欲，则忘天理也。”（《河南程氏遗书》卷十一）朱熹特强调天理人欲之辨，认为“理”的主宰和本原，其目的在于论证封建伦理纲常的必然性、合理性。朱熹说：“仁莫大于父子，义莫大于君臣，是谓三纲之要，五常之本，人伦天理之至，无所逃于天地之间。”（《朱文公文集·祭未垂扶奏劄二》）又说：“学者须革尽人欲，复尽天理，方始是学。”“人之一心，天理存则人欲亡，人欲胜则天理灭，未有天理人欲夹杂者，学者须要于此体认省察之。”（《朱子语录》卷十三）朱熹把天理与人欲完全绝对地对立起来。后来，罗钦顺、王夫之、戴震等，都极力反对程朱理学和陆王心学，主张遂人之欲，达人之情，对人伦道德之“理”作了自然主义的解释。戴震指出：“此理欲之辨，适成忍而残杀之具”（《孟子字义疏证》卷下），并提出“理者存乎欲者也”（《孟子字义疏证》卷上）的命题，主张把天理与人欲统一起来，并批判宋明理学是“以理杀人”。戴震对宋明理欲之辨的批判实质上是对封建专制主义的批判，因而具有重要的进步意义。

义利问题，既是中国传统伦理思想史的一个基本问题，也是中国传统道德价值论的基本问题。在中国伦理思想史上，义利之辨绵延两千多年，从总体上看，形成功利论与道义论的两种倾向。其中，李觏、陈亮、叶适、颜元等人在反对程朱理学义利观的同时所提出的将道义与功利统一起来的、主张义利并重的价值学说，突破传统儒家的重义轻利、存理灭欲的价值论弊端，具有历史的进步性，闪烁着真理性的光辉。理欲之辨是义利之辨的历史延伸和逻辑发展的结果。义利之辨与理欲之辨，片面强调“义”或“理”，而忽视“利”或“欲”，固然有提升人的精神境界的意义，但有忽视改善物质生活的重要性偏向。张岱年先生总结道：“重义轻利是错误的，见利忘义更是荒谬的；存理去欲是错误的，纵欲违理更是荒谬的。正确的原则是遵义兴利，循理节欲。”[①] 从人类文明发生史的角度来看，奥地利精神分析学家弗洛伊德认为，人类文明是建立在对人的本能压抑基础之上的。因此，理欲之辨蕴含的以理制欲的价值取向，既有一定的合理性，又有历史的局限性。

第五，“力命”“义命”问题，即客观必然性与主观意志自由的问题。客观的自然界具有必然的规律，而人的主观要求是意志自由。客观必然性与主观意志自由的问题，即力与命、义与命的关系问题，也是中国古代伦理学说的重要问题。所谓力，主要指人力、物力或军事力、经济力等。义是应当，命是自然的限制，义是理想的当然，命是现实的必然。人的理想要适应现实，又必须克服现实。张岱年先生指出：“孔子宣扬‘知命’，墨子提出‘非命’，孟子讲‘立命’，庄子宣扬‘知其不可奈何而安之若命’，荀子提出‘制天命而用之’，都是关于必然与自由的问题的见解。”[②] 儒家宣扬“知命”，又强调“见义勇为”，兼重义与命，把义与命统一起来。孔子讲“知命”，认为“不知命，无以为君子也。”（《论语·尧曰》）他自称“五十而知天命。”（《论语·为政》）孔子承认天命，而有“知其不可而为之”的积极有为的人生态。墨家宣扬“非命”，把力与命对立起来。墨子说：“天下之治也，汤武之力也；天下之乱也，桀纣之罪也。……故昔者禹汤文武方为政乎天下之时，曰必使饥者得食，寒者得衣，劳者得息，乱者得治，遂得光誉令闻于天下，夫岂可以为命哉？故以为力也。今贤良之人，尊贤而好道术，故上得其王公大人之赏，下得其万民之誉，遂得光誉令闻于天下，夫岂可以为命哉？故以为力也。”（《墨子·非命下》）可见，国家之治，在于为政者用力；贤良取得成就，亦在于用力。墨家强调“力”而不承认所谓“命”的存在。而且墨家所非之“命”是完全前定的“命”。“命富则富，命贫则贫；命众则众，命寡则寡；命治则治，命乱则乱；命寿则寿；命夭则夭。”（《墨子·非命上》）张岱年先生指出，墨家的“非命论”所强调的“力”，可以说是主观能动作用。“非命论”肯定了主观能动作用，但忽视了客观环境对于主体的限制。儒家的“知命论”承认客观环境对于主体的限制，也在一定程度上肯定主观的能动作用，但仅仅宣扬道德的自觉能动性，而忽视物质实力的培养。

孟子以“义”与“命”并举。孟子说：“孔子曰：有命。孔子进以礼，退以义，得之不得曰有命。而主痈疽与侍人瘠环，是无义无命也。”（《孟子·

① 《张岱年全集》（第7卷），石家庄：河北人民出版社1996年版，第409–410页。
② 《张岱年全集》（第6卷），石家庄：河北人民出版社1996年版，第377页。

万章上》）其中的“义”是道德原则，“命”是客观必然性。孟子认为，从事社会实践，既要遵从“义”，又要顺应“命”。且在承认有“命”的前提下，人仍然有提高道德的自由。与儒家相比，“道家讲命，比儒家更甚。儒家虽讲命，而仍不废人事，实以尽人事为基本；道家不谈人事，专言天命。道家所谓命，也是人力所不能及，人力所不可奈何的意思。”① 道家庄子说：“仲尼曰：天下有大戒二，其一命也，其一义也。子之爱亲，命也，不可懈于心。臣之事君，义也，无适而非君也，无所逃于天地之间，是之谓大戒。”（《庄子·人世间》）庄子反对“臣事君”，不赞同儒家所谓的“义”，而且所宣扬的“命”是“知其不可奈何而安之若命，惟有德者能之”（《庄子·德充符》）的“命”。庄子赞同“命”，而否定儒家的“命”。到宋代，张载、程颢、程颐继承和发展了孟子关于义命的观点。张载提出“义命合一”命题，他说：“义命合一存乎理。”（《正蒙·诚明》）“义”是当然之理，“命”是必然之理，二者是统一的。二程说“不知命无以为君子是矣。命者所以辅义，一循于义，则可庸断之以命哉?”（《河南程氏遗书》卷十一）又说：“贤者惟知义而已，命在其中。若贤者则求之以道，得之以义，不必言命。”（《河南程氏遗书》卷二上）“命者所以辅义”“贤者惟知义而已，命在其中”，即是说，只考虑义之当然，不必考虑命之必然。也就是说，在任何情况下，都应该完成自己的道德义务，从而实行道德自由。宋明理学家片面强调“义”而忽视“命”，即强调道德实践或实现道德价值的无条件性。

在义与命、力与命关系问题上，儒家基本上主张“义命合一”，但宋明理学家却片面强调“义”而忽视“命”；墨家侧重于“力”而不讲“命”；道家反对儒家的“义”而提倡自己所理解的“命”。其实，道德意志自由只是相对的自由，道德选择自由也是相对的自由，既相对于客观环境的制约，又相对于个体主观能力的限制。“所谓义命合一，意谓在必然规律不可违抗的条件之下，仍可充分体现当然的准则，亦即，在任何情况之下，人都可以实现自己的道德价值。”② 义必须顺应命，命的改造必须以义为准，即是“义命合一”思想的精髓。简言之，儒家主张“义命合一”，就是要求人们树立现实的理想主义和理想的现实主义，把现实主义与理想主义结合起来。

第六，“志功”问题，即动机与效果的问题。在道德评价的根本问题上，长期以来存在着动机论和效果论各执一端的论说。伦理学上的动机与效果就

---

① 《张岱年全集》（第2卷），石家庄：河北人民出版社1996年版，第430页。

② 《张岱年全集》（第6卷），石家庄：河北人民出版社1996年版，第377页。

是：某个行为为了什么，是从什么利益出发的，行为之后，对他人和社会是带来了利还是带来了害，是否符合一定的道德原则和道德规范，具有什么样善恶价值。所谓动机是指人们行为所由出发的主观愿望，是意识到了的行为动因，表示选择行为的原因和某种目的的追求，它标志着行为的起始。西方以康德为代表的动机论者认为，作为理性存在者的人应该按照“绝对命令”和“良心”的“自律”行事，以完成人的本职，而不必考虑物质利益对人行为的影响和行为的现实后果，只是出于纯粹义务心的行为才是道德的。所谓效果是指行为实践活动所产生的客观后果，它标志着一个行为过程的完结。西方以边沁、密尔等为代表的效果论者认为，功利是“道德基础的信条”，道德评价只能依据行为对社会和每个人利益的效用。如果行为增进了社会和每个人的利益，就是道德的或善的；如果行为减少了社会和每个人的利益，则是不道德的或恶的。动机论者把行为善恶的根据说成是行为的动机，认为与行为的效果无关。效果论者主张以行为的效果为判断善恶的根据，认为动机本身无所谓善恶。

关于动机与效果的问题，中国传统伦理称之为“志功”的问题。在中国伦理思想史上，注重“志”即动机的学派强调“义”，认为只有符合“义”的行为，才是善或道德的行为，否则就是恶或不道德的行为；而注重“功”即效果的学派则强调“利”，认为只有行为在效果上满足人的利益才是善或道德的行为，否则就是恶或不道德的行为。儒家孔子明确提出，判断善恶的标准是义和利，并把它视为区别“君子”和“小人”的唯一标准，君子“重义轻利”，而小人“见利忘义”。董仲舒更强调君子要“正其义不谋其利，明其道不计其功。”（《汉书·董仲舒传》）而注重“功”的人强调所谓“利”，就是效果的有利或有害，认为行为只有在效果上满足利才是道德的。关于动机与效果的问题，张岱年先生认为，古代多数思想家们基本上没有争议，都坚持动机与效果的统一。墨家提出“合其志功而观焉”（《墨子·鲁问》），即综合动机与效果来看，肯定动机与效果的统一。墨子提出“言必有三表”，即“有本之者，有原之者，有用之者”，而最重要的是“用之”。其“用之”在于“发以为刑政，观其中国家百姓人民之利”。可见，墨子重视功效是显而易见的。孟子也谈志与功的问题。孟子说：“子何尊梓匠轮舆而轻仁义者哉？曰：梓匠轮舆，其志将以求食也，君子之为道也，其志亦将以求食与？曰：子何以其志为哉？其有功于子，可食而食之矣。且子食志乎？食功乎？曰食志。曰：有人于此，毁瓦画墁，其志将以求食也，则子食之乎？曰：否。曰：然则子非食志也，食功也。”（《孟子·滕文公下》）孟子主张“食功”，对于“有功”的，应给以报酬。孟子认为士不是“无事而食”，士从事于道德教育，也是有功的。孟子有“尚志”之说：“王子问曰：士何事？孟子曰：尚志。”（《孟子·尽心上》）尚志即具有崇高理想，坚持“仁义”的原则。孟子还认为，士从事于道德实践，也就是从事于宏伟的事业。孟子的观点，体现了肯定动机与效果的统一。南宋陈亮、叶适提倡“事功之学”。陈亮主张把实际事功即取得实际功效作为判断道德价值的标准，其朋友陈傅良将其观点概括为“功到成处，便是有德；事到济处，便是道理。”（《止斋文集答陈同父》）叶适在伦理学说方面，批评传统的“义利之辨”，反对重义轻利的思想，指出：“仁人正谊不谋利，明道不计功。此语初看极好，细看全疏阔。古人以利与人而不自居其功，故道义光明。后世儒者行仲舒之论，既无功利，则道义者乃无用之虚语耳。”（《习学记言》）主张“志”与“功”的统一。张岱年还认为，与志功问题相近的，有心迹问题。心是动机，迹是实际效果。隋代儒者王通说：“心迹之判久矣。”（《文中子中说·问易》）理学家程颐说：“有是心，则有是迹。王通言心迹之判，便是乱说。”（《河南程氏遗书》卷十一）程颐批判王通的“心迹之判”在思想与表现可能不一致。程颐则强调两者的统一，即动机与效果统一。

动机和效果构成了人的活动的两个基本要素，两者既区别又相互联系，动机发动人的行为，效果记录人的行为。在道德评价问题上，马克思主义伦理学主张动机与效果的辩证统一。张岱年先生指出，从总体上看，儒家重视“义”，也强调“食功”；墨家讲“利”，也重视“志”“意”。儒墨都兼重志功，两家在志功问题上的观点是相互接近的，即儒家与墨家在道德评价上，都主张动机与效果的统一。即使强调“功利”的伦理思想家，也是坚持以“道义”为前提和条件的，对违背道义的极端利己主义的思想倾向或行为也是持无情批判和反对态度的。因此，从某种意义上说，坚持“志”与“功”即“动机”与“效果”的统一论在中国传统伦理思想史上占有主导地位。

第七，道德在天地之间的意义，即伦理学与本体论的关系问题。张岱年先生认为，在中国哲学中，本体论和伦理学是密切关联的，本体论探讨以宇宙为范围的普遍性问题，伦理学探讨以人类生活为范围的特殊性问题。普遍性寓于特殊性之中，特殊性含蕴普遍性。故本体论为伦理学提供普遍性的前提，伦理学为本体论提供具体性的验证。张岱年先生还认为，伦理学与本体论的关系问题主要包括人在宇宙的地位如何、人类道德有无宇宙的意义及人类道德原则与自然界的普遍规律有何联系等若干问题。伦理学与本体论的关系问题，也可称之为“道德形而上学”的问题。它是中国传统伦理思想中的一个独特问题。宋明理学至清初思想家，如周敦颐、张载、王夫之、戴震等都有所讨论。

张岱年先生认为，天人关系之开端的问题，是人在宇宙之位置的问题。人在宇宙中之位置的问题，也可以说便是人生之意义的问题。或者说，人在宇宙自然界的地位，也即关于人生价值的问题，肯定人贵于物，即是肯定人具有高于一般动物的优越性，即具有高于一般动物的价值。道家老子以为人为域中四大之一。老子云："故道大、天大、地大、人亦大。域中有四大，而人居其一焉。人法地，地法天，天法道，道法自然。"（《老子・二十五章》）《易传・说卦传》云："立天之道曰阴曰阳，立地之道曰柔曰刚，立人之道曰仁曰义。兼三才而两之，故《易》六画而成卦。"儒家和道家都承认人在宇宙自然中具有卓越的价值。关于人与自然的关系，中国哲学有两类不同的观点：一类观点比较强调人与自然的统一，这就是"天人合一论"和"万物一体说"；另一类观点比较重视人与自然的区别，这就是"天人之分论"与"天人交胜说"。[①] 首先，"天人合一"观念，源远流长，在思想史上有一个发展演变过程。"天人合一"作为一个明确的命题，是由北宋哲学家张载提出的。张岱年先生还指出，从孟子到王夫之、戴震，"天人合一"思想，可列举五种观点：（1）性天同一；（2）天人合德；（3）万物一体；（4）天人相类；（5）天道人道的统一。[②] 其次，关于"天人之分论"与"天人交胜说"。荀子强调"天人之分"，并说："天行有常，不为尧存，不为桀亡。应之以治则吉；应之以乱则凶。强本而节用，则天不能贫；养备而动时，则天不能病；循道而不贰，则天不能祸。……故明于天人之分，则可谓至人矣。"（《荀子・天论》）唐代思想家刘禹锡提出"天人交相胜"的命题，并说："天之能，人固不能也；人之能，天亦有所不能也。故余曰：天与人交相胜尔。"（《刘梦得集・天论上》）刘禹锡的"天人关系"学说，揭示了"天之道"与"人之道"的区别。张岱年先生进一步分析，中国古代哲学家，无论是重视天人之"合"，还是重视天人之"分"，都不把天人看成敌对的关系，而是看成相待相成的关系，人待天而生，天待人而成，人是天的产物，而经过人的努力，可以使天达到更完美的境界。

关于人类普遍的道德原则与宇宙的普遍规律的关系。张岱年先生指出，人类的道德原则与宇宙的普遍规律，虽然属于不同的层次，还是有一定联系的。宋明理学家认为，人类道德原则与宇宙普遍规律是同一的，固然有误。但是如果认为两者毫无联系，就未免失之浅薄。"自然的普遍规律之中，至少

---

① 《张岱年全集》（第3卷），石家庄：河北人民出版社1996年版，第637页。

② 《张岱年全集》（第3卷），石家庄：河北人民出版社1996年版，第637页。

有两项普遍联系可以说是道德原则的基础：一是整体与个体的联系，二是物质与精神的联系。”① 就整体与个体关系而言，整体是由许多个体组成的，而个体也不能脱离整体而存在。“个人与群体为一体，个人生于群中，无一息能离群。任何人皆应有群己一体之自觉。”② 张岱年先生对程颐提出的“理一分殊”的命题进行具体分析：一方面，人与人是不同的，即“分殊”；另一方面，人与人之间存在密切的统一关系，即“理一”。“理一分殊”体现了“一”（一统）与“殊”（万殊）的对立统一关系。“一”与“殊”的关系，既是一项普遍规律，又是道德原则的依据。二程、朱熹认为，人道即是天道，道德准则在自然界中占主导地位。就物质与精神的联系而言，物质与精神的联系在社会生活中表现为物质生活与精神生活的关系问题。《管子》提出“仓廪实而知礼节，衣食足则知荣辱”；孟子提出“制民之产”思想等，都体现了物质生活与精神生活的联系。孟子还提出“舍生取义”思想，肯定“义”高于“生”的价值。人是生命之物，就应该珍视自己的生命，生命对人来说只有一次，但王夫之说：“将贵其生，生非不可贵也；将舍其生，生非不可舍也。……生以载义，生可贵；义以立生，生可舍。”（《尚书引义》卷五）体现道德理想的生命是可贵的，而为了实现道德理想，也可以牺牲自己的生命。不过需要指出的是，封建时代思想家所提倡的“义”固然有其阶级性，但王夫之所强调的“义”是民族之大义。为“义”而献身，体现了道德理想的崇高性。道德理想价值高于生命价值。

总之，人具有特殊优异的性质，在天地间实有卓越的位置。张岱年先生指出：“此特殊的优异性质，当即荀子所为‘有义’，即能辨别应当与不应当，在生活行动上，有自觉的规律；能有理想，并能努力求理想之实现。……人之所以异于禽兽者，实乃几希。然而即此几希，如能扩而充之，却未尝不可以得到十分的卓越。”③ “人类的社会生活存在于宇宙之中，道德是宇宙万事万象中人类所有的一种特殊现象，在宇宙应有一定的位置。人类道德，发生于太阳系的一个星球之上，在广大无垠的宇宙之中，在数量上是微小的，在性质上却是卓异的”。④ 道德是人的自觉自律的活动，是人生价值之所在，可谓是“在地球上的最美丽的花朵”的一项重要内容。张岱年先生早年在《人与世界》中就指出：“人生之意义，即是人生在宇宙历程中之位置。……人即

① 《张岱年全集》（第3卷），石家庄：河北人民出版社1996年版，第651页。
② 《张岱年全集》（第1卷），石家庄：河北人民出版社1996年版，第390页。
③ 《张岱年全集》（第2卷），石家庄：河北人民出版社1996年版，第201-202页。
④ 《张岱年全集》（第3卷），石家庄：河北人民出版社1996年版，第652页。

是宇宙中能有道德品值之物（品值，俗云价值）。”① 总之，人贵于宇宙万物在于人有道德。

第八，修养方法问题，即道德修养及其最高境界的问题。关于修养方法和修养境界理论也是中国伦理思想的一个重要内容。中国古代社会是一个十分注重道德修养的礼仪之邦。《大学》篇云：“自天子以至于庶人，壹是皆以修身为本”。而修身之道在于“正心”“诚意”，修身之目标在于“治国”“平天下”，即达到“内圣外王”的境界。“修”指修身，“养”指养性或养心。修养即提高思想觉悟，培养高尚品德。张岱年先生认为，在中国伦理思想史上，无论何派的思想家，都主张修养，提高思想觉悟，达到人格完善。如，孔子首先提出“修己以敬”“修己以安人”“修己以安百姓”（《论语·宪问》）的“修己”之说。老子宣扬“无为”，但也将“德”与“修”联系起来，老子说：“修之于身，其德乃真；修之于家，其德乃余；修之于乡，其德乃长；修之于国，其德乃丰；修之于天下，其德乃普。”（《老子·五十四章》）孟子最早提出“修养”一词。孟子说：“存其心，养其性，所以事天。夭寿不贰，修身以之，所以立命也。”（《孟子·尽心上》）孟子讲性善，主张养性。而荀子则反对性善，认为人性是恶的，故不讲养性而主张“化性”。但荀子讲“养心”，强调“君子养心莫善于诚。”（《荀子·不苟》）《中庸》提出“慎独”的修养方法。《中庸》云：“道也者，不可须臾离也，可离非道也。是故君子戒慎乎其所不睹，恐惧乎其所不闻。莫见乎隐，莫见乎微，故君子慎其独也。”道家庄子则宣扬所谓“心斋”“坐忘”等修养方法。宋明理学家提出了“敬义夹持”“格物致知”及“居敬穷理”等修养方法，亦称之为“涵养”，即培养自己的道德品质。张岱年先生认为，在宋、元、明、清时代，《孟子》《大学》及《中庸》的修养方法论得到进一步发展。“正统理学兼重‘尊德性’与‘道问学’，而比较强调‘道问学’的重要。陆、王学派专门宣扬‘尊德性’。颜、李学派批评理学家专讲心性修养的偏失，强调‘习行’，注重在实际活动中进行道德修养。”②

关于“内外”“知行”问题，也是中国传统修养论的一个重要问题。张岱年先生指出，中国古代哲学中所谓“内”“外”有三项含义：一、“内”指主体，“外”指客体，“内”“外”即是“己”与“人”或“己”与“物”的关系。二、“内”指精神生活，“外”指物质生活，“内”“外”即精神生活与物质生活的关系。三、“内”指德行，“外”指事业，“内”“外”即是德行与

① 《张岱年全集》（第1卷），石家庄：河北人民出版社1996年版，第379页。
② 《张岱年全集》（第3卷），石家庄：河北人民出版社1996年版，第656页。

事业的关系。哲学家们都重视“内”“外”的统一，但是各家各有所偏重。[①] 如《中庸》提出“性之德，合内外之道”的命题。北宋张载云：“‘精义入神’，事豫吾内，求利吾外；‘利用安身’，素利吾外，致养吾内也。”（《正蒙·神化》）“内”指心或精神生活，“外”指身或物质生活。张载强调“内”与“外”是相辅相成的。周敦颐说：“圣人之道，入乎耳，存乎心；蕴之为德行，行之为事业。彼以文辞而已者，陋矣！”（《通书·陋》）在己为德行，及物为事业。周敦颐强调，德行与事业是统一的。道德之所以为道德，在于不仅是思想认识，而更是行为的规范。道德修养兼赅“知”和“行”两个方面。张岱年先生指出，在宋、元、明、清哲学中，关于知行的关系，有三种不同的学说，即“程朱学派以为知先于行，有‘知’而后能‘行’。王阳明（守仁）学派宣扬‘知行合一’，以为‘知’‘行’不分先后。王船山（夫之）提出行先于知的精湛观点，对于传统的知行问题做了一次正确的总结。三派虽然立说不同。但是都肯定‘行’的重要。”[②] 因此，知与行的统一是道德之为道德基本特征。在中国古代，遵循道德原则而行动，谓之“身体力行”，谓之“躬行实践”。“身体力行”，意味着在身体上体现道德原则；“躬行实践”意味着将道德原则在生活中实现出来。一个有道德的人，必须在生活上遵循道德则而进行实际行动，达到“知”与“行”的统一。

关于道德修养境界。提高人们的道德境界，是道德教育和道德修养的落脚点，也是整个道德理论体系的最后归宿。理想人格是道德修养的境界。历史上各派思想家都提出了各自的理想人格。儒家提出“圣人”“仁人”。儒家孔子把能够做到“博施于民而能济众”，称之为“圣人”；“仁者爱人”，即能够爱人可谓是“仁人”。孟子提出“圣人”的四个典型，即伯夷、伊尹、柳下惠、孔子。“伯夷，圣之清者也。伊尹，圣之任者也。柳下惠，圣人之和者也。孔子，圣之时者也。”（《孟子·万章下》）“清”“任”“和”“时”是圣人的四个典型特征。理学家周敦颐认为，理想人格的精神境界即是“孔颜乐处”——孔子“发奋忘食，乐以忘忧”，颜回“一箪食，一瓢饮，在陋巷，人不堪其忧，回也不改其乐”。“孔颜乐处”是儒家道德修养的崇高境界。道家老子提出“圣人”为最高理想人格，庄子不满意儒家所谓的“圣人”，提出“至人”“神人”的理想人格。他说：“至人无己，神人无功，圣人无名。”（《庄子·逍遥游》）又说：“至人神矣，大泽焚而不能热，河汉沍而不能寒，……死生无变于己，而况利害之端乎。”（《庄子·齐物论》）可见，“至人”

① 《张岱年全集》（第3卷），石家庄：河北人民出版社1996年版，第657页。
② 《张岱年全集》（第3卷），石家庄：河北人民出版社1996年版，第658–659页。

是超脱生死的人。庄子还讲“真人”，所谓真人是“不知说生，不知恶死”，“不以心捐道，不以人助天。”（《庄子·大宗师》）可见，真人就是至人。张岱年先生认为，庄子所谓的“至人”，是一种虚拟的遗世独立的人格。就精神境界而言，张岱年先生认为，孔子以“博施于民而能济众”为最高境界；孟子讲“万物皆备于我”“上下与天地同流”的精神境界，“表现了浩大的心胸，也表现出神秘主义的倾向”；庄子讲“天地与我并生，万物与我为一”的精神境界，是“一种神秘主义的境界”；北宋张载讲“大心体物”的精神境界，程颢讲“以天地万物为一体”的精神境界，主张超越自我，都难免限于空虚。哲学家冯友兰先生曾提出四种人生境界，即“自然境界”“功利境界”“道德境界”和“天地境界”。“前二者是自然的礼物，不需要特别功夫，一般人都可以达到。后二者是精神的创造，必须经过特别修养的工夫，才能达到。道德境界中的人是贤人，天地境界中的人是圣人，两种境界可算是圣关贤域。”① 据此，张岱年先生认为，中国古代有关先哲的精神境界，有的相当于冯友兰先生所说的最高境界“天地境界”。

中国传统的道德修养论具有十分丰富的内容，其修养方法和修养境界不乏神秘主义的倾向，但也有其真理性的颗粒，是对人类道德修养的理论和实践的重大贡献。在中国古代的道德修养论中，儒家的道德修养论居于主导地位。“古代哲学家既无社会革命的思想，又无社会革命的实践，他们的修养论与革命家的修养相去甚远。但是古代进步思想家都有以天下为己任的抱负，有移风易俗的愿望。”② 而且“古代哲学家力求充实精神生活，提高精神境界的言论，仍然是具有启发意义的。”③ 因此，《论语》《孟子》《大学》《中庸》，以及古代思想家提出的修养理论尽管具有显著的时代性和阶级的局限性，但在今天仍然具有一定的参考价值。

（三）结语

中国传统哲学中的本体论、认识论和道德学说存在着“三位一体”的相互融合、相互贯通的现象，使得伦理学说作为一门独立的学科不能脱颖而出，即“中国古代哲学的一个根本特点，就是天道论、伦理学、方法论的密切结合，可以说构成三位一体。在中国古代哲学中，宇宙的第一原理也就是道德

---

① 冯友兰著：《哲学的精神》，西安：陕西师范大学出版社 2008 年版，第 180 页。

② 《张岱年全集》（第 3 卷），石家庄：河北人民出版社 1996 年版，第 663 页。

③ 《张岱年全集》（第 7 卷），石家庄：河北人民出版社 1996 年版，第 485 页。

的最高准则，认识真理的方法也就是道德修养的方法。"① 张岱年先生致力于将伦理学说从中国传统哲学中剥离出来，并借助唯物辩证法和逻辑解析法对伦理学说的基本问题做出了创造性的解读。有学者指出："它涵盖了现有与应有、事实与价值、道义与功利等被后来人们在伦理学基本问题讨论中所分别强调的问题，启迪我们应该从道德现象和道德价值的双重角度去关注伦理学不同于其他学科的理论特质，把规范伦理学同描述伦理学、理论伦理学有机地结合起来。"② 张岱年先生对中国伦理学说基本问题的论述，是全面而深刻的，熔铸了他对中国传统伦理学说基本问题的创造性理解，有助于人们对中国传统伦理学说的历史进程和基本问题有个比较整体的把握。

在20世纪的中国伦理思想发展史上，张岱年先生是比较自觉地运用马克思主义世界观和方法论研究中国伦理思想史的先驱。张岱年先生所探讨的中国传统伦理学说的基本问题，言简意赅而又涵蕴深厚，既相互渗透又相辅相成。其理论成果不仅为人们深入研究中国传统道德哲学提供了有效的方法路径，而且为当代中国社会主义道德建设提供了丰富的传统伦理资源。同时对于提高民族的自尊心和自信心也有意义，"研究中国伦理思想史非常必要，我们要好好研究中国伦理思想发展史，认识其中的精华，批判其中的糟粕，这对于提高民族的自尊心、自信心是有必要的。"③

[原文刊登于《贵州大学学报》(社会科学版) 2011 年第 4 期，收入本书时略加修改或补充]

三、张岱年对中国传统伦理思想基本派别的研究

张岱年先生不仅是当代中国杰出的哲学家和哲学史家，而且是著名的伦理学家。在伦理学研究方面，不仅撰写出《人与世界——宇宙观与人生观》《中国哲学大纲·人生论》及《天人五论·品德论》等著作，而且撰写了《中国伦理思想发展规律的初步研究》与《中国伦理思想研究》等专门论著，不仅对伦理学基础理论问题和中国传统伦理思想进行精湛的研究，而且还创造性地提出了中国传统伦理思想的基本派别应为道义论和功利论。

① 《张岱年全集》(第 4 卷)，石家庄：河北人民出版社 1996 年版，第 125 页。
② 王泽应：《20 世纪中国马克思主义伦理思想研究》，北京：人民出版社 2008 年版，第 275 页。
③ 《张岱年全集》(第 3 卷)，石家庄：河北人民出版社 1996 年版，第 686 页。

（一）张岱年对中国传统伦理思想基本派别的创造性解读

在20世纪80年代，国内理论界有的学者套用哲学的基本问题，将中国传统伦理思想分为唯物主义伦理学派和唯心主义伦理学派两大阵营。张岱年先生认为，不能套用哲学的基本问题来划分伦理学的基本学派。因为“在马克思主义出现以前，多数在宇宙观认识论方面坚持唯物主义观点的哲学家，在历史观与伦理学说方面，却不能够摆脱唯心主义的束缚，不能够提出系统的唯物主义的历史观或唯物主义的道德学说来。”① 而且“伦理学说要承认物质生活与精神生活的统一”。② 故“伦理学的基本派别不能简单地归结为唯物主义与唯心主义的对立。尤其中国古代伦理学说更非如此。”③ 张岱年先生认为，中国古代伦理学说基本派别应为道义论和功利论：“道义论肯定道德价值高于实际利益，功利论强调道德价值不能脱离实际利益。道义论以孔子、孟子、董仲舒、宋明理学为代表；功利论以墨子、李觏和陈亮、叶适为代表，两者都有所偏向。”④ 中国传统道义论实际上就是传统儒家道义论，中国传统功利论则包括先秦墨家功利论和宋明时期儒家功利论。

第一，传统道义论。中国传统道义论学派是以儒家为典型代表。张岱年先生不仅通过梳理义利之辨与理欲之辨来阐释传统道义论，而且还从精神价值与物质价值、生命价值之比较来诠释传统道义论。

首先，从义利之辨来看，传统道义论强调“义”重于“利”。义利之辨是儒学的基本问题之一。理学家程颢认为，“天下之事，惟义利而已。”（《河南程氏遗书》卷十一）理学大师朱熹说：“义利之说乃儒者第一要义。”（《朱子大全》）先秦儒家学派创始人孔子最先区分了义与利，并说“君子喻于义，小人喻于利。”（《论语·里仁》）其中所谓“义”是指道德原则，“利”指个人的私利。但孔子并不完全排斥利而提出“因民之所利而利之”（《论语·尧曰》）的政治主张。张岱年先生认为，“民之所利”是应该重视的，在个人利益与道德原则发生矛盾时应该服从道德原则。孔子还强调要“见得思义”，反对见利忘义。孔子又说：“君子义以为上。”（《论语·阳货》）即义具有至上的道德价值。孟子在面对梁惠王的“亦将有以利吾国乎”的问话时，直言不讳地说：“王何必曰利？亦有仁义而已矣。”（《孟子·梁惠王上》）孟子强调

---

① 《张岱年全集》（第3卷），石家庄：河北人民出版社1996年版，第449页。
② 《张岱年全集》（第3卷），石家庄：河北人民出版社1996年版，第601页。
③ 《张岱年全集》（第3卷），石家庄：河北人民出版社1996年版，第517页。
④ 《张岱年全集》（第3卷），石家庄：河北人民出版社1996年版，第517页。

义与利的对立，认为义的价值绝对高于利的价值。荀子从荣辱观上强调先义而后利，他说："先义而后利者荣，先利而后义者辱。"（《荀子·荣辱》）又说："义胜利者为治世，利克义者为乱世。"（《荀子·大略》）即能否正确地处理义利关系事关国家治乱兴衰。荀子认为任何人在考虑个人利益的同时，更应该使个人利益的考虑服从道德原则的指导。可见，先秦儒家强调重义轻利，提倡道义至上。

与儒家不同，墨家强调义与利的统一，即"义，利也。"（《墨子·经上》）墨家所谓的"利"，不是指个人的私利，而是指"国家百姓人民之利"（《墨子·非命上》）。墨家用"利"来诠释"义"，"也就是认为道德的价值在于人民的喜好满足，亦即人民生活需要的满足"。[①] 与儒家、墨家的义利观相比，"道家则既不看重利，也不推崇义，以为所谓'圣人'、'至人'一方面'忘年忘义'（《庄子·齐物论》），一方面也'不就利，不违害'（《庄子·齐物论》），而超脱了关于义、利的考虑。实际上，这是一种自我陶醉的幻想。"[②] 汉代大儒董仲舒则提出"正其谊不谋其利，明其道不计其功"（《汉书·董仲舒传》）的经典命题，强调重义轻利，对后世产生了深远的影响。对儒家重义轻利的价值取向，至宋、明两代，一些哲学家或思想家则提出了批评，强调道义离不开功利。李觏对孟子"何必曰利"提出了异议，他说："孟子谓何必曰利，激也，焉有仁义而不利者乎？"（《李盱江·原文》）李觏否定重义轻利而肯定利的重要性和基础性。叶适也不赞同重义轻利，批评董仲舒的观点说："仁人正谊不谋利，明道不计功，此语初看极好，细看疏阔。古人以利与人，而不自居其功，故道义光明。后世儒者行仲舒之论，既无功利，则道义者乃无用之虚语耳。"（《习学记言》卷二十三）叶适认为，道义是不能脱离功利的，为人谋取利益便是道义。颜元则进一步将董仲舒的经典命题修改为"正其谊以谋其利，明其道而计其功"（《四书正误》卷一），即强调道义与功利的统一。明末清初哲学家王夫之在肯定义、利两者都有价值的基础上，强调义的至上性和价值主导地位。他说："立人之道曰义，生人之用曰利。出义入利，人道不立；出利入害，人用不生。""利原义之所必得"，"离义而不得有利也。"（《尚书引义》二）强调义利不相离，且义的价值高于利的价值。

其次，从理欲之辨来看，传统道义论强调"理"高于"欲"。"义利之辨"在宋明时期，进一步演变为"理欲之辨"，或者说宋明时期的"理欲之

① 《张岱年全集》（第6卷），石家庄：河北人民出版社1996年版，第473页。
② 《张岱年全集》（第3卷），石家庄：河北人民出版社1996年版，第590–591页。

辨”是“义利之辨”的历史延伸和逻辑发展。早在先秦时期，孔子就提出关于“欲”的问题，即“七十从心所欲而不逾矩”（《论语·为政》），表达了节欲的取向。孟子提出“寡欲”说，即“养心莫善于寡欲。”（《孟子·尽心上》）荀子则提出“以道制欲”的主张：“君子乐得其道，小人乐得其欲。以道制欲，则乐而不乱；以欲忘道，则惑而不乐。”（《荀子·乐论》）即认为欲望应当受道德原则的制约。至宋明时期乃有理欲之辨，主张“存理去欲”。张岱年先生对“理”与“欲”进行了精湛分析：“所谓天理，即自然的普遍的规律或准则。自然而普遍，则含括必然的意思。故所谓天理，亦可以说是必然的规律或准则。……宋代道学中所谓人欲，亦即是私欲之意。在宋代道学，凡有普遍满足之可能，即不得不满足的，亦即必须满足的欲，皆不谓之人欲，而谓之天理。如饥而求食，寒而求衣，以及男女居室，道学皆谓之天理。凡未有普遍满足之可能，非不得不然的，即不是必须满足的欲，如食而求美味，衣而求美服，不安于夫妇之道而别有所为，则是人欲。所谓天理人欲之辨，其实是公私之辨。”[①] 理欲问题，不仅包括公利与私利的关系问题，而且涉及精神生活与物质生活的关系问题抑或道德与利益的关系问题。

北宋哲学家张载把理欲问题同人性问题联系起来，认为天地之性是天理的体现，气质之性是人欲的表现，他把天理与人欲对立起来，主张“上达反天理，下达徇人欲者与。”（《正蒙·诚明》）在理欲之辨中，宋明理学家二程认为，仁是天理，人欲与天理是绝对对立的，“不是天理，便是人欲”，“人欲肆，而天理灭矣。”（《河南程氏粹言·卷二》）二程进而明确提出了“存天理，灭人欲”的命题。二程说：“天理与人欲相对，有一分人欲，即灭却一分天理；有一分天理，即胜得一分人欲。人欲才肆，天理灭矣。”（《二程语录》）二程认为“去人欲，存天理”，是实现“仁”的根本途径。理学大师朱熹强调“学者须革尽人欲，复尽天理，方始是学”。又说：“人之心，天理存则人欲亡，人欲胜则天理灭，未有天理人欲夹杂者，学者须要于此体认省察之。”（《朱子语类》卷十三）其中，“天理”代表一种最高的道德原则，“存天理，灭人欲”的本义，就是用最高的封建道德原则去限制私欲横流，要求人们学习和实践道德原则，不能无限制地发展私欲，如果无限制地发展私欲，人与禽兽就无区别。王守仁在天理人欲问题上极力赞同朱熹，即“只要去人欲，存天理，方是工夫，静时念念去人欲存天理，动时念念去人欲存天理。”又说：“圣人之所以为圣，只是其心纯乎天理而无人欲之杂。”（《传习录上》）

① 《张岱年全集》（第2卷），石家庄：河北人民出版社1996年版，第483页。

但对“存天理灭人欲”的观点，宋明理学家中也有持相反意见的。如陆象山说：“天理人欲之分，论极有病。自《礼记》有此言，而后人袭之。岂有天理物欲之分?”（《语录》）天人是合一的，天理与人欲理应是合一的。“存天理灭人欲”，实有违于“天人合一”之原则。明清时代一些哲学家或思想家对“存理去欲”说提出了严厉的批评。明朝的罗钦顺、王夫之对程朱理学派的理欲观进行了批判，认为理与欲有统一的关系，不能完全把它们对立起来。王夫之说：“虽云天理人欲不容并立，乃可言人欲之害天理，而终不可言天理之害人欲。害人欲者，则终非天理之极至矣。”（《读四书大全说·孟子》）“有是故有非，有欲斯有理。”（《周易外传》二）天理即在人欲中，杜绝人欲则无所谓天理，故天理与人欲是统一的。王夫之还说：“廓然见万物之公欲，而即为万物之公理。”“天下之公欲即理也。”（《正蒙注》四）即认为公理就是人欲。清代戴震强调“理存乎欲”，肯定理与欲的统一，指责宋明理学家是“以理杀人”。戴震深刻批评理学，“有意作为，即是人欲”，“凡事为皆有于欲，无欲则无为矣。有欲而后有为，有为而归于至当之不可易谓理，无欲无为又焉有理!”“天理者，节其欲而不穷人欲也。是故欲不可穷，非不可有；有而节之，使无过情无不及情，可谓之非天理乎?”“人伦日用，圣人以通天下之情，遂天下之欲，权之而分理不爽，是谓理。”（《孟子字义疏证》卷上）戴震对理欲的分析批判，只是片面地强调两者的统一而忽视其对立。

总而言之，关于理与欲的关系，既有天理与人欲相对立的片面观点，也有天理与人欲统一的调和倾向。无论是强调理欲的对立还是强调理欲的统一，其立足点都在于肯定“理”的本体性和主导性。但从理欲之辨的历史进程来看，宋明理学家关于天理与人欲对立的观点占据主流。在多数理学家看来，天理是纯粹至善的，人欲是万恶之源头，实现至善天理，就必须摒弃人欲。“存天理灭人欲”，成为多数学者追求的价值目标或终极关怀。从伦理角度来看，“理”是道德理性，“欲”是感性欲望。张岱年先生认为，理与欲的问题，用现在的名词来说，即是道德原则与物质利益之间关系的问题。道德原则亦即解决人们的物质利益的相互矛盾的原则。道德原则不仅要解决人与人之间物质利益的矛盾，而且还要解决人们的精神需要与物质需要之间的矛盾。从理欲之辨的理论态势来看，儒家道义论强调道德原则高于物质利益，即“理”高于“欲”。

最后，从精神价值与物质价值、生命价值之比较来看，传统道义论强调道德价值高于物质价值和生命价值。儒家认为，道德是人所具有的内在价值，具有至上性。在物质价值与精神价值比较中，儒家强调精神价值高于物质价值。孔子说：“君子义以为上”（《论语·阳货》）、“好仁者无以尚之”（《论语·里仁》），就是认为道德价值是至高无上的。孔子还说："富与贵，是人之所欲也，不以其道得之，不处也。贫与贱，是人之所恶也，不以其道得之，不去也"（《论语·里仁》）；"士志于道，而耻恶衣恶食者，未足与议也。"（《论语·里仁》）可见，道义价值或精神价值高于物质财富的价值。孟子认为，"良贵"是人的价值所在，他说："欲贵者人之同心也。人人有贵于己者，弗思耳。人之所贵者，非良贵也。赵孟之所贵，赵孟能贱之。"（《孟子·告子上》）张岱年先生指出："所谓'良贵'即是人人所具有的内在价值，与'人之所贵'不同。'人之所贵'即是被授予的爵位，这是可以剥夺的；而人所固有的良贵是不可能被剥夺的。孟子认为，人的'良贵'即在于人的'仁义忠信'的道德意识。"① 荀子认为，人生之道就是积累善行，养成崇高的道德品质。他说："积善成德，而神明自得，圣心备矣。"（《荀子·劝学》）荀子要求在现实生活中实现崇高的道德理想。董仲舒也肯定精神价值高于物质价值。他说："天之生人也，使人生义与利。利以养其体，义以养其心。心不得义不能乐，体不得利不能安。义者心之养也，利者体之养也。……夫人有义者，虽贫能自乐也；而人无义者，虽富莫能自存。"（《春秋繁露·身之养莫重于义》）在董仲舒看来，"义"高于"利"，精神价值高于物质价值。张岱年先生总结道："张载宣扬'民吾同胞，物吾与也'的道德原则，程颢强调'仁者与万物为一体'，程颐、朱熹标榜'与理为一'，陆九渊、王守仁则鼓吹'发明本心'即实现心中之理。这些理学家都充分肯定了道德的崇高和尊严，认为实行道德原则即是人生价值之所在。"② 从精神价值与物质价值的比较来看，儒家道义论强调道德价值或精神价值高于物质价值。

张岱年说："儒家'义以为上'，把道德看作是有价值的，同时又肯定人的价值，宣称'天地之性人为贵'。"③ 孔子更认为义的价值高于生命的价值，为了实现道德理想可以牺牲生命，故"志士仁人，无求生以害仁，有杀身以成仁"（《论语·卫灵公》），即在特定的条件下，当仁与生命不能两全时，应该牺牲生命以实现仁德即"杀身成仁"。孟子也说："生亦我所欲也，义亦我所欲也，二者不可得兼，舍生而取义者也。"（《孟子·告子上》）孟子肯定生命和道德都有价值，但更认为道德价值高于生命价值，故两者不可兼得之时，要做到"舍生而取义"。从孔子的"杀身成仁"到孟子的"舍生取义"，都彰显出道德价值高于生命价值。宋明理学家更加强调道德重于生命，从"存天

---

① 《张岱年全集》（第7卷），石家庄：河北人民出版社1996年版，第110-111页。
② 《张岱年全集》（第5卷），石家庄：河北人民出版社1996年版，第506页。
③ 《张岱年全集》（第6卷），石家庄：河北人民出版社1996年版，第39页。

理，灭人欲”的前提出发，程颐则提出“饿死事小，失节事大”的命题，将道德价值至上性发挥到极致。相对于“天理”而言，个体的生命价值显得微不足道。明末清初哲学家王夫之则提出“珍生务义”的价值论，在肯定人的生命价值的基础上，实现道德价值与生命价值的统一。从总体上来看，精神价值与生命价值相比较，儒家道义论强调道德价值或精神价值高于生命价值。

总之，传统道义论体现了“义以为上”的价值取向。张岱年先生说：“古代儒家所谓义，有时指社会的整体利益，有时指以社会整体利益为名义的统治阶级基本利益。但是，儒家所谓义还有一项更重要的意义，即坚持精神需要、实现精神价值。”① 从先秦到宋明，儒家思想有一个显著的特点，就是强调道德价值或精神价值高于物质价值或生命价值。儒家在义与利、理与欲、道德原则与物质利益、个人利益与整体利益、精神生活与物质生活之比较中，强调重义轻利、存理灭欲、道德原则高于物质利益、整体利益高于个人私利、精神生活高于物质生活等，体现了传统道义论的固有内涵和理论特色。可见，从精神价值与物质价值、生命价值之比较来看，传统道义论强调道德价值高于物质价值和生命价值。

第二，传统功利论。先秦儒家和汉儒董仲舒都强调“重义轻利”，但并不绝对排斥“功利”，只是不赞成“功利主义”的价值取向。张岱年先生认为，在中国伦理思想史上，功利论学派以墨子、李觏、陈亮及叶适等为主要代表。先秦墨家功利论与宋明时期儒家功利论既有相同之处，也有着显著的区别。

首先，先秦墨家功利论主张“利”即“义”。先秦时期，功利论以墨家为代表。教育家蔡元培认为，墨家提倡功利论，并说：“爱者，道德之精神也，行为之动机也。而吾人之行为，不可不预其效果。墨子则以利为道德之本质，于是其兼爱主义，同时为功利主义。”② 《墨子》书中多言“利”，如“人民之大利”“民之利”“天下之利”“国家百姓人民之利”等。墨家所谓利，乃指公利而非私利，不是个人的利，而是最大多数人的利。墨子强调“仁人之所以为事者，必兴天下之利，去天下之害。”（《墨子·兼爱中》）墨子还提出“言必有三表说”，即“有本之者，有原之者，有用之者”，而最重要的则是“用之”。“于何用之？发以为刑政，观其中国家百姓人民之利。”（《墨子·非命上》）即是说“国家百姓人民之利”是最重要的大利，也是最高的价值标准。墨子以利为言论行动的最高准则，即“凡言凡动，利于天、

① 《张岱年全集》（第 3 卷），石家庄：河北人民出版社 1996 年版，第 594 页。
② 蔡元培著：《中国伦理学史》，北京：人民出版社 2008 年版，第 42 页。

鬼、百姓者为之。凡言凡动，害于天、鬼、百姓者舍之。”（《墨子·贵义》）张岱年先生说：“墨家重视实际利益，‘兼相爱’也就是‘交相利’，尽力做有利于人民的事情。……‘发以为刑政，观其中国家百姓人民之利’即考察实际应用的效果。”① 可见，墨子与儒家孔子不同，以“国家百姓人民之利”为最高价值取向，墨家提倡功利主义。

张岱年先生通过先秦儒家与墨家之比较，认为儒家崇尚道义而贬斥个人私利，墨家提倡功利而坚持义利统一。墨子反对儒家“重义轻利”的观点，而主张既要重视“利”，也要重视“义”，坚持“义利合一”的价值观。张岱年先生说：“儒墨关于义利关系的见解彼此对立。但儒家所谓利指个人私利而言，墨家所谓利指国家人民百姓之大利，两者所说利的意义不同。”② 墨家提倡的“利”是一种以“公利”为基本内容的，凡是符合公利的就是义，反之则不是。墨子认为“万事莫贵于义”（《墨子·贵义》），而且义可贵之处在于是有利于人民的。墨子说：“今用义为政于国家，人民必众，刑政必治，社稷必安。所为贵良宝者，可以利民也。而义可以利人。故曰义天下之良宝也。”（《墨子·墨经》）墨子用“利”来解释“义”，墨家的义与利是统一的。墨家的功利论，不仅强调“国家百姓人民之利”，主张义利统一，而且认为任何有价值的事物必有一定用处，否则就没有存在的价值。在与儒家“重德轻力”比较中，张岱年先生论述墨家比较重视“力”的价值。墨子认为人与动物不同，必须依靠用力才能生存，并说：“今人固与禽兽麋鹿蜚鸟贞虫异者也，……赖其力者生，不赖其力者不生。”（《墨子·非乐上》）同时，张岱年先生还依据史料进一步分析墨家的“力”的内涵，即王公大人的“听讼治政”、农夫的“耕稼树艺”、妇女的“纺绩织衽”等都属于“力”的范畴。

总之，墨家既重视利也注重“义”，认为利即义。墨家功利观内含“义”的因素，强调义与利的统一。张岱年先生说：“墨家把道德原则与天下之利统一起来。儒墨都反对私利，这是一致的。儒墨的区别在于，墨家认为道德的最高原则就是公利，儒家则认为道德原则不仅是公利，而且是高于公利的。”③ 墨家从小生产者的利益和需求出发，把“公利”即广大人民群众的利益放在最高位置。墨子认为，公利与私欲是截然对立的价值取向。公利就是义，它具有普遍的价值意义；私利是欲，是专门利己的行为，必须加以摒弃。张岱年先生把墨家崇尚功利的价值称之为“功用价值论”。

---

① 《张岱年全集》（第6卷），石家庄：河北人民出版社1996年版，第4-5页。
② 《张岱年全集》（第7卷），石家庄：河北人民出版社1996年版，第261页。
③ 《张岱年全集》（第3卷），石家庄：河北人民出版社1996年版，第590页。

其次，宋明时期儒家功利论强调道义不能离开功利。自宋代以来，功利思想逐步形成一种社会思潮。宋代商品经济有了高度的发展，自由商人比过去时代更加活跃。新兴的市民阶层在活跃的经济活动中，寻找自己的价值，个人的功利意识开始凸现出来，社会的价值观开始变化。李觏是北宋初年著名的思想家，其思想倾向就是重视“功利”，反对孟子、董仲舒不讲或轻视功利的思想。李觏批判儒家传统的重义轻利论，认为一般儒者都“重义而贱利”是不应该的，并说“人所以为人，足食也；国所以为国，足用也”（《国用》），即是说没有衣食财物和一定的物质利益就没有国家和民众，人的生存需要物质利益，国家的维持和发展也离不开物质利益。李觏还说：“洪范八政，一曰食，二曰货。孔子曰：‘足食足兵，民信之矣。’是治国之实，必本于财用。”（《富国策》第一）即是说政治上各方面问题的解决，须有“财用”才能解决。关于“利”与“欲”的关系，李觏认为两者都是可以讲的，因为“人非利不生，曷为不可言?”“欲，人之情，曷为不可言?”（《原文》）利是人们维持日常生活的必要条件，欲是人的自然感情。利欲本身并不是恶，但如果利欲违背了“礼”，那就变成了“恶”。利欲只要合乎“礼”，就是正当的。李觏肯定了利欲的重要性与正当性，体现了重视功利的思想。同时，李觏还认为道义起源于功利，同功利是密切联系而不可分割的。李觏进而认为，仁义道德是以财货功利为基础的，“生民之道食为大，……食不足，心不常，虽有礼仪，民不可得而教也。”（《平土书》）“民不富，仓廪不实，衣食不足，而欲教以礼节，使之趋荣而避辱，学者皆知其难也。”（《国用》）道义不仅以物质利益为基础，而且必须服务于人们对物质利益的追求。可见，李觏的功利论有朴素唯物主义的因素，是对先秦儒家道义论的继承与超越。

南宋陈亮、叶适提倡“事功之学”，对“谈性命而辟功利”的程朱理学提出了严厉的批评。陈亮认为义与利是统一的。在陈亮看来，功利不仅是道义的基础，而且本身包含道义的因素。“为士者耻言文章行义，而曰尽心知性；居官者耻言政事书判，而曰学道爱人。相蒙相欺，以尽废天下之实，则亦终于百事不理而已。”（《送吴允成运干序》）即是说，理学家专门研讨“道德性命”的问题，而不注重实际事务，没有解决实际问题的能力。陈亮认为，讲学问也要注重“事功”，他讽刺当时的唯心主义说：“书生之智，知议论之当正，而不知事功之为何物。”（《戊申再上孝宗书》）可见，陈亮强调“事功”的重要性。陈亮还提出“适用”作为学问取舍的标准，即“正欲揽金、银、铜、铁、锡作一器，要以适用为主耳。”（《与朱元晦》）所谓“适用”的取舍标准反映了商人阶层的价值取向。陈亮还主张把实际事功即取得实际功效作为判断道德价值的标准，他的朋友陈傅良将其观点概括为“功到成处，便是有德；事到济处，便是道理。”（《止斋文集答陈同父》）可见，陈亮把重事功与讲道德统一起来，是对程朱学问之道的反动和提升。继陈亮之后，叶适也对程朱理学的“贵义贱利”提出了批评。叶适在伦理学说方面，批评传统的“义利之辨”，反对“重义轻利”的思想，强调义与利应该是统一的。叶适还站在商人的立场，提倡“以国家之力扶持商贾，流通货币。”（《习学记言》）在叶适看来，道义以功利为内容并通过功利表现出来，不讲功利，道义就变成空洞无用的东西，从而击中了程朱理学家只讲道义而否定功利、只谈性命而忽略功业的要害。叶适肯定道义与功利是统一的，道义不能离开功利。

汉代以后，与儒家并称显学的墨学销声匿迹了，故墨家功利论在历史上的影响是极为短暂的。宋明时期的李觏、陈亮、叶适等儒家学者，对先秦儒家重义轻利的价值取向进行修正，提出了“义利兼顾”的价值论断，并在此基础上提出“功利论”。无疑，宋明以来的儒家功利论，主张把道义与功利结合起来，倡导义利并重，较先秦儒家片面地强调“重义轻利”价值观，是一种显著的历史进步。不过，需要特别强调的是，儒家功利论仍然是以“义”为道德基石的一种伦理学说，即所谓的“利”是指符合道德规范、具有道德价值的社会功利，而且在道义原则与功利要求发生矛盾时，儒家强调道义原则优先于功利原则，而且对违背道义的利己主义思想倾向或行为也是持批判和反对态度的。道义不能离开功利，但道义价值高于功利价值。

（二）与传统功利论相比，传统道义论对中国古代社会的影响应居于主导地位

无论是传统儒家道义论还是先秦墨家功利论，无论是先秦墨家功利论还是宋明时期儒家功利论，无论是先秦儒家道义论还是宋明时期儒家功利论，它们既有内在的联系也有显著的区别。从总体上看，与传统功利论相比，传统道义论在中国传统伦理思想中居于主导地位。从道德与经济的关系来看，传统道义论是对自给自足的自然经济特质的一种道德注脚；传统功利论是对以交换为主的商品经济属性的一种伦理反映。因此，传统道义论和传统功利论在中国古代社会所产生的影响是不同的。中国古代社会是自给自足的自然经济占统治地位的社会，传统道义论对中国古代社会的影响理所当然地居于主导地位。张岱年先生指出：“关于义与利的思想，可以说主要分为三派。孔子，孟子，朱子等，尚义，别义与利为二。墨子重利，合义与利为一。荀子，董子，张子，程伊川尚义，而不绝对排斥利，有兼重义利的倾向；而明确兼重义利的，是李泰伯，陈同甫，叶水心及颜习斋。在历史上，此三派中，以

第一派势力最大。”[①] 即是说孔子、孟子和朱熹的“尚义”派或“重义轻利”派对中国古代社会的影响最大。“自孔孟提出重义轻利、贵义贱利的理论学说后，汉儒董仲舒建立的‘正其谊不谋其利，明其道不计其功’的道义论体系，到宋明理学得到了进一步的发展与完善。同时，他们进一步提出天理人欲之辨，将义利之辨发展为理欲之辨，鼓吹‘存天理灭人欲’。明清之际进步的伦理学家虽对宋明理学的义利理欲观作过批判，但并未从根本上否定重义轻利的义利观。”[②] 总之，儒家传统道义论对中国古代社会的影响应居于主导地位。

当代马克思主义伦理学家罗国杰教授说：“中国古代传统道德中的‘义’，主要是指一种整个社会的核心价值观念，它和‘仁’几乎有同等重要的意义。人的一切行为，都要把是否合乎‘义’视为最根本要求。”[③] 在历史上，儒家把是否合乎“义”作为评价人们一切社会行为的主要价值准则。儒家道义论由于片面地强调道义的至上性，固然有利于提升人的精神境界，对中华民族精神的塑造产生了深刻的影响。同时，张岱年先生也指出：“在历史上，儒家道家都标出崇高的理想，对于理论思维做出了可贵的贡献，但是都比较忽视效用问题。唯有墨家强调效用，秦汉以后，墨学中绝，重视效用的观点就比较罕见了。这在伦理观上表现为重义轻利，在职业观上表现为重农轻商。这确实起了不良影响，致使文化的发展呈现畸形。”[④] 由于片面地强调“义”而轻视“利”，重视“理”而忽视“欲”，不重视对社会实际问题的探索，因而不能为近代实验科学提供理论前提，客观上延缓了中国封建社会生产力的发展，也阻碍了商品经济的发展。汉代以后，与儒家并称显学的墨学销声匿迹了，故墨家功利论在历史上的影响是极为短暂的。传统儒家功利论提倡在遵循“义”的基础上强调“利”的因素，固然有其合理性的因素，但是由于其理论特质与中国古代社会居于统治地位的自给自足的自然经济不相契合，因此，它在社会生活层面的影响几乎是微不足道的。

（三）中国传统道义论和功利论与西方道义论和功利论之比较

不论在中国还是在西方，功利论和道义论都是重要的伦理学派。张岱年先生认为，在西方，理性主义哲学家可以说是讲义的，功利主义者则宣扬功

① 《张岱年全集》（第2卷），石家庄：河北人民出版社1996年版，第427-428页。
② 魏英敏著：《新伦理学教程》，北京：北京大学出版社1993年版，第90-91页。
③ 罗国杰：《论中华民族传统道德的“精华”与“糟粕”》，《道德与文明》2012年第1期。
④ 《张岱年全集》（第6卷），石家庄：河北人民出版社1996年版，第228页。

利。但中国传统的道义论和功利论与西方的道义论和功利论，既有相通之处，也有显著的区别。

就功利论而言，中国传统功利论与西方功利论，在处理个人利益与社会整体利益关系的价值取向上有着本质的区别。西方功利论强调，个人利益是公共利益的基础，社会利益从个人利益开始，唯有个人利益是唯一现实的利益。因此，西方功利论所谓的"最大多数人的最大的幸福"，在本质上体现一种"利己主义"的价值取向。儒家虽然强调"义以为上"，但并不排斥功利，只是主张在遵循道义的基础上或在不损害他人利益和社会整体利益的基础上，谋取自身合理的利益，同时更强调"杀身成仁""舍生取义"。墨家认为"利"即"义"，提倡"国家百姓人民之大利"。因此，它们在本质上体现的是一种"整体主义"的价值取向。张岱年先生指出："儒家尚义，以为作事只须问此行为应当做与不应当做，而不必顾虑个人的利害。墨家则以为一切行为，应以求人民之大利为目的。墨家虽最重利，然并非不讲义，而且强调贵义，不过认为义利是一致的。"① "古代儒家所谓义，有时指社会的整体利益，有时指以社会整体利益为名义的统治阶级的基本利益。历代爱国志士，或慷慨捐躯，或从容就义，为了民族大义，不惜自我牺牲。他们所追求的是社会的公共利益，既非个人利益，也非统治者的私利。"② 可见，儒家"尚义"而"不必顾虑个人的利害"，彰显的是"整体主义"的价值取向；墨家的功利强调"国家百姓人民之大利"，凸显的也是"整体主义"的价值取向。总之，"整体主义"是中国传统功利论的价值取向，"利己主义"是西方功利论的价值取向。

就道义论而言，儒家的"道义"与康德的"道德自律"有相通之处。康德认为，有德性的人具有善良意志，其道德行为不是以主观的个人欲望、兴趣、爱好为动机，而是以善良意志或责任为动机。在康德看来，德性意味着对道德规律的纯粹尊重和绝对服从。人是理性的存在者，人以自身理性为唯一准则，自己立法，自己服从。人类只有服从于自己的理性，才能使人超然于自然之上，获得尊严，即所谓"道德自律"。张岱年先生说："讲义利之辨的，是孔子、孟子、董仲舒、朱熹，他们这些人接近于康德。康德讲得比较突出，用康德思想来解释比较明确。康德说你为原则做好事，为做好事而做好事，这才是真正的善，为善而善才是真正的善。你要是有点个人兴趣，考

① 《张岱年全集》（第2卷），石家庄：河北人民出版社1996年版，第414–415页。
② 《张岱年全集》（第3卷），石家庄：河北人民出版社1996年版，第594页。

虑个人的爱好，个人的利益，这就不是善，做了好事也不算善，孔丘、孟轲认为道德不要考虑物质利益，也有这种意义。”① 即是说，道德原则高于物质利益，只有遵循道德原则而做善事，才是真正的善事；个人做善事而不作任何私利考虑。“儒家的‘义’是一种合宜的道德自律的行为或道理。它意味着人只有通过自律履行自己的义务，才能超越人的动物性而变成一个具有高尚情操、获得尊严的、真正意义的人。”② 孔子提出的“谋道不谋食”“忧道不忧贫”“义以为上”“见得思义”，孟子倡导的“舍身取义”，董仲舒的“正其谊不谋其利，明其道不计其功”，宋明理学家提出的“存天理灭人欲”等，都把“明道”“正义”视为道德价值的终极目标。从价值论角度看，张岱年先生把儒家“义以为上”的道义论，称之为“内在价值论”。

（四）结语

张岱年先生将中国传统伦理思想的基本派别划分为道义论和功利论，是对马克思主义伦理思想中国化的重大贡献。传统道义论和传统功利论，是中国古代经济制度和政治制度的产物，在理论上是有欠缺的，在实践上也是利弊共存的。马克思说，人们所奋斗的一切，都同他们的利益有关。因此，利益是道德的基础，离开利益的道德是虚假的或毫无意义的道德。北京大学魏英敏教授说：“功利论与道义论，前者是后者的基础，后者是前者的升华。功利论是起步的、初始的道德，而道义论则是进一步、高一层的道德。功利论多半涉及个人与相关者的利益，就此而言可以视为‘私利’，而道义论则是涉及大众的利益，简言之谓公共的利益。”③ 今天，我们立足于社会主义市场经济和改革开放实践，应当批判地继承传统道义论和传统功利论，积极吸收两者合理性的因素并进行创造性转换，将精神价值与功利价值、道义原则与功利原则有机地统一起来，建构具有中国特色的社会主义道义论和功利论。

（原文刊登于《理论与现代化》2013 年第 6 期，收入本书时略加修改或补充）

---

① 《张岱年全集》（第 3 卷），石家庄：河北人民出版社 1996 年版，第 680 页。

② 刘军平著：《传统的守望者——张岱年哲学思想研究》，北京：人民出版社 2007 年版，第 331 页。

③ 《关于伦理学教学与科研中若干问题的再认识——魏英敏教授访谈录》，《伦理学研究》2011 年第 1 期。

第二章　张岱年对道德哲学的时代建构

马克思主义历史唯物主义认为，道德作为一种社会意识形态，是由社会存在决定的。道德应随着时代的变迁和社会生活的变化而发生相应的变化。道德具有继承性与创新性、传统性与时代性、民族性与世界性及普遍性与特殊性相结合的理论特质。张岱年先生说："许多古代思想家和一些近代思想家认为道德的原则和规范是普遍性的、永恒性的。但是从实际情况看来，不同时代有不同的道德，不同社会有不同的道德，道德具有相对性、特殊性。"① 因此，在20世纪三四十年代，张岱年先生适时地提出"当审时代之需要而建立新道德"的论断，至90年代又提出了"创建有中国特色的社会主义的新道德"的命题。适应时代变化与社会发展之需要，着力建构体现时代精神的新道德，是张岱年先生始终关注的重大学术问题。

张岱年先生还说："中国文化对全世界的贡献即在于注重'正德'，而'正德'的实际内容又在于'仁'的理论与实践。"② 在道德哲学研究方面，张岱年先生坚持以马克思主义道德观为指导，以儒家仁学思想为核心内容，以"兼和"文化理念为哲学基础，通过批判继承与重新解读民族优秀传统伦理道德文化，吸收借鉴与合理诠释西方近现代伦理道德文化的先进成果，进而融会中西伦理道德思想文化之精华，建构起意蕴丰厚的道德哲学体系，从学术层面对马克思主义伦理思想中国化做出了历史性贡献。研究张岱年先生的道德哲学思想，对于正确认识中国传统伦理思想和中国古代精神文明史，对于建设中国特色社会主义精神文明具有重大的现实意义。其中，张岱年先生早期的新道德观和社会主义新道德观，对当代中国的社会主义道德建设、社会主义价值观建构、人生观建构，以及构建社会主义和谐社会等都具有重要的现实价值。

---

① 《张岱年全集》（第3卷），石家庄：河北人民出版社1996年版，第535页。

② 《张岱年全集》（第1卷），石家庄：河北人民出版社1996年版，第155页。

一、张岱年早期新道德观的主要内涵

张岱年先生的早期新道德观，主要指20世纪三四十年代的道德哲学观。张岱年先生运用辩证唯物论基本原理，借鉴西方逻辑解析法，充分挖掘和深刻分析中国传统道德观，并结合时代特征和社会发展的需要，建构起体现传统性与时代性、继承性与创新性相结合的早期新道德观。

（一）“新道德”概念的提出

张岱年先生不仅是中国杰出的哲学家、哲学史家，而且是著名的伦理学家。在建构自己的哲学体系时，特别注重道德哲学的阐释。早在20世纪三四十年代，张岱年先生就提出了独到的“新道德”理念。

张岱年先生在《道德之“变”与“常”》中说：“道德依时代而不同，随着社会之物质基础之变化而变化；然在各时代之道德中，亦有一贯者在，由此而各时代之道德皆得名为道德。可谓各时代的道德之演化是循一定方向而趋的，亦可谓各时代之道德同为一根本的大原则之表现。此大原则为古代道德所表现，亦为今世道德所表现，且将来道德亦不违之。”又说：“旧道德为不彻底的，为不圆满的，新道德较之旧道德为更彻底的、圆满的。在此意义上言，新道德乃旧道德之变革，亦旧道德之发展，旧道德之充实；新道德乃是脱除旧限制的根本原则之更充分体现。”① 后来在《天人简论·拟议新德》中又说：“道德随时代之不同而变迁，随社会生活之改易而转移。当今之世，社会生活与往昔大异，而如仍沿用旧德之目，势必无效，甚至有害。是故当审时代之需要而建立新道德。”② 张岱年先生的精辟论述揭示了道德具有稳定性和变动性、继承性和创新性之统一的基本特征。马克思主义认为，社会存在决定社会意识，道德作为一种社会意识形态，是由社会存在决定的。因此，道德应随着时代的变迁和社会生活的变化而发生相应的变化。故“适应新时代的需要必须建立新道德”。

五四新文化运动进行道德革命，提倡新道德，批判旧道德，其主要的批判对象是“三纲”，清除“尊君”思想，反对家长制，提倡男女平等。但没有完成建设新道德的任务，即“破而未立”。张岱年先生认为，自五四新文化

① 《张岱年全集》（第1卷），石家庄：河北人民出版社1996年版，第160–161页。

② 《张岱年全集》（第3卷），石家庄：河北人民出版社1996年版，第225页。

运动以来，就有一个建立新道德的任务。五四新文化运动虽然摧毁了封建道德的权威，但由于提倡的是西方资产阶级道德而不符合中国国情。五四之后，也有进步人士宣扬共产主义道德，但也未能在全国推行。因而五四新文化运动提出建设新道德的任务没有真正完成。因此，早在20世纪30年代撰写的《人与世界——宇宙观与人生观》中，张岱年先生就明确提出“创立合乎新的生活的新道德”“求新社会之坚固，必须建立新道德”及“现代中国所需要的新道德”的命题；四十年代又在撰写的《天人简论》中提出“拟议新德”的命题与“审时代之需要而建立新道德”的论断。

张岱年早期的新道德观主要集中在20世纪30年代撰写的《生活理想之四则》《人与世界——宇宙观与人生观》和40年代撰写的《品德论》《天人简论》等论著中。

（二）早期新道德观的时代建构

道德体系是由道德原则和道德规范等构成的。关于中国封建时代的道德原则和道德规范，张岱年先生在《中国伦理思想研究》中明确地指出：“在孔子思想体系中，仁是最高原则，忠、信、孝、悌、恭、宽、敏、惠是规范。”“朱熹称‘仁义礼智’为纲领，亦即基本原则。宋元明清的主要思想家都肯定仁、义、礼、智是最高的道德原则。到明清时代，有人将‘孝、悌、忠、信’与‘礼、仪、廉、耻’联结起来，标举为‘孝、悌、忠、信、礼、仪、廉、耻’八德。明清时代的一些通俗书籍中更宣扬‘忠、孝、节、义’四德。这些都是封建统治阶级道德的重要原则和规范。但在思想家中，不论是程朱学派、陆王学派，还是批评程朱陆王的王夫之、戴震，都肯定仁、义、礼、智是道德的最高原则。”① 简言之，仁、义、礼、智，是中国古代封建社会的道德原则。

在中国封建社会，“三纲五常”是统治阶级提倡的最高的道德原则。“三纲”即“君为臣纲、父为子纲、夫为妻纲”，在封建社会后期起了严重的阻碍社会发展的反动作用；“五常”即“仁义礼智信”对于古代精神文明的发展起了一定的积极作用。封建时代的道德原则和道德规范是封建专制主义的反映，既有民主性的精华，又有封建性的糟粕。适应时代之需要，建构新道德是一项复杂的工作，包含确立新的道德原则和新的道德规范及道德境界等。建构新道德需要对传统道德进行批判性继承或扬弃，同时还要结合时代特征

① 《张岱年全集》（第3卷），石家庄：河北人民出版社1996年版，第522-527页。

和社会实践进行综合性创造，达到超越传统道德的境界。

第一，新道德观的基本原则——生活理想之四原则。在30年代中期，张岱年先生在《生活理想之四原则》中，在深入阐发辩证唯物论人生哲学根本特点的基础上，创造性地提出了“中国现在需要新的人生理想”，提出了“理生合一”“与群为一”“义命合一”或“现实理想之统一”及“动的天人合一”或“天人协调”为生活理想之原则。而“所说的生活理想之原则，大体是想提出一个新的生活理想之纲领。”① “生活理想之四原则”构成张岱年早期新道德观的基本原则。

“理生合一”是生活理想的第一原则。张岱年先生认为，人生哲学中最大的问题，是生与理的问题。“理”是指道德规范或当然的准则，“生”是指生命、生活。在古代中国，大部分儒家只注重理，墨家及清代的颜习斋、戴东原则只注重生。即古代中国的思想家关于生与理的关系只是片面地强调一个方面，而未有实现两者之统一。张岱年先生指出：“其实生与理两者，是应该并重的，不但是应该并重，而且两者是离不开的。理只是生之理，离开了生，就无所谓理；生也必须受理的制裁，好的生活即是合理的生活。理离开生，便是空洞的；生离开理，必至于卤莽灭裂。”故“生的圆满，即是理的实现；理的实现，就是生的圆满。生活之最高境界，是与理为一；与理为一的生活，也便是达到了生之谐和的生活。”② 总之，生与理是对立统一的，人们征服自然、改造社会、追求理想，必然要面临各种挑战，克服生存或生活过程中的矛盾，使自己的言行符合道德规范，以达到理想的和谐境界，就是“生理合一”。

“与群为一”，是生活理想的第二个原则。张岱年先生认为，“生理合一之实际，便是与群为一”。“以前的哲学家，多喜讲‘与天为一’，即与天地万物为一体，认为与天为一是人生的最高境界。”“实际说来，这种与天为一的思想，实在跳过了一步，从个人一直跳到全宇宙，中间却超过了人群。”西洋近世哲学，无论是唯物论、主观唯心论、绝对唯心论、实证论，都是以个人为本位的，侧重于个人理想。张岱年先生在批判传统群己关系和西洋哲学个人本位的基础上，进一步指出：“实际在生活上应与之合一的不是天，不是万物，乃是人群，乃是社会、国家。我们不应讲与天为一，而当讲实践与群为一。”“与群为一，便是与社会国家为一体，即觉得群己合为一体，社会、国家与个人融合无间，群即是我，我即是群。群的利益即是我的利益；群的生

① 《张岱年全集》（第1卷），石家庄：河北人民出版社1996年版，第280页。
② 《张岱年全集》（第1卷），石家庄：河北人民出版社1996年版，第281–283页。

命即是我的生命。”“个人生活之最高境界，是与群为一。”① 可见，“与群为一”的观点，是对先秦哲学注重人群生活之大道和近代西洋哲学偏重个人的理想生活的人生论的综合，体现了对群体、民族与国家的强调，在道德层面肯定了为民族国家而牺牲个人的行为。

“义命合一”是生活理想的第三个原则。张岱年先生认为，“义就是应当，命即是自然的限制；义是理想的当然，命是现实的必然。这两者是对立的，然而有其统一。”“义是人事方面的，命是环境方面的。人与环境，有一根本的矛盾统一，即人受环境所制约，而人亦能改造环境；人的行动为环境所决定，而人亦能改造环境。”人一方面必须适应环境，不适应环境则不能生活；另一方面又必须改造环境，不改造环境则不能很好地生活。张岱年先生还认为，理想必须以现实为根据，它要根据现实发展的客观需要而确定，但理想必须以变革现实为主，认识现实正是为了更好地用理想变革和改造现实。“如想得到圆满的生活，必须一方面要认识自然的限制，一方面力践所认为应当的。”“不要因命忘义，而当以义易命；务使命之所归，即是义之所宜。这就是义命合一。”② 因此，理想要适应现实，又须克服现实；义须顺应命，又要改变命。“义命合一”要求人们树立现实的理想主义和理想的现实主义，把现实主义与理想主义有机地结合起来。

“动的天人合一”是生活理想的第四个原则。“动的天人合一”，是相对于“静的天人合一”而言的。“静的天人合一是在内心的修养上达到与天为一的境界；动的天人合一则是以行动实践来改造天然，使天成为适合于人的，而同时人亦适应天然，不失掉天然的乐趣。静的天人合一是个人的，是由精神的修养而达到一种神秘的宁静的谐和；动的天人合一则是社会的，是由物质的改造而达到一种实际的活动的协调。”同时特别强调“动的天人合一，即是以实践行动，克服天与人之矛盾冲突，使天人相互适合，这是戡天与乐天之统一。”③“动的天人合一”是一种“主动的人生哲学”。张岱年先生指出，中国传统哲学，既有主动的思想，又有主静的思想。其中，“《易传》的中心观念是变易，宣扬‘日新’‘生生’。这种变易观念应用于人生观，于是强调‘刚健’，主张‘自强不息’。”④“纯就哲学而言，颜李的最大贡献，在于提出一个主动的人生哲学。”⑤ “中国民族现值生死存亡之机。应付此种危难，必

① 《张岱年全集》（第1卷），石家庄：河北人民出版社1996年版，第283-284页。
② 《张岱年全集》（第1卷），石家庄：河北人民出版社1996年版，第286页。
③ 《张岱年全集》（第1卷），石家庄：河北人民出版社1996年版，第287-289页。
④ 《张岱年全集》（第5卷），石家庄：河北人民出版社1996年版，第596页。
⑤ 《张岱年全集》（第1卷），石家庄：河北人民出版社1996年版，第80页。

要有一种勇猛安毅能应付危机的哲学。此哲学必不是西洋哲学之追随摹仿，而是中国固有的刚毅宏大的积极思想之复活，然又必不采新孔学或新墨学的形态，而是一种新的创造。"① 张岱年先生提倡"动的天人合一"，超越了中国传统哲学"静的天人合一"，克服其所蕴涵的"个体的神秘主义经验"的意谓，主张以实际行动促进社会状况的变革和现实生活的改善，从而高扬人的主体性，克服了"静的天人合一"崇天忘人的倾向，最终完成自然与当然的合一。只有将"静的天人合一"转化为"动的天人合一"，才能达到改造社会、改造自然，实现天人之和谐。

之后，在《品德论》《天人简论》等论著中，张岱年先生对"生活理想之四原则"做了进一步的论证和发挥，形成了自己关于新的道德原则一以贯之的看法。在《品德论》中，从"悬衡"（价值与当然）、"诠人"（生存与理想）、"辨命"（自由与必然）及"序德"（人群与道德）四个方面来论述人生理想。其中，把"理生合一"思想进一步表述为："人生之道在于'充生以达理'，'胜乖以达和'，即充实发展人的内在生命力，克服生活中的冲突，以达到和谐的道德理想境界。"② "'充生以达理，胜乖以达和'的道德学说核心，所追求的一个是'理'，即克服生之矛盾，得到合理的生活；一个是'和'，即以道德调节乖违到达和谐社会。唯其有和谐的社会，人的发展才有可能合理地生存与发展，才能达到生的圆满。"③ 在《天人简论》中，"与群为一"又表述为"群己一体"："个人皆系群体之一员，个人实无独立之存在。……个人实赖社会而存在。个人与群体之间实无对立，群己之间实无界限，群己之关系为全与分之关系。全由分会合而成，分之存在亦系于全。群己乃不可分离之一体。"同时又提出"人群三事"。"人群三事"即"一曰御天，二曰革制，三曰化性。御天者改变自然，革制者改变社会，化性者改变人生。三方俱改，然后可达人生之理想境界。""御天者根据自然规律以改变自然之实际情况使更适合于人类生活之需要，是谓御天，是谓宰物"，以达到"天人协调"。"革制者改变社会制度以臻于理想社会，是谓革制，是谓革命。革命即变革不良的社会制度而建立优胜的社会制度"，以达到人与社会之和谐。"化性者易人性，消恶扬善，崇义抑贪，以提高人的精神境界。"④ "人群

① 《张岱年全集》（第 1 卷），石家庄：河北人民出版社 1996 年版，第 199 页。

② 李存山：《张岱年先生的两个重要理论贡献——纪念张岱年先生逝世三周年》，《哲学动态》2007 年第 6 期。

③ 刘鄂培主编：《综合创新——张岱年先生学记》，北京：清华大学出版社 2002 年版，第 117 页。

④ 《张岱年全集》（第 3 卷），石家庄：河北人民出版社 1996 年版，第 224-225 页。

三事”说，是对《春秋左氏传》中提出的“正德、利用、厚生”人生三事的改造与提升，与马克思主义的社会改造和社会革命思想相结合，体现了从改善个人的精神生活和物质生活上升到改造整个人类生存环境和主观世界的实践活动，从而也就把人生的理想提升到了一个更高的境界。

张岱年先生提出的新道德原则，既是美好的人生理想，又是新道德观的核心内容。其中，“理生合一”“群己一体”则是人生理想的根本原则，也是新道德观的根本精神。中国传统人生论多数是建立在唯心论基础上，而且是拒斥西方逻辑解析法的。从方法论来看，新的道德原则体现了唯物、理想与解析的综合于一，显示了辩证的互动关系，是马克思主义基本原理在人生哲学上的应用；从内涵来看，新的道德原则是中国传统人生哲学思想与现实生活实践的有机结合，是对传统道德原则与道德规范的继承与创新。

第二，新道德观的基本规范——“六达德”与“六基德”。道德原则和道德品质是相互结合的，个体品德是道德原则的个体化实现，道德原则是个体品德的社会化凝结和体现。社会的道德原则与道德规范必然要求一定的德目或社会成员的德性与之相适应。

20 世纪 30 年代，张岱年先生在《人与世界——宇宙观与人生观》中，明确倡导“现代中国所需要的新道德”。而“现在中国所需要的新道德”则包括“一般的新道德”和“特殊的新道德”。一般的新道德包括：（1）公忠：爱群不贰；（2）任恤：尽心负责，助人为乐；（3）自立：独立不依；（4）廉洁：取与有辨；（5）勇敢：敢于勇为。而且特别指出“现在所需要的新道德，是以社会民族为本位的道德。”特殊的新道德包括：（1）亲子之特殊道德，以爱为本。亲子应相互视为目的，不应相互视为工具。（2）新的两性道德，基于平等的两性关系。夫妇之特殊道德应是相互不贰，夫妇应平等互爱而不当别有所爱；离婚虽非不德，然离婚之应慎重，正与结婚同。只顾自己爽适、不顾对方将陷于绝境之离婚，实为不德。离婚后不可毁谤对方之人格或宣布其秘密，此为离婚之道德。（3）兄弟应和顺而相助，然不可相互依赖。（4）朋友之道德，乃当以信为主。其次，当相互辅助，然不可企图相互利用。“一切特殊道德，实皆以‘勿视他人为工具’为基本原则。”①

“一般的新道德”和“特殊的新道德”构成“现在中国所需的新道德”。“一般的新道德”是社会道德规范，是全体社会成员所必须遵守的；“特殊的新道德”是家庭成员或朋友之间必须遵守的个体道德规范。一般的新道德寓

---

① 《张岱年全集》（第 1 卷），石家庄：河北人民出版社 1996 年版，第 398–401 页。

于特殊的新道德之中，而特殊的新道德包含一般的新道德，两者既有区别又相互联系，构成一个新的道德规范体系。

之后，在《天人简论》中，张岱年先生对“一般的新道德”与“特殊的新道德”进行了改造与提升，进而提出了“规范个人对群体或群体中大多数的行为准则”的“六达德”和规范“家庭生活或日常活动的准则”的“六基德”。张岱年先生以马克思主义人生哲学为指导，对传统道德哲学进行了批判性改造，提出了“六达德”的理论：“一公忠，二任恤，三信诚，四谦让，五廉立，六勇毅。”具体而言，公忠：爱民爱国，以群重于己，能为群忘己，必要时能为国捐躯，谓之公忠。忠君之义自随君主政体之废而废，实无疑义。“上思利民，忠也”（《左氏春秋》），此乃本义。今提忠字，特取忠字之本义，凡爱国利民一心不贰谓之忠。任恤：努力工作负责尽职谓之任，尽力助人扶危济困谓之恤。任为后期墨家特重之德。《墨经》云：“任，士损己以益所为也。”能为群体事业而牺牲自己，谓之任。《周官》六行，有任恤之目（六行：孝友睦姻任恤），今特提为主要道德。信诚：言如其实谓之信，言行一致谓之诚。“人而无信，不知其可”，虽系古语，今不可废。谦让：虚心而不自满，尊重别人的平等人格，荣利不争，享乐居后，谓之谦让。廉立：严辨取舍，非力不食，非所应得，一毫不取，谓之廉。独立不依，不恃人而食，不屈其素志，谓之立。《孟子》云：“故闻伯夷之风者，顽夫廉，懦夫有立志。”廉立之操，实高尚人格所必须。勇毅：坚持真理、坚持正义，刚强不屈，果敢不惧，谓之勇毅。非勇无以自立，非勇无以克艰，非勇无以猛进，非勇无以抗暴。[①]“六达德”是关于个人对群体或对群体中大多数人之行为准则。

在阐述社会道德原则或一般社会德目的基础上，张岱年先生还论述家庭生活和日常生活的德目问题，即“六基德”的理论。它主要包括“一孝亲，二慈幼，三勤劳，四节俭，五爱护公物，六知耻。”具体而言，孝亲：“敬养父母谓之孝，此乃为子女者之义务”。“古者以顺为孝，今应改易。父母言行有是非，是者当从，非者当劝，岂可不加辨析，一切顺从为正？”父母既老，子孙应尽赡养之责，同时应有尊敬之意。慈幼：“为父母者对子女有教养之责，此义易知”。慈幼是父母对子女的关心爱护和养育之美德。勤劳：“衣食资于劳动，事业待于思勉，衣食而生，岂可无所用力？”勤劳是中华民族的传统美德，也是现代社会大力提倡和弘扬的基本德性。节俭：“朴素节俭，乃为人民大众而惜物，非为一己而吝财”。中华民族自古以来崇尚质朴俭约，把节

---

① 《张岱年全集》（第3卷），石家庄：河北人民出版社1996年版，第226-227页。

俭视最基本的道德品质。爱护公物："爱护公共财物，注意公共卫生，维持公共秩序，此为群居必不可少之德。古无专名，简称为爱护公物。普通亦称为公德，然公之为德，其义甚深，不得以此限之，故别立此目。"知耻："人之所以异于禽兽而在于知耻"。"能辨是非，知其非则不为之；能辨荣辱，知其辱则避免之"。[①] 知耻是中华民族自古以来就十分推崇的重要的道德品质。"六基德"是关于家庭生活或日常活动的行为准则。

"六达德"和"六基德"相互匹配，相辅相成，共同架构其德性伦理的大厦。张岱年先生说："旧道德之中亦有不可辄废者，亦有可借用旧名赋予新义者，夫民族语言不可断裂，则用旧名赋新义亦当然之事矣。"[②] 张岱年先生提出的"六达德"和"六基德"的理论，既是对中国传统德目的批判性继承，又是对当时中国现实社会所需要的德目的创造性理解，具有显著的时代特色和创新精神，对于明辨是非，引领社会风尚，提升人们的道德境界具有重要意义。"六达德"和"六基德"的提出，体现着张岱年先生自觉地运用马克思主义的世界观和方法论探讨或理解社会伦理道德问题，而且比较成功地实现了马克思主义道德哲学与中华民族传统美德的创造性结合。

第三，新道德观的最高纲领——"新三纲说"。张岱年先生指出，所谓原则，所谓规范，都是近代常用的名词。在中国古代，有所谓纲领条目。纲领指较高的原则，条目指具体的规范。原则与规范的区别是相对的。原则是较高层次的规范，规范是较低层次的原则。因此，纲领、原则、规范，三者既有区别又有联系，是相辅相成的而又相互转化的。

中国传统道德具有复杂的内容，其主要的道德纲领是"三纲五常"。"三纲"即"君为臣纲、父为子纲、夫为妻纲"，"五常"即"仁义礼智信"。"三纲可以说是维护封建等级制度的总纲，五常是封建道德的基本原则。三纲是维系封建制度的三条绳索，五常则是缓和人与人之间的矛盾的行为准则。"[③] "三纲"是封建专制主义在伦理道德上的反映，从根本上否定臣对于君、子对于父、妻对于夫的独立人格，是对人性的桎梏，在历史上起了严重的反动作用，必须彻底否定，彻底消除其影响。至于"五常"则有其合理的因素，应该加以具体分析。现在建立新时代所需要的新道德，就要正确地解决对传统道德的批判继承问题，对于"三纲"必须加以彻底地批判和解构。

对于"三纲"必须彻底地批判与解构，对于"五常"则应加以具体地分

① 《张岱年全集》(第 3 卷)，石家庄：河北人民出版社 1996 年版，第 227-228 页。
② 《张岱年全集》(第 3 卷)，石家庄：河北人民出版社 1996 年版，第 226 页。
③ 《张岱年全集》(第 3 卷)，石家庄：河北人民出版社 1996 年版，第 526 页。

析与继承。解构与重构是对立统一的。解构“三纲”的同时，就需要适应时代需要重构“新三纲”。为此，在20世纪30年代，张岱年先生从现实生活出发，紧密结合时代特征，提出了“新三纲说”。张岱年先生说：“古人所讲三纲，久已腐矣，今日应讲新三纲。一、群为己纲——个人服从集体，群之利益即己之利益；二、智为愚纲——无知听从有知；三、众为寡纲——少数服从多数。”① 具体而言，张岱年先生在《生活理想之四原则》中指出：“个人与群有息息相通的密切关系。个人不能离开群而存在，这是人人都知道的，而且个人也不能离开群而独自求好的生活。”对于个人与群之矛盾，“我们可以说：根本原则还是与群为一；个人应与群为一，小群更应与大群为一。”② 在《人与世界——宇宙观与人生观》中又说：“个人与群体为一体，个人生于群体中，无一息能离群。任何人皆应有群己一体之自觉。”“在谋求社会大众之全体的良好生活之努力中，个人即获得人格之最大扩充，并由之可与社会共同得到良好的生活。”③ 故要提倡“群为己纲”。“知”，即“知识”或“真理”；“愚”，即“愚昧”或“无知”。而“能知能辨别外界，亦能改变外界，不惟能知，且亦能行。”④ 在《品德论》中又说：“今有知识，凭之以释已往之经验而无所滞，据之以断未来之实事而无所失，是知之通，即有合于实，是之谓真。”⑤ 故提倡“智为愚纲”。中国封建社会是君主集权制社会。明末清初思想家黄宗羲在《明夷待访录·原君》中说：君主“以为天下利害之权益出于我，我以天下之利尽归于己，以天下之害尽归于人”，并且更“使天下之人不敢自私，不敢自利，以我之大私，为天下之大公”，“视天下为莫大之产业，传之子孙，受享无穷。”对君主“家天下”和君主的行为与权威从根本上否定了其合法性，具有重要的启蒙意义。辛亥革命推翻了中国二千多年的君主专制制度，具有伟大的历史意义。之后，尽管中国人民仍处于国民党新军阀统治之下，但毕竟是没有皇帝的时代了。故要彻底否定“君为臣纲”而提倡“众为寡纲”。

相对于“一个新的生活理想之纲领”即“生活理想之原则”来说，张岱年先生提出的“新三纲说”，可谓是新道德的最高纲领。或者说，“生活理想之原则”为新道德的基本纲领，“新三纲说”则是新道德的最高纲领。“新三

① 《张岱年全集》（第1卷），石家庄：河北人民出版社1996年版，第462页。
② 《张岱年全集》（第1卷），石家庄：河北人民出版社1996年版，第285页。
③ 《张岱年全集》（第1卷），石家庄：河北人民出版社1996年版，第390页。
④ 《张岱年全集》（第1卷），石家庄：河北人民出版社1996年版，第363页。
⑤ 《张岱年全集》（第3卷），石家庄：河北人民出版社1996年版，第204页。

纲说”统摄“生活理想之原则”。从核心内容和基本精神来看，“新三纲说”不仅体现了集体利益与个人利益之统一，而且还突显了民主原则与民主精神，是对封建时代“旧三纲”的彻底否定与时代超越。

第四，新道德观的最高境界——“兼善天下，而以人群为一体”。新道德观的境界，即道德实践的境界。而要明确道德实践的境界，首先要明晰何谓道德。张岱年先生在《认识·实在·理想》中指出：“为群体之生存与发展，个人之行为必须遵守一定规律，个人自觉遵守此规律，是即道德。”[①] 简而言之，有益于群体之行为，即为道德的行为。以“利益”为切入点来界定“道德”，体现了辩证唯物主义与历史唯物主义精神。在《天人简论》中又指出：“当今之世，为社会大变革之时，能促成社会之前进者为道德，反之即反道德。”[②] 在《中国伦理思想研究》中，张岱年先生又指出：“道德具有‘知’（知识）和‘行’（实践）两个方面。道德不仅是言谈议论的事情，必须体现于生活、行动之中，然后才可称为道德。”其中“知”，就一般人而言，主要是指具有道德观念、道德意志、道德情感等道德意识。而思想家、理论家不仅具有道德意识，而且提出道德理想、道德原则和道德规范。“道德的‘行’，都是调整人我之间、群己之间、个人与社会之间的关系的活动，可谓之道德实践。”“人们从事道德实践，提高道德认识的过程，谓之道德修养。在从事修养的过程中，可达到一定的境界。”[③] “道德决不能徒托空言，而必须是见之于实际行动。因此，道德修养方法固然包括认识方法，而主要是行动的方法，提高生活境界的方法。道德修养兼赅‘知’与‘行’两个方面。”[④] 道德是以“实践精神”来把握世界的一种方式。

在中国古代，关于道德修养的境界，不同的思想家有不同的境界取向，如孔子以“‘博施于民而能济众’为最高境界，即以最有益于广大人民的道德实践为最高的道德境界”；孟子讲“万物皆备于我”“上下与天地同流”，“表现了浩大的心胸，表现了神秘主义的倾向”。道家庄子则提出“天地与我并生，万物与我为一”的超越境界，也是一种神秘主义的境界。张岱年先生不赞成离开现实的精神生活来追求所谓提高精神境界，也就是说更注重通过道德实践来提升精神境界。因为张岱年先生认为，“与万物为一体的神秘境界，实并未有了不得的价值。人生的理想应是人的现实生活之趋于圆满，应是生

① 《张岱年全集》（第1卷），石家庄：河北人民出版社1996年版，第458页。
② 《张岱年全集》（第3卷），石家庄：河北人民出版社1996年版，第226页。
③ 《张岱年全集》（第3卷），石家庄：河北人民出版社1996年版，第518页。
④ 《张岱年全集》（第3卷），石家庄：河北人民出版社1996年版，第658页。

活与世界之客观地改变，不应是内在的经验上的改变”，“一切神秘经验不足为以人生最高境界”,[①] 主张“动的天人合一”，反对“静的天人合一”的个人神秘主义体验，以实际行动来促进社会状况的变革和现实生活的改善。哲学家冯友兰先生曾提出四种人生境界，即“自然境界”“功利境界”“道德境界”和“天地境界”。“前二者是自然的礼物，不需要特别工夫，一般人都可以达到。后二者是精神的创造，必须经过特别修养的工夫，才能达到。道德境界中的人是贤人，天地境界中的人是圣人，两种境界可算是圣关贤域。”其中“道德境界中的人，其所作为皆能为社会谋利益，古今贤人及英雄便是已达到道德境界的”，“天地境界中的人，其精神充塞于天地之间，其事业不仅贡献于社会，更能贡献于宇宙，而‘与天地比寿，与日月同光’。”[②] 张岱年先生认为，冯友兰提出的所谓“天地境界”是“失之玄虚”的。[③]

关于道德实践的境界，功利论与道义论有着截然不同的理论旨趣。西方功利主义伦理学派认为，凡是有利于“增加全社会和每个人的利益总量”即是道德实践的境界。而以康德为代表的西方道义论者和儒家学派则认为，凡是有利于个人品德的完善而不是每个人利益的增进，或者说“无私利他”，即是道德实践的境界。无疑，张岱年先生继承和发挥了道义论的观点，结合现实社会生活提出了独具特色的道德实践境界。在《认识·实在·理想》中指出：“最高的道德行动，在于忘己济人，在于为国舍身，亦在于致力变革罪恶的制度。从事变革罪恶的制度即充其己饥己溺之心拯无量人于水火之中。”“道德之实践有二事：一、为天下人民兴利除害；二、使天下人民皆有以扩充其先公后私的德性。实现此二事，必须改制，必须改革社会制度。”[④] “为天下人民兴利除害”“变革罪恶的社会社会制度”，此乃道德实践之境界。

张岱年先生在《品德论》中又说：“个人在道德方面之实际表现，谓之品德。品德即个人所达到之道德境界，亦即个人所实现之品值（价值）。”“道德之基本原则为公。道德之端，以己推人。道德之至，与群为一。以己之所欲推人之所欲，道德之始；兼善天下，而以人群为一体，道德之极。”其中，“道德之至”“道德之极”就是道德实践的最高境界，即“兼善天下，而以人群为一体”。“崇高德行有二事：一曰博施济众，二曰胜残去杀。胜残去杀，

---

① 《张岱年全集》（第1卷），石家庄：河北人民出版社1996年版，第82页。

② 冯友兰著：《哲学的精神》，西安：陕西师范大学出版社2008年版，第179-180页。

③ 《张岱年全集》（第8卷），石家庄：河北人民出版社1996年版，第472页。

④ 《张岱年全集》（第1卷），石家庄：河北人民出版社1996年版，第476-477页。

即救民于水火。如不能胜残去杀，亦将无以博施济众矣。”① 在《天人简论》中又说：“道德之标准，以最大多数人民之最大利益为依归。道德之基本原则是：凡合乎最广大人民之最大利益者，为之；凡违乎最广大人民之最大利益者，舍之。”“道德之根本准则惟一，曰公而已矣。”② 简而言之，道德实践的境界就在于维护最广大人民群众的最大利益。

（三）结语

“生活理想之四原则”“六达德”“六基德”“新三纲说”及“兼善天下，而以人群为一体”的道德境界等构成张岱年早期新道德观的主要内容。20 世纪三四十年代，中国社会处于大动荡和大转变时期，既有亡国灭种的危机，又有民族复兴的希望，机遇与挑战并存。张岱年先生指出，中国现在有两项伟大的实践：一是民族生存的战斗；二是社会改造的工作。凡是有利于民族生存或社会改造的行为，即是道德的行为；凡是违乎民族生存或违乎社会改造的行为，即是不道德的行为。张岱年先生根据革命与战争的时代特征，批判地继承封建时代的旧道德，提出了中华民族为理想而战斗的事业的道德，即为民族生存而战斗和有利于社会改造的新道德。“我们现在所需的新道德，是促进为民族为理想而战斗的事业的道德，是进取的、战斗的、牺牲的道德。现在全国人民之最重要的责任，即在于忘一己之私利、私益，而以全力为民族解放、社会改善而奋斗。”③ 无疑，新时代的道德是革命的、进取的道德，是对传统道德的批判性继承与创造性超越。

（原题目为《论张岱年早期的新道德观》，刊登于《理论与现代化》2011 年第 2 期，收入本书时略加修改或补充）

二、张岱年早期新道德观的理论特质与现实意义

张岱年早期的新道德观，不仅具有意蕴深奥的内涵，而且具有鲜明的理论特质和积极的现实意义。早期新道德观的理论特质：一是对传统道德的批判继承与综合创新的理论结晶，二是对马克思主义辩证唯物论和唯物史观的

① 《张岱年全集》（第 3 卷），石家庄：河北人民出版社 1996 年版，第 213–214 页。

② 《张岱年全集》（第 3 卷），石家庄：河北人民出版社 1996 年版，第 226 页。

③ 《张岱年全集》（第 1 卷），石家庄：河北人民出版社 1996 年版，第 398–402 页。

理论应用。早期新道德观的现实意义即是对当代中国特色社会主义精神文明建设具有积极的现实意义。

（一）张岱年早期新道德观的主要内涵

早在20世纪30年代，张岱年在《人与世界——宇宙观与人生观》论著中就明确提出“创立合乎新的生活的新道德”“求新社会之坚固，必须建立新道德”及“现代中国所需要的新道德”的命题。之后，张岱年在《天人简论·拟议新德》中又说：“道德随时代之不同而变迁，随着社会生活之改易而转移。当今之世，社会生活与往昔大异，而如仍沿用旧德之目，势必无效，甚至有害。是故当审时代之需要而建立新道德。”[①] 马克思主义认为，社会存在决定社会意识，道德作为一种社会意识形态，是由社会存在决定的。张岱年说：“一切道德都受社会关系的历史发展的制约，随其变化而变化。一切道德观念、道德范畴都是有时间性的，是必然变化的。社会发展到不同的阶段，道德也就随之改变。”[②] 即是说，道德应随着时代的变迁和社会生活的变化而发生相应的变化。故“适应新时代的需要必须建立新道德”。张岱年在20世纪三四十年代提出的“新道德”，相对于晚年提出的“建设社会主义新道德”而言，不妨称之为“早期新道德观”。

张岱年早期新道德观的主要内容是由基本原则、基本规范、最高纲领及道德境界等构成的。其中，早期新道德观的基本原则为“理生合一”“与群为一”“义命合一”及“动的天人合一”；早期新道德观的基本规范为“公忠、任恤、信诚、谦让、廉立、勇毅”的“六达德”和“孝亲、慈幼、勤劳、节俭、爱护公物、知耻”的“六基德”；早期新道德观的最高纲领为“群为己纲、智为愚纲、众为寡纲”的“新三纲说”；新道德观的最高境界为“兼善天下，而以人群为一体”。“生活理想之四原则”“六达德”“六基德”“新三纲说”及“兼善天下，而以人群为一体”的道德境界等，它们既相互联系又相辅相成，共同构成了张岱年早期新道德观的主要内容。张岱年提出的新道德原则，既是美好的人生理想，又是新道德的核心内容。其中，“理生合一”“群己一体”则是人生理想的根本原则，也是新道德观的根本精神。“公忠、任恤、信诚、谦让、廉立、勇毅”的“六达德”，是关于个人对群体或对群体大多数人之行为准则；“孝亲、慈幼、勤劳、节俭、爱护公物、知耻”的“六

---

① 《张岱年全集》（第3卷），石家庄：河北人民出版社1996年版，第225页。
② 《张岱年全集》（第1卷），石家庄：河北人民出版社1996年版，第205页。

基德”，是关于家庭生活或日常生活的行为准则。“群为己纲、智为愚纲、众为寡纲”的“新三纲说”，不仅体现了集体利益与个人利益之统一，而且还凸显了民主精神与民主原则，是对封建时代“旧三纲”的彻底否定与时代超越。“兼善天下，而以人群为一体”的道德境界，即是说道德实践的境界就是在于维护最广大人民群众的最大利益。①

人类道德的发展具有内在的规律性，是在继承和弘扬优良道德传统的基础上不断发展和进步的。道德具有时代性，不同的时代有不同的道德，但是不同时代的道德之间也有一定的连续性和共同性。张岱年说：“中国伦理思想是中国哲学的一个重要内容。在中国古代，伦理思想是和自然哲学与认识理论相互密切联系的，但也可以提出来进行专门研究。”② 张岱年立足于中国社会现实，坚持“唯物、理想、解析综合于一”的方法路径，兼采中西传统道德的精华，比较成功地实现了马克思主义道德哲学与中华优秀传统道德的创造性结合，建构了一个言简意赅而又意蕴丰富的新道德观。

（二）张岱年早期新道德观的理论特质

对于哲学家或思想家而言，他们所提出的任何一种理论或命题，都具有一定的理论特质。有学者指出：“张岱年先生学说的主要线索和基本精神是，以辩证唯物论为主导，吸取西方科学和哲学先进思想，结合中国传统哲学和文化精神，创新中国哲学、道德和文化理论。”③ 张岱年早期新道德观的理论特质主要表现为：不仅是对传统道德的批判继承与综合创新的理论结晶，也是对马克思主义辩证唯物论和唯物史观的理论应用。早期新道德观，是张岱年先生道德哲学理论创新的重要成果之一。

第一，它是对传统道德的批判继承与综合创新的理论结晶。正确对待中国传统伦理道德问题，是马克思主义伦理学工作者面临的一个重大理论问题和实践问题。历史唯物主义认为，一切道德都要受到社会关系和历史条件的制约，并随着社会关系和历史条件的变化而变化。张岱年说：“马克思、恩格斯提出道德阶级性的理论，是伦理学史上的重大变革。但是，道德的阶级性并不排除道德的继承性。……中国古代思想家的道德学说对于中华民族的精

① 迟成勇：《论张岱年的早期新道德观》，《理论与现代化》2011 年第 2 期。

② 《张岱年全集》（第 3 卷），石家庄：河北人民出版社 1996 年版，第 499 页。

③ 衷尔钜：《中国哲学的理论创新》，北京大学哲学系主编《中国哲学的诠释与发展——张岱年先生九十寿庆纪念文集》，北京：北京大学出版社 1999 年版，第 419 页。

神发展确实有过非常巨大的影响，是应该予以分析，从而进行批判继承的。”①一切道德观念、道德范畴和道德原则都具有历史性和相对性。因此，张岱年认为，建构新道德，包含着对于传统道德的批判继承和新道德规范的确立。他说：“新道德与旧道德之间是有连续性的，新道德并非完全否定旧道德。”“新旧道德之对待关系，亦对立而统一的，变革之而同时亦有所保持，且系发展之。”② 因此，建构新道德需要对传统道德进行批判性继承或扬弃，同时还要结合社会现实进行综合性创造或创新，以达到超越传统道德的理想境界。张岱年晚年在总结自己的学术时指出：“所谓的‘理生合一’，是对于中国古代哲学所谓‘义利之辨’与‘理欲之辨’的修正；所谓‘与群为一’及‘动的天人合一’，是对于庄子所谓‘万物与我为一’以及宋人‘与万物为一体’的修正，而发挥了《易传》‘先天而天弗违，后天而奉天时’之说；所谓‘义命合一’是儒家所谓‘知命’与墨家所谓‘非命’的综合，而特别发挥了张横渠‘义命合一存乎理’的思想。”③ 张岱年在《品德论》中强调人生理想在于“充生以达理，胜乖以达和”，即认为一方面人生要充实生命力，一方面要克服生活中的种种矛盾以达到生命的和谐。可见，早期新道德观是对以“三纲五常”为核心的封建道德原则和道德规范的批判性继承和创造性转化。

张岱年是一位具有独创性的马克思主义伦理学家，对新道德观的建构，立足于中国现实社会的实际，坚持运用马克思主义的立场、观点和方法，一方面解构以“三纲五常”为核心内容的中国传统道德，另一方面重构以“生活理想之四原则”为根本原则的新道德观，既继承了中华传统美德，又实现了中国伦理文化的革命性变革。有学者指出：“‘新三纲’和‘六达德’、‘六基德’，都是在‘公’的前提下，正确处理人与人、个人与社会、个人与国家关系的准则，简言之，即个人与群体关系的行为准则。”④ 张岱年认为，“人生的理想应是人的实际生活之趋于圆满，应是生活与世界之客观的改变，不应是内在的经验上的改变”⑤，因此，张岱年提倡“动的天人合一”，反对“静的天人合一”的个体神秘体验，主张用实际行动促进社会状况的变革和现实生活的改善，以达到天人之和谐。有学者指出：“动的天人合一”，“超越了中国传统哲学‘静的天人合一’，强调知识在天人合一过程中的作用，是中西

① 《张岱年全集》（第3卷），石家庄：河北人民出版社1996年版，第549页。

② 《张岱年全集》（第1卷），石家庄：河北人民出版社1996年版，第161-162页。

③ 张岱年著：《通往爱智之门》，北京：北京大学出版社2011年版，第40页。

④ 衷而钜：《新道德哲学的核心：充生以达理，胜乖以达和》，刘鄂培、杜运辉主编《张岱年哲学研究》，北京：昆仑出版社2011年版，第33-38页。

⑤ 《张岱年全集》（第1卷），石家庄：河北人民出版社1996年版，第82页。

方在天人关系上的各种观点的综合创造。”① 也有学者指出：“‘群己一体’和‘人生三事’，是把儒家的‘和谐社群’及‘正德利用厚生’观念，与马克思主义的社会改造和革命思想相结合。而六达德，是儒家‘爱民惠民’思想与集体主义、爱国主义为内涵的无产阶级道德相结合。”② 可见，早期新道德观既涵盖中华传统道德的精华，也蕴涵着社会主义道德和共产主义道德的因素。也有学者指出：“张岱年的道德四原则说，将马克思主义的集体主义伦理观与中国传统道德重群贵公的思想结合起来，以最大多数人民之最大利益为最高准则和价值目标，兼重道义与功利，天理与人欲，自然和人为，将个人利益融入集体利益之中，无疑是一种最为深刻而又合乎道德本质和特征的道德原则理论。”③ 总之，张岱年比较成功地实现了马克思主义伦理学说和传统道德的创造性结合，建构了一个富有辩证法和唯物论的新道德观。

在张岱年的学术思想中，始终贯穿着一条清晰的主线，即“融合中西马，创造新文化”的文化综合创新论。批判继承与综合创新，是张岱年哲学思想最显著的特色。张岱年将中西道德哲学中最有价值的部分经过批判继承与综合创新，实现一种新的创造，建构起颇具特色的伦理思想。张岱年说：“对于中国过去哲学须能抉取其精粹而发展之、光大之，辨识其病痛而革正之、克服之，同时对于西洋哲学，亦要批判之、吸收之。”“我们所要创造的新哲学，固须综合东西所有哲学之长，然而综合应有别于混合或调和。真正的综合必须是一个新的创造。”④ 张岱年对自己早期新道德观的建构，坚持马克思主义的立场、观点和方法，不仅体现了对传统道德的批判继承与综合创新，而且还体现了道德理论与社会实际的紧密结合。

第二，它是对马克思主义辩证唯物论与唯物史观的理论应用。张岱年的早期新道德观，不是一种纯粹的理论抽象或逻辑推理，而是对当时中国社会的阶级矛盾、民族矛盾及革命斗争实践的现实反映，体现了马克思主义唯物辩证法和唯物史观的理论色彩。“社会直到现在是在阶级对立中运动的，所以道德始终是阶级的道德；它或者为统治阶级的统治和利益辩护，或者当被压迫阶级变得足够强大时，代表被压迫者对这个统治的反抗和他们的未来利益。没有人怀疑，在这里，在道德方面也和人类认识的所有其他部分一样，总的

① 刘静芳著：《综合创造的哲学与哲学的综合创造——张岱年哲学思想研究》，上海：上海人民出版社2009年版，第124页。

② 王锟：《马克思主义哲学与儒学的融合》，《福建论坛》（人文社会科学版）2007年第6期。

③ 王泽应：《张岱年对20世纪中国伦理思想的贡献》，《南通大学学报》（社会科学版）2007年第5期。

④ 《张岱年全集》（第1卷），石家庄：河北人民出版社1996年版，第239页。

说来有过进步。但是我们还是没有超出阶级的道德。”① 只有代表先进生产力的要求和社会进步趋势的革命道德才是科学的合理的道德。或者说，只有新兴的阶级的道德是客观的进步的、革命的，而旧的统治阶级的道德则是腐朽的、反动的。因为“剥削阶级的道德宣扬‘仁爱’，但坚持剥削，认为‘劳心者治人，劳力者治于人’是天经地义。劳动人民的道德则主张‘非力不食’，要求‘均贫富，等贵贱’。无产阶级的道德更要求废除阶级，消灭人剥削人的现象。”② 张岱年还认为，只有劳动阶级和无产阶级道德，才是为破坏旧社会和建设新社会服务的，因而是进步的道德、革命的道德。没有革命的道德，革命必然难于成功。张岱年还指出：“革命实为道德的需要。有见于制度之不善而谋所以变革之而不甘于为罪恶的制度之所役，是即尽性至命。”“最高的道德行动，在于忘己济人，在于为国舍身，亦在于致力于变革罪恶的制度。”“革命乃为多数人之利益，有违于少数人之过分利益（不违其本分的利益），然其本分利益不因革命而获得。”③ 可见，张岱年的早期新道德是一种革命的、进取的道德。

20 世纪三四十年代，中国社会处于大动荡和大转变时期，既有亡国灭种的危机，又有发皇飞腾的希望，机遇与挑战并存。当时，日本先后占领东三省和华北地区，中华民族生存危机到了最后关头；反共反人民的国内新军阀代替旧军阀的割据和混战，生灵处于倒悬之中。故张岱年指出，中国现在有两项伟大的实践：一是民族生存的战斗；一是社会改造的工作。凡是有利于民族生存或社会改造的行为，即是道德的行为；凡是违乎民族生存或违乎社会改造的行为，即是不道德的行为。改变世界与改变人性，只有革命的实践才能实现。张岱年指出：“在现在的世界，如想得到良好的生活，非进行社会主义革命不可。现代人们生活的种种苦痛，其根源在于私产制及阶级制，在于资本主义及帝国主义。”“欲求良好的生活，只有进行社会主义革命。”④ 张岱年根据革命与战争的时代特征，批判地继承封建时代的旧道德，提出了中华民族为理想而战斗的事业道德，即为民族生存的战斗和有利于社会改造的新道德。张岱年还说：“我们现在所需的道德，是促进为民族为理想而战斗的事业的道德，是进取的、战斗的、牺牲的道德。现在全国人民之最重要的责任，即在于忘一己之私利、私益，而以全力为民族解放、社会改善而奋斗。”⑤

① 《马克思恩格斯选集》（第 3 卷），北京：人民出版社 1995 年版，第 435 页。

② 《张岱年全集》（第 8 卷），石家庄：河北人民出版社 1996 年版，第 332 页。

③ 《张岱年全集》（第 1 卷），石家庄：河北人民出版社 1996 年版，第 476-477 页。

④ 《张岱年全集》（第 1 卷），石家庄：河北人民出版社 1996 年版，第 207 页。

⑤ 《张岱年全集》（第 1 卷），石家庄：河北人民出版社 1996 年版，第 398 页。

无疑，张岱年的早期新道德观是革命的、进取的道德。同时，张岱年还对当时国人“常知有自家而不知有邦国，常为私利而置民族利害而不顾”“缺乏责任心”“贪财之风盛行”等恶习进行了无情的批判。故有学者指出：张岱年“立足于为中华民族救亡图存而战的时代背景，提出新道德以指导人们的行为，并对当时人们的一些不利于民族再兴和社会改造的恶习进行批判”①。作为革命、进步的新道德观是对当时中国社会阶级矛盾与革命实践的现实反映。可见，早期新道德观对于激励全国人民为民族解放事业的实践而战斗具有重要意义。

在张岱年的人生哲学思想中，始终贯彻着新唯物论的观点。他认为，新唯物论或辩证的唯物论，是“现代最可信取之哲学”。他在《辩证唯物论的人生哲学》中说：“改变世界及改变人性，只有革命的实践才能实现。马克思说：‘环境之改变与人的活动的改变之一致，只能怀想为并合理地了解为实践的革命的活动。’革命是改造世界的唯一途径，是改善人群的主要办法。”“辩证唯物论的人生哲学，总括言之，是社会的，革命的，实践的；而根本上是辩证的，唯物的。”② 实践的观点是马克思主义哲学首要的基本的观点。可见，作为革命的、进取的新道德观，提倡改造环境、变革社会制度，就是以新唯物论为形上基础的，是对马克思主义辩证法和唯物史观的理论应用。

（三）张岱年早期新道德观的现实意义

对于哲学家而言，他们所提出的任何一种理论或命题，不仅具有一定的理论特质，而且也具有一定的历史意义和现实意义。张岱年说：“今日中国的新哲学，必与过去中国哲学有相当的继承关系。我们所需要的新哲学，不只是从西洋的最新潮流发出的，更须是从中国本来的传统中生出的。本来的传统中，假如有好的倾向，则发展这好的倾向，乃是应当。”③ 批判地继承传统道德，吸取其精华，剔除其糟粕，是社会主义精神文明建设的重要环节。张岱年早期的新道德观，既有深厚的传统美德底蕴，又有鲜明的时代精神意蕴。从时代特征上看，张岱年早期新道德观集中体现了社会主义道德的价值取向和精神意蕴。因此，它对社会主义精神文明建设具有重要的现实

---

① 吴全兰：《论张岱年的人生哲学》，收入王中江主编：《中国哲学的转化与范式——纪念张岱年先生九十五诞辰暨中国文化综合创新学术研讨会文集》，郑州：中州古籍出版社 2006 年版，第 357 页。

② 《张岱年全集》（第 1 卷），石家庄：河北人民出版社 1996 年版，第 207-209 页。

③ 《张岱年全集》（第 1 卷），石家庄：河北人民出版社 1996 年版，第 271 页。

意义。

《左氏春秋》提出“正德、利用、厚生”的经典命题。其中，“正德”即注重精神文明建设，提高人们的精神境界；“利用”“厚生”即注重物质文明建设，改善人们的物质生活，兼重物质文明与精神文明、物质生活改善与精神生活提高而无所偏废。张岱年先生说：“富（经济）属于物质文明；仁（道德）属于精神文明。物质文明与精神文明是相待相成的，必须兼顾并重。”[①] 在改革开放初期，邓小平就出坚持“两个文明一起抓”的方针，即既要抓社会主义物质文明建设，又要抓社会主义精神文明建设。只有“两个文明”都搞好，才能建设中国特色社会主义。社会主义精神文明是人类精神文明发展的崭新阶段，是与过去任何社会精神文明不同的崭新文明，也是迄今人类历史上最科学、最高尚、最进步的精神文明。社会主义精神文明建设包括教育科学文化建设和思想道德建设两个方面。其中，思想道德建设是社会主义精神文明建设的灵魂，在整个精神文明建设中占据着特别重要的地位，决定着精神文明建设的性质和方向，解决的是整个中华民族的精神支柱和精神动力问题。在思想道德建设方面，我们要坚持以马克思主义为指导，大力提倡和发扬爱国主义、社会主义、集体主义和全心全意为人民服务的精神，特别要提倡集体主义精神，反对极端的利己主义和资产阶级的个人主义。2001 年中共中央颁布的《公民道德建设纲要》指出：“社会主义道德建设要坚持以为人民服务为核心，以集体主义为原则，以爱祖国、爱人民、爱劳动、爱科学、爱社会主义为基本要求，以社会公德、职业道德、家庭美德为着力点。”加强社会主义精神文明建设，提高全民族的思想道德素质和科学文化素质，培养有“理想、有道德、有文化、有纪律”的社会主义“四有”新人，对我国社会主义现代化建设具有重要意义。

思想道德建设在社会主义精神文明建设中占有特别重要的地位。张岱年早期的新道德观，对今天的社会主义精神文明建设有着积极的现实价值。在社会主义精神文明建设中，我们都要运用马克思主义的立场、观点和方法，正确处理外来文化的优秀成果与继承发扬本民族的优秀传统文化之间的关系。张岱年说：“我们现在的历史条件是建设具有中国特色的社会主义物质文明和精神文明，在建设社会主义精神文明建设的事业中，必须正确解决批判继承传统道德，其中包含弘扬有益于社会发展的传统美德。”[②] 张岱年晚年特别关

---

① 《张岱年全集》（第 7 卷），石家庄：河北人民出版社 1996 年版，第 570 页。
② 《张岱年全集》（第 7 卷），石家庄：河北人民出版社 1996 年版，第 499 页。

注社会主义精神文明建设，对改革开放过程中出现的不良现象甚为担忧，并撰文指出："改革开放以来，我国经济迅速发展，学术文化出现了活跃景象，这是令人欣喜的，但是社会上也出现了一些不良现象，拜金主义、个人享乐主义流行起来，妨碍了精神文明的建设。纠正拜金主义、个人享乐主义等不良风气，必须加强社会道德教育，弘扬传统美德是一个重要的途径。"① 而"从伦理思想来看，在建设社会主义精神文明中，马克思主义伦理学必须以历史唯物主义为指导，对历史上的一切旧的道德理论进行科学的分析、批判，鉴别其精华和糟粕，并根据社会实际生活的进程和需要，在批判其错误理论的同时，继承其科学的、合理的因素和成分。"② 张岱年认为，对传统道德规范应该进行具体分析和创造性转化，其中一些反映人类"公共生活规则"的积极内容，如信、和、义、廉、勤、俭等都具有相对恒久性，应该加以重新阐释，阐发其适合时代精神的精义，以启迪人们心智，净化人们心灵，提高人们的精神境界。张岱年的早期新道德观，既是对传统道德的批判性继承，又是对传统道德的历史性超越；既是对唯物、理想、解析的一种综合创新，又是对马克思主义伦理思想的创造性发展和时代性建构。建设社会主义精神文明，培育具有中国特色的民族伦理精神，需要发扬光大张岱年提出的"理生合一""与群唯一""义命合一""动的天人合一"的"生活理想之四原则"，铸造出体现时代伦理精神的"公忠""任恤""信诚""谦让""廉立"的道德品质。因此，张岱年的早期新道德观为社会主义精神文明建设提供了直接、有效的伦理文化资源。有学者指出："张岱年先生的一生，从三四十年代，直至八九十年代，热心弘扬中国重道德的传统，在道德观、价值观、人生哲学等方面造诣殊深，为中华民族的振兴，特别是为今日中国建立社会主义的精神文明，做出了卓越的成就。"③ 无疑，张岱年的早期新道德观对今天社会主义精神文明建设具有重要的现实意义。

（原题目为《论张岱年早期新道德观的理论特质和现实意义》，刊登于《唐都学刊》2012 年第 5 期，收入本书时略加修改或补充）

---

① 《张岱年全集》（第 7 卷），石家庄：河北人民出版社 1996 年版，第 501-502 页。

② 《罗国杰文集》（上卷），石家庄：河北大学出版社 2000 年版，第 997 页。

③ 刘鄂培主编：《综合创新——张岱年先生学记》，北京：清华大学出版社 2002 年版，第 126 页。

三、张岱年社会主义新道德观的主要内涵

加强社会主义道德建设，既是社会主义精神文明建设的内在要求，也是确立和发展社会主义市场经济的客观要求。张岱年顺应社会主义精神文明建设的时代要求，适时地提出了“建设社会主义新道德”的命题。社会主义新道德，是张岱年道德哲学思想的重要内容。早在20世纪三四十年代，张岱年就提出适应时代变迁和社会发展的需求而要建构体现时代精神的“新道德”。社会主义新道德，是张岱年先生早期新道德观发展的必然趋势和逻辑延伸，也是其学术情怀在道德领域中的生动体现。

（一）社会主义新道德概念的提出

新中国成立后，社会主义道德建设取得了可喜的成就，但也出现了一些问题。张岱年先生认为，新中国成立后，即“五十年代，宣扬共产主义道德，取得了明显的成就。‘文化大革命’破坏了一切道德规范，八十年代西方的非道德主义思潮又传入中国。建立新时代的道德规范是今天的一项严肃任务”①。张先生在《试论新时代的道德规范建设》中指出：“在当前建设具有中国特色的社会主义物质文明和精神文明的宏伟事业中，有一项十分重要的工作，就是提高人们的道德觉悟、努力建设新时代的新道德。”② 1995年，他在《儒家伦理与企业道德》中又说：“我们现在处于社会主义初级阶段，现在的一个重要任务是建立符合时代精神的新道德。”③

张岱年在《晚思集》中还说：“现在，建设新道德的方向已经明确了”，“在文化方面，我们要建设有中国特色的社会主义新文化，关于道德，我们应建设有中国特色的社会主义新道德。”他满怀信心地预见：“在邓小平同志建设有中国特色的社会主义理论的指导之下，经过全国人民的认真讨论，社会主义新道德建设一定会成功。”④ 张先生在改革开放时期明确地提出了“建设有中国特色的社会主义新道德”的命题。

张岱年坚持马克思主义的立场、观点和方法，立足社会主义市场经济，注重把中华传统美德与社会主义初级阶段道德建设实际有机地结合起来，加

---

① 张岱年著：《晚思集》，北京：新世界出版社2002年版，第12页。

② 《张岱年全集》（第7卷），石家庄：河北人民出版社1996年版，第231页。

③ 《张岱年全集》（第7卷），石家庄：河北人民出版社1996年版，第560页。

④ 张岱年著：《晚思集》，北京：新世界出版社2002年版，第97-99页。

以“综合创新”，形成了自己颇具特色的社会主义新道德观。

（二）社会主义新道德观的时代建构

张岱年的社会主义新道德观主要立足于改革开放与社会主义市场经济的确立和发展，具有鲜明的时代性和创新性，它主要包括社会主义新道德的原则与规范、社会主义市场经济道德及企业伦理道德等。

第一，社会主义新道德的原则与规范。20世纪80年代以来，国内理论界围绕社会主义道德体系之建构展开了激烈的论争。当代马克思主义伦理学家罗国杰教授认为，共产主义道德，“它有一个道德原则，即忠于共产主义事业的集体主义。它包括五条主要的道德规范，即全心全意为人民；共产主义劳动态度；爱护公共财物；热爱科学，坚持真理；爱国主义和国际主义。它包括四个范畴（或道德概念），即义务、良心、荣誉、幸福。它包括三个特殊行为领域的道德要求：一个是爱情、婚姻和家庭道德，一个是职业道德，一个是社会主义人道主义。”① 有的学者认为，社会主义道德体系主要有三个层次：第一个层次，最基本、最主要的规范，即忠于共产主义事业的集体主义；第二层次，一般规范，主要有爱国主义和国际主义，热爱人民，热爱科学，热爱劳动，热爱社会主义，社会主义人道主义；第三层次，特殊规范，即职业领域，公共生活领域，家庭生活领域人们应该遵循的道德规范。② 也有的学者认为，社会主义初级阶段的道德体系包括两个结构和三个层次。“所谓两个结构，一是社会主义道德，二是共产主义道德。所谓三个层次，从低到高依次是：社会公共生活中的道德规范、社会主义道德和共产主义道德。”其中，“尊老爱幼、诚实守信、谦虚礼让、见义勇为、助人为乐、爱护公物”等构成社会公共生活的道德规范；社会主义道德，不仅包括“爱社会主义、集体主义、人道主义、公正和诚实守信五项基本原则”，而且包括“爱祖国、爱人民、爱劳动、爱科学和爱生存环境”五项基本规范；共产主义道德在现阶段的主要内容是：“奋力开拓，公而忘私、勇于献身，必要时不惜牺牲自己的生命。”③

理论界关于社会主义道德体系之建构，尽管有着不完全相同的理论诉求，但都体现了马克思主义伦理学原则规范体系的基本价值取向。其中，为人民服务、爱国主义、集体主义、社会主义人道主义及“五爱”基本要求则是国

---

① 罗国杰著：《伦理学教程》，北京：中国人民大学出版社1985年版，第154页。

② 藏乐源：《论共产主义道德规范体系》，《齐鲁学刊》1985年第2期。

③ 魏英敏著：《新伦理学教程》（第2版），北京：北京大学出版社2003年版，第263-272页。

内理论界关于社会主义道德体系建构的共识。其理论成果，与张岱年先生提出的社会主义新道德的原则与规范是相互联系、相互影响的。

一是社会主义新道德的基本原则。任何一个完整的道德体系，都是由道德原则、道德规范及道德范畴组成的。道德原则和道德规范，都是用以调节人们之间的伦理关系的准则。道德原则是人们必须遵循的最根本的道德准则，在道德原则规范体系中居于主导地位，对其他道德规范和道德范畴具有统帅的作用。

社会主义道德的基本原则是在社会主义的道德准则体系中居于支配其他一切道德准则的主导地位，是社会主义公有制经济占主体地位的反映。但理论界关于社会主义道德的基本原则，不仅在表述上有所差异，而且在数量上又有不同，有的主张只能确立一个原则，如当代马克思主义伦理学家罗国杰教授认为，社会主义道德原则只是忠于共产主义事业的集体主义；有的主张应确立多个原则，再如当代马克思主义伦理学家周原冰在《共产主义道德通论》专著中就提出了关于共产主义道德的四个基本原则，即忠于共产主义事业、集体主义、热爱劳动及以实事求是为基础的忠诚老实；也有的学者认为，社会主义道德的基本原则有“社会主义集体主义、社会主义人道主义和社会主义公正三大原则”[①]；等等。

关于社会主义新道德的基本原则，张岱年提出了自己独特的观点。1992年，张先生在《试论新时代的道德规范建设》中就明确地提出社会主义新道德的原则。社会主义新道德的原则是比较明确的，即“为人民服务，爱国主义，社会主义的集体主义，以及社会主义的人道主义。”[②] 1993年在《建设新道德与弘扬传统美德》中，张先生又把社会主义新道德的基本原则，称之为“新三纲”，即“我们今天必须肯定的三个基本原则，（1）爱国主义；（2）为人民服务的集体主义；（3）社会主义人道主义，应该是今日必须确立的新三纲。”[③] 1994年，张先生在《移风易俗与传统美德》中又提出：“我们现在要建设具有时代精神的新道德。新道德的主要原则应是爱国主义、集体主义和社会主义的人道主义。”[④] 1998年，张先生在《晚思集》中再次强调社会主义道德的基本原则，即“新时代道德的基本原则，还是比较明确的，这便是

① 郭广银主编：《伦理学原理》，南京：南京大学出版社1995年版，第147页。
② 《张岱年全集》（第7卷），石家庄：河北人民出版社1996年版，第231页。
③ 《张岱年全集》（第7卷），石家庄：河北人民出版社1996年版，第427页。
④ 《张岱年全集》（第7卷），石家庄：河北人民出版社1996年版，第488页。

（一）爱国主义原则，（二）为人民服务的原则，（三）社会主义人道主义。”①显然，张先生所确立的社会主义新道德的基本原则是为多个原则，而且在不同时间段或在不同文章中有着不同的内容表述。其中，爱国主义、集体主义和社会主义人道主义，始终是张先生所强调的社会主义新道德的基本原则。

1996 年 10 月，中共四届六中全会通过的《中共中央关于加强社会主义精神文明建设若干重要问题的决议》明确提出了社会主义道德体系的基本框架，即“社会主义道德建设要以为人民服务为核心，以集体主为原则，以爱祖国、爱人民、爱劳动、爱科学、爱社会主义为基本要求。”2001 年 9 月，中共中央颁布的《公民道德实施纲要》中再次强调“社会主义道德建设要坚持以为人民服务为核心，以集体主义为原则。”党和政府将“为人民服务”“集体主义”分别确立为社会主义道德的核心和原则，是符合我国的国情和现阶段道德建设的实际，鲜明地体现了社会主义道德的本质要求。

张先生提出的社会主义新道德的基本原则，是立足于马克思主义伦理思想的基本立场，结合社会主义初级阶段的道德建设实际，所得出的个性化理解，与 20 世纪 80 年代以来国内理论界关于社会主义道德的基本原则，既有联系又有区别，抓住了界定社会主义道德原则的基本取向，体现了社会主义道德的本质要求，为改革开放时期社会主义道德体系的建构提供了至关重要的价值导向。

二是社会主义新道德的基本规范。道德规范是道德原则的具体展开，是道德原则不同层次的要求，是道德原则在重大的社会关系领域和各生活领域中的具体应用。道德原则具有高度概括性和相对稳定性，而道德规范具有一定的具体性和相对变动性。每个时代的道德发展，不仅随着社会经济的发展而发展，而且伴随着自身对以往道德文化成果的批判与继承。张岱年认为，社会主义新道德建设，包含着对传统道德的批判继承和新的道德规范的确立。张先生在《试论新时代的道德规范建设》中提出体现社会主义原则的“新时代道德规范的初步设想”，即“九德”：“公忠、仁爱（任恤）、信诚、廉耻、礼让、孝慈、勤俭、勇敢、刚直。”② 张岱年认为，对传统道德规范加以新的解释或加以适当的改造，乃是有用的。1993 年，在《建设新道德与弘扬传统美德》中，张岱年对“九德”规范在概念表达与具体内容上作了适当的变动，并进行了具体的阐述：“应该肯定或加以改造之后应确立的道德规范有：（1）忠（区别忠君之忠，可以称之为公忠），（2）信（诚实），（3）慈（泛

① 张岱年著：《晚思集》，北京：新世界出版社 2002 年版，第 15 页。

② 《张岱年全集》（第 7 卷），石家庄：河北人民出版社 1996 年版，第 237 页。

爱），（4）孝（爱敬父母），（5）廉（亦可称为廉耻），（6）礼（礼节），（7）勤（勤劳），（8）俭（节俭），（9）勇（勇毅）。”其中，“仁义是儒家所讲的首要道德。仁的含义是‘爱人’‘泛爱众’，但又承认等级差别。在今天看来，‘爱人’的含义是应该肯定的，等级意识是必须加以否定的。仁的学说可以说是古代的人道主义，义的观念可以说是古代的公正观念，仁义的积极意义已包括在‘为人民服务’与社会主义的人道主义之中了。与仁同义相近有慈，《老子》反对仁义而高度赞扬慈，慈是最深切的同情心，可以肯定为基本的道德之一”；“忠于祖国、忠于人民、忠于民族之忠必须肯定下来。爱敬父母之孝是起码的道德。对于忠孝的肯定包含着对于忠孝观念的改造”；“信、廉、勇、勤、俭是自古以来广大人民所赞扬的道德，可以说属于公共生活规则，今天也必须加以发扬”；“古代以等级制为基础的繁文缛节礼是必须废除的，但人际关系中的礼还是必要的。”其中，“信、廉、慈、勤、俭、勇，都可以说是传统美德。忠、孝、礼则包含对于传统道德的改造与更新。”①

张岱年提出的社会主义新道德的“九德”规范，与国内理论界关于社会主义道德规范体系结构之探讨相比较，不仅在概念使用上有所不同，即在概念表达上“有循于旧名，有作于新名”，而且在具体内容上作出个性化的建构，体现了传统美德与社会主义初级阶段道德建设实际的有机结合。“九德”规范体现了社会主义道德的本质要求，彰显了传统美德与时代精神的有机统一。

张岱年指出：“新道德的建设，一方面包含传统道德的批判继承，一方面又是新的创造。”② 张先生提出的社会主义新道德的基本原则与基本规范，体现了传统性与时代性、继承性与创新性的有机统一，熔铸着张先生对社会主义道德原则与规范的创造性理解和对传统道德的“扬弃”，是张先生对马克思主义伦理思想中国化的独特贡献。但是，由于张岱年侧重于从传统道德层面来建构社会主义新道德的，因此，“九德”规范中没有“爱科学”的内容。

第二，社会主义市场经济道德。市场经济既是一种资源配置方式，又是一种文化伦理现象，有其自身内在的伦理道德要求。市场经济自它产生之日起，就蕴涵着深刻的、特有的伦理道德倾向性。有研究者指出：“市场活动作为人们之间的重要交往方式，不仅具有道德的内在需要，而且它本身还强化甚至形成自己的道德内容。”③ 关于市场经济道德，张先生先后撰写了《传统

① 《张岱年全集》（第7卷），石家庄：河北人民出版社1996年版，第427-428页。
② 《张岱年全集》（第7卷），石家庄：河北人民出版社1996年版，第560页。
③ 王天思：《论市场文明》，《河北学刊》2003年第1期。

美德与社会主义精神文明建设》《新时代的义利理欲问题》《儒家伦理与企业道德》《关于传统道德与市场经济的关系》等文章，认为“建立适合于社会主义市场经济体制的新道德乃是当务之急”[①]，并具体论述了经济发展和道德进步的关系、道德与法制的关系及企业伦理道德等市场经济道德问题。

一是经济发展和道德进步的关系。建立和发展社会主义市场经济体制，是我国经济体制改革的目标。社会主义市场经济的发展，既为社会主义道德建设提供了良好的机遇，同时也带来严峻的挑战。实践证明，市场经济的发展，既推进了社会生产力的发展，也带来一定的社会负效应，从而引起人们对经济发展与道德进步的不完全同步性的思考。

关于经济发展与伦理道德的关系，张岱年在《新时代的义利理欲问题》中指出：“经济发展与道德有一定的关系。经济发展可能带来道德的进步，也可能带来道德的衰退。”从经济发展给道德带来的负面影响而言，“近十几年实行改革开放以来，经济有高度的发展，而社会道德出现了复杂的情况。拜金主义、享乐主义、极端个人主义等不良作风流行起来，这是令人忧虑的。”从经济发展给道德带来的积极影响而言，“近年以来，见义勇为的英雄、舍己救人的烈士，都屡见不鲜，显示了崇高精神的光辉，这与一部分人见利忘义、徇私枉法形成鲜明的对比。”[②] 可见，张岱年立足社会经济发展的现实，阐述了市场经济发展对道德发展的双重影响。

经济与道德的关系十分密切。道德不仅由经济关系所决定，受现实生产力的影响和制约，同时还会对经济的发展产生能动的反作用。1994 年，张岱年在《传统文化与社会主义精神文明》中特别强调儒家道德思想对经济发展的积极作用，“近几十年来，东亚地区（日本和所谓东亚四小龙）的实际情况，证明了儒家思想对于经济发展并非阻力，而且是一种助力。儒家重视德育、重视教育的思想，以和为贵的思想，在东亚地区，对于经济的发展起了积极作用。”[③] 而“社会主义新道德应是有利于经济发展的，同时又为经济生活提供行为规范。”[④] 因此，我们要弘扬传统美德，加强社会主义精神文明建设，努力建设社会主义新道德，为市场经济健康发展提供伦理道德的支撑。

二是道德与法制的关系。实践证明，市场经济既是法制经济，又是道德经济。1994 年，张岱年在《论中国传统哲学的继承与改造》中，在批判儒家

---

① 《张岱年全集》（第 7 卷），石家庄：河北人民出版社 1996 年版，第 425 页。
② 《张岱年全集》（第 7 卷），石家庄：河北人民出版社 1996 年版，第 509–510 页。
③ 《张岱年全集》（第 7 卷），石家庄：河北人民出版社 1996 年版，第 518 页。
④ 《张岱年全集》（第 7 卷），石家庄：河北人民出版社 1996 年版，第 560 页。

重德轻法，法家以法代德的两种片面思想的基础上，进一步指出："事实上，道德教育与法律刑政是相辅相成的，二者并无矛盾。治国之道，既要执行法度，也要昌明德教，这个道理在今天已经非常明显了。现在我们要努力健全法制，同时要加强道德教育，努力建设体现时代精神的新道德。"① 1995 年 5 月，张岱年在《儒家伦理与企业道德》中又说："经济的发展离不开法制，也离不开道德。一个法制不健全的社会，经济是不可能正常发展的。一个道德衰颓的社会，经济也是不可能正常发展的。"② 1995 年 12 月，张岱年在《关于传统道德与市场经济的关系》中还说："市场经济需要健全的法制，同时也需要优良的道德风尚。没有健全的法制，市场经济将会出现混乱。没有优良的道德风尚，法制也难以充分推行。道德与法制是相辅相成的。"③ 可见，张岱年既从历史层面来论述坚持德治和法制相结合的必要性，同时又从现实层面强调德治和法制相结合的紧迫性。所以，在发展社会主义市场经济的过程中，既要加强法制建设，又要加强道德建设，两者是相辅相成、缺一不可的。

2001 年 1 月，江泽民在全国宣传部长会议上讲话时指出："我们在建设有中国特色社会主义，发展社会主义市场经济的过程中，要坚持不懈地加强社会主义法制建设，依法治国，同时要坚持不懈地加强社会主义道德建设，以德治国。"④ 依法治国属于政治文明范畴，主要是依法治权、依法治官；以德治国属于精神文明范畴，主要是以德育官、以德育人。张先生认为，在新时期不仅要加强公民道德建设，而且注重"官德"建设。加强"官德"建设是发展社会主义市场经济的内在要求。以德治国主要是以德育官、以德育人。对于党的领导干部而言，以德治国就是要求领导干部牢固树立全心全意为人民服务的宗旨，树立正确的世界观、人生观、价值观和权力观，严守"政德"和"官德"。在社会风气不良和官场腐败的情形下，官德最重要的是"廉"。"廉"是官吏必须遵守的道德。"'廉'是广大群众所拥护的道德，是人民群众对于执政者的要求"⑤ "在过去时代，最重要的官德是'廉'，人民赞扬清官廉吏。现在虽然没有官民之分，但作为领导作为干部的仍应实行廉德。"⑥ 只有领导干部实行廉德，光明磊落，两袖清风，才能树立良好的党员干部形

---

① 《张岱年全集》（第 7 卷），石家庄：河北人民出版社 1996 年版，第 550 页。
② 《张岱年全集》（第 7 卷），石家庄：河北人民出版社 1996 年版，第 558 页。
③ 《张岱年全集》（第 7 卷），石家庄：河北人民出版社 1996 年版，第 578 页。
④ 《江泽民文选》（第 3 卷），北京：人民出版社 2006 年版，第 200 页。
⑤ 《张岱年全集》（第 7 卷），石家庄：河北人民出版社 1996 年版，第 233 页。
⑥ 《张岱年全集》（第 7 卷），石家庄：河北人民出版社 1996 年版，第 578-579 页。

象，才能赢得人民的拥护，才能有利于社会风气的净化。

总之，在当代中国，社会主义道德建设与法律建设相协调，就是要在坚持依法治国的同时推行以德治国。张岱年认为，“发展社会主义市场经济，必须健全法制；在健全法制的同时，更必须提倡社会主义道德，必须建立社会主义的良风美俗。”① 道德与法制是相辅相成的，是发展社会主义市场经济所必须且并行不悖的两种运行机制。

第三，企业伦理道德。企业伦理道德是企业赖以生存和发展的基础，是企业培养核心竞争力的关键所在。改革开放以来，市场经济得到了迅速发展，市场体系不断趋于完善。但是市场混乱，危害消费者利益的行为时有发生，如制售假冒伪劣商品；价格欺诈；虚假广告宣传；违约欺诈，诚信缺失；偷税漏税；恶性竞争；行业垄断等等，从而严重地扰乱了市场秩序，侵犯了消费者权益乃至人身财产安全，甚至影响国家形象和社会的安全稳定。因此，加强企业伦理道德建设，是社会主义精神文明建设和增强企业核心竞争力的客观需要。

关于市场经济背景下的企业伦理道德问题，张岱年尤为关注。张岱年结合市场主体的现实状况，以儒家优秀传统伦理为切入点来建构企业伦理道德的。他在《儒家伦理与企业道德》中说：“儒家所讲的道德，有几项显然具有普遍意义，是今天企业管理所必重视的”，即“（1）信，（2）和，（3）义，（4）廉。”其中，“信”即是诚实不欺，乃是人际关系的基本准则，也是企业经营的基本准则。古代商人经常以“货真价实”“童叟无欺”为经营原则。无疑，市场经济必须遵守诚信道德。儒家重视“和”。“和”既能生财即“和气生财”，也是事业发展必须遵循的准则。企业内部保持一定的和谐，社会上不同部门也必须保持一定的和谐。“和”是企业道德的重要范畴。儒家倡导“重义轻利”固然与市场经济的功利原则相悖，但儒家反对“见利忘义”，主张“见得思义”还是正确的。从历史上看，儒家所谓“利”主要指个人私利或不正当的欲望；所谓“义”主要指道德原则、群体利益或民族国家利益等。企业家如果见利忘义，必终于失败。故企业或企业家要做到义与利的统一。“廉”即廉耻、廉洁之意。企业经营者也必须实行廉的道德。此外，儒家提倡的“忠”也是企业所遵循的伦理道德。“忠”在古代具有忠于君主和忠于国家的二层含义，彰显着坚持民族尊严与民族气节的品质。忠君观念当然应该废除，忠于国家的忠还是必须坚持的。“忠于国家，即是古代的爱国主义，这

① 《张岱年全集》（第7卷），石家庄：河北人民出版社1996年版，第570页。

是今天爱国主义思想的历史渊源，是必须高度昂扬的。在企业经营中，也有一个坚持民族尊严、坚持民族利益的问题。”①

张先生对儒家伦理进行批判继承，并赋予时代的新意义，以建构企业伦理道德。把儒家传统伦理“信、和、义、廉”进行创造性转换，作为企业伦理道德，不仅体现了企业伦理道德的传统性和时代性，而且体现了社会主义伦理道德的公平公正、集体主义、为人民服务及诚实守信等道德原则。其中，将“忠”规定为市场经济背景下的企业伦理道德，不仅是对企业伦理道德的创造性理解，更是对企业伦理道德境界的提升。

（三）结语

张岱年对社会主义新道德的建构，坚持马克思主义的立场、观点和方法，不仅体现为对以儒家伦理为主体的传统道德的批判性继承与综合创新，而且还体现了道德理论与社会主义初级阶段实际的紧密结合。因此，张岱年提出的社会主义新道德，体现了“与社会主义市场经济相适应的，与社会主义法律相协调的，与中华民族传统美德相承接”的理论特色。

张岱年的社会主义新道德观是马克思主义伦理思想中国化的理论成果，是对马克思主义伦理思想中国化做出的重大贡献；社会主义新道德观体现了马克思主义的世界观和方法论，为我们在新的历史时期坚持和发展马克思主义伦理思想，推进马克思主义伦理思想的理论创新提供了范本，是建构新时期社会主义道德体系重要的伦理文化资源。

［原题目为《张岱年的社会主义新道德观》，刊登于《南通大学学报》（社会科学版）2011 年第 6 期，收入本书时略加修改或补充］

四、张岱年伦理思想的内容建构与现实价值

道德哲学或伦理思想是由社会存在决定的一种特殊的意识形态。任何一种道德哲学理论都是对该时代问题和社会现实的反映，都具有一定的理论价值和实践价值。张岱年先生的伦理思想思想，不仅具有丰富的时代内容，而且具有鲜明的现实价值。

---

① 《张岱年全集》（第 7 卷），石家庄：河北人民出版社 1996 年版，第 558–560 页。

（一）张岱年伦理思想的内容建构

张岱年是一位坚定的马克思主义者，应该说张岱年是国内较早且自觉运用马克思主义基本原理、富有创造性地研究伦理思想的哲学家。要揭示伦理思想的现实价值，首先要阐释张岱年伦理思想的主要内容。从广义的伦理道德来看，张岱年伦理思想，博大精深，意蕴丰厚，主要包括伦理道德基础理论问题、中国传统伦理思想基本派别、新道德学说、人生哲学思想、社会主义价值观及"兼和"伦理思想等内容。

第一，伦理道德基础理论问题。伦理道德基础理论问题，是伦理学研究的首要问题。一般而言，伦理与道德概念的含义、伦理学的基本问题、道德的起源与本质、道德原则与规范、道德的基本特征与社会功能及判断道德进步与否的标准等，都是属于伦理道德基础理论问题的重要内容。就伦理与道德概念而言，张岱年说："伦理学即研究'人伦'之理的学问，亦即研究人与人的关系的学说。""'伦理'一词，见于《礼记·乐记》。《乐记》云：'乐者通伦理者也。'郑玄注：'伦，类也。理，分也。'这里所谓伦理泛指伦类条理，尚非今日所谓伦理。"① "在中国伦理学史上，道德可以说既是一个概念，又是两个概念。分析地看，道与德是两个概念，道指行为应该遵循的原则，德指行为原则的实际体现。作为一个完整的名词来看，道德是行为原则及其具体运用的总称。"② 就伦理学的基本问题而言，张岱年认为，伦理学的基本问题，就是关于道德演变的客观规律的问题和关于道德的最高原则的问题。就道德起源与本质问题，张岱年认为，道德源于人类群体生活之需要，道德的本质在于协调人们的利益而提出的行为约束或裁制，但剥削阶级的道德本质与劳动人民的道德本质，它们在利益的价值取向是大相径庭的，因为剥削阶级道德本质上是奉行极端利己主义原则的。就道德原则与规范而言，张岱年认为，任何社会都自己的道德原则与规范，不同的社会甚至同一社会形态的不同历史阶段，都有不同的道德原则或道德规范。"三纲五常"，可谓是中国封建社会的最高道德原则。就道德的基本特征而言，张岱年认为，道德的基本特征主要表现为道德的阶级性与继承性、道德的普遍性形式与特殊性内容、道德的稳定性与变动性及知与行的统一等。就道德的社会功能而言，张岱年从阶级角度阐释了道德的社会功能，即"道德的作用有两个方面，一方

① 《张岱年全集》（第3卷），石家庄：河北人民出版社1996年版，第499页。
② 《张岱年全集》（第3卷），石家庄：河北人民出版社1996年版，第500页。

面是团结本阶级中的人，消弭阶级内部的矛盾冲突；另一方面是影响其他阶级中的人而使他们也屈从于本阶级的利益。”① 关于道德进步与否的标准，张岱年认为，“最大多数人民的最大利益，即是道德的最高标准。”② 反映最大多数人民的最大利益，是道德进步的价值诉求。简而言之，能否反映最大多数的人民利益，是判断道德进步与否的最高标准。张岱年把最广大人民的最大利益作为判断道德进步标准，从而就使得自己的伦理思想同历史唯物主义精神息息相通。

第二，中国传统伦理思想基本派别。在 20 世纪 80 年代，国内理论界有的学者套用哲学的基本问题，将中国传统伦理思想分为唯物主义伦理学派和唯心主义伦理学派两大阵营。张岱年认为，不能套用哲学的基本问题来划分伦理学的基本学派。因为“在马克思主义出现以前，多数在宇宙观认识论方面坚持唯物主义观点的哲学家，在历史观与伦理学说方面，却不能够摆脱唯心主义的束缚，不能够提出系统的唯物主义的历史观或唯物主义的道德学说来。”③ 而且“伦理学说要承认物质生活与精神生活的统一。”④ 故“伦理学的基本派别不能简单地归结为唯物主义与唯心主义的对立。尤其中国古代伦理学说更非如此。”⑤ 张岱年认为，中国传统伦理思想基本派别应为道义论和功利论。道义论肯定道德价值高于实际利益，功利论强调道德价值不能脱离实际利益。传统道义论以孔子、孟子、董仲舒、宋明理学为代表；传统功利论以墨子、李觏和陈亮、叶适等为代表，两者都有所偏向。所谓“义”是指公共利益、整体利益和国家民族利益，也指精神生活或精神价值；所谓“利”是指个人私利，也是指物质生活或物质价值。因此，义利问题涉及个人与他人、个人与社会、个人与群体、群体与群体、物质生活与精神生活之间的关系。从学理论证的逻辑来看，张岱年是通过义利之辨、理欲之辨及精神价值与物质价值、生命价值之比较来阐释道义论的。从义利之辨来看，传统道义论强调“义”重于“利”；从理欲之辨来看，传统道义论强调“理”高于“欲”；从精神价值与物质价值、生命价值之比较来看，传统道义论强调道德价值高于物质价值和生命价值。先秦墨家功利论主张“利”即“义”；宋明时期儒家功利论强调道义不能离开功利。从价值论角度看，张岱年先生把儒

① 《张岱年全集》（第 3 卷），石家庄：河北人民出版社 1996 年版，第 453 页。
② 《张岱年全集》（第 5 卷），石家庄：河北人民出版社 1996 年版，第 355 页。
③ 《张岱年全集》（第 3 卷），石家庄：河北人民出版社 1996 年版，第 449 页。
④ 《张岱年全集》（第 3 卷），石家庄：河北人民出版社 1996 年版，第 601 页。
⑤ 《张岱年全集》（第 3 卷），石家庄：河北人民出版社 1996 年版，第 517 页。

家“义以为上”的道义论，称之为“内在价值论”；把先秦墨家主张的“利”即“义”的功利论，称之为“功用价值论”。与传统功利论相比，传统道义论对中国古代社会的影响应居于主导地位。与西方功利论相比，中国传统功利论的价值取向是“整体主义”，西方功利论的价值取向则是“利己主义”。就道义论而言，儒家的“道义”与康德的“道德自律”有相通之处。中国传统道义论和传统功利论，是中国古代经济制度和政治制度的产物，在理论上是有欠缺的，在实践上也是利弊共存的。

第三，新道德学说。适应中国近现代社会发展的需要，张岱年提出了“建立新道德”的构想。张岱年说：“道德随时代之不同而变迁，随社会生活之改易而转移。故当审时代之需要而建立新道德。”① 即是说，道德具有时代性，不同的时代甚至同一时代的不同阶级具有不同的道德。“审时代之需要而建立新道德”的命题，是张岱年在20世纪三四十年代提出的命题，至九十年代又提出了“创建有中国特色的社会主义的新道德”② 的命题。“建立新道德”是张岱年毕生所关注的重大学术问题。从伦理思想发展角度看，张岱年的新道德学说包括早期新道德观和社会主义新道德观两部分。早期新道德观的基本原则即“生活理想之四原则”：“理生合一”“与群为一”“义命合一”及“动的天人合一”；其基本规范为“公忠、任恤、信诚、谦让、廉立、勇毅”的“六达德”和“孝亲、慈幼、勤劳、节俭、爱护公物、知耻”的“六基德”；其最高纲领为“群为己纲、智为愚纲、众为寡纲”的“新三纲说”；其最高境界为“兼善天下，而以人群为一体”。简而言之，“生活理想之四原则”“六达德”“六基德”“新三纲说”及“兼善天下，而以人群为一体”的道德境界等，它们相互联系又相辅相成，共同构成了张岱年早期新道德观的主要内容。其中，“理生合一”“群己一体”则是人生理想的根本原则，也是新道德观的根本精神。“六达德”是关于个人对群体或对群体大多数人之行为准则；“六基德”是关于家庭生活或日常生活的行为准则。“新三纲说”，不仅体现了集体利益与个人利益之统一，而且还凸显了民主原则与民主精神，是对封建时代“旧三纲”的彻底否定。

关于社会主义新道德，1994年在《移风易俗与传统美德》中，张岱年提出了社会主义新道德的基本原则，即“新道德的主要原则应是爱国主义、集体主义和社会主义人道主义。”③ 在《试论新时代的道德规范建设》中又提出

① 《张岱年全集》（第8卷），石家庄：河北人民出版社1996年版，第601页。

② 张岱年著：《通往爱智之门》，北京：北京大学出版社2011年版，第155页。

③ 《张岱年全集》（第7卷），石家庄：河北人民出版社1996年版，第488页。

了“新时代道德规范的初步设想”，即“九德”：“公忠、仁爱（任恤）、信诚、廉耻、礼让、孝慈、勤俭、勇敢、刚直。”① 同时，为了适应社会主义市场经济的确立和发展，张岱年认为“建立适合于社会主义市场经济体制的新道德乃是当务之急”②。如在《儒家伦理与企业道德》一文中，对“信”“和”“义”“廉”等儒家伦理范畴进行批判继承和创造性转换，并赋予新的时代内涵，认为它们仍然是今天企业必须遵循的道德规范。在《关于传统道德与市场经济的关系》一文阐释了道德与法制的辩证关系，即“市场经济需要健全的法制，同时也需要优良的道德风尚。没有健全的法制，市场经济将会出现混乱。没有优良的道德风尚，法制也难以充分推行。道德与法制是相辅相成的。”③ 在《新时代的义利理欲问题》中又阐述了经济发展与社会道德的关系，即“经济发展与社会道德有一定的联系。经济发展可能带来道德的进步，也可能带来道德衰退。”④ 社会主义市场经济道德，是张岱年社会主义新道德观的重要组成部分。张岱年的社会主义新道德观，是对自己早期新道德观的历史继承和逻辑发展。

第四，人生哲学思想。人生哲学思想，是张岱年伦理思想的重要组成部分。张岱年的人生哲学思想包括“生活理想之四原则”的人生理想论、“生之圆满”的人生目的论及“改变自然、变革社会及改善现实”的人生创造价值论。人生理想是张岱年人生哲学的核心内容。20世纪三四十年代，张岱年撰写了《生活理想之四原则》一文，集中探讨了自己的人生哲学思想，提出了关于人生理想的四个基本观点，即“理生合一”“与群合一”“义命合一”及“动的天人合一”。其中，就“动的天人合一”而言，既克服了中国传统“静的天人合一”的神秘境界，又高扬了儒家提倡的“刚健”“自强”的积极进取精神。就人生目的论而言，张岱年认为，“人生之目的，在于生之圆满。人生之归宿即在生活之中，即生活之圆满。然而生活之圆满不是个人的。”“生活之圆满”，不仅指个人生活之圆满，而且还有“人群生活之圆满”⑤。张岱年还说：“人是有生之物，所求在于生之圆满。必有人群生活之圆满，乃可有个人生活之圆满。”⑥ 即是说，“生活之圆满”，是个人生活之圆满与人群生活

① 《张岱年全集》（第7卷），石家庄：河北人民出版社1996年版，第237页。
② 《张岱年全集》（第7卷），石家庄：河北人民出版社1996年版，第425页。
③ 《张岱年全集》（第7卷），石家庄：河北人民出版社1996年版，第378页。
④ 《张岱年全集》（第7卷），石家庄：河北人民出版社1996年版，第509页。
⑤ 《张岱年全集》（第1卷），石家庄：河北人民出版社1996年版，第454页。
⑥ 《张岱年全集》（第1卷），石家庄：河北人民出版社1996年版，第458页。

之圆满的统一。“生活之圆满”的人生目的论，是对儒家孔子提出的“己欲立而立人，己欲达而达人”的批判继承与时代超越，也闪烁着“为人民服务的集体主义”的光辉。张岱年在晚年撰写《人生之道》和《做人要有人的自觉》两篇论文中，认为人生最重要的事情是要有“人的自觉”。“人的自觉包括两个方面，一是要有人格独立的意识，二是要有社会责任的意识。”① 其中，“人格独立”体现了人生的自我价值或“内在价值”；“社会责任”则彰显了人生的社会价值或“外在价值”。从人生目的来看，一个人能够把人格独立与社会责任的统一起来，亦即获得了“生之圆满”。就人生的创造价值论而言，张岱年认为，创造价值对人生意义具有决定作用，人生的价值就体现在创造中。张岱年指出：“人之所以为人，在于有所创造，在于自觉而有理想，在于能依理想而克服物质自然。人应发挥其创造力，而日进无疆。”“人之所以异于禽兽，在于能自觉的创造自己的生活。”② 在《天人简论》中，张岱年又说：“昔《吕氏春秋》以正德、利用、厚生为三事，……今亦言三事：一曰御天，二曰革制，三曰化性。御天者改变自然，革制者改革社会，化性者改变人生。三方俱改，然后可达人生之理想境界。”③ 改造自然，变革不合理的社会制度，使群体获得圆满的生活，是人生价值的最高境界。张岱年认为，人生之道在于“充生以达理”“胜乖以达和”。“人生之要谊，一言以蔽之，曰充生以达理。充生以达理，即扩充生力，克服生之矛盾，以达到理想境界。”“人生之道，充生以达理，亦即增健而为公。”“充生以达理，增健以为公，即是生活之圆满。”④ 因此，从一定意义上说，“充生以达理”“胜乖以达和”，可谓是道德人生的理想境界。从总体上看，张岱年倡导“动的天人合一”的新人生观，批判“静的天人合一”的传统人生观，建构起以人生理想为核心的“主动的人生哲学”，是对中国传统人生哲学的继承和超越，也是对马克思主义哲学实践观的理论反映。

第五，社会主义价值观。在中国改革开放时期，张岱年首开价值哲学与社会主义价值观研究之先河。价值观是文化的核心和灵魂，社会主义价值观是社会主义文化的核心和灵魂。建设中国特色社会主义文化，客观上要求建构中国特色的社会主义价值观。张岱年说：“在建立市场经济体制的过程中，过去通常肯定的若干价值标准动摇了，出现了一定程度的价值观的纷乱。有

---

① 张岱年著：《晚思集》，北京：新世界出版社2002年版，第144页。

② 《张岱年全集》（第1卷），石家庄：河北人民出版社1996年版，第388-389页。

③ 《张岱年全集》（第3卷），石家庄：河北人民出版社1996年版，第224页。

④ 《张岱年全集》（第3卷），石家庄：河北人民出版社1996年版，第208-209页。

一些人把金钱看作至上的，有些人把个人享乐看作人生的目的。”① 即是说，市场经济的确立和发展，不仅动摇原有的价值观标准，而且导致人们价值观念的多样化。为此，张岱年立足改革开放和社会主义市场经济实践，以马克思主义为指导，主要从价值观的基本问题、根本问题及人格价值问题等维度，在批判继承中国传统价值观精华和吸收借鉴西方价值观先进成果的基础上建构起社会主义价值观。其中，在价值观基本问题上，坚持义利并重、理欲兼顾、德力结合及德法统一。具体而言，在义利关系上，社会主义应该克服“重义轻利”的偏失而建构义利并重的社会主义义利观；在理欲关系上，社会主义应纠正“存理灭欲”的偏误而建构理欲兼顾的社会主义理欲观；在德法关系上，既要批判继承儒家“重德轻法”的德治传统方略，也要极力汲取法家“重法轻德”的法治经验教训，把依法治国与以德治国有机地结合起来，建构起德法并重的治国方略。在价值观根本问题上，坚持个人利益与集体利益相统一的社会主义集体主义价值观、物质生活与精神生活相结合的生活价值观。具体而言，在个人与群体关系上，张岱年提倡社会主义集体主义价值观；在物质生活和精神生活的关系上，社会主义价值观应在批判克服“重理灭欲”“重精神轻物质”的价值偏失，强调物质生活与精神生活、物质价值与精神价值的有机统一。在人格价值问题上，提倡健全的社会主义人道主义人格价值观。张岱年指出：“在我看来，按照社会主义人道主义原则来建立健全的人格，一方面要提高生命力、改造自然和社会的能力，另一方面要有很高的智慧和精神境界；一方面要肯定自我的价值和尊严，另一方面要承认别人的尊严和价值；一方面要肯定理性，另一方面要肯定生命力、意志的重要性。”② 简而言之，社会主义的义利观、理欲观、德力观，社会主义集体主义价值观，社会主义生活价值观，以及社会主义人道主义人格价值观等，是张岱年社会主义价值观的重要组成部分，都是对传统价值观的批判继承与创新发展。张岱年对社会主义价值观的研究，既是当代中国哲学研究中的一个重要创建，也是对马克思主义价值学说领域的新开拓。

第六，“兼和”伦理思想。“兼和”是张岱年哲学体系的核心范畴。“兼和”思想是张岱年哲学思想的精髓，也是张岱年学术思想的根本原则。张岱年说：“最高的价值准则曰兼赅众异而得其平衡，简云兼和，古代谓之曰和，亦曰富有日新而一以贯之。”张岱年对“兼和”的界说，最主要的有两个：一是“兼赅众异而得其平衡”；二是“富有日新而一以贯之”。其中，“兼赅众

---

① 《张岱年全集》（第7卷），石家庄：河北人民出版社1996年版，第434页。
② 《张岱年全集》（第6卷），石家庄：河北人民出版社1996年版，第498页。

异”即多样性或差异性；“富有日新”即发展性或创新性；“一以贯之”即统一性或整体性。因此，“兼和”思想体现了多样性、创新性、统一性的“三位一体”的理论品质。从道德哲学审视，“兼和”也是一种伦理思。“兼和”思想贯穿于张岱年伦理思想之中，或者说“兼和”是张岱年伦理道德观的理论基础。张岱年在晚年总结自己的学术旨要时指出：“兼和之为德也，其至矣乎！”即是说，“兼和”是“最高的价值准则”。从协调人伦或社会关系来讲，“兼和”强调和谐，主张人与人之间、人与社会之间、民族与民族之间、国家与国家之间，以及人与自然之间的和谐共处。张岱年说：“和谐，对待不唯相冲突，更常有与冲突相对待之现象，是谓和谐。和谐非同一，相和谐者不必相类，和谐亦非统一，相和谐者虽相联结而为一体，然和谐乃至以体外之另一种关系。”① 从道德内涵来看，“‘兼和’不仅有‘厚德载物’之义，而且同时包含着‘自强不息’的思想在内。”② 张岱年认为，自强不息、厚德载物是中华精神的核心和集中体现。厚德载物有兼容并包之意，自强不息体现积极进取的人生态度。张岱年还主张以“兼和”易“中庸”，“在日常生活中提倡‘中庸’是必要的，但专讲‘中庸’，往往陷于庸俗。我以为‘中庸’作为原则不如‘兼和’，‘兼’者兼容众异，‘和’者包含多样而得其平衡。我赞同史伯所谓‘以它平它，谓之和’。‘兼和’可以引导品德事业日新永进而不陷于停滞。”③ 有研究者指出：“张岱年之所以以‘兼和’易‘中庸’，是因为在先秦以后，哲学家谈中庸，强调平衡而轻视变动，重视同一而菲薄差异。因此中庸的观念导致了停滞不前的弊病，在中华民族道德发展中产生了有害的影响。所以用重视强调变动（‘日新’）差异（‘富有’）的‘兼和’观念，扬弃‘中庸’，这对于改变传统道德理论的弊病实在是大有益处的。”④ 从方法论角度审视，“兼和”就是要求做到对古今中外的优秀伦理思想和道德观的批判继承与综合创新。例如，在群己关系上，儒家高扬道德及社会责任，而忽视个人的自由和正当权利；西方强调个人奋斗、个人独立意识及公平竞争法则，而极端个人主义、拜金主义、享乐主义、非理性主义思潮不利于社会的健康发展，正确的方向是个人与社会或群己的统一。在德力问题上，西方“力之崇拜”与中国儒家“德之崇拜”都是有所偏失，正确的方向是德力的

① 《张岱年全集》（第 2 卷），石家庄：河北人民出版社 1996 年版，第 32 页。

② 方克立：《学习张岱年先生的“兼和”思想与品格》，《北京日报》，2009-06-15。

③ 张岱年著：《通往爱智之门》，北京：北京大学出版社 2011 年版，第 98 页。

④ 范学德：《论张岱年同志四十年的基本哲学思想》，《清华大学学报》（哲学社会科学版）1987 年第 2 期。

统一。事实上，人生理想之四原则、新道德学说、人生哲学思想、社会主义价值观，乃至对伦理道德基础理论问题、中国传统伦理思想基本派别的阐释等，都体现了“兼和”伦理思想的原则和方法。简而言之，张岱年伦理思想，就是在马克思主义指导下，以“兼和”思想为核心范畴，兼综中西伦理思想文化的优秀成果，并结合时代精神，进而建构自己独具特色的伦理思想或新道德观。

（二）张岱年伦理思想的现实价值

张岱年是一位富有创造性的马克思主义伦理学家。在20世纪的中国伦理思想史上，张岱年是比较早且自觉地运用马克思主义基本原理研究中国伦理思想的先驱者。因此，张岱年伦理思想是马克思主义伦理思想中国化的重要组成部分，对当代中国的社会主义道德建设、社会主义核心价值观建构、人生观建构及构建社会主义和谐社会等都具有重要的现实价值。

第一，对社会主义道德建设的意义。道德作为一种社会意识形态，它必须与一定社会的经济基础、政治关系相适应，并为之服务的。在当代中国，社会主义道德，是与社会主义市场经济相适应、与社会主义法律相协调、与中华民族传统美德相承接的道德体系。具体而言，中国特色社会主义道德，是以为人民服务为核心价值、以集体主义为基本原则、以“五爱”为基本要求、以公民道德建设为着力点，以诚信美德建设为重点的，涵盖社会公德、职业道德、家庭美德及个人品德建设在内的道德体系。任何社会的道德建设都需要传统的和现实的两种伦理文化资源。如果抛弃了自己的民族传统文化资源，其道德建设则势必失去历史的根基；如果忽视现实的文化资源，其道德建设则势必违背时代的潮流。加强社会主义道德建设，既是确立和发展社会主义市场经济的客观需要，也是构建社会主义和谐社会的现实要求，还是建构社会主义核心价值体系的内在要求。毋庸置疑，社会主义道德建设，既需要中国传统的伦理思想文化资源，也需要直接的现实的伦理思想文化资源。中国特色社会主义道德，既不同于资本主义道德，也有别于封建主义道德，而是一种体现民族性与世界性、传统性与时代性、继承性与创新性相结合的先进性道德。社会主义道德建设是一项系统而复杂的宏大工程。

建设社会主义新道德，既包括对传统道德精华的批判继承，又包括新的道德规范与原则的确立，还需要对西方伦理道德思想先进成果的汲取借鉴。张岱年依据马克思主义唯物史观，不仅深刻探讨了中国传统伦理道德问题，而且还着力建构适应时代需要的新道德。其中，在《中国伦理思想研究》专著中，张岱年对中国伦理学说的基本问题，道德的层次序列，中国传统伦理思想的基本派别，道德的阶级性与继承性等基本特征，如何分析评价人性学说、仁爱学说、“义利之辨”“理欲之辨”“三纲五常”及意志自由问题、天人关系问题、道德修养与理想人格问题等进行了深刻的阐释，提出了许多独创性的见解。张岱年指出：“中国传统文化也有明显的缺陷。中国古代哲学有人格价值的观念，而缺乏个人权利的观念；虽然有以法治国的思想，而真正的法治久久没有建立起来；科学技术有一定的成就，而没有产生自己的近代实验科学；民主思想也曾有人提出（邓牧、黄宗羲），而没有建立其民主制度。这些都是应该参照西方的成就而努力改进的。”① 即是说，社会主义道德建设要在批判继承民族传统道德精华的基础上，还要积极汲取借鉴西方伦理思想的先进成果。无论是在20世纪三四十年代提出的以“人生理想之四原则”为核心内容的新道德，还是在改革开放时期提出的“建设有中国特色的社会主义新道德”，都是坚持以马克思主义的辩证唯物论作为指导思想的，成功地实现了马克思主义道德学说与中华民族传统美德的创造性结合，形成了具有中国特色和中国气派的马克思主义伦理思想。总之，张岱年伦理思想，坚持把马克思主义普遍原理与中国社会道德实际结合起来，既发展了马克思主义伦理思想，又促进了中国伦理文化的革命性变革，实现了马克思主义伦理思想中国化。因此，张岱年伦理思想，可以为当代中国社会主义道德建设提供现实的直接的伦理文化资源。

第二，对社会主义核心价值观建构的意义。从当代中国价值哲学研究史来看，张岱年是价值哲学和社会主义价值观研究的开拓者。价值观是随着社会的发展演变而演变的。社会的发展，时代的前进，价值观也必然随之发生变化。任何社会核心价值观建构总是需要一定历史的和现实的文化价值资源。社会主义核心价值观建构无疑要受到我国传统的和现实的文化价值资源的影响和制约。从历史辩证法来看，全盘否定传统是错误的，不加分析地全面继承也是不可取的。对于中国传统价值观应该加以反思，加以分析，要正确理解中国传统价值观的优缺点。因为只有正确理解中国传统价值观的优缺点，才能为建构社会主义核心价值观提供理论基础和前提条件。中国传统价值观中既有积极、合理的成分，也有消极、腐朽的赘疣。无疑，对于中国传统价值观中积极、合理的成分，我们应该加以批判继承，对于中国传统价值观中消极、腐朽的因素，我们应该加以无情抛弃。1994年，张岱年撰写《论重新估定一切价值》一文，借用德国哲学家尼采提出的“重新估定一切价值”口

① 《张岱年全集》（第7卷），石家庄：河北人民出版社1996年版，第344-345页。

号为论题，对于如何重新估定一切价值提出了自己的看法。但“重新估定一切价值，不是对几千年来价值思想的简单否定，而是要对已往的价值观思想去粗取精、去伪存真，以期达到一个比较正确的理解。”① 事实上，在对中国传统价值观达到比较正确理解的基础上，更为重要的是要为建构新时期社会主义核心价值观奠定坚实的理论基础。

中国改革开放以来，既是一个经济社会现代转型的过程，也是一个社会价值观现代重构的过程。价值观念的革新与重构，首先在于对民族传统价值观的剖析和批判。社会主义核心价值观建构，就是要以马克思主义为指导，首先立足中国历史文化传统，把中国传统价值观的优秀成分作为首要的文化资源，同时还汲取西方价值观的优秀成果作为辅助的文化资源，在批判继承的基础上进行综合创新。张岱年认为，社会主义价值观必然以对于个人与社会、物质生活与精神生活的关系的正确理解为基础。故社会主义价值观，应该克服传统价值观的偏失，而应该坚持义利统一、理欲统一、德力结合的价值观。与此同时，社会主义价值观建构，还要借鉴汲取西方价值观，例如，西方的理性主义价值观、民主法制价值观及伦理道德价值观等，都是可资借鉴的文化价值观资源。简而言之，社会主义价值观，应该是在马克思主义基本原理指导下，以马克思主义价值观来综合中西价值观之所长而创新的价值观。只有继承优秀传统价值观，社会主义价值观建构才能获得坚实的历史根基；只有超越传统价值观，社会主义价值观建构才能保持现实的先进性；只有借鉴汲取西方价值观的优秀成果，社会主义价值观建构才能彰显时代特征。从某种意义上来说，张岱年的社会主义价值观为我们在新的历史时期坚持和发展马克思主义价值哲学思想，不断推进马克思主义价值哲学的理论创新工程，提供了可资借鉴的范本。毋庸置疑，张岱年的社会主义价值观，也为社会主义核心价值观建构提供了直接的现实的文化价值资源。

第三，对当代中国人生观建构的意义。人生观是人们对人生问题的根本看法或根本观点。它包括人生目的、人生意义及人生态度三个方面，具体涵盖公私观、义利观、苦乐观、荣辱观、幸福观和生死观等。马克思说：“人则使自己的生命活动本身变成自己的意志和意识的对象。他的生命活动是有意识的。”② 即是说，与动物相比，人的生命过程，既有事实的生命过程，又有精神的生命过程，或者说是事实生命过程与价值生命过程的有机统一。马克

① 张岱年著：《通往爱智之门》，北京：北京大学出版社 2011 年版，第 154 页。

② 《马克思恩格斯选集》（第 42 集），北京：人民出版社 1979 年版，第 96 页。

思恩格斯认为，人既是个物质存在者，又是个精神存在者。因此，人生过程是物质生活与精神生活相统一的动态过程。从个体与社会的互动关系来看，人生价值是自我价值与社会价值的统一。自我价值体现为社会对个体正当需要的满足；社会价值体现为个体对社会的责任与贡献。在建设中国特色社会主义实践中，虽然马克思主义人生哲学成为当代中国主导的人生哲学，但是由于处于社会转型期，形形色色的人生观纷纷登上了中国社会的历史舞台，如享乐主义人生观、拜金主义人生观、个人主义人生观及消费主义人生观等，它们对人们的生活方式、人生态度、人生价值取向及幸福观等产生了深刻的影响。在当代中国，有的人对于如何生活，建构一个怎样的人生观，始终处于多样化的人生哲学思想的张力之中而迷惑不定。有人把“人生的迷惑不定”称之为“信仰危机”“意义危机”或“道德价值的迷失”等。简而言之，以马克思主义人生哲学思想为指导，建构当代中国人生观乃是当务之急。

毋庸置疑，如何建构当代中国的人生观，是在坚持马克思主义人生哲学思想的指导下，既要批判继承中国传统人生哲学思想的精华，又要积极借鉴现代西方人生哲学思想的合理成分，使当代中国的人生观以更加开阔的胸襟吸纳和反映当今人类最新的思想成果。在物质生活与精神生活的关系上，张岱年认为，物质生活是精神生活的基础，精神生活是物质生活的提升。没有物质生活的精神生活是空虚的，没有精神生活的物质生活则是鄙俗的。而且特别强调精神生活价值高于物质生活价值。如果一个人只有物质生活而没有精神生活，那就与其他动物没有区别了。张岱年指出：“今天的社会中，拜金主义、个人享乐主义还比较流行，这些都是缺乏精神生活的表现。”① “纠正拜金主义、享乐主义的不良思想的一个有效途径是大力宣扬关于‘人格价值’‘高尚人格’等的精粹思想。”② 因此，张岱年提出的物质生活与精神生活相统一的生活价值观、社会主义人道主义人格价值观，对于矫正当下享乐主义人生观、拜金主义人生观、个人主义人生观及消费主义人生观等形形色色的人生观有着极为重要的启迪意义。张岱年提出的“人生理想之四原则”的人生理想论，对于帮助人们正确处理好理想与现实的关系、个人与他人的关系、个人与社会的关系，以及人与自然的关系具有重要的价值导向意义。张岱年提出的“个人生活之圆满”与“人群生活之圆满”的辩证统一的人生目的论，对于当代中国如何正确处理个人利益与群体利益的关系、个人幸福与社

① 《张岱年全集》(第 7 卷)，石家庄：河北人民出版社 1996 年版，第 485 页。

② 《张岱年全集》(第 7 卷)，石家庄：河北人民出版社 1996 年版，第 459 页。

会幸福的关系，进而建构社会主义集体主义价值观和幸福观具有启发意义。在人生价值问题上，张岱年提出了“改变自然、变革社会及改善现实”的人生创造价值论，对于矫正颓废的人生观，不断提升人生境界，创造幸福中国和美丽中国具有借鉴意义。张岱年的伦理思想特别是人生哲学思想，对建构当代中国人生观的意义是不可忽视的。

第四，对构建社会主义和谐社会的意义。社会主义和谐社会是人类孜孜以求的一种美好社会，也是马克思主义政党不懈追求的一种社会理想。我们所要建设的社会主义和谐社会，应该是民主法治、公平正义、诚信友爱、充满活力、安定有序、人与自然和谐相处的社会。具体而言，和谐社会的含义包括：个体身心的和谐，人与人之间的和谐，人与社会之间的和谐，社会各系统、各组织之间的和谐，人与自然之间的和谐，以及国家与外部世界的和谐。建构社会主义和谐社会是党的十六届四中全会提出的全面建设小康社会、开创中国特色社会主义新局面的奋斗目标。社会和谐是中国特色社会主义社会的本质要求，它反映了建设富强民主文明和谐的社会主义现代化国家的内在要求，体现了全党全国各族人民的共同愿望。社会主义和谐社会的提出，是对人类社会发展规律、社会主义建设规律及党的执政规律认识的升华，有着深刻的伦理意蕴，即社会主义和谐社会突显了以人为本的价值理念，丰富和发展了“以和为贵”的价值准则，张扬了科学发展的理性精神。构建社会主义和谐社会需要有相应的政治法律制度、经济基础、伦理道德理念、文化传统等多方面因素的支撑。从伦理道德角度看，我们只有建构适应社会主义和谐社会发展的伦理道德体系，才能使改善人民生活、提高人民幸福指数的伦理基础更加坚实。社会主义和谐社会只有获得坚实的伦理道德支撑，才能使人民群众生活得更加幸福、更加体面、更有尊严。总之，社会主义伦理道德是实现和谐社会的道德价值保证。

建构社会主义和谐社会，既需要科学方法论的指导，也需要伦理道德智慧的支撑。张岱年提出的“兼和”伦理思想，为建构社会主义和谐社会提供方法论的指导和伦理道德的智慧。有学者指出：“‘兼和’体现了人类社会发展的一项基本原则，即为了保持人类社会的延续与发展，斗争的各方就必须保持一定的和谐。”[①] 也有学者指出：“‘兼和’范畴的提出，是对辩证法的重大贡献，为中国的和平发展、构建和谐社会，为世界的和平、人类的幸福提

① 杜运辉：《张岱年先生“兼和”思想研究——纪念张岱年先生诞辰一百周年》，《中国哲学史》2009 年第 1 期。

供了一种创新性的哲学思维，具有重大的理论价值。”① 构建社会主义和谐社会必须坚持“一元”主导与“多元”并存的统一，不仅要承认、尊重、包容差异性和多样性，而且更要强调马克思主义在意识形态领域的指导地位和中国共产党在政治生活中的执政地位。张岱年的“兼和”伦理思想充分体现了一元主导、兼容多元的理论品质。因此，以“兼和”为方法论依据，构建社会主义和谐社会，一方面要旗帜鲜明地坚持马克思主义指导地位，另一方面又要有尊重差异、包容多样的宽广胸襟。《中共中央关于构建社会主义和谐社会若干重大问题的决定》明确指出：“任何社会不可能没有矛盾，人类社会总是在矛盾运动中发展进步的。构建社会主义和谐社会是一个不断化解社会矛盾的持续过程。”张岱年的“兼和”思想认为，人类社会“恒有二方面：一方面为兼而和，一方面别而乖。扩充其兼而和，必克服其别而乖，即由自然归于当然。”② 即是说，“兼和”思想要求我们正视矛盾、合理斗争，通过克服矛盾、解决矛盾即“胜乖以达和”。可见，张岱年的“兼和”思想，为我们正确正视矛盾、化解矛盾，最大限度地减少不和谐因素，不断促进社会和谐提供了的一种哲学思维和伦理智慧。

（三）结语

关于如何对待民族传统文化与传统道德，如何处理传统文化与现代化的关系，张岱年旗帜鲜明地反对民族虚无主义与历史虚无主义的立场，也反对文化保守主义或文化复古主义的情结。张岱年建构自己的哲学体系，始终立足于民族传统哲学，坚持以“兼和”思想为理论基石的中西马“三流合一”“综合创新”。从如何对待民族传统伦理文化来看，在“全盘肯定”与“全盘否定”的道德文化张力中，张岱年继承中国古代伦理思想的优秀传统而又不为旧的传统伦理思想所束缚，汲取西方现代伦理思潮的先进成果而又不为新的唯心论所迷惑。在道德哲学研究方面，张岱年始终以马克思主义为指导，以“兼和”思想为核心范畴，通过批判继承与重新解读民族传统伦理文化，合理诠释与借鉴汲取西方伦理文化，进而融会中西伦理思想之精华，建构起博大精深、意蕴丰厚的伦理思想体系，从学术层面对马克思主义伦理思想中国化做出历史性的贡献。

从方法论角度讲，张岱年始终坚持对传统道德哲学做了“全面的辩证的

---

① 刘鄂培：《张岱年的“兼和”论——为纪念恩师张岱年诞辰一百周年而作》，《中共宁波市委党校学报》2009 年第 5 期。

② 《张岱年全集》（第 3 卷），石家庄：河北人民出版社 1996 年版，第 205 页。

解析”，既着力于传统道德哲学精华的发掘与弘扬，也注重其缺陷或腐朽成分的发现与批判，同时还紧密结合社会生活实际进行创造性转化与时代提升，力图达到“综旧典而开新风”的价值指向。总之，张岱年以理性主义态度，承担了继往开来，实现传统伦理文化的创造性转化的重任。张岱年说：“无论批判继承优秀传统或选择吸收西方成就，都要以社会主义的基本原则作为标准。社会主义社会是遵照辩证唯物主义（包括历史唯物主义）的基本原则建立起来的，辩证唯物主义应是社会主义社会的最高指导原则。”① 其伦理思想具有传统性与时代性、民族性与世界性、继承性与创新性相结合的理论品质，对于当代中国的社会主义道德建设、社会主义核心价值观建构、人生观建构及构建社会主义和谐社会等都具有重要的实现意义。简而言之，张岱年伦理思想，不仅丰富和发展了马克思主义伦理思想，而且有助于中国特色社会主义伦理思想的创立和发展。

（原题目为《论张岱年伦理思想的现实意义》，刊登于《张申府张岱年研究集刊》第 2 辑，河北人民出版社 2013 年 11 月出版，收入本书时略加修改或补充）

五、张岱年对孔子仁学思想的研究

仁学是孔子思想和儒家伦理思想的核心内容，也是儒家一以贯之的核心价值思想。张岱年先生说：“孔子在博学的基础上提出了自己的一贯之道。他的一贯之道即是‘仁’，亦即忠恕之道。《吕氏春秋》说：‘孔子贵仁’。（《吕氏春秋·不二》）仁是孔子思想的核心，亦即孔子思想的精髓。”② 其中，从积极层面看，“忠”即“己欲立而立人，己欲达而达人”；从消极层面看，“恕”即“己所不欲，勿施于人”。孔子是仁学思想的集大成者和诠释者，不仅继承夏商周以来的思想文化，而且创造性建构了以仁为核心的伦理思想体系。自孔子开创仁学之后，历代儒者都对仁学思想进行了深刻的阐释，不断拓展仁学的内涵和意义，由此形成博大精深的仁学思想体系，对儒家思想文化的走向和中华民族精神的塑造产生了深远的影响。

---

① 《张岱年全集》（第 7 卷），石家庄：河北人民出版社 1996 年版，第 146 页。
② 《张岱年全集》（第 7 卷），石家庄：河北人民出版社 1996 年版，第 154 页。

仁学也是孔子人生道德哲学的核心内容。孔子视“仁”为最重要的道德原则。张岱年先生说：“孔子以仁为人生理想。仁的观念，所涵甚广，而本旨甚约；境界极高，而平实简易：是一个宏大而切近的生活准则。”[①] “仁是一个极崇高而又切实的生活理想，不玄远，无神秘，而有丰富义蕴。孔子对于中国思想之贡献，即在阐明仁的观念。”[②] 张岱年先生，不仅深刻地解析了孔子的仁学思想，还以孔子仁学思想为主要资源，建构自己的人生道德哲学体系，进一步拓展了孔子的仁学思想，为儒家文化的更新和发展提供了学术支撑。仁学是孔子思想的精华所在，也是当代实现儒家思想现代转型中最有价值的思想资源。

（一）历代儒者对孔子仁学思想的诠释

“仁”的观念在孔子之前即已出现了。“仁”最早出现于《尚书·金縢》：“予仁若考。”指一种好的品德。依据《说文解字》解说，“仁”与“人”是密切联系的：“仁，亲也，从人从二。”也就是说，仁的本义是指人与人之间的相亲相爱。《诗经》中关于“仁”字有两处：一是“洵美且仁”（《郑风·叔于田》）；二是“其人美且仁。”（《齐风·卢令》）其中，“美”特指外表的美，“仁”是指内在本质的美。无疑，孔子继承和发展夏商周以来的思想文化，把“爱人”当作仁的最基本的内涵。“仁”的最初、最本真的含义是“爱人”，即表现对父母、兄弟的亲情之爱。有子说：“君子务本，本立而道生。孝悌也者，其为人之本欤?”（《论语·学而》）有学者总结道：“孔子仁学要义：孝悌为仁之本；爱人为仁之义；忠恕为仁之方；博施济众为仁之行；恭宽信敏惠为仁之象；仁内礼外，仁是灵魂，礼是形态。”[③] 应该说，孔子不仅赋予“仁”以具体而丰富的时代内涵，而且还创建一个以仁为核心的伦理思想体系。“仁”是孔子伦理思想体系的核心内容。它贯穿于孔子伦理思想体系中，是儒家道德范畴与道德原则的总纲。

第一，古近代儒者对孔子仁学思想的诠释。仁是孔子思想和儒家伦理思想的核心价值理念。从历史上看，孔子仁学思想经过先秦、汉唐宋明诸儒及近代儒者的诠释，逐渐发展成为一个完整的伦理思想体系。从一定意义上说，儒家伦理思想的发展集中体现为仁学思想的发展。仁的最初的含义是“爱人”。“爱人”在《论语》中被提及三次。一次是樊迟问仁，孔子回答说“爱

① 《张岱年全集》（第2卷），石家庄：河北人民出版社1996年版，第283页。
② 《张岱年全集》（第2卷），石家庄：河北人民出版社1996年版，第289页。
③ 牟钟鉴：《中国文化的当下精神》，北京：中华书局2016年版，第42页。

人”，也就是说“仁”被明确界定为人与人之间的相亲相爱的情感。一次说“道千乘之国：敬事而信，节用而爱人，使民以时。”（《论语·学而》）又一次说：“君子学道则爱人。”（《论语·阳货》）这两次界说，孔子把“仁”视为既定的道德规范或道德品行。同时，孔子还把“仁”的施爱对象由内而外进行拓展，即始基是亲情，再由“爱亲”而“爱人”，最后落脚到“泛爱众”，说“泛爱众，而亲仁。”（《论语·学而》）孔子还说：“仁者，人也。亲亲为大。”（《中庸》）即是说，“仁”是人之为人的道德表现；实行仁德要从亲亲开始，但并不否定仁德的普遍性。之后，历代儒者都对孔子仁学思想进行了阐释和发展。孟子明确提出“仁者爱人”（《孟子·离娄下》）的命题，并说：“亲亲而仁民，仁民而爱物”，亦即由“亲亲”到“仁民”再到“爱物”，是一个由内向外渐次展开的层次。同时，孟子还从“心性”层面规定“仁”：一方面强调“仁义理智根于心”（《孟子·尽心上》）、“仁，人心也”（《孟子·告子上》），把“仁”视为君子的本性规定和精神性存在；另一方面又在“尽心—知性—知天”的统一中凸显“仁”的超越性倾向，强调“夫仁，天之尊爵也，人之安宅也”（《孟子·公孙丑上》），即是把仁看成是天赋予人的最高贵的尊严荣誉，而且看成是人自己得以安身立命的精神家园。此外，孟子提出了“仁政”学说，把孔子的仁学思想上升到治国理政的高度。

汉唐儒者都以“仁”为最高原则。汉唐时期，以董仲舒与韩愈的学说为主要代表。汉代大儒董仲舒在阴阳五行的宇宙论的模式中通过天人感应的方式，使“仁”获得超越性的根据。董氏认为仁虽然是人的德性，但其根源在于“天”，故说“化天志而仁”（《春秋繁露·为人者天》），又说“仁，天心”（《春秋繁露·俞序》），并且强调实行仁是天意的要求。孔子仁被董氏神秘化。唐代韩愈提出儒家道统说，认为尧舜禹汤文武周公孔子之后，能传其道者唯有孟子，只有孟子继承并发扬光大了孔子的仁学思想；在《原道》中提出了关于仁的新界说：“博爱之谓仁。”博爱即广泛的爱，爱一切人。而且还说：“古之时，人之害多矣，有圣人者立，然后教之以相生养之道。”以“相生养之道”教导老百姓，即是仁的实际表现。当然，博爱虽然是道德原则，但在私有制社会，不可能是真正的人类之爱。至宋明理学，仁学在天理论或心性论体系中得到进一步阐发。周敦颐将仁纳入以太极或无极为本的天人系统中，认为圣人之道，“与阴阳合其德”“与日月合其明”“与四时合其序”，而“圣人之道，仁义中正而已矣。”二程则说：“仁者以天地万物为一体。”（《二程粹言·论道篇》）朱熹则把“生生”与仁德联系起来，说：“仁者，天地生物之心。”（《朱子语类》）心学大师王阳明则以“良知”为本体，拓展了孔子的仁学思想，认为“良知只是一个天理，明觉发见处”，仁即“天地万物一体之仁。”（《王阳明箴言录》）简言之，宋明诸儒通过各自的体系建构，拓展了孔子仁学思想的时代内涵，提升了孔子仁学思想的理论水平，并使其成为儒家一以贯之的核心价值思想。

近代以来，康有为、梁启超、谭嗣同及孙中山等儒者，都对孔子仁学思想的探索作出时代性贡献。如近代思想家谭嗣同著《仁学》，认为“仁以通为第一义”，“通则仁”。具体而言，通之象为平等，不通不能博爱；“通”不仅要通商惠工，发展经济，还要通学、通教、通政，破闭关、等级、纲常等；于是真正达到仁之境界了。无疑，谭嗣同综合儒释道思想理念，且吸收西方资产阶级“自由”“平等”“博爱”等社会政治观念，将孔子仁学思想发展改造成为宇宙人生的最高原理，具有显著的近代气息。近代革命先行者孙中山先生提倡“三民主义”与新八德相结合，即以“民族、民权、民生”推行儒家仁政，以“忠孝、仁爱、信义、和平”实现儒家传统八德的现代转换。他说：“仁爱也是中国的好道德。”“我们要学外国，只要学他们那样实行仁爱，把仁爱恢复起来，再去发扬光大，便是中国固有的精神。”① 不过，需要指出的是，此处的“仁爱”，涵盖孔子仁爱和墨子兼爱。无疑，孙中山先生把孔子仁爱、墨子兼爱与资产阶级“三民主义”学说结合，赋予其以资产阶级文化意蕴，这是对孔子仁学思想的时代性贡献。

第二，现代新儒家对孔子仁学思想的诠释。现代新儒家产生于20世纪20年代，是现当代中国的一个重要学术流派，也是一种广泛的文化思潮。现代新儒家承其续，接着宋明理学讲，对孔子仁学思想作出时代性诠释。现代新儒家如梁漱溟、熊十力、张君劢、冯友兰、贺麟、钱穆、方东美、唐君毅、牟宗三、余英时、成中英及杜维明等，他们以西方文化为参照系，融合中西，贯通儒释道，对孔子仁学的现代发展作出独特的贡献。

不过需要特别指出的是，现代新儒家对孔子仁学思想的诠释，是一个宏大的课题，限于篇幅，仅罗列几位代表人物略加阐释之。如梁漱溟先生通过“直觉”来解读孔子仁学思想。他说：“孔子教人就‘求仁’。人类所有的一切诸德，本无不出自此直觉，即无不出自孔子所谓‘仁’，所以一个‘仁’就将种种美德可代表了。”又说：“孔子所谓仁是什么？此敏锐的直觉，就是孔子所谓仁。”“仁就是本能，情感，直觉。”“仁只是生趣盎然。”在此，梁漱溟对孔子仁德作了直觉主义的诠释，认为孔子仁德的普遍性来自人的本能、直觉；既然如此，求仁也就是追求情感上的安慰，在“安”字上求得“仁”。

① 《孙中山文选》，北京：九州出版社2012年版，第50页。

梁漱溟还说："直觉敏锐且强的人其要求安，要求平衡，要求调和就强而得发诸行为，如其所求而安，于是旁人就说他是仁人，认其行为为美德，其实他不过顺着自然流行求中的法则而已。"① 追求情感上的安慰的过程，也就是向内心探索、体验生命本性的过程。梁漱溟从直觉主义的角度对孔子仁学思想作了解读，虽然与传统儒家有所不同，但仍承袭了儒家历来主张"内自省""内自讼"的内在性原则。如贺麟抓住孔子仁学思想的核心旨趣，从多维度、多层面予以阐释，他说："从诗教或艺术方面看来，仁即温柔敦厚的诗教，仁亦诗三百之宗旨，所谓'思无邪'是也。""从宗教观点来看，则仁即是救世济物、民胞物与的宗教热诚。""从哲学看来，仁乃仁体。仁为天地之心，仁为天地生生不已之生机，仁为自然万物的本性。仁为万物一体、生意一般的有机关系和神契境界。简言之，哲学上可以说是有仁的宇宙观，仁的本体论。"② 贺麟通过对孔子"仁"的多维阐释，实现了从宇宙论、本体论到价值论翻转，进而实现了向儒家传统伦理信念的复归，为孔子仁学找到了哲学依据。再如牟宗三认为人的本心是浑然整体，而"一心开二门"，开出实践形态的德性主体和观解形态的知性主体，此即"仁且智的精神主体"。他在《心体与性体》中指出，孔子的真正精神在"仁"，"仁"是孔子的真生命之所在，并从生活实例上"指点仁之实义来开启人之不安、不忍、悱恻不容已之真生命。"也就是用"不安之心""不忍之心""恻隐之心"来论证"心"即"仁"的观点。不仅如此，而且强调仁有二大特性：一曰觉，二曰健。觉是仁感通觉润诱发之生机，故觉润即起创生，健行不息。仁心即仁体，主客合一，是之谓"一本"。在《智的直觉与中国哲学》中又说："在道德的形上学中，成就个人道德创造的本心仁体总是连带着宇宙生化而为一的，因为这本是由仁心感通之无外而说的。就其感通之无外说，一切皆在此感润中而生化，而有其存在。"③ 牟宗三先生认为，智的直觉即是本心仁体的明觉活动，本心仁体是道德之源，具有无限性和创生性。牟宗三先生从真实生命感通与成长界说孔子的仁，是当代新儒家最富有特色的仁说。

当代著名学者方克立先生指出："现代新儒家的代表人物都在不同程度上受到西方近代哲学和文化的影响，'援西学入儒'、'儒化（华化）西洋文化'是他们共同致力的工作，而且后来者在接受西学方面表现出越来越开放的态

① 梁漱溟：《东西文化及其哲学》，上海：上海人民出版社 2006 年版，第 122-124 页。

② 贺麟：《文化与人生》，上海：上海人民出版社 2011 版，第 16-17 页。

③ 牟宗三：《智的直觉与中国哲学》，台北：台湾商务印书馆 1971 年版，第 198 页。

度。"[①] 从总体上看，现代新儒家以儒家学说为主体，通过吸收、融合、改造佛学和西方哲学的某些理念，从本体论、宇宙论及价值论的高度，着力在"心性本体"层面上解读和建构孔子仁学思想。他们认为人与天地万物同具"仁心""仁体"，其中内蕴着巨大的创生能量，从根本上支配着人和宇宙万物的存在和发展。现代新儒家致力于"心性之学"，在不同程度上为孔子仁学思想的发展发挥了应有的智慧。

（二）张岱年先生对孔子仁学思想的阐释

与古近代儒者和现代新儒家对孔子仁学思想的诠释相比较，张岱年先生独辟蹊径，主要运用西方逻辑解析法和新唯物论对孔子仁学思想作了细致入微的探究，充分发掘了孔子仁学思想的内涵意蕴和内在特质；同时，张岱年先生还以孔子仁学思想为主要资源，结合时代特征和文化走向，建构自己的人生道德哲学体系，进一步拓展和深化了孔子的仁学思想。

第一，孔子仁学思想的内涵义蕴。很多儒家学者普遍认为，孔子没有对仁作出明确的界定，多是孔子子弟问仁，孔子所答，都是因材施教，随宜指示，故所说都是仁的片段，亦即孔子没有明确回答"仁是什么"，而是根据具体情境回答"怎样做才是仁"。张岱年先生却认为，孔子对仁有着明确的界说。他说："'己欲立而立人，己欲达而达人'，便是孔子所规定之仁之界说。""'己欲立而立人，己欲达而达人'，乃是仁的本旨。'立'是有所成而足以无倚；'达'是有所通而能显于众。自己求立，并使人亦立；自己求达，并使人亦达：即自强不息，而善为人谋。简言之，便是成己成人。"[②] 张岱年先生在具体分析《论语》中有关仁的论述基础上，着力围绕"己欲立而立人，己欲达而达人"的经典话语而展开具体分析。他总结道："仁的本旨，是己欲立而立人，己欲达而达人。此意谓的仁，总以上所述，可以说含括三方面：一忠恕，二克己复礼，三力行。忠恕是由内心以推己及人；克己复礼则是以社会之行为规范约束自己；而忠恕与克己复礼皆以力行为基本。克己复礼亦正是行忠恕之道，对人尽礼，也便是尽忠尽恕。"又说："己欲立而立人，己欲达而达人，是仁的中心意谓。此意谓尚可加以更进的解析：一，仁是一方自强不息，一方助人有成，是人己兼顾的。二，仁可以说包含对别人的尊重。三，仁是由己及人，仍以自己为起点。四，仁固包含情感上的爱，乃物质生活上的扶助，而更注重道德上的励导。仁固然注意别人生活的维持，而更注

① 方克立：《关于现代新儒家研究的几个问题》，《天津社会科学》1988 年第 4 期，第 19 页。
② 《张岱年全集》（第 2 卷），石家庄：河北人民出版社 1996 年版，第 283-284 页。

意别人道德的提高。仁者对于别人的爱助，目的在于使其成为有德行有成就的人。"[①] 张岱年先生运用西方逻辑解析法对孔子仁的内涵进行深刻的分解，从中我们可以看出，孔子的仁学思想涵盖"自强不息""人己兼顾""尊重他人""由己及人""扶助他人""励导他人"等丰富内涵，也就是把成己与成人、立人与达人、物质生活与精神生活、尊重与关爱有机地统一起来，其价值目标在于使其成为有德行有成就的人。总之，"我认为，孔子所谓'己欲立而立人，己欲达而达人'，确实具有极其精湛的义蕴。'己欲立''己欲达'，即肯定个人的主体性；'立人''达人'，即承认别人的主体性。兼顾人我，人己并重，这确实是最基本的、也是最高的道德原则。"[②] 孔子仁，凸显了人的主体性，抑或说，人的主体性，是孔子仁的特有内涵。

孔子仁还内含独立人格的意蕴，这是张岱年先生晚年发掘并反复阐释的一个观点。张岱年先生说："己立立人，己达达人，即一方面要自立，肯定自己的独立人格，另一方面要协助别人自立，尊重别人的独立人格；同时一方面要努力上进，达到一定成就，另一方面要协助别人上进，愿意别人也达到一定成就。"[③] 既肯定了每个人应有的独立的人格，又肯定人与人之间应有互助的精神。孔子说："三军可夺帅也，匹夫不可夺志也。"（《论语·子罕》）即普通百姓具有不可剥夺的独立人格意志。孔子还赞扬伯夷、叔齐"不降其志，不辱其身。"（《论语·微子》）"不降其志"，也就是坚持自己的独立意志。孟子说："生亦我所欲，所欲有甚于生者，故不为苟得也。死亦我所恶，所恶有甚于死者，故患有所不辟也。"（《孟子·告子上》）"所欲有甚于生者"，肯定人的人格尊严；"所恶有甚于死者"，即是人格的屈辱。人的独立意志与人格尊严，是人生价值的前提。孔子仁，正是从人的独立意志或人格尊严来肯定人生价值的。从孔子的"杀身成仁"，到孟子的"舍生取义"，可看出，儒家为了保持独立人格尊严，甚至可舍弃生命，亦即人格价值高于生命价值。解析孔子仁内含独立人格的意蕴，是张岱年先生对孔子仁学思想的独特贡献。孔子讲仁，特别强调"为仁由己"，即强调人的主体性或道德的自觉性，但在实现生活中，实行仁德有两种境界："孔子把实现道德分为二种境界：'仁者安仁，智者利仁'。前者乃为仁而仁，只有为仁才心安理得，这是自律的道德，是较高的境界。后者则指实行仁对我有利，我对别人好，别人

---

① 《张岱年全集》（第 2 卷），石家庄：河北人民出版社 1996 年版，第 288-289 页。
② 《张岱年全集》（第 6 卷），石家庄：河北人民出版社 1996 年版，第 561 页。
③ 《张岱年全集》（第 6 卷），石家庄：河北人民出版社 1996 年版，第 306-307 页。

也对我好，这是为达到一个外在目的而实行仁，是一种他律，是较低的境界。”① 也就是说，“仁者安仁”是一种自律的道德，道德境界较高；“智者利仁”是一种他律的道德，道德境界较低。从自律与他律来解释孔子仁的道德境界，也是张岱年先生对孔子仁学思想的独特贡献。

“仁”是孔子伦理思想的核心，但是“仁”不是抽象、孤立的，而是与其他德目有着内在的关联。孔子说：“智者不惑，仁者不忧，勇者不惧。”（《论语·子罕》）《中庸》云：“智、仁、勇三者，天下之达德也。”孔子认为，一位品行高尚的君子必须是智、仁、勇三种美德的结合，其中，“仁”居于三种美德的核心地位。张岱年先生认为，仁是兼涵诸德的总称，亦即忠、恕、礼、恭、敬、勇诸德的总称，甚至义与善也包含在仁中。张岱年先生说：“义即当然的准则，而此当然准则之内容为何？实即是仁。仁便是人生之最高的当然准则。依义而行，实即是依仁而行。所以，在孔子，仁与义不是并立的二德，而只是一事。在孔子，义的观念，实与道、德、善等观念同列，而不是一个特殊的德。孔子尝说：‘德之不修，学之不讲，闻义不能徙，不善不能改，是吾忧也。’（《述而》）义与善的意思甚为相近。义与善之内容，便是仁。到孟子，乃以义为一德，与仁并立了。”② 又说：“孔子所谓义指道德原则，义的内容就是仁，仁是最高的道德规范。在孔子的理论体系中，义还是一个‘虚位’范畴，而不是一个具体的道德规范（韩愈在《原道》区别了定名和虚位，有重要的理论意义）。孔子没有以仁义并举（仁义并举，始于墨子）。”③“义”的本意是指合乎“仁”的行为，在孔子仁学思想中还没有成为一个独立的道德范畴，至孟子提出“四端”之心，强调“仁义礼智根于心”之后，“义”在儒家道德体系中才成为一个独立的道德原则之一。正是因为在孔子的思想体系中，“义”是一个虚伪范畴，而不是一个具体的道德规范，因此，“义”的内容在不同的情景中，有着不同的具体含义。但毋庸置疑，仁德必然符合“义”，“义”当然包含“仁”。此外，张岱年先生还对仁与礼、智、乐等方面的关系也作了相应的阐释。总之，“仁”是儒家伦理道德思想的总纲和最高的道德准则。

第二，孔子仁学思想的内在特质。儒家学问是生命的学问，不仅讲做人的道理，而且主张将此道理落实到日常生活中。儒家伦理是一种德性伦理，儒家注重“行”或“行动”，是因为道德关乎做人的根本，亦即关乎美好德

---

① 《张岱年全集》（第6卷），石家庄：河北人民出版社1996年版，第491–492页。
② 《张岱年全集》（第2卷），石家庄：河北人民出版社1996年版，第290页。
③ 《张岱年全集》（第6卷），石家庄：河北人民出版社1996年版，第68页。

性的培育或理想人格的养成。在《论语》中，“仁”字出现了109次之多。无疑，“仁”是孔子和儒家伦理思想的核心范畴和最高的道德原则，其他的如忠、信、恕、孝、悌、恭、宽、敏、惠诸德，都从属于仁的，抑或是仁的具体表现和生动展开。当子张请教仁的问题时，孔子指点说，能行恭、宽、信、敏、惠五种品德，就是实现了仁。“仁”不仅具有普遍性的品格，而且还有现实性的品格。孔子讲“仁”，最终落脚点在行动上，使人成为一个真正有德性的君子。孔门弟子“问仁”于孔子，孔子的回答不是围绕“是什么”，而是围绕“应该如何”，亦即不是对“仁”的普遍定义，而是回答如何表现“仁”或实现“仁”。应该说，孔子的仁具有实践理性的品格，亦即只有践履中才能体现其价值。张岱年先生说：“孔子贵仁，强调日常生活必须符合仁的原则：‘君子无终食之间违仁，造次必于是，颠沛必于是’（《论语·里仁》），而这‘仁’的原则不是玄远难以达到的：‘仁远乎哉？我欲仁，斯仁至矣。’（《论语·述而》）‘仁’是一个切近而崇高的理想。”[①] 又说：“仁是立人达人，故为仁必须真诚实在的力行；不能真诚实在的力行，则既不能自立自达，更不能立人达人了。所以仁又包含力行不作虚言的意思。”“仁者实必有所作为，虽然不能‘博施于民，而能济众’，但必须有立人达人之行为。”[②] 故张岱年先生总结说：“从根本上说，‘仁’是动的，是自强不息的。‘仁’是在现实中体现理想，在日常生活中达到崇高的境界。中国古代哲人所苦心焦虑的就是如何使人们能有合理的生活，其结晶即‘仁’。他们总觉得人必须‘正德’，然后人生才有价值。”[③] 孔子仁只有体现在日常生活中，才能体现其价值。在阐释孟子对孔子仁学的发展时，张岱年先生比较了两者的区别，他说：“孔子哲学的中心观念是仁，孟子哲学的中心观念则是仁义。孟子讲仁，大意与孔子相近，但多从心性方面来讲，以为仁即是人所固有的恻隐之心之发展。”“孔子言仁，注重行为，仁是行为之准则；孟子言仁，则颇注重内心态度，仁是内心所当有之态度，义方是行为所应循之准绳。孔子所谓义，只是当然之意；孟子所谓义，则是自己制裁之意，不顾一己利害，决然毅然自己裁制其行为，便是义。孟子以不忍说仁，以不为说义。”[④] 孟子讲仁，显然是对孔子仁学的继承，但两者有着显著的区别，也就是说孔子讲仁，强调实践行动或躬行践履，而孟子讲仁，则注重内心修养。孔子的仁与孟子的仁之不

---

① 《张岱年全集》（第5卷），石家庄：河北人民出版社1996年版，第505页。
② 《张岱年全集》（第2卷），石家庄：河北人民出版社1996年版，第286-287页。
③ 《张岱年全集》（第1卷），石家庄：河北人民出版社1996年版，第155-156页。
④ 《张岱年全集》（第2卷），石家庄：河北人民出版社1996年版，第291-293页。

同，是先秦儒学内部之差异。简言之，孔子的仁学不是纯粹思辨性的形而上的理论体系，更多的是结合具体行为方式告诉人们应该怎么做，体现了鲜明的实践理性品格。强调实践理性是孔子仁学思想的内在特质之一。

张岱年先生还比较孔子“仁爱”与墨子“兼爱”之不同，以凸显孔子仁学思想的内在特质。在中国古代的伦理思想中，居于核心地位的，是关于仁爱的学说。“孔子贵仁，墨子贵兼。”（《吕氏春秋·不二》）孔子以仁为最高的原则，墨子以兼爱为最高原则，可以说都是宣扬人类之爱，但是两者有着不同的内在特质。张岱年先生在《中国哲学大纲·人生论》中说：“墨子的兼，与孔子的仁，大体相近，然亦颇不同。仁是由己推人，由近及远，以自己为起点，而渐渐扩大；由近远之程度，而又有厚薄。兼则是不分人我，不分远近，对一切人，一律同等爱之助之。所以仁是有等差的，兼是无等差的。即后期墨家所讲伦列之爱，亦非依远近而分等级。在实际上，墨子讲兼，亦未尝主张废除阶级；但是主张对不同的阶级，都同等的爱之。仁则对不同阶级的人，爱助之道即有所不同。又仁的爱人，注重促进人之道德的自觉；兼则注重物质上的利人。总之，仁的含义，较为复杂曲折；兼则单纯直截。”[①]张岱年先生在《中国伦理思想研究》中又说：“在名义上，孔子讲‘爱人’，是爱一切人，孔子又说过‘泛爱众’（《论语·学而》），所谓仁是人类之爱。在实际上，孔子却是区分了贵贱等级。”孔子仁学思想的继承者孟子同样如此：“一方面宣扬‘爱人’、‘仁民’，另一方面又要维护等级和阶级的区分。这是儒家关于人类之爱的观念所包含的内在矛盾。这也就证明，在阶级社会中，所谓人类之爱历来就没有真正实行过。”[②] 而“墨子宣扬兼爱，兼爱是不别亲疏、不分远近的普遍的爱。《孟子》书中记述墨者夷人的言论云：‘爱无等差。’（《孟子·滕文公上》）兼爱即是无差等之爱。墨子兼爱的原则是：‘视人之国，若视其国；视人之家，若视其家；视人之身，若视其身。’（《墨子·兼爱中》）简言之，即视人如己。兼爱就是爱一切人。”“但是墨子的兼爱学说并没有提出废除等级差别的要求。兼爱的理想境界是：‘天下之人皆相爱，强不执弱，众不劫寡，富不侮贫，贵不傲贱，诈不欺愚。’（《墨子·兼爱中》）贫富贵贱的区别还是存在的，不过不相欺凌、和平共处而已。墨子虽然在政治上主张‘官无常贵，而民无终贱’（《墨子·尚贤上》），但没有主张消除贵贱的区分。所以，事实上，墨子的兼爱学说也是不彻底的。”[③] 综上所述，

① 《张岱年全集》（第2卷），石家庄：河北人民出版社1996年版，第307页。
② 《张岱年全集》（第3卷），石家庄：河北人民出版社1996年版，第581页。
③ 《张岱年全集》（第3卷），石家庄：河北人民出版社1996年版，第582-583页。

孔子仁爱与墨子兼爱相比，至少在内在特质上有三大区别：其一，孔子仁爱是差等之爱，由近及远，有亲疏之别；墨子兼爱是无差等之爱，或者说是普遍之爱，不分亲疏远近，一视同仁。其二，孔子仁爱侧重于精神层面，注重促进人的道德自觉；墨子兼爱侧重于物质层面，注重满足人的物质利益。其三，孔子仁爱的等差性，具有现实性，因此具有可行性；墨子兼爱的无等差性，忽视现实性，因此不具有可行性。由于墨子只强调爱之普遍性，而忽视了施爱过程中客观上存在的自然而有的亲疏远近之差别性。因此在现实世界中，兼爱是不可能实现的。孔子仁爱是“推爱”，“不独亲其亲，不独子其子”，而讲求“亲亲而仁民，仁民而爱物”，此可谓“仁无差等，而施爱有序”。也就说，孔子仁爱能够把爱之普遍性与事实上的差别性统一起来，因此，孔子仁爱具有可行性。把爱之普遍性与事实上的差别性统一起来，注重精神层面，促进人的道德自觉，是孔子仁学思想的内在特质。当然，在私有制社会，孔子仁爱与墨子兼爱都具有不彻底性或显著的历史局限性。

第三，以孔子仁学思想为主要资源，建构自己的人生道德哲学体系。人生理想论是中国哲学的核心，也是中国哲学的贡献。张岱年先生指出：“中国哲学的最大贡献，在于生活准则论即人生理想论，而人生理想论之最大贡献是人我和谐之道之宣示。孔子的仁，墨子的兼，都是讲人我和谐之道……孔子的仁，墨子的兼，其本来的表现形态确实具有时代性，而人我之和谐，是永远应注重的。”① 由此可见，孔子仁学思想对张岱年先生建构自己的人生道德哲学体系产生了直接而颇深的影响。张岱年先生认为，与一般动物相比，人既是“自觉”的动物，也是有“理想”的动物；所谓理想是指人具有价值或意义追求；人是有价值和意义的动物，即人生是有意义的。“所谓人生之意义，乃指人生与其他事物之关系，亦即人生在宇宙中之位置。”② 据此，早在20世纪30年代，张岱年先生就提出了“生活理想之四原则”，即“一，理生合一；二，与群为一；三，义命合一，或现实与理想之统一；四，动的天人合一，或天人协调。”③ 在《天人五论》中又说：“道德之基本原则为公。道德之端，以己推人；道德之至，与群为一。以己之所欲推人之所欲，道德之始；兼善天下，而以人群为一体，道德之极。”④ 其中，“以己推人”“以己之所欲推人之所欲”，是孔子仁学的固有义蕴。张岱年先生以孔子仁学思想为基

① 《张岱年全集》（第2卷），石家庄：河北人民出版社1996年版，第616页。
② 《张岱年全集》（第3卷），石家庄：河北人民出版社1996年版，第207页。
③ 《张岱年全集》（第1卷），石家庄：河北人民出版社1996年版，第280页。
④ 《张岱年全集》（第3卷），石家庄：河北人民出版社1996年版，第213页。

础，提出了自己独到的人生道德哲学观。

同时，张岱年在吸收消化孔子仁学的基础上，尤其是“立人”“达人”的本旨内容的基础上，进一步提出“充生以达理，胜乖以达和”的人生道德哲学命题。张岱年先生说：“人生之大务有二：一曰生力之充实，二曰道德之提高。生力之充实，所以扩充其异于无生之物质者；道德之上达，所以发扬其贵于非人之禽兽者。”① 又说：“人生之要谊，一言以蔽之，曰充生以达理”；“要而言之，人生之道，在于胜乖以达和。”② “达理”“达和”就是人通过扩充自己的生存能力和克服各种不利于生存的矛盾，以达到生与生的和谐、理与生的合一境界，亦即张岱年先生所说的“动的天人合一”的人生境界。张岱年先生还说：“然所谓仁者，不惟求人人饮食男女之得遂而已，乃更在于求人人之所以贵于禽兽者之扩充。所谓立人达人之旨在此。”③ 还说：“生存即争取生存，而人生即争取人的生存。争取人之生存，即争取异于禽兽且贵于禽兽之生存，易言之，即争取合理之生存。合理之生存，即克服生之冲突，以达于生之和谐。”④ 作为仁者“要争取异于禽兽且高于禽兽的生存”，即要扩充生命力，努力克服生之矛盾，达到“生活之圆满”。张岱年先生还说：“生之本性曰健，人之至德曰公。”“健”即“刚健”或曰“自强不息”，“公”即“大公忘私”或“大公无私”。“立人”“达人”，即是“充生以达理，增健以为公，即是生活之圆满”。⑤ 张岱年又说：“人是有生之物，所求在于生之圆满。必有人群生活之圆满，乃可有个人生活之圆满。然而如为求个人生活之圆满方求人群生活之圆满则不可。不可以人群生活之圆满为方法，以个人生活之圆满为目的。个人生活之圆满即在人群生活之圆满之中。二者为一事。杀身成仁者亦即在求人群生活之圆满之行为中达到个人生活之圆满。”⑥ 人生之目的，不仅在于求个人生活之圆满，更在于求人群生活之圆满，即要把个人生活之圆满与人群生活之圆满统一起来。张岱年进而认为，为求人群之圆满，而做到“杀身成仁”“舍身取义”，则是坚持人格尊严达到“与群为一”的境界。生活之圆满，是张岱年建构人生道德哲学体系的价值目标。张岱年先生还认为，人与自然界的动物相比，是一种社会性的存在。诚然，

① 《张岱年全集》（第3卷），石家庄：河北人民出版社1996年版，第213页。
② 《张岱年全集》（第3卷），石家庄：河北人民出版社1996年版，第208–209页。
③ 《张岱年全集》（第3卷），石家庄：河北人民出版社1996年版，第213页。
④ 《张岱年全集》（第3卷），石家庄：河北人民出版社1996年版，第208页。
⑤ 《张岱年全集》（第3卷），石家庄：河北人民出版社1996年版，第209页。
⑥ 《张岱年全集》（第1卷），石家庄：河北人民出版社1996年版，第458页。

个人需要爱护自己的生命，需要发展自我，实现自我的价值，完善自己的人格，但人的最高发展是将一己之“小我”融入社会的“大我”之中，人的最高价值是“与群为一”。可见，人生之理想在于超越于禽兽者，兼善天下，“理生合一”或“群己一体”，此乃人生之崇高理想。

张岱年先生认为，根据社会实践创立伟大切实的人生理想，为人类生活提供努力之方向，是哲学的主要任务。从总体上看，“生活理想之四原则”“充生以达理，胜乖以达和”，以及“生活之圆满”等，构成了张岱年先生人生道德哲学体系的主要内容。张岱年先生说：“今后哲学之一个新路，当是将唯物、理想、解析，综合于一……此所说综合，实际上乃是以唯物论为基础而吸收理想与解析，以建立一种广大深微的唯物论。”① 从思想渊源上看，张岱年先生所建构的人生道德哲学体系，是以孔子仁学思想为主要资源的中西道德哲学文化之长的综合创新，彰显着新唯物论的理论特质，既是传统道德哲学的继续，又高于已有的道德哲学，进一步拓展和提升了孔子的仁学思想。

（三）张岱年先生对孔子仁学思想研究的价值探析

孔子创立的仁学思想，其历史价值是显而易见的，不过，其现实价值也是不可忽视的。张申府先生在提出“列宁、罗素、孔子，三流合一”的命题时，曾高度评价孔子的仁学思想，他说：“孔子代表中国好的文化。罗素代表西洋好的文化。列宁则代表已经开始的偏于西洋的未来世界的好文化。中国好文化最大的贡献是仁，这自应以孔子为代表……。”并强调说：“尤其没有孔子所代表的仁，不但文化将不成其为文化，人也将不成人。”② 孔子创立仁学的价值可见一斑。张岱年先生对孔子仁学思想的研究，所发掘的优质资源及其蕴含的内涵义蕴和内在特质具有积极的现实价值，一是孔子仁学思想对塑造独立人格和中华民族精神的价值；二是孔子仁学思想对涵养社会主义人道主义的价值；三是孔子仁学思想对加强社会主义道德建设的价值。

第一，孔子仁学思想对塑造独立人格和中华民族精神的价值。孔子仁学思想具有丰富的内涵义蕴和内在特质，它在历史上对塑造独立人格品质和中华民族精神起着非常重要的作用。人格是近代才有的概念，在中国古代谓之“人品”“品格”。所谓独立人格，是指每个人都有自己的独立意志，不受外界势力的压制。所谓中华民族精神，即是指以爱国主义为核心的爱好和平、

---

① 《张岱年全集》（第1卷），石家庄：河北人民出版社1996年版，第262页。
② 《张申府文集》（第2卷），石家庄：河北人民出版社2005年版，第632页。

团结统一、自强不息和勤劳勇敢的伟大民族精神。张岱年先生说："中国文化对全世界的贡献即在于注重'正德'，而'正德'的实际内容又在于'仁'的理论与实践。孔子谓仁即'己欲立而立人，己欲达而达人'，其意义就是与人共进，相爱以德。"① 张岱年先生认为，仁对于孔子来说，具有崇高的内在价值，为了实现道德理想，个体可以牺牲自己的生命。孔子说："志士仁人，无求生以害仁，有杀身以成仁。"（《论语·卫灵公》）张岱年还先生认为，"己欲立""己欲达"，即肯定自我的主体性，要求完善自己的人格；"而立人""而达人"，即承认别人的主体性，帮助别人完善自己的人格。仁的根本含义是承认人是人。孔子说："三军可夺帅也，匹夫不可夺志也"（《论语·子罕》），还称赞伯夷叔齐"不降其志，不辱其身"（《论语·微子》），强调的就是保持人格尊严，达到人的自觉。只有做到人的自觉，才能正确认识和对待自己，也才能正确认识和对待他人，从而才能真正从心底里产生自爱和爱人的情怀，进而才能爱国家和爱天下万物。孔子认为，人人都有实行仁德的能力。他说："仁远乎哉？我欲仁，斯仁至矣。"（《论语·述而》）又说："有能一日用其力于仁矣乎？我未见力不足矣。"（《论语·里仁》）人人都有实行仁德的能力，亦即人人都有提高道德的潜能，即是每个人的价值之所在。简而言之，一个人能够实行仁德，就具有崇高的价值。宋儒周敦颐说："道义者，身有之，则贵且尊。""君子以道充为贵、身安为富，故常泰无不足；而铢视轩冕，尘视金玉，其重无加焉尔。"（《通书》）也就说人格价值远远高于世间富贵的世俗价值。儒家人的格价值学说与孔子仁学思想是密切联系的，因为孔子仁学思想内含自强不息的精神品格，也就是说，独立人格意志与自强不息精神是相辅相成的。张岱年先生说："中华民族存在着一个坚持'自强不息'的思想传统。这一思想传统，表现在民族关系方面，就是努力维护民族独立，对外来侵略坚强不屈。这就是爱国主义的传统。这一思想传统，表现在个人行为方面，就是坚持人格独立，肯定人格的价值。所谓'富贵不能淫，贫贱不能移，威武不能屈'，即强调人格的独立。这些优秀传统，正是中华民族延续发展的精神支柱，也是我们继续前进的思想基础。"② 可见，肯定人人都有提高仁德的自觉性，由此肯定人人具有内在的人格价值，这在历史上对于塑造独立人格品质和以爱国主义为核心的中华民族精神具有重要的价值。

① 《张岱年全集》（第1卷），石家庄：河北人民出版社1996年版，第155页。
② 《张岱年全集》（第6卷），石家庄：河北人民出版社1996年版，第227页。

第二，孔子仁学思想对涵养社会主义人道主义的价值。人道主义作为处理人与人之间关系的一项伦理原则，它源远流长，其具体的伦理内涵和价值取向在不同的社会形态有着本质的不同。人道主义是近代西方资产阶级思想家提出的，其出发点是把人当人看待，反对封建主义使人不成为其人，强调对人权的保护。中国古代思想家或哲学家虽然没有明确提出“人道主义”概念，但却始终强调“人道”“人格”。如《左传》记载子产的话语：“天道远，人道迩，非所及也。”孔子说：“朝闻道，夕可死矣。”（《论语·里仁》）因为孔子“贵人”不谈“天道”，故“朝闻道”的“道”主要指“人道”。《礼记·中庸》云：“诚者，天之道，诚之者，人之道。”由“天道”推衍出“人道”，把“天道”作出“人道”的根据。不过，儒家强调“人道”亦即“人伦道德”或“做人的道理”，目的在于引导人们“如何做人”或“做一个有道德的人”，其中包含“尊重他人”或“尊重他人的人格尊严”，也就是说，孔子主张把“人当作人看待”，尊重他人的独立人格。与西方资产阶级人道主义保护“人权”相比，中国古代人道主义则强调尊重“人格”，这是两者显著的区别。孔子仁包含对独立人格的肯定，彰显着鲜明的人文情怀。张岱年先生指出：“事实上，把人当人看待的观点，在古代已经有了。就中国来说，孔子主张‘己欲立而立人，己欲达而达人’，墨子主张‘视人如己’，都是主张把人当人看待，这可以称为古代的人道主义。但孔子承认等级区分是合理的，墨子也没有提出废除贵贱的区分，所以古代人道主义是不彻底的。”① 也就是说，孔子仁爱思想和墨子兼爱思想，可谓是中国古代的人道主义。不过，在当代社会主义中国，我们提倡的是社会主义人道主义。社会主义人道主义是以历史唯物主义为基础的处理人与人之间平等合作关系的伦理要求，其未来的走向必然是共产主义人道主义，与古代人道主义、西方资产阶级人道主义有着本质的区别。具体而言，“古代的人道主义宣扬爱人，而同时又承认人与人之间的等级区分；资产阶级的人道主义宣扬爱人，否定了人与人之间的等级区分，但是仍然承认人与人之间的阶级差别。社会主义的人道主义既否定人与人之间的等级区分，也要求废除人与人之间的阶级差别，才是最高级的人道主义。”② 社会主义人道主义是对古代的人道主义和西方资产人道主义的批判继承和综合创新。张岱年先生指出：“首先要有个人的人格意识，同时要尊重别人的人格；坚持自己的主体自觉，也尊重别人的主体的自觉。人与

---

① 《张岱年全集》（第6卷），石家庄：河北人民出版社1996年版，第538页。

② 《张岱年全集》（第6卷），石家庄：河北人民出版社1996年版，第485页。

人之间应该是平等的互助关系，这是社会主义人道主义的基本原则。”① 无疑，社会主义人道主义弘扬人的主体性，尊重人的人格尊严和保护人的合法权益亦即把尊重人格与保护人权统一起来，强调人的自由、平等和全面发展，这对于促进中国特色社会主义建设具有重要的现实意义。但社会主义人道主义不是空中楼阁，它总有一定的历史根据或传统文化根源。无疑，张岱年先生对孔子仁学思想的研究，所发掘的尊重他人、坚持独立人格等合理性因素，是涵养社会主义人道主义的母体性文化资源。

第三，孔子仁学思想对加强社会主义道德建设的价值。道德建设从来就是现实性与历史性、时代性与传统性的有机结合。社会主义道德建设不是无源之水、无本之木，而是根植于民族传统道德文化的沃土，是中华传统美德的历史延续和时代升华。在当前，建设与社会主义市场经济相适应的社会主义道德，必须正确解决批判继承传统道德问题，其中包括弘扬中华传统美德。中华传统道德含有复杂的内容，既有阻碍社会发展的落后封建道德，也有促进社会发展的优秀传统道德。张岱年先生指出：“现在建立新时代所需要的新道德，要正确解决传统道德的批判继承的问题，对于三纲，必须加以彻底批判；对于五常八德应加以分析抉择。”② “仁、义、礼、智、信、廉、耻、孝、温、良、恭、俭、让”等都是中华传统美德的核心价值理念和基本要求，对促进社会主义道德建设和形成良好的社会道德风尚具有重要的作用。儒家伦理思想是以孔子仁学为核心而建构起来的伦理道德体系，目的在于建立一个符合仁爱精神、道德秩序良好的理想社会。张岱年先生指出，孔子的仁至少含有两方面的意义。“仁者‘爱人’，‘泛爱众’‘己所不欲，勿施于人’，含有对别人友爱互助的意义；同时‘爱有等差’、分别贵贱亲疏，又含有一定的封建性。时至今日，对于分别贵贱的等级意识，必须加以否定，但对别人友爱互助，‘己所不欲，勿施于人’，还应该肯定下来。在社会生活中，如果不遵守‘己所不欲，勿施于人’的原则，社会生活的正常秩序也就无法维持了。”③ 改革开放以来，在经济社会迅速发展的同时，社会上也出现了一些不良的道德现象，如拜金主义、享乐主义、个人主义等道德哲学比较盛行，甚至还由此导致了所谓的“道德冷漠”“道德滑坡”等道德问题，严重影响了社会的道德风尚。因此，弘扬中华传统美德，加强社会主义道德建设，既是顺应时代发展的呼唤，也是促进经济社会健康发展的需要。孔子说：“苟志于

① 《张岱年全集》（第6卷），石家庄：河北人民出版社1996年版，第538页。
② 《张岱年全集》（第7卷），石家庄：河北人民出版社1996年版，第427页。
③ 《张岱年全集》（第7卷），石家庄：河北人民出版社1996年版，第499页。

仁矣，无恶也。”（《论语·里仁》）即是说，把“仁”作为评价人们道德善恶的根本标准，强调一个人只要真正以“仁”作为自己的志向，就不会再去干任何缺德的坏事。张岱年先生还指出：“儒家所谓‘仁’是差等之爱，其所讲的差等是应该批判的，但是，‘泛爱众’的泛爱，‘博爱之谓仁’的博爱，确实具有重要的理论意义。我们应该提倡对于人民之爱，这可谓对于仁的改造。”① 无疑，“为人民服务”作为社会主义道德的核心价值，显然是对孔子仁爱思想的批判继承和时代提升。总之，张岱年先生对孔子仁学思想的研究，弘扬孔子仁学思想之精华，如“为仁由己”“推己及人”等，有助于启发“仁心”之自觉，促使“仁爱”之践行；它所内含的“爱人”“助人”“立人”“达人”及“自强不息”等，作为中华传统美德元素，我们需要结合时代精神，进行创造性转换和创新性发展，赋予时代内涵，为加强社会主义道德建设提供丰富的优秀传统道德资源。

（原文刊登于《张申府张岱年研究集刊》第 4 辑，河北人民出版社 2018 年 7 月出版，收入本书时略及修改或补充）

① 《张岱年全集》（第 7 卷），石家庄：河北人民出版社 1996 年版，第 426 页。

第三章　张岱年的价值哲学研究

当代中国价值哲学研究，是伴随着实践标准讨论和思想解放运动的深入而兴起的。张岱年先生认为，在思想观念的变革中，起关键作用的是价值观与思维方式的变革。在文化生活中，指导人们的行为活动的，首先是价值观；制约人们的认识、学术的，主要是思维方式。在20世纪八九十年代，张岱年先生率先开展价值哲学研究，开创国内价值哲学研究之先河。张岱年先生说："现在价值观的问题已引起人们广泛的注意。事实上，价值问题由来已久，关于真善美的讨论，关于人生价值的争辩，可谓自古有之。我们研究中国哲学史，古代哲学家的价值观是值得探索的。"① 中国古代思想家对宇宙价值、人生价值、人格价值及人类价值等进行了深刻的思考。价值哲学是中国传统哲学的重要内容。

张岱年先生又说："要改造传统的价值观与思维方式，必须首先对于传统的价值观与思维方式有一个比较正确的认识，进行比较正确的分析。"② 在20世纪八九十年代，张岱年先生相继撰写了《中国古典哲学的价值观》《试谈价值观与思维方式的变革》《中国哲学关于人生价值的思想》《中国古典哲学中的人格观念》《中国传统哲学中的人的观念》《中国哲学中的价值学说》《论价值的层次》《论价值与价值观》及《论重新估定一切价值》等近百篇有关价值哲学的论文。张岱年先生在重新解读价值概念的基础上，充分发掘中国传统哲学中很多弥足珍贵的价值文化资源，认为儒家的价值观可称为"内在价值论"，墨家的价值观可称为"功用价值论"，道家的价值观可称为"超越价值论"，法家的价值观可称为"唯力价值论"，并与西方近现代价值观进行比较研究，着力彰显了中国传统哲学的价值意蕴，不仅在中国传统哲学的价

---

① 《张岱年全集》（第6卷），石家庄：河北人民出版社1996年版，第180页。

② 《张岱年全集》（第6卷），石家庄：河北人民出版社1996年版，第172页。

值研究领域中做出了开拓性的贡献，而且为新时期社会主义价值观构建做出历史性贡献。

一、张岱年对先秦儒家人学思想的研究

人学思想是中国传统儒家思想的重要组成部分。国学大师张岱年认为，中国古典哲学大部分思想学说是讨论关于人的问题的，称之为“人学”思想。中国古代人学思想主要包括下列几方面内容：“（一）人的本质；（二）人的价值；（三）人与自然的关系；（四）人与社会的关系；（五）人格与精神境界。”① 张岱年先生深刻揭示先秦儒家人学思想的丰富内涵。

（一）人的本质

关于人的本质，马克思曾有科学而经典的表述：“人的本质，并不是单个人所固有的抽象物。在其现实性上，它是一切社会关系的总和。”② 而中国古代所谓“人的本质”与马克思关于人的本质概念是有显著区别的。人的本质，中国古代称之为“人之性”。关于人性的讨论始于孔子。孔子说：“性相近也，习相远也。”（《论语·阳货》）人性是天生的，而且是相近的，人性之所以会产生千差万别的特征，完全是“习”所造成的，也就是由人的生活环境和习俗造成的。张岱年先生指出，孔子首创“仁”的概念，并将其规定为人的本质，“在中国文化中，‘仁’与‘人’、‘道’是同一的，是人之所以为人的根本特性。‘仁也者，人也。合而言之，道也’。”③ 孔子对“仁”有明确的解释：“仁者，人也”（《中庸》）；“樊迟问仁，子曰：‘爱人’。”（《论语·颜渊》）仁即是“爱人”，亦即“泛爱众。”（《论语·学而》）“孔子所谓仁，是‘泛爱众’的人类之爱，又是由近及远的差等之爱。仁是等级制度之下的道德原则，含有一定的阶级性。”④ 孔子认为，“仁”是人的最高价值，是人之所以为人的根本所在。宋明理学大师朱熹说：“仁者，人之所以为人之理也。”（《孟子集注》）孔子关于仁的思想，体现了人的社会性本质，“孔子将人的本质看做是仁，也就意味着孔子认为人的本质是社会决定的，是社会性的，和

---

① 《张岱年全集》（第7卷），石家庄：河北人民出版社1996年版，第108页。
② 《马克思恩格斯选集》（第1卷），北京：人民出版社1972年版，第18页。
③ 张岱年、方克立主编：《中国文化概论》，北京：北京师范大学出版社1994年版，第281页。
④ 《张岱年全集》（第6卷），石家庄：河北人民出版社1996年版，第119页。

天命等没有关系。”① 可见，孔子初步将人从殷周时代的“天命”统治下解放出来，对人作出了初步的社会性规定，是人类思想史上的一大进步。

孔子还提出“忠恕之道”，所谓“忠”即“己欲立而立人，己欲达而达人”（《论语·雍也》）；所谓“恕”即“己所不欲，勿施于人。”（《论语·颜渊》）曾参说：“夫子之道，忠恕而已矣。”（《论语·里仁》）实现了“忠恕之道”，就等于实现了对他人的爱。简言之，孔子的仁就是“爱人”。张岱年先生认为，“忠恕之道”是“为仁之方”，其基本要求是以诚待人，推己及人。可见，“忠恕之道”作为仁的精神境界，是孔子对人性和人的价值取向认识上的提升。张岱年先生还指出：“孔子的‘仁’是中国哲学中关于人性‘自我实现’的滥觞，它对中国哲学中的人性论思想有重要的影响。”② 孔子创立的仁学，对中国古代儒家人性论的走向产生深刻的影响。

至战国时期，人性的善或不善，成为一个争论问题。当时，有性善论、性恶论、性无善无恶论、性有善有恶论、性超善恶论等五种学说。孟子继承和发展了孔子的人性思想，初步建立起比较完善的人性论学说。他说：“人之性善也，犹水之就下也。人无有不善，水无有不下。”（《孟子·告子上》）孟子讲性善，其含义是指人所固有的仁义礼智。孟子又说：“恻隐之心，人皆有之；羞恶之心，人皆有之；恭敬之心，人皆有之；是非之心，人皆有之。恻隐之心，仁也；羞恶之心，义也；恭敬之心，礼也；是非之心，智也。仁义礼智，非由外铄我也，我固有之也，弗思耳矣。”（《孟子·告子上》）也就是说，人之所以异于禽兽，是因为人具有仁义礼智的道德意识。孟子还说：“恻隐之心，仁之端也；羞恶之心，义之端也；恭敬之心，礼之端也；是非之心，智之端也。”（《孟子·公孙丑下》）由此可知，孟子将仁义礼智本身与仁义礼智之“端”区别开来，是孟子人性论的一个重要特点，实现了儒家人学思想史的一次重大理论飞跃。荀子对孟子的性善论进行根本的反动，提出性恶论。他说：“人之性恶，其善者伪也。”（《荀子·性恶》）其所谓“人之所以为人者”，就是在于人具有认识道德原则的能力。荀子还说：“今途之人者，皆内可以知父子之义，外可以知君臣之正，然则其可以知之质，可以能之具，其在途人之明矣。”（《荀子·性恶》）张岱年先生对此进一步分析指出：依据荀子关于“性”的界说，文中的“可以知之质，可以能之具”显然不属于性，却是“人之所以为人者”。可见，荀子的人性恶观点较之孟子的人性善思想具

① 李中天主编：《中国人学思想史》，北京：北京出版社2005年版，第36页。

② 刘军平著：《传统的守望者——张岱年哲学思想研究》，北京：人民出版社2007年版，第79页。

有深刻性。孟荀立论不同，但都强调对于人的本质的认识，可谓是殊途同归。国学大师张岱年认为，孟子提出“人之所以异于禽兽者”，荀子提出“人之所以为人者”等，都是对“人的本质”的一种自觉认识。

其实，人并没有什么本来固有的本性，人的本性总是通过人的生产实践活动以及历史发展过程中而呈现出来的具体的多变的规定性。所以，无论是“性善”或“性恶”都是一种形而上学的思维方式的表现。先秦儒家关于人性方面的探讨大多是从伦理角度来进行的，从而为后来思想家或哲学家认识人类自身留下了极为丰富的思想遗产。但先秦儒家关于人性的认识，都是唯心主义的人性论，而且混淆人性与人的本质的关系，模糊了二者的界限，同时，脱离人的社会性，把人性等同于人的先验的、精神的属性，因而也是一种抽象的人性论。

（二）人的价值

人的价值问题是价值论中的一个重要问题。一般而言，人的价值，即人作为客体，满足主体人的需要之间的关系，是客观的社会关系的特有属性。国学大师张岱年认为，人的价值，并不是意谓人能满足如何的需要，而是在于人具有优异的特性，即个人对社会的贡献，以及具有独立的人格。具体而言，人的价值，则包括个人的价值和人类的价值。个人的价值有两层含义：“一是‘个人的社会价值’，在于一个人对于社会作出一定的贡献（即能在一定方面满足社会的需要）；二是‘个人的自我价值’，即具有独立的人格。一个人的自我价值不在于自己满足自己的需要，而在于具有独立的意志与崇高的道德实践。”① 人类的价值，是人类与其他物类的比较而言的，“是从肯定人类有优异的品质来讲的，即认为人类具有其他物类所没有的特异性质和能力，所以是最有价值的。”② 人的价值具有深刻而丰富的内涵。

关于个人的社会价值问题，春秋时代，鲁国贵族叔孙豹提出的“三不朽说”，可谓是中国传统人生价值观最经典的表达。“太上有立德，其次有立功，其次有立言，岁久不废，此之谓不朽。”（《左传·襄公二十四年》）“立德”“立功”“立言”，都是对社会作出的积极贡献。“三不朽说”的主要意义是肯定人生价值在于对社会有积极的贡献。孔子也认为，人生价值在于对社会有

---

① 《张岱年全集》（第7卷），石家庄：河北人民出版社1996年版，第33页。
② 《张岱年全集》（第7卷），石家庄：河北人民出版社1996年版，第30页。

贡献。从孔子对伯夷、叔齐、管仲、齐景公的评价中，可以看出孔子对个人价值的观点。孔子说“管仲相桓公，霸诸侯，一匡天下，民到于今受其赐。微管仲，吾其被发左衽焉。”（《论语·宪问》）又说：“齐景公有马千驷，死之日，民无德而称焉。伯夷、叔齐饿于首阳之下，民到于今称之。其斯之谓与！”（《论语·季氏》）按照孔子的评价，管仲建功立业，有功于民，可谓立功之人。伯夷、叔齐可谓立德之人。齐景公既无功又无德，就不足称了。在孔子心目中，立德又立功的最高典范是尧舜，但又认为尧舜也没有达到最高的理想境界。故能做到“博施于民而能济众”，就是具有价值的人，即对社会有贡献的人。子贡曰：“‘如有博施于民而能济众，何如？可谓仁乎？’子曰：‘何事于仁，必也圣乎！尧舜其犹病诸！’”（《论语·雍也》）能够做到“博施济众”，就是最具有价值的人。关于“立德”，孟子提出了“立德”的四个类型，即伯夷的“清”，伊尹的“任”，柳下惠的“和”，孔子的“时”。孟子说：“伯夷，圣之清者也；伊尹，圣之任者也；柳下惠，圣之和者也；孔子，圣之时者也。”（《孟子·万章下》）“清”“任”“和”“时”是立德的典型。孔子不甚重视立言，但也认为立言也有一定的价值。孔子说：“有德者必有言，有言者不必有德。”（《论语·宪问》）又说：“君子不以言举人，不以人废言。”（《论语·卫灵公》）有德者之言是值得重视的，非有德者之言也可能有一定价值。无疑，“三不朽说”具有显著的时代性和阶级性，但也包含一定的合理性或普遍意义。

张岱年先生指出，在孔子的视野中，一个人的自我价值不在于满足自己的需要，而在于具有独立的人格意志与崇高的道德实践。人格是近代的名词，在中国古代谓之人品。人格，其基本含义是指做人的资格。孔子认为，每个人都具有独立的意志，应保持自己的独立人格尊严，就是人的独立的价值。《周易·蛊卦》曰：“上九，不事王侯，高尚其事。象曰：不事王侯，志可则也。”这是赞美不事王侯的人具有崇高的人格。孔子肯定每一个人都有独立的意志。孔子说：“三军可夺帅也，匹夫不可夺志也。”（《论语·子罕》）孔子承认普通百姓也有独立的意志与人格。孔子赞扬伯夷、叔齐“不降其志，不辱其身”（《论语·微子》），即伯夷、叔齐坚持自己独立的意志人格。孔子又说：“贤者辟世，其次辟地，其次辟色，其次辟言。”（《论语·宪问》）其所以“辟世”“辟地”“辟色”“辟言”，都是为了坚持自己的独立人格，保持自己的尊严，因而不屈从权势，不随俗俯仰，充分表现做人的尊严。承认人人都有独立的意志，一方面坚持自己的独立意志，另一方面要尊重别人的独立意志。孔子说：“夫仁者，己欲立而立人，己欲达而达人。”（《论语·雍也》）张岱年先生指出：“坚持自己的独立意志，这就是‘立己’；尊重别人的独立意志，这就是‘立人’。立己而又立人，这就是孔子所谓‘仁’的主要含义。”[1] 孔子关于“仁”的学说，是以肯定人的价值为前提的。“己立”“己达”，肯定了个人的主体性；“立人”“达人”，承认别人的主体性。可见，孔子关于“仁”的观念，体现了古代人道主义精神。孟子特别强调人格尊严，认为保持人格尊严比保全生命更重要。他说：“生亦我所欲，所欲有甚于生者，故不为苟得也；死亦我所恶，所恶有甚于死者，故患有所不辟也。……是故所欲有甚于生者，所恶有甚于死者，非独贤者有是心也，人皆有之，贤者能勿丧耳。一箪食，一豆羹，得之则生，弗得则死。呼尔而与之，行道之人弗受；蹴尔而与之，乞人不屑也。”（《孟子·告子上》）张岱年先生对此分析指出，“所欲有甚于生者”，孟子称之为“义”。“义”的内容就是坚持自己的人格尊严，也承认别人的人格尊严。孟子在继承孔子独立人格的思想基础上提出了“大丈夫”的人格标准：“居天下之广居，立天下之正位，行天下之大道，得志与民由之，不得志独行其道，富贵不能淫，贫贱不能移，威武不能屈，此之谓大丈夫。”（《孟子·滕文公下》）孟子还提出了四种不同的人品，他说：“有事君人者，事是君则为容悦者也。有安社稷臣者，以安社稷为悦者也。有天民者，达可行天下而后行之者也。有大人者，正己而物政者也。”（《孟子·尽心上》）在“事君人者”“安社稷臣者”“天民者”“大人者”的四种人品中，“大人者”可谓是孟子的理想人格，因为“大人者”具有不依附于权势的独立人格，能坚持自己的原则而又能感化别人且具有广泛的影响。孟子提出的“大丈夫”人格，影响更为深刻，成为中华文化优秀传统的一项重要内容。

人类价值，即人在天地间的位置的问题。人类的价值，是人类与其他物类的比较而言的，是指人类具有其他物类所没有的特异性质和能力。《孝经》记述孔子之说：“天地之性人为贵”。“性”同“生”，意谓天地之间的生物中人是最宝贵的，即肯定人在天地之间是最有价值的。“中国古代所谓人贵于物，主要讲人类的价值，其中包括一般人的价值。”[2] 人之所以为贵，荀子作了明确的解释：“水火有气而无生，草木有生而无知，禽兽有知而无义。人有气有生有知，亦且有义，故最为天下贵。”（《荀子·王制》）其中的“义”，是指道德原则或道德行为。人具有其他物类所没有的道德原则或道德行为，所以人是万物中最有价值的。人具有道德意识，是人的内在价值，孟子称之

---

① 《张岱年全集》（第6卷），石家庄：河北人民出版社1996年版，第297页。

② 《张岱年全集》（第5卷），石家庄：河北人民出版社1996年版，第407页。

为“天爵”“良贵”。“有天爵者，有人爵者，仁义忠信，乐善不倦，此天爵也”。“人人有贵于己者，弗思耳。人之所贵者，非良贵也。赵孟之所贵，赵孟能贱之。”（《孟子·告子上》）“天爵”“良贵”，是人人都固有的价值，是天赋的，不可剥夺的。而世间爵位是当权者给予的，是可以剥夺的。孟子认为人具有“仁义忠信”的道德意识，因而人具有内在的价值。“良贵就是一种‘天赋人权’或‘天赋价值’，强调的是以人为本，把人当人看待，表现出中国哲学中重视人本的价值传统。”① 孔孟肯定人具有的内在价值，是天赋的，是不以人的社会地位转移而转移的。

中国古代缺乏西方近代的人权观念，但先秦儒家强调人的道德价值的至上性和独立的人格价值等，对于中华民族精神的培育与发展具有重要意义。独立人格是中华民族文化的优良传统，培育了强烈的民族自尊心和刚正不阿的浩然之气，成为无数志士仁人为了国家和民族利益而英勇献身的巨大力量，是中华民族精神延续发展的重要因素之一。坚持自己的人格尊严，是自强不息民族精神的基本要求。国学大师张岱年认为，强调独立人格传统，“正是中华民族延续发展的精神支柱，也是我们继续前进的思想基础。”② 马克思主义认为，人生价值是自我价值与社会价值、物质价值与精神价值、创造价值与享受价值的统一。衡量一个人的价值，不仅要注重一个人工作、事业的成就，而且还要注重一个人的精神力量和道德人格对他人与社会的影响。孔子认为，人生价值在于对社会有贡献，具有合理性，但却忽视对人的自我价值的肯定。先秦儒家认为，人类价值在于有道德或道德意识，而忽视物质价值的基础性，具有先验唯心主义色彩，显然是偏颇的、不正确的。

（三）人与自然

人与自然的关系，古代称之为“天人之际”。张岱年先生认为，中国古代所谓“天”，含义比较复杂。殷周时代的“天”，是指上帝，荀子、庄子所谓的“天”，是指自然界而言。孔子、孟子的“天”是一个模糊概念，含义不明确。张岱年先生还指出，在中国古典哲学中，关于天人关系主要有两种思想，一是“天人合一”说，二是“天人分异”说。“天人合一”观念，早在先秦时期就已经产生，但作为一个明确的命题是由北宋著名哲学家张载提出来的。“中国古代思想家关于天人合一的思想，其基本的含义，就是充分肯定

---

① 刘军平著：《传统的守望者——张岱年哲学思想研究》，北京：人民出版社2007年版，第271页。

② 《张岱年全集》（第6卷），石家庄：河北人民出版社1996年版，第227页。

‘自然界与精神的统一’，关注人类行为与自然界的协调问题。”① 人与自然的关系，是先秦儒家关注的一个重要问题。

孔子虽然没有明确表达“天人合一”，但《论语》中相关记载却蕴涵着人与自然和谐的思想。根据确凿记载：“子钓而不网，弋不射宿。”（《论语·微子》）即孔子钓鱼时不用大网捕鱼，射鸟时不射杀归巢的鸟。这充分体现了孔子对自然生命的关怀，既是一种深层次的生态意识，也是一种仁爱之心的流露。“智者乐水，仁者乐山。”（《论语·雍也》）仁智之人热爱大自然，体现的是人与自然和谐相处、从中得到的乐趣是合伦理与审美而为一的境界。仁智之人之所以能够从山水中体验到乐，是因为山水与人的生命息息相关，有一种内在的生命联系。其中，“乐”不仅是主观感受，而且是“天人合一”境界的最高体验。“天人合一”的思想起源于孟子，“天人分异”的思想是荀子的观点。孟子将天与人的心性联系起来，他说：“尽其心者，知其性也，知其性则知天矣。”（《孟子·尽心上》）孟子又说：“耳目之官不思，而蔽于物，物交物则引之而已矣。心之官则思，思则得之，不思则不得也，此天之所与我者。”（《孟子·告子上》）对此，张岱年先生分析道：思是“天之所与”，思与性是密切联系的，所以，“知性”则“知天”，天道与人道是统一的。孟子又说：“万物皆备于我矣。反身而诚，乐莫大焉。”（《孟子·尽心上》）张岱年先生指出，“万物皆备于我”，如果从生命整体论意义上看，一方面万物与我的生命存在不可分，可以说是我的生命的一部分；另一方面“我”作为主体，是以其本心即生命情感关照万物的，万物都在我的情感中。可见，自然万物既是我的情感对象，又是在我的情感活动之中，我与万物是统一的，而不是对立的。到宋代，张载明确提出“天人合一”思想，他说：“儒者则因明致诚，因诚致明，故天人合一，致学而可以成圣，得天而未始遗人。”（《正蒙·乾称篇》）

在荀子学说中，“天”是纯粹的自然界，既没有人格神的存留余地，也没有道德价值意义，因此无所谓善恶。“天行有常，不为尧存，不为桀亡。”（《荀子·天论》）荀子强调天与人的区别，故“明于天人之分”，以为“天有其时，地有其财，人有其治，夫是之谓能参。舍其所以参而愿其所参，则惑矣。”（《荀子·天论》）荀子还提出“制天命而用之”的命题，他说：“大天而思之，孰与物蓄而制之？从天而颂之，孰与制天命而用之？望时而待之，孰与应时而使之？因物而多之，孰与聘能而化之？思物而物之，孰与理物而勿失之也？愿与物之所以生，孰与有物之所以成！故错人而思天，则失万物

① 张岱年、方克立主编：《中国文化概论》，北京：北京师范大学出版社1994年版，第380页。

之情。”（《荀子·天论》）其中，“制天命而用之”的思想，在实践意义上就是强调通过人为的努力，遵循自然法则，充分利用自然、改造自然。但荀子也并不否认天与人的联系，认为“礼有三本：天地者生之本也，先祖者类之本也，君师者治之本也。”（《荀子·礼论》）唐代刘禹锡在此基础上进一步提出“天人交相胜”的思想。

先秦儒家探讨的“天人合一”观点在中国古代哲学关于人与自然的关系上占有主导地位，对中国古代文化的发展产生了广泛而深刻的影响。讲“天人合一”，就是重视人与自然的和谐、协调，从而有利于自然生态平衡，但却忽视了对自然的改造，客观上阻碍中国古代生产力与科学技术的发展与进步。张岱年先生指出，“中国哲学家认为肯定天人合一才达到人的自觉，这可谓高一级的自觉。把人与自然界区别开，是人的初步自觉；认识到人与自然界既有区别也有统一的关系，才是高度的自觉。”① 荀子提出的“明于天人之分”的思想，具有深刻的理论意义，但没有发生广泛的影响。

（四）人与社会

人类社会是人们相互交往的产物，是人类生活的共同体。马克思说：“社会——不管其形式如何——究竟是什么呢？是人们交互作用的产物。”② 在中国哲学中，先秦儒家孔子、孟子与荀子都重视人与社会的关系，并提出自己的独到的观点或思想，而荀子关于人与社会的关系思想更为深刻、全面。国学大师张岱年先生对先秦儒家孔子、孟子与荀子关于人与社会关系的思想研究着墨不多，但论述深刻。

孔子说：“鸟兽不可与同群，吾非斯人之徒与而谁与？天下有道，丘不与易也。”（《论语·微子》）对此，张岱年先生作了精辟地分析：鸟兽是自然的存在，“斯人之徒”则是超越了自然状态而文明化了的人。作为文化的创造者，人不能倒退到自然状态，而只能在文化基础上彼此结成一种社会联系。张岱年先生进而指出，孔子对鸟兽与人的区分，已包含了对人文价值的肯定。同时，人只能与人同群，对社会应承担一定的义务。孔子又说：“君子谋道不谋食”“君子忧道不忧贫。”（《论语·卫灵公》）孔子认为，人的物质生活是次要的，放在首位的应该是群体利益或社会利益；强调个人对社会的责任或义务，是孔子关于人与社会关系的基本思想。孟子虽然没有直接、明确提出

① 张岱年著：《文化与哲学》，北京：教育科学出版社 1988 年版，第 15 页。
② 《马克思恩格斯全集》（第 27 卷），北京：人民出版社 1971 年版，第 477 页。

人与社会的关系，但通过对杨朱“为我”“无君”思想的批判，折射出孟子关于人与社会关系的基本价值取向。孟子述杨朱之说：“杨子取为我，拔一毛而利天不为也。”（《孟子·尽心上》）又说：“杨氏为我，是无君也。”（《孟子·滕文公下》）所谓“为我”，即以自我为中心，其实质是一种从个人至上出发，以个人为中心来看待人与人、人与社会之间的关系。“为我”反映出杨朱的自私自利、自我保存的狭隘思想，是一种“自我主义”（费孝通语），但“无君”之说含有民主的倾向，具有一定的理论价值。

荀子对人类合群的必要性作了比较详细的论述，作出了积极、合理的探索，提出了“明分使群”的观点，用以解决个人与“群”（社会）的关系。他说：“人有气有生有知，亦且有义，故最为天下贵也。力不若牛，走不若马，而牛马为用，何也？曰人能群，彼不能群也。人何以能群？曰分。分何以能行，曰义”。张岱年先生指出，“群”，还不能完全等同于我们现在所说的“社会”概念，但已经蕴涵着荀子对人的社会性的正确思路。因为人“制天命而用之”的主动性，使“牛马为用”的能力，都来自于人能结成“群”的统一体，无疑具有社会性的意义。在此基础上，荀子着重探讨人组织“群”的必需条件——“分”。“分”具有等级与分工的意思。人组成的社会不可能是人人平等的，也不是人人无差别承担相同职责的，因而客观上要求“分”。故荀子说：“人何以能群？曰：分”。并且说：“人生不能无群，群而无分则争。争则乱，乱则离，离则弱，弱则不能胜物。”（《荀子·王制》）所以，“分”是“群”的保证，“群”是“分”的前提，“群”与“分”构成了矛盾的统一体。而“分”则是依靠“礼仪”来进行和保证的。荀子说：“人生而有欲，欲而不得，则不能无求，求而无度量分界，则不能不争。争则乱，乱则穷。先王恶其乱也，故制礼仪以分之，以养人之欲，给人之求。”（《荀子·礼论》）“制礼仪以分之”，其目的在于克服人性恶所带来的“欲”，从而起到良好的调节作用。总之，荀子提出了“明分使群”的思想，其“实质是建立等级制度，通过群体和等级划分的统一，建立起理想的和谐社会结构。”①

马克思主义认为，人是社会的人，人的本质在于人的社会性，绝对孤立于社会的人是不存在的。“脱离了‘个人’并且与个人对立的‘人类’”，“人类于是变成形而上学的臆想。”② 同时，马克思又强调：“首先应当避免重新把社会作为抽象的东西同个人对立起来。”③ 可见，人与社会是双向互动的辩

① 李中天主编：《中国人学思想史》，北京：北京出版社 2005 年版，第 83 页。
② 《马克思恩格斯选集》（第 1 卷），北京：人民出版社 1972 年版，第 100 页。
③ 《马克思恩格斯全集》（第 42 卷），北京：人民出版社 1982 年版，第 122 页。

证关系。古希腊哲学家亚里士多德说："能够不在社会生存的人，不是禽兽就是神明。"先秦儒家关于人与社会关系的探讨，具有一定的合理性。孔子强调了人对社会的责任。孟子反对杨朱的"为我"思想，折射出孟子注重群体价值倾向。荀子对人与社会关系的探讨，是深刻的且富有哲理性。但是，由于他们受历史条件的制约，脱离具体的生产实践和生活实践来揭示人与社会的关系，因而是抽象的、不科学的。

（五）人格与精神境界

人格是近代的名词，在中国古代谓之"人品"。"圣人""贤人""君子""醇儒""大丈夫"等是儒家的理想人格称谓。西方理论家提出了"人格类型"理论。就人格类型而言，张岱年先生指出，在中国古代有比较接近人格类型观念的思想，如孔子提出的人格可分为三种即"狂""狷""中行"。狂者进取，有较高的理想和抱负，自信，但不一定能言行一致；狷者有所不为，谦虚谨慎，但没有很高的理想。最理想的人格是"中行"，兼有"狂""狷"之优点而无其缺点。与西方人格的外向型、内向型比较，狂者接近外向型人格，狷者接近内向型人格，而中行则是内外结合，但一般人很难达到。儒家的最高理想人格是圣人。孔子说："圣人吾不得而见之矣，得见君子者，斯可矣。"（《论语·微子》）"圣人"比"君子"高一个层次的。"不得而见"的"圣人"，是指尧、舜、禹、文王、周公等古代帝王。张岱年先生指出："'聖'字从耳。商朝时把能听见上帝声音的人称为'圣人'。……孔子对'圣'字又有新的解释：圣是最高的人格，是为人民解决问题的人，所谓'博施于民而济众'。"① 孔子的学生之所以认为孔子是圣人，是因为孔子能够做到两点，即"学而不厌，诲人不倦"。其中，"学而不厌"就是智；"诲人不倦"就是仁，既仁且智，就是圣人。孟子提出"人人皆可以为尧舜"。张岱年先生据此分析，尧舜是最高的人格，是圣人，但每个人都有做尧舜的可能性，如果把做尧舜的可能性变成现实性，人就成为圣人。如何才能做圣人？张岱年先生进一步指出，只有做到"尽心、知性、践形"，才能成为圣人。所谓尽心，就是了解自己心中到底有什么内容；所谓知性，就是了解自己的本性、自己的道德要求，即"善端"；所谓践行，就是实现身体里面的可能性，使之表现为现实的存在。张岱年先生还指出，"孟子认为自己就能尽心、知性、践行，养成'浩然之气'。我把自己的内在的'气'发挥出来，就充满了天地

---

① 《张岱年全集》（第6卷），石家庄：河北人民出版社1996年版，第494页。

之间，我就与天地万物为一体，这样，一方面我超越了有限的小我，另一方面‘万物皆备于我’，形成了与宇宙合为一体的大我。这既是自我实现又是自我超越，就是做人的最高境界。”① 人与万物为一体，达到自我实现与自我超越的统一，就是圣人的最高境界。

先秦儒家认同的高尚的人格必然具有高尚的精神生活，达到高尚的精神境界。“孔子认为，人生最重要的事情是培养精神生活，提高精神境界，在日常生活中实行‘仁’德，使自己的生活行为符合于‘仁’的准则。”② 一个人在日常生活中实现“仁”德，就有最高的道德境界。因为“在孔子看来，‘仁’作为个体人格的最高理想境界，不仅包括了克己复礼、爱人、孝悌、忠恕等内容，而且又是敬、智、勇、恭、宽、信、敏、惠等众多德目的总和。如蔡元培所言，孔子所说的仁乃是‘统摄诸德完成人格之名’。”③ 孔子又说：“其为人也，发愤忘食，乐以忘忧，不知老至将至云尔。”（《论语·述而》）“发愤忘食，乐以忘忧”，体现了孔子积极进取的乐观精神，正是孔子的崇高精神生活的写照。孔子还说：“饭疏食饮水，曲肱而枕之，乐亦在其中矣。”（《论语·述而》）物质生活可以简单化，在精神生活上自得其乐。“一箪食，一瓢饮，人不堪其忧，回也不改其乐”（《论语·雍也》），宋明理学家称之为“孔颜乐处”。所谓“孔颜乐处”，就是提倡一种安贫乐道的精神境界。孟子所谓“大丈夫”人格，也有崇高的精神境界。孟子论“为士之道”曾说：“士穷不失义，达不离道。穷不失义，故士得已焉；达不离道，故民不失望。”（《孟子·尽心上》）所谓“得已”，即保持自己的独立人格。无论穷达，都坚持自己的原则；个人的精神境界也不以穷达而改变。同时，张岱年先生还指出，孟子提出的“大丈夫”人格，遵守一定准则，不屈服于外在的压力，与《周易大传》提出的“天行健，君子以自强不息”的刚健思想有一致之处。

先秦儒家提出的理想人格是不健全的，因为一个健全的人格，必须是“德”“智”“力”三者的有机统一。道德境界高、智慧高、有充实的生命力，此三方面结合起来，平衡发展，就构成健全的人格。但先秦儒家设计的理想人格，只讲“仁”，极力张扬道德的至上性，而比较忽视“智”“力”。因此，先秦儒家提出的理想人格是不健全的。但尽管如此，在先秦各家的理想人格中，儒家的理想人格所具有的崇高的精神境界，在中国历史上造就了很多不顾个人安危维护民族大义的志士仁人，同时也哺育了中华民族精神的内涵，

① 《张岱年全集》（第6卷），石家庄：河北人民出版社1996年版，第493页。
② 《张岱年全集》（第5卷），石家庄：河北人民出版社1996年版，第396页。
③ 朱义禄著：《儒家理想人格与中国文化》，上海：复旦大学出版社2006年版，第19页。

如有的学者指出："儒家的理想人格在很大意义上代表了中华民族人格所能达到的最高境界，成了中国人精神的最核心组成部分之一。"①

（六）结论

先秦儒家人学思想既有合理性的因素，也有显著的历史局限性。一般而言，和谐社会就是人与人、人与社会、人与自然之和谐统一与协调发展的社会，就是生产力与生产关系、经济基础与上层建筑之间和谐统一与协调发展的社会。以人为本是社会主义和谐社会的基本价值取向。批判继承先秦儒家的人学思想，可以为构建社会主义和谐社会提供根源性或母体性的文化资源。

［原题目为《张岱年论先秦儒家的人学思想》，刊登于《贵州大学学报》（社会科学版）2008 年第 3 期，收入本书时略加修改或补充］

二、张岱年对孔子人的价值思想的研究

人的价值问题是价值论中的一个重要问题。张岱年认为，人的价值思想主要包括个人的自我价值、个人的社会价值及人类的价值。个人的自我价值即人具有独立的意志与人格，坚持自己的尊严；个人的社会价值即人生价值在于对社会的贡献；人类的价值即人类具有其他物类所没有的特异性质和能力。孔子人的价值思想的历史意义，不仅铸造了中国古代知识分子的优秀品质，而且促进中华民族精神的发展，还影响中国古代文化的发展路向。批判继承孔子人的价值思想，可以为构建社会主义和谐社会提供可资利用的思想资源。

（一）人的价值概念诠释

价值哲学，中国自古有之。有学者指出："中国哲学本质上是价值哲学，是对宇宙价值、人生价值、人类价值与社会价值深沉的肯定与体验。"② 张岱年认为，与文化发展关系最密切的是关于价值的思想学说。所谓价值，就是

① 王国兴：《中国古代人格观念初探》，《云南社会科学》1996 年第 3 期。

② 李翔海著：《知识与价值——成中英新儒学论著辑要》，北京：中国广播电视出版社 1996 年版，第 12 页。

客体属性对主体需要的满足、作用与意义。中国古代虽然没有“价值观”的名词，却有关于价值的学说。价值是现代的名词，中国古代称之为“贵”。张岱年指出，中国古代哲学典籍中的“贵”，就是中国古代哲学家的价值观念，“贵本来指掌握特权的社会等级。在哲学上，‘贵’具有另一意义，指高尚可以尊重的品质或事项。例如，孔子子弟有子说：‘和为贵’（《论语·学而》），孔子又一子弟曾子说：‘君子所贵乎道者三’（《论语·泰伯》），这所谓贵都是指有价值。称某事为贵，即肯定某事的价值。”[①] 人的价值问题是价值论中的一个重要问题。“人的价值”概念在形式逻辑的意义上，是“价值”的下位概念。一般而言，所谓人的价值，就是作为客体的人对作为主体的人的需要的满足、作用与意义。人的价值与物的价值是有显著区别的。物的价值在一定的意义上，不是它自身具有价值，而是对于人具有价值，通常称之为“工具价值”；人的价值，不是对于其他的什么有价值，而是人本身具有价值，通常称之为“内在价值”。物的价值是单向的，人的价值是多维的。马克思说：“人是最名副其实的政治动物，不仅是一种合群的动物，而且是只有在社会中才能独立的动物。”[②] 因此，每个人的存在具有双重性，即既是作为个体而存在，又是作为社会成员而存在；既是作为主体而存在，又是作为客体而存在。正因为人既是个体的人，又是社会的人，既是主体，价值的创造者，又是客体，满足社会、他人需要的客体，所以，人的价值包括个人的社会价值和个人的自我价值。

在20世纪90年代，国内学者李德顺教授指出，关于人的价值，学术界主要有“属性说”和“关系说”两种方式。“属性说”认为，价值归根到底是有价值自身的存在和属性；“关系说”认为，价值是任何客体的存在、属性、作用等对于主体（人类或具体的人）的意义（有时被简单地表述为客体满足主体需要）。[③] 对于“属性说”和“关系说”，张岱年认为二者应该是辩证统一的。“首先，应该肯定个人的价值，但是人的存在只仅仅在于满足自己的需要，那还有什么意义？人之所以为人是因为他具有其他动物所没有的特异品质。自我需要本身并不能完全实现自我价值。在此基础上，作为主体的人能满足作为客体的人的需要，自我价值的实现就是自我与他人、自我与社

① 《张岱年全集》（第6卷）石家庄：河北人民出版社1996年版，第467页。
② 《马克思恩格斯选集》（第2卷），北京：人民出版社1995年版，第2页。
③ 李德顺：《关于价值和“人的价值”》，《中国社会科学》1994年第5期。

会、自我与人类的关系而言的，这是一种辩证统一的价值观。”① 对人的价值概念的界定，张岱年有独特的视角，所谓人的价值，就是人作为客体，满足主体人的需要之间的关系，是客观的社会关系的特有属性。具体而言，所谓人的价值，并不是意谓人能满足如何的需要，而是在于人具有优异的特性，个人对社会的贡献，以及具有独立的人格。张岱年还指出，人的价值则包括个人的价值和人类的价值。其中，个人的价值有两层含义：“一是‘个人的社会价值’，在于一个人对于社会做出一定的贡献（即能在一定方面满足社会的需要）；二是‘个人的自我价值’，即具有独立的人格。一个人的自我价值不在于自己满足自己的需要，而在于具有独立的意志与崇高的道德实践。”② 人类的价值，是人类与其他物类的比较而言的，“是从肯定人类有优异的品质来讲的，即认为人类具有其他物类所没有的特异性质和能力，所以是最有价值的。”③ 可见，一个人的价值是自我价值与社会价值的有机统一。张岱年对人的价值概念做出了深刻而全面的解读。

（二）孔子人的价值思想的主要内容

孔子人的价值思想主要表现为：个人的自我价值、个人的社会价值及人类的价值三个方面。

第一，个人的自我价值——个人具有独立的意志与人格。人格是近代的名词，在中国古代谓之人品。人格，其基本含义是指做人的资格。“人格价值是指人作为人类的一员所特有的、不可剥夺和丧失的权利、地位和尊严。”④张岱年认为，一个人的自我价值不在于满足自己的需要，而在于具有独立的人格意志与崇高的道德实践。孔子认为，每个人都具有独立的意志，应保持自己的独立人格尊严。尊严是人格价值的重要内容。马克思说：“尊严就是最能使人高尚起来、使他的活动和他的一切努力具有崇高品质的东西，就是使他无可非议、受到众人钦佩并高出于众人之上的东西。”⑤ 人具有的独立意志、独立的人格尊严，就是人的独立的价值。《周易·蛊卦》曰：“上九，不事王侯，高尚其事。象曰：不事王侯，志可则也。”这是赞美不事王侯的人具有崇高的人格。孔子肯定每一个人都有独立的意志。孔子说：“三军可夺帅也，匹

① 刘军平著：《传统的守望者——张岱年哲学思想研究》，北京：人民出版社2007年版，第276-277页。

② 《张岱年全集》（第7卷），石家庄：河北人民出版社1996年版，第33页。

③ 《张岱年全集》（第7卷），石家庄：河北人民出版社1996年版，第30页。

④ 陈尚志著：《人学原理》，北京：北京出版社2005年版，第422页。

⑤ 《马克思恩格斯全集》（第40卷），北京：人民出版社1982年版，第6页。

夫不可夺志也。”（《论语·子罕》）孔子承认普通百姓也有独立的意志与人格。孔子还赞扬伯夷、叔齐“不降其志，不辱其身”（《论语·微子》），即伯夷、叔齐坚持自己独立的意志人格。孔子又说：“贤者辟世，其次辟地，其次辟色，其次辟言。”（《论语·宪问》）其所以“辟世”“辟地”“辟色”“辟言”，都是为了坚持自己的独立人格，不屈从权势，不随俗俯仰，充分表现了做人的尊严。中国古代有很多隐士不事帝王，不与当局者合作，不听命于君主，特立独行，体现了天地间一个独立的人格和“不合作原则”。从孟子的“大丈夫”人格，到朱熹的“格君心”，再到明末清初的黄宗羲都强调独立意志。“中国传统的‘士’看重的是士为知己者死以及以天下为己任，来发挥自己的人格主体性，反对奴颜婢膝，苟合取容的人格。”[①] 张岱年认为，承认人人都有独立的意志，一方面坚持自己的独立意志，另一方面要尊重别人的独立意志。孔子说：“夫仁者，己欲立而立人，己欲达而达人。”（《论语·雍也》）“坚持自己的独立意志，这就是‘立己’；尊重别人的独立意志，这就是‘立人’。立己而又立人，这就是孔子所谓‘仁’的主要含义。”[②] 孔子“仁”的学说，是以肯定人的价值为前提。“己立”“己达”，肯定了自己的主体性；“立人”“达人”，承认别人的主体性。可见，孔子的“仁”的观念，是一种崇高的道德意识和道德原则，体现了古代人道主义精神。人之所以为人，不仅在于具有旺盛的生命力，更在于有明确的道德意识。一个人，如果有明确的道德意识，就必有坚定的独立意志，必有崇高的道德理想，必努力实践自己的道德原则。此人就具有独立人格。具有独立人格的人，充分体现“人之所以为人者”，就是一个有价值的人。然而，张岱年先生认为，一个健全的人格，必须是“德”“智”“力”三者的有机统一。道德境界高、智慧高、有充实的生命力，此三方面结合起来，平衡发展，就构成健全的人格。但孔子设计的理想人格，只讲“仁”，极力张扬道德的至上性，而比较忽视“智”“力”。因此，孔子倡导的独立人格是不健全的。

孔子不仅承认人要保持独立人格，同时还强调人伦，即保持人格独立与重视人伦在理论上是统一的。一个人生活在世必须恰当地处理好君臣、父子、夫妇、兄弟、朋友等人伦关系，如“君君臣臣，父父子子”等。孟子继承孔子思想，进一步提出“父子有亲，君臣有义，夫妇有别，长幼有序，朋友有信”（《孟子·滕文公上》）；《礼记·礼运》又提出“十义”，即

---

① 刘军平著：《传统的守望者——张岱年哲学思想研究》，北京：人民出版社2007年版，第299页。

② 《张岱年全集》（第6卷），石家庄：河北人民出版社1996年版，第297页。

"父慈子孝，兄良弟悌，夫义妇听，长惠幼顺，君仁臣忠。"其中，对于五伦的每一方都有严格的要求。孔子讲人伦，同时也强调人格的尊严。孔子说："事父母几谏。"（《论语·里仁》）即是说，子对于父母，可以保留不同的意见。孔子又说："以道事君，不可则止。"（《论语·先进》）"子路问事君，子曰：勿欺也，而犯之。"（《论语·宪问》）即是说，臣对君可以坚持自己的不同意见。孔子承认子对父、臣对君，是具有相对的独立人格的。所谓"父慈子孝""君仁臣忠"，表明父与子、君与臣之间都是相对的关系。可见，孔子在宣扬人伦的同时又肯定人的独立意志与人格。子游引用孔子的话说："君子学道则爱人，小人学道则易使也。"（《论语·阳货》）君子学道是为了爱民，小人学道是为服务统治阶级的。由此可知，为统治阶级服务是小人的本分，孔子是维护等级制度的，是在维护等级制度的前提下肯定人具有一定的价值。张岱年认为，"在中国历史上，'人伦'观念有一个演变的过程。在先秦时代，君臣关系还是相对性的。秦汉以后，君臣关系逐渐变为绝对服从的关系，于是一般人的独立人格受到压抑了。"①真如马克思所说："君主政体的原则总的说来就是轻视人、蔑视人，使人不成其人。"② 君主专制时代的中国传统文化就是使人不成其人，丧失了独立的人格。但孔子肯定人具有独立人格的思想是应该加以承认的。宋代哲学家陆九渊说："人生天地间，为人自当尽人道。学者所以为学，学为人而已。非有为也。"又说："若某则不识一个字，亦须还我堂堂正正地做个人。"（《陆九渊集》卷三十五）可见，孔子及其代表的儒家虽然维护君权，但还是提倡"使人成为其人"的，即保持独立的人格。

第二，个人的社会价值——人生价值在于对社会的贡献。人不仅有自己的人格和尊严，而且还有一种有价值、有意义的社会存在。人的价值和意义不是与生俱来的，而是人有目的的创造性活动。个人价值的表现形态就是人生价值。马克思主义认为，人生价值是自我价值与社会价值、物质价值与精神价值、创造价值与享受价值的统一。在衡量一个人的价值，不仅要注重一个人工作、事业的成就，而且还要注重一个人的精神力量和道德人格对他人与社会的影响。关于人的价值问题，春秋时代，鲁国贵族叔孙豹提出的"三不朽说"，可谓是中国传统人生价值观最经典的表达。"太上有立德，其次有立功，其次有立言，岁久不废，此之谓不朽。"（《左传·襄公二十四年》）其

① 《张岱年全集》（第7卷），石家庄：河北人民出版社1996年版，第20页。
② 《马克思恩格斯全集》（第1卷），北京：人民出版社1972年版，第411页。

中，“立”即有所创造，亦即对社会有积极贡献；“不朽”即有永恒的价值。故“立德”“立功”“立言”，都是对社会做出的积极贡献。“三不朽说”的主要意义是肯定人生价值在于对社会有积极的贡献。儒家经典《大学》篇提出的“三纲八目”，其中，“八目”——“格物”“致知”“诚意”“正心”“修身”“齐家”“治国”“平天下”，即“内圣外王”，则揭示了实现人生价值的现实路径。张岱年以“三不朽说”为基点，论证孔子关于人的社会价值的思想。孔子认为，个人的社会价值，表现为个人对社会的贡献。孔子说：“君子疾没世而名不称焉”（《论语·卫灵公》），即君子最怕死后默默无闻，与草木同朽。从孔子对伯夷、叔齐、管仲、齐景公的评价中，可以看出孔子对个人的社会价值的态度。孔子说：“管仲相桓公，霸诸侯，一匡天下，民到于今受其赐。微管仲，吾其被发左衽焉。”（《论语·宪问》）又说：“齐景公有马千驷，死之日，民无德而称焉。伯夷、叔齐饿于首阳之下，民到于今称之。其斯之谓与！”（《论语·季氏》）按照孔子的评价，管仲建功立业，有功于民，可谓“立功之人”；伯夷、叔齐可谓“立德之人”；齐景公既无功又无德，就不值得称赞了。在孔子心目中，立德又立功的最高典范是尧舜，但又认为尧舜也没有达到最高的理想境界。故能做到“博施于民而能济众”，就是具有最高价值的人，即对社会有贡献的人。子贡曰：“‘如有博施于民而能济众，何如？可谓仁乎？’子曰：‘何事于仁，必也圣乎！尧舜其犹病诸！’”（《论语·雍也》）能够“博施济众”者，就是“圣人”，即最具有价值的人。张岱年进一步指出，在孔子心目中，一个人具有高尚的道德品质或道德境界，是一个人的社会价值的突出表现。孔子在区别力与德时曾说：“冀，不称其力，称其德也”（《论语·宪问》），表现出重德轻力的价值取向。孔子又说：“桓公九合诸侯，不以兵车，管仲之力也。如其仁，如其仁。”（《论语·宪问》）虽然肯定了力的作用，但总的倾向是强调人的道德价值至上性。张岱年认为，力与德的关系问题是关于人生价值的一个重要问题。“立德”是评价人生价值的最根本标准。孔子不甚重视立言，但也认为立言也有一定的价值。孔子说：“有德者必有言，有言者不必有德。”（《论语·宪问》）又说：“君子不以言举人，不以人废言。”（《论语·卫灵公》）有德者之言是最值得重视的，非有德者之言也可能有一定价值。古代所谓的“德”“功”“言”，具有显著的历史局限性和阶级性，但是也有一定的合理性。

第三，人类的价值——人类具有其他物类所没有的特异性质和能力。张岱年认为，人类的价值，是人类与其他物类相比较而言的，是指人类具有其他物类所没有的特异性质和能力。德国哲学家康德说：“人自身实在有个使他与万物有别，并且与他受外物影响那方面的自我有别的能力；这个能力就是理性。”① 人类优越于其他万物在于理性。在中国传统文化中，人是具有强烈道德理性的人，而非纯生物意义上的人。《易传》云：“立天之道，曰阴与阳，立地之道，曰柔与刚，立人之道，曰仁与义。兼三才而两之，故《易》六画而成卦。”这充分肯定了人在天地间的重要位置及其独特价值。《孝经》记述孔子的话说：“天地之性人为贵”。“性”同“生”，意谓天地之间的生物中人是最宝贵的，即肯定人在天地之间是最有价值的。宋代周敦颐说：“二气交感，化生万物，万物生生而变化无穷焉。唯人也得其秀而最灵。”（《太极图说》）人为万物之灵，已成为中国传统思想的共识。孔子肯定人类的价值，曾明确地将人与鸟兽区别开来。孔子说：“鸟兽不可与同群，吾非斯人之徒与而谁与?”（《论语·微子》）张岱年分析认为，“斯人”与鸟兽是不同的，人与人是同类，具有社会性，个人对社会是负有一定的责任的。孔子对鸟兽与“斯人之徒”的区分，已经包含对人文价值的肯定。孔子在推行孝道时说：“今之孝者是谓能养，至于犬马，皆能有养；不敬，何以别乎?”（《论语·为政》）孔子将是否做到“养”与“敬”视为动物与人对待父母的区别，从而在“贵人”的同时，对人提出了更高的要求。人类的优越之处就在于有道德，人之所以贵于禽兽就在于道德。荀子说：“水火有气而无生，草木有生而无知，禽兽有知而无义。人有气有生有知，亦且有义，故最为天下贵。”（《荀子·王制》）其中的“义”，是指道德原则或道德行为。人类具有其他物类所没有的道德原则或道德行为，所以人类是万物中最有价值的。

张岱年还将道德价值与生命价值、物质生活价值进行比较，凸现了孔子关于道德价值至上性的观点，以此论证人类优越于其他物类在于道德。孔子提出的“仁德”具有最高价值的属性。《吕氏春秋》说：“孔子贵仁”。孔子“贵仁”，包含对于人的重视，即人具有“仁”的道德原则，所以人具有最高价值。“在孔子的仁学思想中，突出之点在于强调人与动物的区别，充分肯定人的价值。”② “仁德”是至高无上的，人们为了实现“仁德”可以牺牲自己的生命，即“志士仁人，无求生以害仁，有杀身以成仁。”（《论语·卫灵公》）可见，孔子视道德价值高于生命价值。在物质生活价值与精神生活价值比较中，孔子说：“士志于道，而耻恶衣恶食者，未足与议也。”（《论语·里仁》）人的道德具有至高无上的价值，道德价值高于一般人所追求的物质生活

① ［德］康德著：《道德形而上学探本》，北京：商务印书馆1959年版，第65页。
② 李中华著：《中国人学思想史》，北京：北京出版社2005年版，第12页。

价值之上。张岱年认为，“精神生活基于物质生活，而高于物质生活。物质生活是基础，精神生活是人类优越于其他动物的特点，表现出人类的优越性。”①故人类的优越之处就在于有道德，人之所以贵于禽兽就在于道德。道德是人具有的内在价值，孟子称之为“天爵”“良贵”。“有天爵者，有人爵者，仁义忠信，乐善不倦，此天爵也。”“人人有贵于己者，弗思耳。人之所贵者，非良贵也。人之所贵者非良贵也。赵孟之所贵，赵孟能贱之。”（《孟子·告子上》）所谓“良贵”即是人人所具有的内在价值，与“人之所贵”不同。“人之所贵”即是被授予的爵位，是可以剥夺的；而“良贵”则是人所固有的，是不能被剥夺的。孟子认为，人的良贵即在于人所固有的“仁义忠信”的道德意识，因而人具有内在的价值。孔孟肯定人具有内在价值，是天赋的，是不以人的社会地位转移而转移。总之，人作为类存在物，具有动物所没有的道德属性，因而，体现了人类所特有的价值。

（三）孔子人的价值思想的历史意义

张岱年不仅着力探讨孔子人的价值思想的主要内容，而且还深刻揭示其重要的历史意义。孔子人的价值思想，被后来的儒学家们所继承发扬光大，具有重要的历史意义。

第一，铸造了中国古代知识分子的优良品质。孔子人的价值思想是中国优秀传统文化的核心内容。自孔子以后，孟荀及后来的儒家都强调“人之所以为人者”，强调“做人”。南宋哲学家陆九渊说：“人生天地间，为人自当尽人道。”“不识一个字，亦须还我堂堂正正做一个人。”（《陆九渊集》卷三十五）由于肯定人的价值，强调人的独立意志，对于铸造中国古代知识分子的优秀品质具有重要意义。“应该承认，人格独立的观点、应为崇高理想而献身的思想，正是反压迫反侵略斗争的思想基础。《周易大传》颂扬‘刚健’的品德，提出‘天行健，君子以自强不息’的光辉命题，在中国历史上，更是起了激励人心的巨大作用。”② 中国古代正直的知识分子尽管身受封建专制的压迫，但他们不畏强暴，不畏权势，不肯趋炎附势，不肯同流合污，而敢于坚持正义，敢于弹劾权奸，孜孜不倦地追求真理，敢于为真理和正义而奋斗，甚至能够做到“杀身成仁”，保持自己独立的人格尊严。历史证明，在刚健、自强不息的思想熏陶影响下，“中国历代优秀的知识分子表现了三个方面

---

① 《张岱年全集》（第 5 卷），石家庄：河北人民出版社 1996 年版，第 357-358 页。

② 《张岱年全集》（第 6 卷），石家庄：河北人民出版社 1996 年版，第 258 页。

的优良品格和作风：其一，诚挚热烈的爱国主义精神；其二，坚持不懈追求真理的精神；其三，刚强不屈与不良势力进行斗争的精神。”① 如汉代的“党锢之祸”、明代的东林党人反对当权派，以及明末清初的黄宗羲、顾炎武、王夫之等都不肯屈服于当权派而保持独立的人格尊严。高扬人格尊严是中国古代知识分子的优良传统之一。为了保持自己的人格尊严，可以牺牲生命，宁死不屈；“以天下为己任”“士可杀不可辱”成为中国古代知识分子优良而坚定品质。

第二，促进了中华民族精神的发展。孔子的人格观，是自然经济、专制条件下的人格观，缺乏西方近代的人权内涵，固然有其缺陷，但人格价值观念所体现的精神境界具有显著的积极意义。先秦儒家认同的高尚的理想人格必然具有高尚的精神生活，达到高尚的精神境界。“孔子认为，人生最重要的事情是培养精神生活，提高精神境界，在日常生活中实行‘仁’德，使自己的生活行为符合于‘仁’的准则。”② 孔子强调人的道德价值的至上性和人格的独立，对于中华民族精神的培育与发展具有重要意义。孔子所说的道德，“只能是封建时代知识分子的高尚品德，决不是革命家的革命道德。虽然如此，儒家能够摆脱封建时代追求富贵的世俗偏见，肯定人人都有可能提高自己的道德觉悟，肯定这种道德觉悟才是每个人的价值所在，这一点对于民族的精神发展还是具有重要的积极意义的。”③ 孔子强调的道德价值至上性被后儒所继承发扬光大，成为中华民族精神的主干。“威武不屈”的人格独立精神，“正道直行”“崇德尚义”的重德精神，“杀身成仁”“舍生取义”的英勇献身精神，“自强不息”的奋斗拼搏精神，“厚德载物”的兼容并包精神等等，都是中华民族的高尚品格的结晶，在传承中哺育着民族的性格，塑造着民族的形象，成为中华民族精神中有代表性的一个重要方面。孔子推崇人格价值，“对于抑制世俗价值观的泛滥，对于铸造‘杀身成仁’、‘舍生取义’、重视气节操守的民族性格和爱国主义精神起了重要作用。”④ 坚持自己的人格尊严，是自强不息民族精神的基本要求。强调独立人格是我们民族文化的优良传统，培育了强烈的民族自尊心和刚正不阿的浩然之气，是中华民族精神延续发展的重要因素之一。坚持独立人格和气节，追求高尚的道德情操和精神境界，不为物质利益或暴力所诱惑、所屈服的顶天立地的精神，成为中华

① 《张岱年全集》（第5卷），石家庄：河北人民出版社1996年版，第668页。
② 《张岱年全集》（第5卷），石家庄：河北人民出版社1996年版，第396页。
③ 《张岱年全集》（第6卷），石家庄：河北人民出版社1996年版，第235页。
④ 张岱年、程宜山著：《中国文化论争》，北京：中国人民大学出版社2006版，第179页。

民族不断进取的精神力量。简言之，强调人格独立的优秀传统，“正是中华民族精神延续发展的精神支柱，也是我们继续前进的思想基础。”①

第三，影响了中国古代文化的发展路向。孔子认为，人的道德价值高于物质利益，其实际意义是认为人的精神需要比物质需要更为重要。孔子肯定人的价值，强调道德的至上性，这对于中国古代文化的形成和发展也有着深远的影响：“第一，中国文化中存在着一个以道德教育代替宗教的传统；第二，在历代知识分子和劳动人民中存在着一个重视气节、刚正不屈的传统。”②孔子说：“务民之义，敬鬼神而远之，可谓知矣。”（《论语·雍也)》以道德代替宗教的传统，其结果形成独具特色的伦理政治型文化，由此培育了比较发达、比较系统、比较完善的伦理学说和政治学说，中国文化比较注重人的道德修养和道德人格的完善。诚如钱穆先生所说中国文化，“是政治化了宗教，伦理化了政治，则又说它艺术化或文学化了伦理，又是人生化了艺术或文学。”③ 也就是说，孔子强调人的价值的思想，导致中国古代人文文化和人生哲学学说的发达。

孔子强调道德价值至上性，导致人的思维重心在于追求德性的完美，固然有利于提高人的道德境界，彰显出人文主义的终极关怀，但却导致两个方面的消极影响：一方面在强大的社会舆论压力下，很多人并没有培养起与圣人、贤人或君子相匹配的道德境界，而又必须成为圣人、贤人或君子充当道德楷模，从而必然衍生出道貌岸然的伪君子；另一方面由于忽视了对物质财富的追求，从而阻碍物质文明的发展。由于片面重视人的价值而忽视物的价值，将注意力集中于人的研究，从而对“物”的研究有所忽视。真如孔子的子弟子夏说：“虽小道，必有可观者焉，致远恐泥，是以君子不为也。”（《论语·子张》）这种忽视“物”的价值的研究，在长期的历史过程中，发生了严重的消极影响——对于自然科学的发展没能提供精神动力，也未能提供理论基础，从而导致中国古代没有产生自己的哥白尼和伽利略，也没有产生自己的培根和笛卡儿。张岱年明确指出，中国古代文化以“人”为核心，表现在哲学、史学、教育、文学、科学、艺术等各个领域，乐以成德，文以载道，追求人的完美，追求人的理想，追求人与自然的和谐，表现了鲜明的重人文、重人伦的特色。但是，在对于自然界本身的认识和改造方面却受到忽视。

孔子人的价值思想既有合理性的因素，也有显著的历史局限性。其合理

① 《张岱年全集》（第6卷），石家庄：河北人民出版社1996年版，第227页。

② 《张岱年全集》（第6卷），石家庄：河北人民出版社1996年版，第120页。

③ 赵吉惠著：《中国传统文化导论》，南京：江苏教育出版社2007年版，第45页。

性的因素，对于构建社会主义和谐社会具有重要的意义。社会主义和谐社会是民主法治、公平正义、诚信友爱、充满活力、安定有序、人与自然和谐相处的社会。以人为本是社会主义和谐社会的基本价值取向。张岱年认为，以人为本就是强调人的价值。孔子人的价值思想是在“天人合一”即人与自然和谐相处的基础上彰显人的价值与尊严、凸现人的优越性。因此，孔子人的价值思想不等同于人类中心主义。批判继承孔子的人的价值思想，可以为构建社会主义和谐社会提供可资利用的思想文化资源。

［原题目为《张岱年论孔子人的价值思想》，刊登于《南通大学学报》（社会科学版）2008 年第 4 期，收入本书时略加修改或补充］

三、张岱年对中国传统价值观的研究

张岱年认为，中国哲学中伦理思想与价值思想有着水乳交融的传统。价值学与伦理学的关系是一种相即相离的关系，在内容上有相互重叠之处，但是作为一门独立的学科，价值论首先必须从伦理道德学说中分离出去。在 20 世纪八九十年代，张岱年对中国传统价值观的研究做出了开创性和独特性的贡献，即在创造性解读价值概念的基础上，深刻阐释了中国传统价值观的类型与价值标准、中国传统价值观的基本问题与根本问题及中国传统人生价值问题等，揭示了中国传统价值观的理论旨趣和深奥意蕴。

（一）中国古代“贵”字的价值意蕴

价值的名称是近代才有的，价值之实却是古已有之。张岱年认为，关于价值的思想学说，则不论中国与西方，都是古已有之。早在 20 世纪四十年代，张岱年就对价值概念进行了诠释：“物之高卑，谓之品值，俗云价值。”“品值有三级：一究竟品值，二内在品值，三外在品值。究竟品值有三：曰实，曰生，曰知。内在品值有三：曰美，曰善，曰真。外在品值有一：曰用，亦曰利。”[①] 所谓究竟品值即什么叫价值，是指“实”“生”和“知”；所谓内在品值即内在价值，是指“真”“善”“美”；所谓外在品值即外在价值，是指“用”或“利”。张岱年立足中国古代哲学语境对“价值”概念作了独

① 《张岱年全集》（第 3 卷），石家庄：河北人民出版社 1996 年版，第 203-204 页。

特的且富有创造性的解读。中国古代文化中没有“价值”的词汇，但却有与价值概念意义相当的字或词汇。

在中国古代文化中，与价值意义相当的名词是“贵”。“贵，是中国古代哲学的一个重要范畴。中国古代典籍中所谓贵，有两个含义，一为社会等级之贵，亦即爵位、官职之贵；二为品德高尚之贵，亦即性德卓越之贵。古代所谓贵即是近代汉语中所谓价值。”① 所谓“等级之贵”或“爵位、官职之贵”，凸显了中国古代官本位的价值取向；所谓“品德高尚之贵”或“性德卓越之贵”，彰显了中国古代道德至上的价值诉求。《论语》中提出的“和为贵”，《老子》中提出的“道之尊，德之贵”，其中的“贵”即是有“价值”之意。《墨子·贵义》云：“万事莫贵于义”。其中的“贵”也是指最有价值的意思。另外，“贵”字还指价格高的货物。张岱年说：“在一般语言中，价格高的货物亦称为贵，如《史记》说：‘论其有余不足，则知贵贱。贵上极则反贱，贱下极则反贵。’（《史记·货殖列传》）这所谓贵贱指货物价格的高低而言。”② “贵”与表示价格的名词“贾”相通。中国古典文献中的“贵”，就是中国古代哲学家探讨的价值观念。

《现代汉语词典》对“贵”字进行多维的解读。具体而言，“贵”字具有多种含义：一是，“贵”与“贱”相对，有价值大的含义，如“春雨贵如油”；二是，“贵”有评价高、值得珍视的含义，如“宝贵”；三是，“贵”具有地位优越的含义，如“贵族”“贵夫人”；四是，“贵”有以某种情况为可贵的含义，如“人贵有自知之明”等。从古代文化视角看，儒家、道家及墨家所提出的“贵”，都内涵“价值”意蕴，或者说，中国古代“贵”字与近代意义的“价值”概念相当。“贵”字的价值意蕴，既包括内在价值即“品德高尚之贵”，也包括外在价值“等级之贵”和“价格高的货物”。从价值哲学视角看，相当于价值意义的“贵”字有其独特的内涵和外延，体现出鲜明的传统特色和深厚的文化底蕴。张岱年从中国古典文献中发掘出“贵”字所表征的价值意蕴，揭示出事物价值的本原意义和中国传统哲学中价值论的原始脉络。

（二）价值概念的创造性阐释

价值概念是价值哲学的逻辑起点和理论基石，要研究价值理论，首先要

---

① 《张岱年全集》（第4卷），石家庄：河北人民出版社1996年版，第665页。

② 《张岱年全集》（第6卷），石家庄：河北人民出版社1996年版，第467页。

界定价值的本质。对价值本质的界定，理论界有“实体说”“固有属性说”及“关系说”等。“实体说”认为，价值等同于客体或者说等同于人自身；“固有属性说”认为，价值归根到底是有价值事物自身的存在和属性；“关系说”认为，价值是任何客体的存在、属性和作用能够满足主体的需要。简而言之，价值的本质在于客体的属性与功能能够满足主体的需要。德国新康德主义弗莱堡学派价值哲学奠基人文德尔班说：“每种价值首先意味着满足某种需要或引起某种快感的东西。”① 即是说价值就是满足某种需要的东西。“满足需要论”在西方被公认为主观价值论。国内学者李德顺教授在价值本质的界定上也持“满足需要论”，即要“从对象（物）的存在和属性与主体（人）需要的关系中去理解‘价值’”；“能够按照主体的尺度满足主体需要，即为正价值，反之则是负价值。”② 王玉樑教授“在同意以满足主体需要界定价值的同时，提出价值是客体对主体的一种功效或效应，或者说是客体属性与功效能满足主体需要的效应，即主张用效应来界定价值。”③ “满足需要论”在中国价值哲学领域中居主导地位。实际上，把“客体满足主体的需要”界定为价值，实际上说的是一种经济哲学意义上的使用价值或功用价值，而不是从普遍意义上对价值概念进行的哲学概括。因此，所谓“价值”只能是一种经济哲学意义上的价值，而不是价值哲学意义上的价值。

对价值概念的修正或重新解读，是正确研究中国传统价值观的理论前提。“价值的概念起源于人的需要与满足需要的外物之间的关系，凡是能满足人们的需要之物即是有价值之物，价值表示人们的需要与外物的属性之间的一种关系。”④ 但张岱年认为，以满足需要来界定价值，还不能说明有关价值的一切问题；就人类而言，说人类的价值在于能满足人们的需要，恐怕就毫无意义了。因此，对于所谓的需要，也有一个评价问题，即价值不仅是“满足需要”的问题，而且包含“衡量需要”的问题。人们的需要有高级需要和低级需要之分。而低级趣味的需要是没有价值的。因此，关于需要的高低之分，就不能用满足需要来解释了。张岱年指出：“衡量需要的高下，只能从需要与需要之间的关系中寻找。有的需要能包容别的需要，有的需要为别的需要所包容。具有包容性的需要高于所包容的需要。因此，可以说整体需要高于个

① ［德］文德尔班：《哲学概论》，万俊人主编：《现代西方伦理学史》（下卷），北京：中国人民大学出版社 2011 年版，第 410 页。

② 李德顺著：《价值论》，北京：中国人民大学出版社 2007 年版，第 79 页。

③ 王玉樑著：《当代中国价值哲学》，北京：人民出版社 2004 年版，第 76 页。

④ 《张岱年全集》（第 7 卷），石家庄：河北人民出版社 1996 年版，第 255-256 页。

人的需要。有些需要是人与禽兽共有的，有些需要是人类所特有的。人所特有的需要可以说具有特异性。有些特异性的需要高于非特异性的需要。因此，可以说精神需要高于物质生活的需要。”① 中国古代哲学提出“天地之性人为贵”，近代以来也流传一句名言“在世界上人是最宝贵的”。此所谓“贵”，不是说人能满足什么需要，而是说人类具有其他物类所未有的性质与能力。因此，“价值的更深一层的含义，不在于满足人们如何如何的需要，而在于具有内在的优异特性。”“价值的基本含义是能满足一定的需要，这是功用价值；价值的更深一层的含义是其本身具有优异的特性，这是内在价值。”② 张岱年进一步指出：“价值的含义有三个层次：（一）是客体满足主体的需要，凡能满足主体的需要的，即有价值的。这是价值的第一层含义。（二）对于需要也要有一个评价的问题。有的需要有较高的价值，有的需要有较低的价值。对需要的评价，即确定需要的价值的高低。衡量需要的价值的高低，这是价值的第二层含义。（三）既然对于需要有评价问题，对于具体需要的主体，也可以进行评价。主体本身的价值，这是价值的第三层含义。”③ “客体满足主体的需要”“需要价值的高低”“主体本身的价值”，是价值的三层基本含义。张岱年对价值概念的重新解读，提升了人们对价值概念内涵的认识水平。

改革开放以来，学界对价值概念进行了广泛而深刻的探讨，但学者们基本上囿于“客体满足主体需要”的理论预设而未能获得实质性的研究进展。张岱年在肯定价值基本含义为“客体满足主体需要”的基础上，将“衡量需要的价值高低”“主体本身的价值”，界定为价值概念的内涵，拓宽了价值概念研究的视野，彰显出价值概念的哲学意蕴，使得“价值”概念真正地从经济哲学领域进入到价值哲学殿堂，表明了对价值概念的一种创造性解读。对价值概念的创造性解读，是张岱年对马克思主义价值哲学的独特贡献。

（三）中国传统价值观的理论建构

价值观是人们对价值的总的看法和根本观点。传统价值观是中国传统文化的核心和灵魂。20 世纪八九十年代，国内学者对中国传统价值观的研究有着不同的维度或侧重点。有的学者从物质价值、精神价值及人的价值的角度来研究中国传统价值观；有的学者从社会转型的视角来探索中国传统价值观的内涵及其现代转型；也有的学者从“价值原理”“学派取向”“范畴系列”

---

① 赵馥洁著：《中国传统哲学价值论》，北京：人民出版社 2008 年版，第 29 页。

② 《张岱年全集》（第 7 卷），石家庄：河北人民出版社 1996 年版，第 256-258 页。

③ 《张岱年全集》（第 7 卷），石家庄：河北人民出版社 1996 年版，第 31 页。

三个方面来研究中国传统价值观。[①] 相比较而言，张岱年独辟蹊径，立足“问题意识”，从价值观的主要类型与价值标准、价值观的基本问题与根本问题，以及人生价值问题等层面来展开对中国传统价值观的深度研究，揭示出中国传统价值观的理论旨趣和深奥意蕴。

第一，中国传统价值观的主要类型与价值标准。从价值观的一般理论角度看，张岱年认为，“古往今来的价值观有三类：一是宗教的价值观，二是哲学的价值观，三是庸俗的价值观。宗教的价值观信仰上帝，以上帝为价值的源泉；庸俗的价值观追求声色货利，崇拜金钱或权势；哲学的价值观，则摆脱了宗教的价值观，超越了庸俗的价值观，而展开了关于价值的理论思考。”[②] 就哲学的价值观而言，“中国哲学中表示价值的观念有‘善’‘美’‘诚’‘真’与‘利’。善是道德价值的名称。美是艺术价值的名称。认识的价值，儒家称之为‘诚’，道家称之为‘真’。后来‘真’字比较通用。‘利’表示功用价值。”[③] 张岱年受新实在论者摩尔的“内在价值”与“外在价值”的启发，认为大部分事物，对于人而言，具有功用价值。而人本身的生命价值，不但在一定条件下具有功用价值，而且具有内在价值。自古以来，有三项价值最受人们的重视，即真、善、美。真、善、美都包含对于一定需要的满足，而又不仅仅是对需要的满足。真、善、美三者可以称为最高价值。西方的一些思想家称“真、善、美”为“内在价值”或“终极价值”，即人类所追求的最高目标；物质需要的满足，则被称为“外在价值”或“工具价值”。张岱年认为，真、善、美，都既有功用价值，也有内在价值。张岱年说：“‘真的’的价值即是正确的认识的价值。‘真’的价值有两层含义：一是真知有益于解决生活中的实际问题，因而具有较高的价值。……二是也有一些真的知识，虽并无直接用处，与生产技术没有直接联系，但如其是客观实际的正确反映，也就有一定的内在价值。”“‘善’是道德的价值。道德也是既有功用价值，又有内在价值。一方面，道德是为了满足社会的需要而设立的。……另一方面，道德又是人区别于其他生灵的主要特征，人们实行道德，不是为了追求实际利益，而是为了保持人的尊严。”“‘美’是艺术的价值，而人类的艺术起源于对自然美的模仿。美亦既有功用价值，又有内在价值。美可以作为娱乐的手段，这是美的功用价值；美能陶冶人的性情，这是美的内在价

① 赵馥洁著：《中国传统哲学价值论》，北京：人民出版社 2008 年版，第 19 页。
② 《张岱年全集》（第 7 卷），石家庄：河北人民出版社 1996 年版，第 261 页。
③ 《张岱年全集》（第 6 卷），石家庄：河北人民出版社 1996 年版，第 477 页。

值。”[①] 真、善、美是人类在生活上所追求的最高目的，它们都既有功用价值也有内在价值。其中，真、善、美所蕴含的内在价值，不仅挺立起人类的主体性价值，而且建构起人类安身立命的精神家园。真、善、美的价值具有普适性，对丰富和提升人类精神生活具有永恒的意义。

张岱年在阐释价值观一般类型的基础上，进一步揭示中国传统价值观的类型和标准问题。中国古典哲学中的价值观主要讨论两方面的问题：一是价值类型和层次的问题，二是价值的基本标准的问题。关于价值的类型与层次，张岱年认为，在中国先秦时代的哲学中，儒家、墨家、道家、法家等各个学派，各自提出自己的价值观。儒家认为，道德是至高无上的，道德不是达到别的目的的手段。儒家的价值观可称为“内在价值论”。墨家的价值观认为道德的价值在于符合人民的利益，可称为“功用价值论”。道家认为儒墨所讲的道德都是相对的，并非真正的价值，只有绝对的“道”才是最高的价值，“道”是超越一切相对的事物的，道的价值可称为超越的价值，道家的价值论可称为“超越价值论”。法家认为儒家所讲的道德是无用而有害的，最有价值的是力，可称为“唯力价值论”。儒家与墨家之间展开了“义”与“利”的争论，儒家与法家之间展开了“德”与“力”的争论。后汉王充兼重“德”与“力”，提出“德力俱全”的价值观，但没有产生较大影响。在《中国古典哲学的价值观》中，张岱年对先秦时期到宋元明清时期的传统价值观作了梳理和分析，提出十一种类型的价值观，即春秋时代的“三不朽”说、孔子“义以为上”“仁者安人”的道德至上论；墨子崇尚公利的功用价值论；孟子宣扬“天爵”“良贵”的人生价值论；道家“物无贵贱”的相对价值论；《易传》与荀子关于价值标准的学说，即《易传》提出“富有日新”为最高价值标准，荀子提出“全尽”为最高的价值标准；法家的道德无用论；董仲舒“莫重于义”的价值观；王充提倡“德力俱足”的价值观；宋明理学的价值观，即宋明理学家极力宣扬人生的价值和道德的价值；王夫之“珍生务义”的价值论。[②] 张岱年从中国古代学术派别与同一学派的不同思想家及其历史演变的多重视角对中国传统价值观的类型和层次进行深度的阐释，同时在不同学术派别的比较中揭示了传统价值观的多元性和偏颇性的特征。在以上十一种类型价值观中，有四种价值观比较有代表性，即儒家贵“仁”的“内在价值论”、墨家贵“利”的“功用价值论”、道家贵“无”的“相对价值论”和法家贵“力”的“唯力价值论”。它们对中国传统思想文化产生了深远的

---

① 《张岱年全集》（第7卷），石家庄：河北人民出版社1996年版，第259-260页。

② 《张岱年全集》（第6卷），石家庄：河北人民出版社1996年版，第68-82页。

影响。需要特别指出的是，“道德至上”的内在价值论是儒家传统价值观的核心内容，它规定或制约着其他价值观的精神特质和历史走向。

一般而言，不同文化的价值观或不同学术派别的价值观，都有不同的价值标准。相比较而言，“斗争”是西方传统价值观的基本标准，“和谐”则是中国传统价值观的根本标准。张岱年指出：“儒家还宣扬‘和为贵’（《论语·学而》），以和谐为价值的最高标准。中国古代哲学中所谓和有两层意义：（1）西周末年史伯云：‘以他平他谓之和。’（《国语·郑语》）以他平他即会合不同的事物而达到平衡，即多样性的统一。（2）汉初贾谊云：‘刚柔得道谓之和，反和为乖。’（《贾子·道术》）即相互顺应不相冲突。一般所谓调和、和顺，都是此义。第一层意义强调必须包容不同的方面；第二层意义强调不同方面必须相互顺应，避免冲突。”① 又说：“关于价值标准，西周末年史伯及早期儒家主张‘和为贵’，以多样性的统一为价值的准则。荀子提出‘全粹’说，《易传》提出‘富有日新’说，认为内容丰富而不断更新的才具有最高价值。”② 张岱年还指出，《中庸》云：“和也者，天下之达道也。”肯定和是最高的价值准则。《中庸》又说：“万物并育而不相害，道并行而不相悖……此天地之所必为大也。”从孔子的“和而不同”、孟子的“地利人和”、老子的“知和曰常”，到《易传》的“保合太和”、《太平经》的“和合阴阳”、佛教的“因缘和合”，再到北宋张载的“仇必和而解”“民胞物与”，最后到王夫之的“太和，和之至”等，彰显出中华文化有着一以贯之的价值标准即“和谐”。中国传统和谐价值观还体现为“天人合一”思想。例如，《易传》云：“夫大人者，与天地合其德，与日月合其明，与四时合其序，与鬼神合其吉凶。先天而天弗违，后天而奉天时。”孟子说：“尽其心者，知其性也，知其性则知天矣。”（《孟子·告子上》）老子说：“万物负阴而抱阳，冲气以为和。”（《老子·四十二章》）庄子说：“天地与我并生，而万物与我为一。”（《庄子·齐物论》）董仲舒说：“以类合之，天人一也。”（《春秋繁露·阴阳义》）北宋张载则明确提出“天人合一”的命题，“儒者则因明致诚，因诚致明，故天人合一。”（《正蒙·乾称》）理学家程颢强调“仁者以天地万物为一体。”（《河南程氏遗书》卷二）可见，“天人合一”是中国传统哲学始终追求的最高价值境界或终极价值目标。总之，和谐是中国传统价值观中被普遍接受和认同的人文精神，它纵贯整个中华文化发展的全过程。中国传统价值观

① 《张岱年全集》（第6卷），石家庄：河北人民出版社1996年版，第60-61页。

② 《张岱年全集》（第6卷），石家庄：河北人民出版社1996年版，第83页。

具有不同的类型或学派之分，但和谐却是各家各派共同认可的一以贯之的且占主导地位的最高价值标准。

与哲学的价值观相对的是庸俗的价值观。一般人所追求的“荣华富贵”“声色货利”，就是庸俗的价值观。就哲学价值观与庸俗价值观的关系而言，张岱年认为，每一时代的哲学思想与社会心理都包含有复杂的内容，其中居核心地位的是价值观，亦即关于是非荣辱的观点。社会上流行的荣辱观与哲学家所宣扬的价值观有同有异。“就中国而论，从春秋战国以来，一般人所追求的是‘荣华富贵’‘声色货利’，而思想家则特别重视精神生活的崇高价值，或者宣扬‘义以为上’‘舍生取义’（儒家），或者强调‘天下国家人民之利’（墨家），或者企求绝对的精神自由（道家）。但是社会心理与哲学思想也有相通之处。自汉代以来，多数思想家和大多数人民都肯定‘尽忠报国’‘廉洁奉公’为美德，这可以是中国封建时代的共同心理的一个方面。”① 但同时张岱年又指出：“哲学家关于‘义利’‘德力’的讨论，并没有消除世俗价值观的势力。在封建时代，一般人所追求的还是高官厚禄，实际上是追求等级特权。儒家虽然不同意无原则地追求富贵，但也承认等级特权是合理的。”② 在中国古代社会，庸俗的价值观在世俗社会中的影响应占据主导地位，而哲学的价值观虽然局限在优秀知识分子或思想家的生活世界中，但却对庸俗的价值观起着社会批判和纠正作用。从心理学角度比较哲学价值观与庸俗价值观及其对中国古代社会的影响，既深刻阐释出中国古代思想家或优秀知识分子的人生价值旨趣，也真实揭示了中国古代社会世俗生活的人生价值取向。

第二，中国传统价值观的基本问题与根本问题。中国传统价值观问题可分为基本问题和根本问题。中国传统价值观的基本问题包括义利问题、理欲问题、德力问题及法教问题等；中国传统价值观的根本问题则涵盖个人与群体（社会、国家、民族）的关系及物质生活与精神生活的关系问题。当然，中国传统价值观的基本问题与根本问题，不是截然分开的，而是相互渗透、相互包含的。

一是中国传统价值观的基本问题。中国传统价值观的基本问题包括义利问题、理欲问题、德力问题及法教问题等。关于义利问题，张岱年指出：“儒家重义轻利，墨家以为义即是国家人民之利。董仲舒宣称‘正其义不谋其利，

---

① 《张岱年全集》（第 6 卷），石家庄：河北人民出版社 1996 年版，第 259–260 页。

② 《张岱年全集》（第 6 卷），石家庄：河北人民出版社 1996 年版，第 176 页。

明其道不计其功'，受到宋明理学的称赞，反理学的思想家如叶适、颜元等则强调义与利的统一。"[①] 关于理欲问题，张岱年指出："宋明理学家提倡'存天理去人欲'，把理欲对立起来，受到唯物主义哲学家罗钦顺，王夫之等的批评。清代的戴震强调'理存乎欲'，肯定理与欲的统一，指责宋明理学家是'以理杀人'。……事实上，宋儒理欲之辨固然是偏谬的，而戴振所谓'理存于欲'也未免把问题简单化了。"[②] 关于德力问题，张岱年指出："孟子宣扬'以德服人'，不赞同'以力服人'。韩非重力轻德，认为'古人亟于德，中世逐于智，当今争于力。'（《韩非子·八说》）事实上德与力是相辅相成的。"[③] 关于法与教问题，张岱年指出："儒家主张'德治'，认为法律、刑罚是次要的。法家则主张'以法治国'，不承认道德教育的价值。孟子也说过：'徒善不足以为政，徒法不能以自行。'虽然肯定了法的必要，但没有提出具体的规制。惟有齐国的管子学派兼重法教，但是《管子》书中的'法治'学说仍未受到应有的重视。"[④] 义利问题、理欲问题、德力问题及法教问题等，是贯穿于中国古代思想文化的历史进程中，成为中国传统哲学中最富有特色的伦理价值研究视域。宋儒程颢说："天下之事惟义利而已。"（《河南程氏遗书》卷十一）理学大师朱熹说："义利之说乃儒者第一要义。"（《朱子大全·与延平李先生书》）义利问题是中国传统价值观的核心问题，统摄着其他价值观范畴。而宋明时期的理欲之辨则是先秦时期义利之辨的历史延续和逻辑发展。从义利之辨视角看，中国传统伦理价值观学说可分为两大派：一是肯定道德价值高于实际利益的道义论；二是强调道德价值不能脱离实际利益的功利论。从总体上看，中国传统价值观所涉及到的义与利、理与欲、德与力及法与教等基本问题，不同学派提出不同的理论观点和建构模式，但在总体上是偏颇的，具有稳定性和失衡性并存的理论特质。

二是中国传统价值观的根本问题。中国传统价值观的根本问题是个体（个人）与群体（社会、国家、民族）的关系及物质生活与精神生活的关系问题。张岱年指出，从价值观来看，理欲、义利、德力的论争包含两个重要的理论问题："一是个体与群体的关系，二是物质生活与精神生活的关系。儒家重义轻利，重理轻欲，重德轻力，主要是因为儒家认为群体（社会、国家、民族）高于个体（个人）、精神价值（道德、学术）高于物质价值（饮食、

① 《张岱年全集》（第7卷），石家庄：河北人民出版社1996年版，第311-312页。
② 《张岱年全集》（第7卷），石家庄：河北人民出版社1996年版，第312页。
③ 《张岱年全集》（第7卷），石家庄：河北人民出版社1996年版，第312页。
④ 《张岱年全集》（第7卷），石家庄：河北人民出版社1996年版，第313页。

居室、金钱、势利)。墨家强调个人牺牲精神,道家则鼓吹个人的精神自由。墨家肯定群体高于个体,道家则高扬个体的重要。墨家兼重人民的物质生活的改善与精神生活的提高,道家则鄙夷物质生活,专一追求超越的精神生活。”① 具体而言,就个体与群体的关系而言,儒家并不否认个人价值,但强调群体价值高于个人价值,群体利益高于个人利益;墨家强调个人牺牲以肯定群体价值;道家则高扬个体价值尤其是个人的精神自由。就物质生活与精神生活的关系而言,墨家重视物质价值,而儒道两家则更重视精神价值,即精神价值高于物质价值。物质生活是人类和动物所共有的,精神生活则是人类所特有的。从某种意义上说,中国传统哲学是一种人生道德价值哲学,或者说是一种道德本位主义哲学。从孔子的“义以为上”(《论语·阳货》)和孟子的“舍身取义”(《孟子·告子上》),到老子的“道之尊,德之贵”(《老子·五十一章》)和墨子的“万事莫贵于义”(《墨子·贵义》);从董仲舒的“正其谊不谋其利,明其道不计其功”(《汉书·董仲舒传》),到周敦颐的“天地间,至尊者道,至贵者德而已矣。至难得者人,人而至难得者,道德有于身而已”(《通书》),再到王夫之的“生以载义,生可贵;义以立生,生可舍”(《周易外传》卷二)等,都强调精神价值高于物质价值,精神生活高于物质生活。故在中国传统价值观中,对精神价值的追求始终占据着绝对的主导地位,其最集中的表现就是对伦理道德价值的极度推崇。简而言之,中国传统价值观的根本问题就在于强调群体价值大于个体价值、集体利益高于个人利益、精神价值高于物质价值。从历史上看,中国传统价值观的根本问题深深地影响着中华民族的文化心理结构,形成中华民族整体主义价值取向,支配着人们的思想和行为,同时也培养了一批为了民族、国家的利益而敢于牺牲自我的仁人志士,对中华民族精神的塑造产生了深远的影响。

第三,中国传统人生价值问题。中国古代哲学重视人生价值问题的研究。人生观与价值观具有内在的关联性。有的学者把人生观称之为人生价值观。张岱年认为,中国古代人生价值问题主要包括三个层次:一是人类价值问题,即人在天地间的位置问题;二是人格价值问题,即从每一个人来讲是否具有一定的价值;三是如何衡量一个人的价值问题,即价值标准问题,一个人怎样生活才算是一个有价值的人。

一是人类价值问题。所谓人类价值,是讲人类作为一个总体具有高于其他物类的价值。人是宇宙之精华、万物之灵长,是物质世界和精神世界的创

① 《张岱年全集》(第7卷),石家庄:河北人民出版社1996年版,第262页。

造者。关于人类价值，张岱年从儒家与道家两个层面展开研究。古代儒家认为，人是万物中最贵的。《孝经》引述孔子的话说：“天地之间人为贵”，即在天地之间人是最有价值的。《易传》云：“立天之道曰阴与阳，立地之道曰柔与刚，立人之道曰仁与义。兼三才而两之，故《易》六画而成卦。”（《易传·说卦传》）《易传》充分肯定了人在天地间的重要位置及其独特的价值。荀子认为，人之所以为贵在于有道德意识。荀子说：“水火有气而无生，草木有生而无知，禽兽有知而无义。人有气有生有知亦且有义，故最为天下贵也。”（《荀子·王制》）孟子的“良贵”就是一种“天赋人权”或“天赋价值”，强调的是以人为本，表现出中国哲学重视人的价值的优良传统。宋儒周敦颐说：“二气交感，化生万物，万物生生而变化无穷焉，唯人也得其秀而最灵。”（《太极图说》）邵雍说：“唯人兼乎万物，而为万物之灵。”（《皇极经世·观物外篇》）张岱年说：“儒家肯定‘人贵于物’，其主要含义是‘人类’贵于其他物类，这其中也包含每一个‘个人’贵于其他一个‘个物’的意义。这一方面肯定人类的价值，另一方面也承认个人的价值。但是儒家于人与人之间又区分了上下贵贱，所以实际上没有劳动人民的个体价值。”[①] 总之，儒家充分肯定人类在宇宙间的地位和价值，使站立起来的人不再受鬼神的掌控，体现了中国古代人本主义的理论旨趣。儒家传统哲学对人在宇宙的地位和价值进行了形而上的思考，具有重要的理论意义。

人在自然界的地位，也即关于人生价值的问题，肯定人贵于物，即是肯定人具有高于一般动物的优越性。张岱年指出：“中国古代的儒家和道家不宣扬上帝创世论，而肯定人在自然界中的地位。道家的学说可以称为自然主义，儒家的学说可以称为人本主义。”[②] 道家老子虽然崇尚“自然”，但也承认人在天地之间有重要地位。老子说：“道大，天大，地大，人亦大。域中有四大，而人居其一焉。”（《老子·二十五章》）庄子则强调“齐物”，表现了否认贵贱区别的倾向。庄子说：“以道观之，物无贵贱；以物观之，自贵而相贱。”（《庄子·秋水》）即是说，人类自以为贵，不过是主观偏见而已。同时庄子假托海神自我衡量说：“吾在天地之间，犹小石小木在大山也。”即是说普通的个人是很渺小的。庄子虽然怀疑人类的价值，却肯定人的精神境界，即庄子所说的“天地与我并生，而万物与我为一”（《庄子·齐物论》）的个体最高精神境界。道家还比较重视个人自由，杨朱提出“为我”“贵己”之

① 《张岱年全集》（第6卷），石家庄：河北人民出版社1996年版，第401页。
② 《张岱年全集》（第7卷），石家庄：河北人民出版社1996年版，第373页。

说，强调自我的价值，主要是追求个人的自由。张岱年说："庄子讲'逍遥'，讲'悬解'（从倒悬的状态中解放出来）。但道家找不到实现个人自由的道路。庄子提倡所谓'坐忘'，其境界是：'堕肢体，黜聪明，离形去知，同于大道。'（《庄子·大宗师》）事实上这只是一种虚幻的精神自由，不过是自我陶醉而已。"① 庄子认为，人是渺小的甚至是微不足道的，但却强调个体的精神自由，注重个体的精神价值，追求一种逍遥游的人生价值境界。与自然界其他动植物相比较，唯有人类才有精神生活，精神生活是人类所特有的价值属性。庄子追求精神自由，体现了人类的自我价值。道家对人类价值，老子从肯定的角度以"人亦大"张扬人类价值，而庄子则从否定的视角以追求"逍遥""坐忘"的精神自由来彰显人类价值，可谓是异曲同工之妙。

二是人格价值问题。中国传统哲学以人生理论最为丰富，其中一个重要的观点就是肯定人的价值、强调人格尊严。人格也是近代的名词，古代称之为"为人"，亦曰"人品"。"具有独立人格的人，能充分体现'人之所以为人者'，就是一个有价值的人。"② 所谓人格价值是从一个人来讲是否具有一定的价值。儒家认为，人具有的独立意志、独立人格，就是人的独立价值。关于人格价值，儒家学派创始人孔子肯定每个人都有自己的独立意志，他说："三军可夺帅也，匹夫不可夺志也。"（《论语·子罕》）有独立的意志，即是有独立的人格。孔子称赞伯夷、叔齐"不降其志，不辱其身"（《论语·微子》），即坚持了独立的人格。孟子则提出"天爵""良贵"之说，肯定人人都具有人格的价值。孟子说："有天爵者，有人爵者。仁义忠信，乐善不倦，此天爵也。公卿大夫，此人爵也。""欲贵者，人之同心也。人人有贵于己者，弗思耳。人之所贵者，非良贵也。赵孟之所贵，赵孟能贱之。"（《孟子·告子上》）其中，"天爵"相对于人爵而言的。人爵即世间的爵位，天爵即高尚的道德。"人人有贵于己者"，即人人都有自己的价值。"良贵"是相对于"人之所贵"而言的。"人之所贵"，即权势者给予的爵位，是可以剥夺的。"良贵"是人本身固有的，是任何人或权势不能剥夺的内在价值。孟子还提出"富贵不能淫、贫贱不能移、威武不能屈"的大丈夫独立人格。荀子虽然否认孟子的道德天赋论，但却充分肯定道义价值高于富贵的价值。荀子说："志意修则骄富贵，道义重则轻王公，内省而外物轻矣。"（《荀子·修身》）即是说，一个人如果能坚持自己的道德意志，就有比王公贵人更高的价值。宋儒

① 《张岱年全集》（第6卷），石家庄：河北人民出版社1996年版，第504页。
② 《张岱年全集》（第7卷），石家庄：河北人民出版社1996年版，第33页。

周敦颐说："君子以道充为贵、身安为富，故常泰无不足；而铢视轩冕，尘视金玉，其重无加焉尔。"（《通书》）也就是肯定人格价值远远高于世间的富贵价值。与西方传统哲学提倡"人权"思想相比，中国传统哲学虽然没有"人权"概念，却有肯定人的人格尊严和独立意志的思想。儒家充分肯定人格价值，甚至为了保持自己的独立人格而甘愿牺牲自己的生命，这对中华民族精神的培育产生了深远的影响。

中国古代儒家强调独立人格意志，道家、墨家也赞扬独立人格境界。庄子说："而宋荣子犹然笑之，且举世誉之而不加劝，举世非之而不加沮。定乎内外之分，辨乎荣辱之境，斯已矣。"（《庄子·逍遥游》）即是说，宋荣子作为战国时期的一位思想家，他坚持自己的独立见解而不顾别人的毁誉，充分体现了一种独立的人格境界。《庄子·外篇》云："古之所谓得志者，非轩冥之谓也，谓其无以益其乐而已矣。……故不为轩冕肆志，不为穷约趋俗。……丧已于物，失性于俗者，谓之倒置之民。"（《缮性》）"不为轩冕肆志，不为穷约趋俗"，即保持自己的独立人格。《庄子·齐物论》假托寓言中的人物描述"至人"形象说："至人神矣！大泽焚而不能热，河汉冱而不能寒，疾雷破山，风振海而不能惊。"即所谓"至人"不受外在环境影响而具有的独立人格境界。墨家强调"为义"，墨子说："且翟闻之，为义非避毁就誉。"（《墨子·耕柱》）如道家庄子所言：墨子及其弟子"以绳墨自矫，而备世之急""日夜不休，以自苦为极"（《庄子·天下篇》），表现了卓越的自我牺牲精神，虽然"其行难为也"（《庄子·天下篇》），但也体现了积极救世的崇高独立意志。可见，肯定人格价值，彰显独立的人格境界，是儒道墨共同追求的人生境界。但对如何实现崇高的人格而达到真正独立自由的精神境界，儒道墨有着不同的路径或方法。一般而言，儒家通过"入世"、道家通过"遁世"、墨家通过"备世"来保持独立的人格境界。儒道墨主张通过保持独立的人格意志或精神境界而实现自己的精神追求。

总之，肯定人格价值，是中国传统价值观的独特内容和优秀成分，也说明"中国传统哲学已经达到了人的真正自觉"。其中，儒家人格价值论在历史上对塑造中华民族精神确实起了巨大的积极作用。但是，"汉代儒家鼓吹所谓'三纲'，使人们屈服于君权、父权、夫权之下，事实上'人的价值'逐渐被忽视了。在君主专制的时代，人的价值并未得到充分的重视。"[①] 人格价值是一种内在价值，是人之为人的特有属性，是任何人或权威也剥夺不了。但在

① 《张岱年全集》（第6卷），石家庄：河北人民出版社1996年版，第478页。

中国封建专制社会，广大劳动人民处于受压迫、受剥削的地位，实质上是毫无人格独立可言的。而中国古代优秀知识分子强调人格独立价值，对于抗衡封建专制特权和维护做人的尊严有着重要的历史意义。

三是人生价值标准问题。关于衡量人生价值标准，最典型的是儒家提出的“三不朽”说，即“太上有立德，其次有立功，其次有立言，虽久不废，此之谓不朽。”（《左传·襄公二十四年》）“三不朽说”的主要意义是肯定人生价值在于对他人、社会有积极的贡献。古人所谓的“立德”“立功”“立言”，虽然具有一定的时代性和阶级性，但是也包含着一定的普遍意义。孔子对人生价值的态度，体现在对伯夷、叔齐、管仲、齐景公的价值评定上。孔子说：“管仲相桓公，霸诸侯，一匡天下，民到于今受其赐。微管仲，吾其被发佐衽矣。”（《论语·宪问》））又说：“齐景公有马千驷，死之日，民无德而称焉。伯夷、叔齐饿于首阳之下，民到于今称之。其斯之谓与!”（《论语·季氏》）孔子认为，管仲建功立业，有功于民，可谓是立功之人。伯夷、叔齐可谓立德之人。齐景公既无功又无德，就不足称了。孔子还认为，立德又立功的最高境界是尧舜，但是又认为尧舜也没有达到崇高的理想境界。故说：“博施于民而能济众”，“尧舜其犹病诸。”（《论语·雍也》）孟子则提出立德的四个类型，即伯夷的“清”，伊尹的“任”，柳下惠的“和”，孔子的“时”。张岱年指出：“清、任、和、时，都是立德的典型。伊尹辅佐成汤建立功业；伯夷、柳下惠则无功业可言，但是都发生一定的影响——伯夷之风能使‘顽夫廉，懦夫有立志’；柳下惠之风能使‘鄙夫宽，薄夫敦’，对于社会风俗起了一定的作用。”① “三不朽”的人生价值标准，体现着儒家以道德至上为人生的最高价值标准，也彰显着儒家自强不息、刚健有为的人生态度。因此，“三不朽”的人生标准，可谓是“内圣外王”价值理想的集中体现。

道家提出了与儒家不同的人生价值标准。道家对立德、立功、立言，一概加以摈弃，而肯定自我价值和个体生命价值。道家主张以人为贵，倡导“返璞归真”“少私寡欲”，反对以追逐名利为人生取向而遮蔽人生命存在的真实价值。老子说：“我有三宝，持而保之：一曰慈，二曰俭，三曰不敢为天下先。”（《老子·四十七章》）其中，“俭”即生活节俭，就是重视生命，不要伤残自己的生命力。老子还说：“名与利孰亲？身与货孰多?”（《老子·四十四章》）淡泊名利，把人身和生命放在身外的名利色权之上。在老子看来，人自身的存在，本性的保持，比身外的名利更重要。因此，要“去甚”“去

① 《张岱年全集》（第6卷），石家庄：河北人民出版社1996年版，第237页。

奢”“去泰”，无私无欲，不与人争夺名利，精神不为外物所累，以保持宁静的心态和纯洁的人性，进而保持生命的纯真状态。庄子说：“至人无己，神人无功，圣人无名。”（《庄子·逍遥游》）又说：“夫大道不称，大辩不言，大仁不仁。”（《庄子·齐物论》）仁义之德，利民之功，明辩之言，在道家看来，都是不足称道的。道家虽然超脱了世间的富贵与儒家的道义，但仍归结为“全生保身”。庄子说：“平易恬淡，则忧患不能入，邪气不能袭，故其德全而神不亏。”（《庄子·刻意》）故做人应该淡泊名利，摆脱心灵的烦恼等不良情绪的干扰，从而取得心灵的宁静和精神的自由，让生命融入到大自然之中，与道为一，达到逍遥的人生境界。庄子还说：“为善无近名，为恶无近刑，缘督以为经，可以保身，可以全身，可以养亲，可以尽年。”（《庄子·养生主》）可见，道家极力倡导崇俭抑奢、少私寡欲，在生命境界的提升上强调重生、爱生。张岱年指出：“道家的一个特点是重视个人生命、个人自由，用现今的名词来说，即重视个人的主体性。老庄关于人生的学说，充满了辩证法的智慧。老子阐明了‘不生生’与‘长生’‘外身’与‘存身’的相反相成。庄子表述了‘不益生’与‘全生’齐生死与‘养生’的相反相成。《庄子·养生主》云‘可以保身，可以全生’，实为道家的人生理论之宗旨。”①总之，道家充分肯定个体生命的价值，把重视个体生命视为人生的价值标准。

在中国历史上，不同的学术派别或不同的思想家，都站在各自的学说立场和人生实践层面上，提出各自不同的人生价值标准。就价值观而言，儒家价值观、道家价值观与佛教价值观，它们三者共同构成中国传统价值观的主干。相比较而言，中国社会没有形成全民族的宗教狂，而儒家价值观和道家价值观则对中国社会生活产生广泛而深远的影响。故张岱年着力于对儒家与道家的人生价值标准的探究，实际上揭示了影响中国古代社会人生价值标准的主要走向。从总体上看，儒家强调道德价值至上性，注重对社会的责任和义务；道家注重自我价值和生命价值，而忽视对社会的责任和义务，儒家与道家在人生价值标准方面各有所见，形成相反相成的互补格局。

（四）中国传统价值观研究的现实意义

20世纪八九十年代，国内学者从多维的视野对价值哲学问题展开了深入地研究。张岱年以中国古典文献为依据，并联系古代各家学派的解读为参照系，自觉地运用辩证唯物主义和历史唯物主义的科学方法，对中国传统价值

① 《张岱年全集》（第7卷），石家庄：河北人民出版社1996年版，第296页。

观进行深刻阐释。张岱年说："要写好一本中国伦理学史，应该注意做到的：一是革命性和科学性的统一；二是资料与观点的统一；三是阶级分析与理论分析的结合。"其中，"观点是马克思主义观点，就是辩证唯物主义与历史唯物主义观点。"① 张岱年运用马克思主义的世界观和方法论，通过对中国哲学史的钩沉，发掘中国哲学中的价值观问题，开创了中国传统价值哲学研究的新领域。张岱年还说："对于中国哲学中价值观的研究，开拓了中国哲学史研究的新视野，是中国哲学史研究的新扩展。但我不过是开了一个端绪而已。"② 所谓"开了一个端绪而已"，是一种自谦的说法，其实，张岱年对中国传统价值哲学的研究，着力发掘中国传统价值观的丰富内容，确立了中国传统价值观的研究理路，为学界深化中国传统价值观研究奠定了坚实的理论基础和正确的方法路径，也为如何继承和弘扬中国优秀传统价值观提供了哲学智慧和价值依据，具有极其重要的学术价值。

在改革开放时期，张岱年引用尼采的话提出"重新估定一切价值"的口号，但"重新估定一切价值，不是对几千年来价值观思想的简单否定，而是对于以往的价值观思想去粗取精、去伪存真，以期达到一个比较正确的理解。"③ 张岱年对中国传统价值观的研究，就是要求得一个"比较正确的理解"，正确理解的目的是要在新的历史条件下更好地汲取和弘扬中华优秀传统价值观。当代中国正处于急剧的社会转型时期，合理地建构社会主义核心价值观对于促进中国现代化的历史进程和实现中华民族的伟大复兴具有重要的意义。任何社会核心价值观建构总是需要一定历史的和现实的文化价值资源。社会主义核心价值观建构无疑受到我国传统价值观的影响和制约。社会主义核心价值体观建构，就是要以马克思主义为指导，首先立足中国历史文化传统，把中国传统价值观的精华作为首要的文化资源，同时还汲取西方价值观的优秀成果作为辅助的文化资源，在批判继承的基础上进行综合创新。只有把中国传统价值观的精华作为母体性或根源性的文化资源，社会主义核心价值观建构才能彰显民族的主体性和深厚的历史文化底蕴。张岱年对中国传统价值观的研究及其成果，为社会主义核心价值观建构提供直接有效的思想文化资源。

中国传统哲学是以伦理价值为核心的哲学。有学者指出："中国哲学就其

---

① 《张岱年全集》（第3卷），石家庄：河北人民出版社1996年版，第674页。

② 张岱年著：《通往爱智之门》，北京：北京大学出版社2011年版，第139页。

③ 《张岱年全集》（第7卷），石家庄：河北人民出版社1996年版，第437页。

基本特征而言，更重视价值观的问题，在某种意义上可以说是一种价值哲学。”① 张岱年通过比照西方价值理论，将价值论从哲学母体中剥离出来，并赋予创造性地解读，建立了中国哲学中的价值学说，是对马克思主义价值论的继承与创新。有学者说：“如果说，尼采被称为‘价值哲学之父’，是由于他把价值研究推到了中心的位置，那么，张岱年则是将中国哲学的价值论从其母体中分离出来，对中国哲学价值论的研究产生了深远的影响，可称为‘中国传统哲学价值论之父’。”② 张岱年在重新界定价值概念的基础上，发掘了从先秦至宋元明清时期的中国传统哲学中的价值思想，并从传统价值观的类型与价值标准、传统价值观的基本问题与根本问题，以及传统人生价值问题等方面，揭示出中国传统价值观的理论旨趣。以儒家传统价值观为核心内容，不同类型的价值观或不同派别的价值观，它们之间既相互对立、冲突，又相互交融、互补，它们共同构成了内涵丰富的中国传统价值观理论系统。张岱年对中国传统价值观的研究及其成果，既是对中国价值哲学创建的理论贡献，也是对马克思主义价值论的丰富和发展。

（原文刊登于《哈尔滨师范大学社会科学学报》2013 年第 1 期，收入本书时略加修改或补充）

四、张岱年对社会主义价值观的研究

价值观是文化的核心和灵魂。社会主义价值观是社会主义文化的核心和灵魂。建设中国特色社会主义文化，客观上要求建构中国特色的社会主义价值观。张岱年说：“现在要创造新中国的社会主义文化，其中起核心作用的就是改变价值观，建立新的价值观。”③ “新文化的发展的关键在于价值观的批判继承、革旧立新。”④ 20 世纪八九十年代，张岱年率先在国内开展价值观研究，不仅阐释中国传统价值观，而且探索建构社会主义价值观。

① 蒙培元：《张岱年对中国哲学价值观的分析》，王中江主编《学思之境人格魅力——纪念张岱年先生诞辰一百周年》，北京：北京大学出版社 2012 年版，第 274 页。

② 刘军平著：《传统的守望者——张岱年哲学思想研究》，北京：人民出版社 2007 年版，第 267 页。

③ 《张岱年全集》（第 6 卷），石家庄：河北人民出版社 1996 年版，第 194 页。

④ 《张岱年全集》（第 7 卷），石家庄：河北人民出版社 1996 年版，第 311 页。

（一）20 世纪八九十年代国内理论界社会主义价值观研究概述

人类社会的价值观念是随着社会的发展变化而不断演变的。价值观念作为上层建筑的一部分内容，从根本上说是由该社会的经济基础决定的。中国改革开放和社会转型，促使人们价值观念的更新，这其中既有与传统价值观念发生冲突和断裂的情形，也有与社会主义价值观相背离和对立的倾向。伴随着中国特色社会主义实践的深入展开，人们强烈地呼唤社会主义价值观的复归，客观上需要学术界、理论界对当下实践进行合乎历史与逻辑的解释。因此，20 世纪八九十年代国内理论界开始掀起价值哲学研究和社会主义价值观研究的热潮。从总体上看，价值观研究的侧重点经历了由价值认识论到价值本体论，再到价值观念的演变过程；价值观研究的基本内容经历了从价值观的一般理论研究到社会主义价值观研究的变动过程。其中，20 世纪 80 年代后期到 90 年代初期，随着计划经济体制向社会主义市场经济体制的逐步转型，邓小平的社会主义价值观和一般社会主义价值观成为价值观研究的重点。

改革开放以来，国内理论界对社会主义价值观的发展历程、理论内涵、内在本质、基本特征、价值目标、价值标准及价值取向等展开多层面的研究。例如，有的学者认为，适应社会主义市场经济发展的价值观应具有下列基本特点：符合辩证唯物主义与历史唯物主义的世界观，符合我国现阶段社会发展的总体价值目标，符合衡量社会主义一切工作的最根本的价值标准，即“三个有利于”的判断标准，符合社会主义、爱国主义、集体主义价值导向[①]；有的学者认为，适应社会主义市场经济的确立和发展，我们应该正确处理好价值来源多元化与价值导向一元化之间的关系，“我们必须坚持社会主义的价值导向，坚持弘扬爱国主义、集体主义和社会主义的主旋律，抵御和反对一切腐朽思想对我们的腐蚀，反对个人主义、享乐主义和拜金主义的不断泛滥”[②]；等等。

国内理论界对社会主义价值观展开了多层面的深度研究，极大地丰富和发展了马克思主义关于社会主义价值观的理论宝库。从已有的研究成果看，一方面，学者们对社会主义价值观的研究主要侧重理论层面的研究，而实证层面的研究比较欠缺；另一方面，从现实层面来研究社会主义价值观的比较多，而从历史和现实相结合的层面来研究社会主义价值观的则比较少。

---

① 许启贤：《社会主义市场经济条件下的价值观问题》，《人民日报》，1995-05-11。

② 《罗国杰文集》（下卷），石家庄：河北大学出版社 2000 年版，第 898 页。

（二）张岱年对社会主义价值观的理论探索

张岱年立足改革开放和社会主义市场经济实践，以马克思主义为指导，独辟蹊径，主要从价值观的基本问题、根本问题及人格价值问题等维度，在批判继承中华优秀传统价值观的基础上探索建构社会主义价值观。

第一，社会主义价值观的基本问题。社会主义价值观必然是对传统价值观的批判继承与时代创新。中国传统价值观的基本问题是义利问题、理欲问题、德力问题及法教问题。关于义利问题，“儒家重义轻利，墨家以为义即是国家人民之利。董仲舒宣称‘正其义不谋其利，明其道不计其功’，受到宋明理学家的称赞，反理学的思想家如叶适、颜元等则强调义与利的统一。在西方，理性主义哲学家可以说是讲‘义’的，功利主义者则宣扬功利。”① 关于理欲问题，“宋明理学家提倡‘存天理去人欲’，把理欲对立起来，受到唯物主义哲学家罗钦顺、王夫之等的批评。清代的戴震强调‘理存乎欲’，肯定理与欲的统一，指责宋明理学是‘以理杀人’。西方理性主义者高度赞扬‘实践理性’的尊严；而快乐主义者则以快乐为道德的准绳。”② 关于德力问题，“孟子宣扬‘以德服人’，不赞同‘以力服人’。韩非重力轻德，认为‘古人亟于德，中世逐于智，当今争于力’。”③ 儒家重德轻力，而法家重力轻德，各有偏颇。关于法教问题，“儒家主张‘德治’，认为法律、刑罚是次要的。法家则主张‘以法治国’，不承认道德教育的价值。孟子也说过：‘徒善不足以为政，徒法不能以自行。’虽然肯定了法的必要，但没有提出具体的规制。唯有齐国的管子学派兼重法教，但是《管子》书中的‘法治’学说仍未受到应有的重视。”④ 总之，中国传统价值观在处理义利关系、理欲关系、德力关系及法教关系问题上，不同学派提出不同的理论观点和建构模式，但在总体上是偏颇的，具有稳定性和失衡性并存的理论特质。

张岱年在批判继承传统价值观基本问题的基础上，结合改革开放和社会主义市场经济实践，提出了建构社会主义价值观基本问题的构想。张岱年指出：“中国古代重义轻利、重理轻欲、重德轻力的传统应该改变了，应该肯定义与利的统一、理与欲的统一、德与力的结合。但是，如果见利忘义、唯利是图，必走向失败；如果无礼无义、人欲横流，必至于引起混乱；如果唯力

---

① 《张岱年全集》（第 7 卷），石家庄：河北人民出版社 1996 年版，第 311–312 页。
② 《张岱年全集》（第 7 卷），石家庄：河北人民出版社 1996 年版，第 312 页。
③ 《张岱年全集》（第 7 卷），石家庄：河北人民出版社 1996 年版，第 312 页。
④ 《张岱年全集》（第 7 卷），石家庄：河北人民出版社 1996 年版，第 313 页。

是崇，不顾德教，难免‘失道寡助’。以义兴利、以理导欲、兼重德力，才是正确的道路。”[①] 又认为：“义利必须并重。‘正其义不谋其利’陷于偏误，正确的原则应该是‘遵义兴利’，遵照一定的原则来谋求国家人民之利益与个人的正当利益。‘见利忘义’‘唯利是图’是绝对错误的。理与欲也必须兼顾，应肯定欲望必须适当满足，所谓适当就是合理，即合乎一定的原则。理欲关系的原则应是‘循理节欲。”[②] 总之，建构社会主义价值观，应该批判继承传统价值观的合理性因素，克服其偏颇的理论特质，把义与利、理与欲、德与力及法与教有机统一起来，并赋予时代的新内涵。具体而言，在义利关系上，应克服“重义轻利”的偏失而建构义利并重的社会主义义利观；在理欲关系上，应纠正“存理灭欲”的偏误而建构理欲兼顾的社会主义理欲观；在德法关系上，既要批判继承儒家“重德轻法”的德治传统方略，也要汲取法家“重法轻德”的法治经验教训，把依法治国与以德治国有机地结合起来，建构起德法并重的治国方略。无论是儒家的“重德轻力”，还是西方文化中“力的崇拜”，都是不可取的。张岱年说：“在今天看来，德与力的问题仍然是一个值得注意的理论问题。不论国家和个人，道德觉悟的提高与生命力的充实，都是必须重视的。”[③] 因此，就德力关系而言，社会主义应该提倡德力统一的价值观，既要全面发展政治、经济和文化，增强社会主义国家的综合国力，又要加强社会主义精神文明建设，提高人们的思想道德素质和科学文化素质，促进人的全面发展。

第二，社会主义价值观的根本问题。义利、理欲、德力、法教等问题，是价值观的基本问题，而个人与群体的关系问题、物质生活与精神生活的关系问题是传统价值观的核心问题。张岱年指出，从价值观来看，理欲、义利、德力的论争包含两个重要的理论问题：“一是个体与群体的关系，二是物质生活与精神生活的关系。儒家重义轻利、重理轻欲、重德轻力，主要是因为儒家认为群体（社会、国家、民族）高于个体（个人）、精神价值（道德、学术）高于物质价值（饮食、居室、金钱、势利）。墨家强调个人牺牲精神，道家则鼓吹个人的精神自由。墨家肯定群体高于个体，道家则高扬个体的重要。墨家兼重人民的物质生活的改善与精神生活的提高，道家则鄙夷物质生活，专一追求超越的精神生活。”[④] 就个体与群体的关系而言，儒家更强调群体价

① 《张岱年全集》（第7卷），石家庄：河北人民出版社1996年版，第265页。
② 《张岱年全集》（第7卷），石家庄：河北人民出版社1996年版，第509页。
③ 《张岱年全集》（第7卷），石家庄：河北人民出版社1996年版，第254页。
④ 《张岱年全集》（第7卷），石家庄：河北人民出版社1996年版，第262页。

值高于个人价值，群体利益高于个人利益；墨家强调个人牺牲以肯定群体价值；道家则高扬个体价值尤其是个人的精神自由。就物质生活与精神生活的关系而言，墨家重视物质价值，而儒道两家则更重视精神价值，强调精神生活高于物质生活、精神价值高于物质价值。其中需要特别指出的是，儒家传统价值观是中国传统价值哲学的主流，儒家更强调道德的崇高价值。孔子说："志士仁人，无求生以害仁，有杀身以成仁。"（《论语·卫灵公》）孟子说："生亦我所欲也，义亦我所欲也，二者不可得兼，舍生而取义者也。"（《孟子·告子上》）"杀身成仁""舍生取义"，即为了实行道德而牺牲生命。由此而来，儒家还强调人的精神价值高于生命价值。

张岱年在批判继承传统价值观根本问题的基础上，结合改革开放和社会主义市场经济实践，提出了建构社会主义价值观根本问题的构想。在个人与群体、物质生活与精神生活的关系上，张岱年认为，古代儒家片面强调群体利益重于个体利益、精神生活高于物质生活；道家片面强调个体的重要性和个性自由价值；法家片面强调国家的利益而否认精神生活的价值，都是有失偏颇的。张岱年认为，群体与个体是相互依存的，群体利益是个体利益的总和，离开群体利益亦无个体利益。群体与个体的关系，也可以说是公与私的关系。群体虽然高于个体，但也不能忽视其中的个体。因此，在个人与群体关系上，张岱年提倡社会主义集体主义价值观。所谓社会主义集体主义价值观就是在批判克服"个人本位，自我中心"的价值取向基础上，强调个人利益与集体利益的辩证统一。社会主义集体主义价值观，是张岱年对自己早期提出的"与群为一"或"群己一体"的人生理想原则的继承发展和时代提升。人既是一个物质存在者，也是一个精神存在者。"人与其他动物不同，不但有物质生活，而且有精神生活，不但追求本能的满足，而且追求真、善、美的精神价值。……今天的社会中，拜金主义、个人享乐主义还比较流行，这些都是缺乏精神生活的表现。"[①] 历史实践证明，物质贫穷不是社会主义，精神贫乏也不是社会主义。因此，在物质生活和精神生活的关系上，社会主义价值观应批判并克服"重理灭欲""重精神轻物质"的价值偏失，强调物质生活与精神生活、物质价值与精神价值的有机统一。张岱年说："现在建立了充满生机的社会主义新经济体制，物质文明将大大发展，精神文明也将发展到一个新的境界。""随着物质生活的改善，我们期待着精神文明的高度发

① 《张岱年全集》（第7卷），石家庄：河北人民出版社1996年版，第485页。

扬。"① 我们应该坚持"两个文明一起抓"，物质文明与精神文明的协调发展，物质生活与精神生活的同步提升，这才是中国特色社会主义。总之，在物质生活与精神生活的关系问题上，应该建构物质生活与精神生活、物质价值与精神价值相统一的社会主义价值观。

第三，社会主义人格价值观。重视人格价值，是中国古代哲学的重要内容，也是中国传统价值观的优秀成分。张岱年认为，作为一个人，能具备"人之所以异于禽兽者"，能体现"人之所以为人者"，即具有一定的人格。在他看来，人的独立意志和人格尊严是人生价值的前提和基础。孔子宣称"匹夫不可夺志"（《论语·子罕》），肯定了人的独立意志。人的生命是极为宝贵的，比生命更宝贵的是人格的尊严，故孟子提出了"所欲有甚于生者""所恶有甚于死者。"（《孟子·告子上》）"所欲有甚于生者"即是保持人格的尊严；"所恶有甚于死者"即是人格的屈辱。孔子推崇"不降其志，不辱其身"（《论语·微子》），孟子宣扬的"舍生取义"，都是指要保持人格的尊严，亦即保持人格独立的价值。宋儒周敦颐说："道义者，身有之，则贵且尊。"（《通书·师友下》）又说："君子以道充为贵、身安为富，故常泰无不足；而铢视轩冕，尘视金玉，其重无加焉尔。"（《通书·富贵》）他充分肯定人格的价值高于世间富贵的价值。陆九渊声称，"不识一个字，亦须还我堂堂正正地做个人"（《陆九渊集》卷三十五），即肯定人格价值。就传统理想人格设计而言，儒家提出"君子""圣人"的理想人格，道家提出"真人""至人""神人"的理想人格，墨家提出"强者"的理想人格。中国古代哲学中的人格价值观是自然经济和家国同构的产物，具有显著的历史局限性和不健全性。并且，在中国古代社会，始终存在压抑独立人格与坚持独立人格的对立斗争。因为"专制主义的特点就是不承认人民的独立人格。在专制时代，一般人民是没有独立人格的，但当时许多知识分子要争取独立人格。"② 保持人格独立，是中国古代优秀知识分子的精神品质；强调人格价值或人格尊严，是中国传统价值观优秀而独特的内容。

人格总是与人类的历史实践活动及人类社会的发展进步息息相关的。人是推动文明发展的主体，人格健全是文明发展进步的固有内涵。其实，革命先行者孙中山先生曾提出"人格救国"论，在《要以人格救国》中说："四万万人都变成好人格，以改良人格来救国。""彼此身体力行，造成顶好的人格，人类人格既好，社会当然进步。"无疑，孙中山的"人格救国"论显然片

① 《张岱年全集》（第8卷），石家庄：河北人民出版社1996年版，第416页。
② 《张岱年全集》（第6卷），石家庄：河北人民出版社1996年版，第489页。

面夸大了道德的社会功能，但却道出塑造“好人格”对促进社会发展的意义。价值观念的变革是现代化建设的内在要求，而要实现现代化的目标，首先要实现人的现代化。实现人的现代化必须首先对传统价值观进行深刻的剖析和批判，把传统的理想人格塑造为体现时代精神的理想人格。有研究者指出：“价值观的重大变革，对个人来说，是全部人格的自我更新；对于社会来说，是民族精神、时代精神的深层转折。”① 因此，适应社会转型和价值观念更新的需要，客观上要求建构体现时代精神的人格价值观。中国古代的人格价值观所表征的独立人格意志，即要求把人作为人看待，可称之为古代的人道主义。但中国传统人格构成，有“重德轻力”“重仁轻智”“重理性轻感性”的价值偏颇，而且有浓厚的封建等级意识。张岱年在批判继承传统人格价值观理论的基础上，又汲取了“文革”中大量发生侵犯和蹂躏人格尊严事件的惨痛历史教训，从社会主义市场经济的实际出发，提出了社会主义人道主义人格价值观。所谓社会主义人道主义，“首先要有个人的人格意识，同时要尊重别人的人格；坚持自己的主体自觉，也尊重别人的主体的自觉。人与人之间应该是平等的互助关系，这是社会主义人道主义的基本原则。”② 张岱年还指出：“在我看来，按照社会主义人道主义原则来建立健全的人格，一方面要提高生命力和改造自然和社会的能力，另一方面要有很高的智慧和精神境界；一方面要肯定自我的价值和尊严，另一方面要承认别人的尊严和价值；一方面要肯定理性，另一方面要肯定生命力、意志的重要性。”③ 可见，社会主义人道主义人格价值观，是一个健全的人格观，它体现了能力与知识的统一、道德与智慧的统一、肯定自我与承认他人的统一、理性与感性的统一。此种健全的人格观，显示出社会主义伦理道德的精神气质，有利于促进社会主义市场经济的健康发展。张岱年提出的社会主义人道主义人格价值观，是对马克思主义价值观理论的独特贡献。

（三）张岱年社会主义价值观的现实意义

社会主义价值观研究，既是一个重大的理论问题，也是一个重大的实践问题。张岱年对社会主义价值观的研究，既是当代中国哲学研究中的一个重要创建，也是对马克思主义价值学说领域的新开拓。张岱年的社会主义价值观，不仅为社会主义核心价值体系建构提供直接有效的文化资源，而且为社

---

① 李明华：《时代演进与价值选择》，西安：陕西人民出版社 1992 年版，第 10 页。

② 《张岱年全集》（第 6 卷），石家庄：河北人民出版社 1996 年版，第 538 页。

③ 《张岱年全集》（第 6 卷），石家庄：河北人民出版社 1996 年版，第 498 页。

会主义市场经济健康发展提供积极的价值支撑。

第一，张岱年社会主义价值观为社会主义核心价值体系建构提供有效的文化资源。一个民族的传统价值观念、传统伦理道德，是该民族在长期的共同生活和历史实践中积淀起来的。中华民族在五千年的历史长河中创造了光辉灿烂的文化，在改革开放和建设中国特色社会主义的今天，如何对待中华民族的传统价值观念、传统伦理道德及传统文化是一个非常重要而迫切的问题。党的十七届六中全会指出："优秀传统文化凝聚着中华民族自强不息的精神追求和历久弥新的精神财富，是发展社会主义先进文化的深厚基础，是建设中华民族共有精神家园的重要支撑。"① 张岱年认为："我们建设社会主义的新文化，一定要继承和发扬自己的优良文化传统，同时汲取西方在文化上的先进贡献，逐步形成一个新的文化体系。这个新的文化体系，是在马克思列宁主义原则的指导下，以社会主义的价值观来综合中西文化之所长而创新中国文化。它既是传统文化的继续，又高于已有的文化。"② 我们要坚持马克思主义的辩证唯物主义和历史唯物主义基本原理，既要反对民族虚无主义与历史虚无主义，也要反对国粹主义和文化保守主义，在批判继承和综合创新的基础上弘扬中华民族的优秀传统价值观念、优秀传统伦理道德和优秀文化传统，是我们科学对待中华民族优秀传统文化的应有态度。

任何社会都有其赖以支撑的核心价值体系和核心价值观。任何社会核心价值体系的建构总是需要一定历史的和现实的文化价值资源，而中国传统价值观精华则是社会主义核心价值体系建构的历史前提。社会主义价值观应是对人类历史上以往一切合理价值理念积极继承的结果。党的十七届六中全会指出："加强对优秀传统文化思想价值的挖掘和阐发，维护民族文化基本元素，使优秀传统文化成为新时代鼓舞人民前进的精神力量。"③ 社会主义核心价值体系建构必须立足中国的历史文化传统，将中国传统价值观作为首要的和最基本的文化价值资源，如此才能显示出深厚的历史文化底蕴和鲜明的民族特色。有学者指出："认识和理解中国传统社会的价值观，促使优秀传统价值的现代转换，是建构社会主义核心价值体系的题中应有之义。"④ 社会主义

① 本书编写组：《中国共产党第十七届中央委员会第六次全体会议文件汇编》，北京：人民出版社 2011 年版，第 33 页。

② 《张岱年全集》（第 6 卷），石家庄：河北人民出版社 1996 年版，第 253-254 页。

③ 本书编写组：《中国共产党第十七届中央委员会第六次全体会议文件汇编》，北京：人民出版社 2011 年版，第 33 页。

④ 戴兆国：《儒家仁道价值与社会主义核心价值体系建构》，《安徽师范大学学报》（人文社会科学版）2008 年第 1 期。

核心价值体系是社会主义意识形态的本质体现，是社会主义先进文化的精髓，具有极大的包容性和开放性。社会主义核心价值体系，是对以儒家伦理价值观为核心的中国传统价值观的精华和西方价值观的优良成分的批判继承和综合创新。张岱年的社会主义价值观，首先是把中国传统价值观的精华作为最首要的文化资源，同时借鉴汲取西方价值观的优秀成分作为辅助的文化资源，在批判继承和综合创新的基础上，建构起融合传统性和时代性、民族性和世界性、继承性和创新性于一体的社会主义价值观，在一定意义上体现了真、善、美的有机统一，能够为社会主义核心价值体系建构提供直接有效的文化资源。

第二，张岱年社会主义价值观为社会主义市场经济健康发展提供积极的价值支撑。确立和发展社会主义市场经济是我国经济体制改革的必然选择。价值观念根植于经济关系之中，经济发展是价值观发展变化的动因。在由计划经济向市场经济转换的过程中，市场经济的价值取向与传统计划经济的价值取向发生了尖锐的冲突。确立和发展社会主义市场经济，建设中国特色社会主义，必须要建构与社会实践基础相适应的价值观念。反之，则不可能有社会主义市场经济的健康发展，也很难顺利推进中国特色社会主义事业。

改革开放以来，我国社会在经济迅速发展的同时出现了拜金主义、享乐主义和个人主义等错误价值观泛滥的现象，造成物质文明与精神文明的严重失衡、价值理性与工具理性的严重失调，严重扰乱市场经济秩序，败坏社会风气。实践证明，一个经济高度发展的社会，必须以正确的价值观为支撑，进而才能有经济社会的持续健康发展。市场经济体制与社会主义基本制度的有机结合，是中国人民的自觉选择和伟大创造。有学者指出："从历史上看，任何一种新的经济体制的兴起，都要求得到价值观意义上的辩护。只有得到这种充分的辩护，人们才能理解新经济体制的正当性和合理性，从而使其产生的价值导向得到一个正确的定位。"① 社会主义、爱国主义和集体主义，是当代中国社会的主导价值观，也是促进社会主义市场经济健康发展的有效保障。有学者指出："先进的适合生产力发展的价值观念，对于经济社会发展和人民生活的提高，具有重要的促进作用；而落后的不适合生产力发展的价值观念，则不利于经济社会快速发展和提高人民生活水平。"② 张岱年的社会主义价值观，是在批判地继承中国传统价值观的精华和西方近现代价值观优良

① 卞敏著：《论邓小平的社会主义价值观》，《江苏社会科学》1997 年第 3 期。

② 黄枬森著：《马克思主义哲学体系的当代建构》，北京：人民出版社 2011 年版，第 976-977 页。

成分的基础上形成的，实现了从重义轻利到义利兼顾、从存理灭欲到理欲并重、从重群轻己到群己结合、从古代人道主义的人格价值观到社会主义人道主义的人格价值观的时代转换，即建构起义利并重、理欲兼顾、德力结合及德法统一的社会主义价值观，集体利益与个人利益辩证结合的社会主义集体主义价值观，以及体现时代精神的社会主义人格价值观，其中蕴含着社会主义伦理精神与社会主义市场经济内在特质结合、工具理性与价值理性相协调的理论品格。它既有利于克服计划经济价值观的严重缺陷，也有助于抑制市场经济价值观的负面影响。因此，张岱年的社会主义价值观，能够为社会主义市场经济的健康发展提供积极的价值引导和伦理保障。

（原题目为《论张岱年的社会主义价值观》，刊登于《南京政治学院学报》2013 年第 2 期，收入本书时略加修改或补充）

第四章　张岱年的人生哲学研究

张岱年先生认为，哲学所研究者即自然之根本原理与人生之最高准则。哲学即最高原理与最高准则之学，哲学的任务在于“显真以明善”。张岱年先生说：“人生论实是中国哲学所特重的。可以说中国哲学家所思所议，三分之二都是关于人生问题的。世界上关于人生哲学的思想，实以中国为最富，其所触及的问题既多，其所达到的境界亦深。”[①] 人生论是中国宇宙论之基本倾向，是中国传统哲学的显著特色。人生哲学思想也是张岱年先生早期哲学思想的最大创获。其人生哲学研思想集中体现在《辩证唯物论的人生哲学》《生活理想之四原则》《人与世界——宇宙观与人生观》《中国哲学大纲》及《天人五论》等论著中。

张岱年先生认为，马克思恩格斯尽管没有关于人生哲学的专门著作，但他们的著作中已经包含非常深刻的关于人生哲学的理论观点；而且还认为，中国哲学中的人生论涵盖天人关系论、人性论、人生理想论及人生问题论四大部分。张岱年先生以马克思主义人生论为指导，批判继承中国传统人生论，吸收借鉴西方近现代的生命哲学与唯理论的合理成分，建构起意蕴丰富而又富有特色的人生哲学观。张岱年先生认为，人生之道在于“充生以达理，胜乖以达和”；“理生合一”“与群为一”“义命合一”或“现实理想之统一”“动的天人合一”或“天人协调”的道德原则，应该是新时代人们“新的生活理想之纲领”。张岱年先生的人生哲学思想不仅涵盖人生理想论、人生目的论及人生创造价值论等丰富内涵，而且体现在自己的读书观、为人与为学及人生信念中。

---

① 《张岱年全集》（第2卷），石家庄：河北人民出版社1996年版，第501页。

一、张岱年的读书观

张岱年先生（以下称张先生）是我国现代著名的哲学家、哲学史家和伦理学家。张先生平生喜爱买书，喜爱读书，更喜爱著书。张先生在《我和书的故事》中说："我的一生似乎是在'读、讲、著'中度过，其实我是力求贯彻'博学之、审问之、慎思之、明辨之、笃行之。"① 张先生先后撰写《读与思》《漫谈读书》《我喜欢读的十本书》《我和书的故事》《我最喜欢的一本书》等有关读书的文章，明晰地表达了自己的读书观。

张先生的读书与学术人生是相辅相成的。张先生从读书中领悟人生哲理，著书立说，建构自己的哲学体系，成就自己的学术人生。在学术研究方面，张先生强调治学之道在于"修辞立其诚"，"直道而行"则体现了张先生道德学问的结合与升华。其学术成就主要集中在中国哲学史的阐释、哲学理论的探讨及文化问题的研讨等三个方面，集中体现在六卷本的《张岱年文集》或八卷本的《张岱年全集》中。

（一）读书与思考相结合，才能深知其意

书是前人经验的总结、前人思想的结晶。张先生认为，书是人类认识的载体。有知识的人把所见所闻或所思所想记录下来，便成为书。接受前人累积的知识，必须读书。但读书必须与思考相结合。孔子说："学而不思则罔，思而不学则殆"（《论语·为政》），强调学与思的结合，两者不可偏废。张先生在《漫谈读书》中说："读书是学，学习前人的经验与知识。在学的同时还要思，进行独立思考。"② 张先生在《我的家庭与幼年时期》中记述道：五六岁时进村中族人办的学塾，背诵《三字经》《百家姓》。之后，父亲为二兄和我延请一个表兄卢先生教我们念《论语》《孟子》《大学》《中庸》四书，只是背诵，并不讲解，也教我们看新式小学课本。当时的书念的不多。但随着年岁的增长，升至中学读书时，开始注重读书与思考的结合了。张先生在《学术自传》中说："我在中学读书时，对于哲学发生深厚的兴趣，当时阅读了先秦诸子及宋明理学书，经常思考关于宇宙人生的理论问题。"史学家司马迁在《史记·五帝本纪》中说："非好学深思，心知其意，固难为浅见寡闻道

---

① 《张岱年全集》（第8卷），石家庄：河北人民出版社1996年版，第501页。

② 《张岱年全集》（第8卷），石家庄：河北人民出版社1996年版，第444页。

也。”张先生取其“好学深思，心知其意”作为自己的读书之道。张先生认为，只有好学深思，心知其意，才能步入中国哲学殿堂。张先生幼年读“四书五经”，虽然不能深刻领会孔孟思想的微言大义，但随着年龄的增长和人生体验的丰富，中国传统文化的精髓已经在他幼小的心灵深深地扎下根。在《好学深思，心知其意》中指出：“我初读《老子》，感到莫名其妙，莫测高深。参阅了多种注解，加以反复思考，才对《老子》的精义奥旨有所了解。”“通过对《老子》《庄子》的研读，才引起对于宇宙人生根本问题的思考，才逐渐入哲学的殿堂。然后又读若干西方哲学的名著才逐渐学会进行哲学思考。”① 无疑，阅读中国古典文献，为张先生从事中国哲学史的研究打下了坚实的基础。张先生还说：“思就是在接受别人的经验并取得自己的经验的基础上加以分析综合。”“我们读书，必须加以思考，即加以分析，去粗取精，去伪存真。迷信典籍，只能是思想陷于停滞，那是不足取的。”② 张先生强调读书要与思考的结合，提倡创造性思维与批判精神。

以人生为主旨的哲学思考是最高意义的思考。哲学离不开沉思和冥想。张先生自从对哲学产生了兴趣后，就养成了一种沉思和冥想的习惯。冯友兰在《张岱年文集》第1卷的序言中说：“盖张先生真是一位如司马迁所说的‘好学深思之士。”张先生说：“当时对于哲学有所了解之后，于是对于宇宙人生的一些重大问题深感兴趣。常常独自沉思：思天地万物之本原，思人生理想之归趋。每日晚上经常沉思一二小时，养成致思之习。”③ 就读书、思考与学术研究关系而言，张先生认为，“我们做学问，第一要虚心，尊重前人已经取得的成就；第二要敢于独立思考，发扬创造性的思维，在前人成就的基础上有所创新。”④ 可见，对张先生来说，思考是读书与著述的媒介，或者说思考是著书立说的智慧源泉。张先生进一步指出：“古代哲学必然有其时代的局限性，我们读书，一方面要虚心体会，努力研求其中的深湛义蕴，另一方面还要有批评态度，要辨识古人思想的偏失。既要虚心，又要保持批评精神，才是正确的态度。”“在读书的过程中勤于思考，在思考的过程中参阅古今中外的名著，这是研究学问的必由之路。”⑤ 在《平生学说宗旨》中说：“我四十岁前（1949年以前），兼治中西哲学，既诵习中国古代哲学典籍，又阅读

① 《张岱年全集》（第8卷），石家庄：河北人民出版社1996年版，第385页。
② 《张岱年全集》（第8卷），石家庄：河北人民出版社1996年版，第383-384页。
③ 《张岱年全集》（第8卷），石家庄：河北人民出版社1996年版，第575页。
④ 《张岱年全集》（第8卷），石家庄：河北人民出版社1996年版，第367页。
⑤ 《张岱年全集》（第8卷），石家庄：河北人民出版社1996年版，第445页。

英文哲学著作，而颇好深沉之思，不自量力，拟穷天人之故，于是著《天人五论》（《哲学思维论》《知实论》《事理论》《品德论》《天人简论》），对宇宙人生，独抒所见。"[①] 张先生经常借用古人所说的"好学深思，心知其意"的话语来指导自己的阅读，深化自己的学术研究。哲学家冯友兰说："一个哲学家总要进行哲学思考，这就是说，他必须对人生进行反思，并把自己的思想系统地表达出来。""有关人生的学说，有关宇宙的学说以及有关知识的学说，都是由这样的思考中产生的。"[②] 张先生在《好学深思，心知其意》中又说："研习哲学和哲学史，首先要对于宇宙的奥秘、人生的真谛感到兴趣，然后才能致力于哲学思考。古典哲学著作都表现了哲学家努力探索真理的苦心深虑。首先要虚心加以体会，然后才能理解其学说中奥蕴。"[③] 作为哲学家、哲学史家，张先生始终认为，只有做到读书与思考相结合，才能对人生真谛有深刻的领悟。张先生在"天人五论"的《品德论》中指出：人生之道在于"充生以达理，胜乖以达和"，[④] 即充分发展人的内在生命力，克服生活中的矛盾和冲突，达到和谐的人生理想境界。

（二）读书能够满足人的精神生活需求，提高精神境界

人生的目的是提高自己、充实自己，使自己的品德变得高尚。张先生认为，读书在于能够满足人的精神生活，提高精神境界。从人的需求来看，人既有物质生活的需求，又有精神生活的需求。物质生活是人类生存和发展的基本需要，构成了社会存在的基础。人作为文化的生物、精神性的存在还需要高雅的精神生活。中国古代哲学家特别注重提高精神生活品位。不同程度的精神生活可以说具有不同的精神境界。孔子称赞颜回："一箪食，一瓢饮，在陋巷，人不堪其忧，回也不改其乐，贤哉回也！"（《论语・雍也》）即是说，颜回虽然过着清贫的物质生活，却有高尚的精神生活，因此是值得赞扬的。儒家认为精神生活比物质生活更有价值。物质生活是精神生活的基础，但精神生活高于物质生活。张先生说："人与其他动物不同，不但有物质生活，而且有精神生活，不但追求本能的满足，而且追求真、善、美的精神价值。"[⑤] 张先生在《晚思集》中进一步指出："真的载体是科学与哲学；善的

① 《张岱年全集》（第8卷），石家庄：河北人民出版社1996年版，第625页。
② 冯友兰著：《中国哲学简史》，天津：天津科学出版社2007年版，第2页。
③ 《张岱年全集》（第8卷），石家庄：河北人民出版社1996年版，第386页。
④ 《张岱年全集》（第8卷），石家庄：河北人民出版社1996年版，第208-209页。
⑤ 《张岱年全集》（第7卷），石家庄：河北人民出版社1996年版，第485页。

载体是道德行为与道德觉悟；美的载体是文学与艺术。”① 张先生又说：“真、善、美是人所追求的。如果一切价值都只是功用价值，则一切事物都只是满足需要的工具。……人生之所求不仅是新的工具，而是要达到一定的目的的。真、善、美就是人生在生活上所追求的最高目的。”② “在精神领域中，有人致力于探求自然的奥秘，有人沉思人生的终极价值。”③ 无论是探求自然奥秘，还是沉思人生的终极价值，既要通过读书借鉴古人的经验，又要通过著书立说来总结探索与沉思的结果。

张先生在《我的家庭和幼年时期》中记述道：母亲在世时，常对二兄和我说：你们要努力向上，做个好人。我们遵循母亲的遗教，努力读书学习，从不沾染社会上的各种恶习，对于世俗的娱乐如听戏打牌等亦无所好。张先生平生生活简朴，对吃饭穿衣、居住条件及名誉地位等无所奢侈的要求，常年过着恬淡平静的生活，只求精神生活的充实。学者陈来记述道：张先生平日不吸烟、不饮酒，衣着朴素，生活节俭，一生以求知、读书和著述为乐事，此外更无嗜好。故张先生不贪图金钱富贵而以读书和著述为乐，实有“孔颜之乐”的境界。孟子说：“从其大体为大人，从其小体为小人。”（《孟子·告子上》）所谓“大体”是指人的心灵，而“小体”则是指人的感官。“从其大体”，就是满足心灵的高尚需要；“从其小体”，就是致力于满足物质欲望。如果一个人仅仅追求物欲的满足而忽视心灵的安顿，则只能是“小人”的定位。孔子提出的“君子食无求饱、居无求安”（《论语·学而》）“君子谋道不谋食”“君子忧道不忧贫”（《论语·卫灵公》）等命题，都是强调精神生活高于物质生活。在现代社会，满足人的精神生活有多种方式，如看电影电视、阅读报纸杂志、欣赏音乐等。张先生继承与弘扬儒家的精神生活论，认为读书能满足人的精神生活需求，并说：“通过读书，我认识到人除了衣食住行的物质生活之外还应有高尚的精神生活。通过读书，我了解到自古以来许多志士仁人感人肺腑的光辉事迹。”④ 中国古代就有“头悬梁、锥刺股”之类的读书故事，读书似乎是一种苦差事。而张先生则把读书看作一种愉悦的事，即从读书中获得一种精神上的享受。张先生在《追求真理，振兴中华》中，极力倡导青年人努力读书，并指出：“青年同志生在今日，游泳于广大的知识海洋中，较之于古人，幸福多了。”即认为读书能够获得幸福感。1992 年在《北

---

① 张岱年著：《晚思集》，北京：新世界出版社 2002 年版，第 116 页。
② 《张岱年全集》（第 7 卷），石家庄：河北人民出版社 1996 年版，第 260 页。
③ 《张岱年全集》（第 7 卷），石家庄：河北人民出版社 1996 年版，第 570 页。
④ 《张岱年全集》（第 8 卷），石家庄：河北人民出版社 1996 年版，第 442 页。

京图书馆八十周年有感》中又说："到图书馆看书，实在是一种享受。"张先生尤其钟情于明清时代的刻本书籍，在《我和书的故事》中说："现在年过八旬，有时取出明刻及清代精刊，观览一番，也就很满足了。"① 张先生喜爱读书，喜爱著书，强调精神生活高于物质生活、精神价值优越于物质价值。张先生在《饮食之道》中指出："'食无求饱，居无求安'，这是从个人修养来讲的。个人修养应以提高精神境界为第一义，如果只知道追求物质享受，那就难以养成高尚品德了。"② 总之，张先生一生安于清贫，在物质生活上无奢求，而又淡泊名利。因此，他的全副精力都用于读书和学术研究活动之中。

（三）读书领悟人生哲理，成就自己的学术人生

张先生平生喜爱读书，可谓是博览群书，涉猎古今中外的名著。但张先生不是为读书而读书，更不是读死书，死读书。而是从读书中领悟人生哲理，著书立说，建构自己的哲学体系，成就自己的学术人生。张先生在《在京求学》中记述道：初中毕业时，班主任老师让每位学生学写终生志愿，"我写道：'强中国，改造社会；成或败，退隐山林。'今日看起来很可笑，表现了当时的狂放和幼稚。中年以后，自知不是搞政治的材料，就专门从事学术研究了，但报国之志是始终不渝的。"③ 从 20 世纪 30 年代起，张先生在师大边读书，边做学问。在《三十年代至四十年代的探索》（上）中指出："1932 年，吾兄申府主编《大公报·世界思潮》，使我有机会发表一些长短不同的学术文章，颇引起学术界的注意，是为我参加学术论坛之始。"④ 从 1933 年清华大学任教起到 1979 年"右派"改正止，张先生近半个世纪的学术生涯，道路坎坷、命运多舛。其中，"文革"期间，流行"知识越多越反动"的口号，学术受到蔑视，张先生感到研究学术前途无望。1978 年党中央"拨乱反正"，肯定知识的价值，肯定教育的重要，张先生又感到学术研究又有希望，"于是改陈子昂的诗句为：'前既闻古人，后亦观来者（现在的青年人都是来者），念天地之长久，独欣然而微笑。'"⑤ 表达了张先生学术人生的乐观情趣。

张先生于 1909 年出生在一个书香世家。少年时代深受父兄的熏陶和指引是他从学的起点。父亲张濂，字中卿，一字众清，是一位对中国经史有着深

---

① 《张岱年全集》（第 8 卷），石家庄：河北人民出版社 1996 年版，第 501 页。
② 《张岱年全集》（第 8 卷），石家庄：河北人民出版社 1996 年版，第 390 页。
③ 张岱年著：《耄年忆往——张岱年自述》，太原：山西人民出版社 1997 年版，第 4 页。
④ 张岱年著：《耄年忆往——张岱年自述》，太原：山西人民出版社 1997 年版，第 9 页。
⑤ 张岱年著：《耄年忆往——张岱年自述》，太原：山西人民出版社 1997 年版，第 92 页。

厚造诣的学者。晚年喜“黄老之学”，研究《黄帝内经》和《黄庭经》。对于张先生推崇老子的辩证法或许有一定的影响。长兄张申府是当代著名的学者和政治活动家。张先生在《张申府的哲学思想》中说：“我青年时期初习哲学，曾受到申府的引导。我从事哲学思维，也是从阅读罗素著《我们的外界知识》开始，后来我钻研马克思、恩格斯、列宁的哲学著作，也受到申府的指引。”① 由于受父兄的熏陶与影响，张先生喜爱读中国传统哲学和西方哲学著作。张先生在《我喜欢的十本书》中记述道：自己喜欢读《论语》《孟子》《老子》《庄子》《易专》《史记》《陶渊明集》《路德维希·费尔巴哈和德国古典哲学的终结》《自然辩证法》《哲学笔记》等十本书。在《晚思集》中，张先生在《我与中国哲学史》中又说：我在中学读书时，即对中国哲学史很感兴趣。幼年时在家塾诵读《论语》《孟子》，只是背诵，不晓其义。到十几岁时，读了周敦颐的《通书》和张载的《正蒙》，才对孔孟的哲学思想有所了解。初读《老子》，如坠五里雾中，莫名其妙。后来读了一本题为《新解老子》，其中说：老子所谓道即是天地万物的最高原理，于是对《老子》有所了解。嗣后，我阅读了梁任公的《论中国学术思想变迁之大势》及《清代学术概论》、胡适之的《中国哲学史》上卷，对中国哲学史很感兴趣。张先生早年在长兄张申府的引导下就拜读怀特海、罗素、博若德等西方哲人的著作，对于逻辑分析方法感兴趣。在《我最喜欢的一本书》中又说：“虽然喜读分析学派的著作，但是我更喜欢读的是马克思、恩格斯的哲学著作。……我喜读马克思、恩格斯合著的《德意志意识形态》，更喜读恩格斯的《反杜林论》《自然辩证法》，但是最喜欢读的是恩格斯所著的《费尔巴哈和德国古典哲学的终结》。”② 张先生阅读马克思、恩格斯与列宁的著作，对于辩证唯物论和唯物辩证法深表赞同，并且“认为辩证唯物论既博大精深，又切合实际，实为最有价值的哲学。”③ 因此，张先生立志发掘中国传统哲学中的唯物论和辩证法的思想。20 世纪 50 年代，撰写了《中国唯物主义思想简论》，晚年又著《中国唯物史》。

在学术研究方面，张先生侧重于哲学问题和中国哲学史的研究。张岱年先生在《三十年代至四十年代的探索》（下）中说：回忆 20 世纪 30 年代初期，读熊十力先生的《新唯识论》，20 世纪 40 年代之初，读冯友兰的《新理学》与金岳霖的《论道》，深佩诸先生好学深思，各自建立自己的理论体系。

① 《张岱年全集》（第 8 卷），石家庄：河北人民出版社 1996 年版，第 532 页。
② 张岱年著：《晚思集》，北京：新世界出版社 2002 年版，第 158 页。
③ 张岱年著：《耄年忆往——张岱年自述》，太原：山西人民出版社 1997 年版，第 10 页。

然而犹未餍足，亦想提出自己对于哲学问题之所见，于是就写出《哲学思维论》《知实论》《事理论》及《品德论》等哲学论稿。张先生在《我与中国哲学史》中又说：30年代，我阅读了先秦诸子、魏晋玄学、宋明理学以及清代的学术著作，对于中国哲学的发展过程有所了解，颇想写一本中国哲学史。但由于冯友兰先生的名著《中国哲学史》出版了，其考证之精，分析之细，使我深深敬佩！如果再写一本“中国哲学史”，就很难超过冯著的水平。于是，张先生就改换体裁，撰写一本以问题为纲的中国哲学史，即1936年写出初稿、约五十万字的《中国哲学大纲》。在20世纪三四十年代，张先生先后完成《中国哲学大纲》和《天人五论》。前者是史，后者是论。一史一论，互为表里，构成了张先生的学术与哲学体系。此外，张先生还撰写了《中国唯物主义思想简史》《张载——中国十一世纪唯物主义哲学家》《中国哲学发微》《中国哲学史料学》《中国哲学史方法论发凡》《中国伦理思想研究》《中国古典哲学概念范畴要论》等数十篇中国哲学史著作或论文。

在《今年八十八》中，张先生对自己的学术研究作了总结说：“我的学术研究有三个方面，一是中国哲学史研究，注意阐发中国古典哲学中的唯物论与辩证法思想。二是哲学理论研究，试图将唯物论与分析哲学的逻辑分析方法结合起来，将马克思主义唯物论与中国哲学的优秀传统结合起来。三是文化问题的讨论，提出‘综合创新论’，既反对全盘西化论，也反对文化保守主义。”① 张先生喜爱读哲学著作，擅长撰写哲学论著，既受家学的影响，更重要的在于哲学的魅力。张先生之子指出：“在父亲那里，哲学本来就是为人生的。1932年，他就提出，运用辩证法于生活，乃能得到一种‘快乐而有价值的生活’。他一直在宣传‘哲学是生活之自觉’‘哲学是行动之指针’；哲学，是用来‘强精神’的。”② 在所研读的书中，张先生极力赞扬《论语》中孔子提出的“仁”的原则，认为是古代的人道主义；高度赞赏《孟子》所宣扬的“富贵不能淫，贫贱不能移，威武不能屈”的大丈夫人格境界；充分肯定《易传》中宣扬的“刚健”的生活原则，为中华民族的“自强不息”的民族精神确立了思想基础；认为陶渊明人品高尚，达到了精神生活的最高境界；甚为赞赏《路德维希·费尔巴哈和德国古典哲学的终结》是辩证唯物主义与历史唯物主义的简明经典。从所喜爱读的书中，我们能领悟到张先生的学术风格和人格境界。“自强不息，厚德载物”，是古典文献《周易》提出的经典命

---

① 张岱年著：《晚思集》，北京：新世界出版社2002年版，第128页。

② 张尊超、刘璜：《追求中国哲学的复兴》，《博览群书》2009年第8期。

题，张先生将其界定为“中华精神”或中华民族精神的核心内容，并一生躬体力行。张先生在《张岱年自传》中亲笔题写：“自强不息，厚德载物，好学深思，心知其意，言有物而行有恒。”此乃张先生学术风格和人格境界的真实写照。张先生在学术上取得的卓越成就得益于自己的人格境界和精神品格。

张先生认为哲学家有三种类型：散文型、诗歌型、戏剧型。散文型哲学家，平实而崇高；诗歌型哲学家，跳跃而浪漫；戏剧型哲学家，一生中有许多戏剧型的经历。其中，散文型哲学家乐天知命，随遇而安，自觉地践履自己的人生理想和道德原则。张先生是一位散文型哲学家，平实而崇高。南朝梁人刘勰著《文心雕龙·祝盟》中说：“修辞立诚在于无愧。立诚在肃，修辞在甘。”即是说著文求信实不虚而甘美。张先生借用古人之言倡导“修辞立其诚”的治学之道。所谓“立其诚”即是坚持真实性，有三层含义：一是名实一致；二是言行一致；三是表里一致。张先生曾说：“平日读书，喜简约之文，厌敷衍之词。因而每执笔则务求简赅，削去浮词。”① 因此，有学者指出：“张岱年的平实就是一种‘尊德性而道问学，致广大而尽精微，极高明而道中庸’，这是他平生学术与生活的真实写照。”② 也有学者说：“先生为学真诚，为师热诚，为人坦诚，归根结底是一个‘诚’字。先生是我们治学做人的终身楷模。希望这个‘诚’字能够永远滋养、浸润我们的学界、人间。”③ 张先生为人正直，奉行直道而行。哲学家冯友兰先生在《张岱年文集·序》中说：“张先生之学生有习篆刻者，欲治一闲章以相赠，请示印文，张先生明刻‘直道而行’四字。”冯先生认为，“直道而行”四字概括了张先生的立身之道。那位治镌刻者乃是张先生的高足清华大学的刘鄂培教授。据刘教授记载：1982 年 9 月的一天，他与张先生谈心，回顾往事，感慨万分，道出了自己的处世观：“历次政治运动的冲洗，和我个人遭遇坎坷的磨练，有如河床的卵石，棱角早已磨光，而我却十分欣赏古人的诗句‘取象如钱，内方外圆’，棱角虽无，但永葆内心方正。”④ 张先生听了后一愣，沉默良久，提起笔来写了“直道而行”四个字回赠予我。刘教授既深感惭愧，又深受感动和鼓舞，为此写一篇感文记其事始末。张先生一生经历坎坷，1957 年“反右”时，张先生以“直道而行”而招来横祸，竟然被打成“右派”，剥夺了先生的著作权，从而造成学术上陷入了“20 年的空白”时期。20 年后，先生仍然不改初衷，

---

① 《张岱年全集》（第 3 卷），石家庄：河北人民出版社 1996 年版，第 3 页。
② 刘军平著：《传统的守望者——张岱年哲学思想研究》，北京：人民出版社 2007 年版，第 46 页。
③ 陈来主编：《不息集——回忆张岱年先生》，北京：北京大学出版社 2005 年版，第 252 页。
④ 陈来主编：《不息集——回忆张岱年先生》，北京：北京大学出版社 2005 年版，第 73 页。

一往直前。此种高尚的精神情操和刚正的人格境界，令世人景仰。同时，“‘直道而行’也是岱年先生在七旬之后能够满腔热忱地投入学术工作，从而迎来第二个学术高峰的根本原因。”① 可见，“直道而行”，不仅是立身之道，又是治学之道，体现了张岱年先生道德学问的结合与升华。

（原文刊登于《学术界》2010 年第 12 期，收入本书时略加修改或补充）

二、张岱年的为人与为学

（一）前言

张岱年（1909—2004），河北省献县人，是我国当代杰出的哲学家和哲学史家，也是著名的伦理学家，被学界誉为“国学大师”。1933 年毕业于北京师范大学，先后任教于清华大学、中国大学、北京大学。主要著作有《中国哲学大纲》《真与善的探索》《中国伦理思想研究》及《中国古典哲学概念范畴要论》等。有《张岱年全集》（八卷本）行世。张岱年先生总结自己的学术研究有三个方面：一是中国哲学史的阐释，二是哲学理论问题的探索，三是文化问题的探讨。张岱年先生著述丰富，硕果累累，是当代中国哲学研究最有威望且成就突出的大师，其研究成果在国内外学术界有着十分重要的地位和影响。从一定意义上来说，张岱年先生所取得的学术成就得益于自己的为人与为学。

人生在世，所做的事情可谓“多如牛毛”，然而概括起来无非两件事：一是如何做人，二是如何做事。而做人和做事，对于从事学术研究的专家或学者来说，就是为人和为学两件事。如何为人，也就是如何为人处世。为人是处世的根基，处世是做人的体现，两者是同一事物的两个方面，一样是合二为一的。读书治学是专家或学者的职责。读书是治学的基础，治学是读书的升华，两者也是同一事物的两个方面，一样是合二为一的。儒家倡导“尊德性而道问学”，德性与问学、为人与为学构成了儒家通向理想人生境界的两条路径。古往今来，不同的学者有不同的为人处世境界，不同的学者也有不同的读书治学境界。现代新儒家熊十力先生曾说：“为人不易，为学实难。”笔

① 刘鄂培、杜运辉编著：《张岱年先生学谱》，北京：昆仑出版社 2010 年版，第 28 页。

者认为，把为人与为学真正融为一体可谓是“难上加难”。对优秀的中国学者或杰出的哲学家、思想家而言，为人与为学、德性与问学通常是融合在一起的。

（二）张岱年先生为人与为学境界的阐释

张岱年先生作为杰出的哲学家和哲学史家，有着自己独特的为人与为学境界。其为人与为学境界集中体现为“直道而行”的独立人格境界，“自强不息，厚德载物”的道德学问人生精神，“修辞立其诚”的立身治学宗旨及“好学深思，心知其意”的读书治学座右铭。张岱年先生的“为人”也是在“为学”，“为学”也是在“为人”。张岱年先生的为人与为学是相互贯通、相辅相成的，共同彰显其道德学问和人生境界。

第一，“直道而行”的独立人格境界。张岱年先生所秉持的“直道而行”的独立人格意志出于《论语》中的《卫灵公》篇：“吾之于人，谁毁谁誉？如有所誉者，其有所试矣。斯民也，三代之所以直道而行也。”儒家创始人孔子自述自己的人生理想为“志于道，据于德，依于仁，游于艺”（《论语·述而》）；还说“朝闻道，夕死可矣”（《论语·里仁》）；并且说：“君子谋道不谋食”“君子忧道不忧贫。”（《论语·子路》）足见，孔子对“道”的重视和追求。张岱年先生终生秉持儒家之道，勇于探索真理，敢于坚持真理；凛然正气，刚正不阿，而又平易近人。张岱年先生反复说，我特别推崇孟子的“良贵”学说，孟子高扬人的独立人格，特别重视人的人格尊严，对于中华民族精神文明的健康发展，起了巨大的积极作用。孟子的“良贵说”，肯定人具有天赋的、本然的“内在人格价值”，且是不可剥夺的。孟子崇尚“良贵”而又鄙视聚敛财富的富贵和滥用权力的权贵。“孟子的良贵学说，肯定人的价值，即人作为一个人的内在价值，认为人具有内在价值，所以具有独立的人格，从而具有人格的尊严，为了保持人格的尊严可以牺牲生命。”① 张岱年先生秉持“直道而行”的独立人格境界，无疑深受孟子“良贵”说的影响。冯友兰先生在《张岱年文集·序》中写道：“张岱年先生学生有习篆刻者，欲治一闲章以相赠，请示印文，张先生命刻‘直道而行’四字。此张先生立身之道也，非闲章也。”1996 年，张岱年先生说：“人生最重要的事情是要有‘人的自觉’。所谓人的自觉就是真正了解‘人之所以别禽兽者’，亦即了解‘人之所以为人者’。我认为人的自觉主要有两个方面，第一要有人格意识，第二

---

① 张岱年著：《晚思集》，北京：新世界出版社 2002 年版，第 80 页。

要有社会责任意识。”[①] 坚持独立人格与担当社会责任的统一，体现了张岱年先生为人与为学的合一。“直道而行”可谓是张岱年先生立身处世之道。“直道而行”，体现了张岱年先生的儒者豪气：从推崇孔子提出的“三军可夺帅也，匹夫不可夺志也”的独立人格意志，到孟子倡导的“富贵不能淫，贫贱不能移，威武不能屈”的大丈夫人格，再到陆九渊的“不识一个字，亦须还我堂堂地做个人”的做人尊严。“直道而行”体现出张岱年先生的独立人格境界，也彰显出张岱年先生的儒者风度和大家气象。

“直道而行”的独立人格境界，不仅体现在为人处世方面，还体现在读书治学方面。张岱年先生在治学方面所坚持之“道”，是指马克思主义普遍真理。运用马克思主义的立场、观点和方法研究学术问题，是张岱年先生学术思想建构的显著特色。张岱年先生自从接受马克思主义之后，始终如一地坚持以马克思主义辩证唯物论为指导进行学术研究，无论是20世纪30年代面对国民党的“文化围剿”，还是身陷敌伪占领的北平，对辩证唯物论仍然坚信不疑，其间相继撰写了《先秦哲学中的辩证法》《秦以后哲学中的辩证法》《关于新唯物论》及《中国哲学大纲》等。虽然在50年代的“反右”中遭受诬陷直至“文革”结束，大约有20年时间不准“乱说乱动”，但他仍然认真学习和研究辩证唯物论。“在划入另册的时候，我自信是拥护社会主义的，我仍然信持辩证唯物论，愿努力弘扬中国唯物论的光辉传统。”[②] 可见，虽然处境困厄，降志辱身，但对马克思主义辩证唯物论未有丝毫动摇和怀疑。“我自30年代之初即赞扬唯物论，推崇辩证法，迄今六十多年，对于唯物论的坚持，老而弥笃。”[③] 张岱年先生坚持治学之道，真正达到了“举世而誉之而不加劝，举世而非之而不加沮”（《庄子·逍遥游》）的独立人格境界。张先生认为，读书治学既要随着时代前进，又不能随风向而转移，这是坚持真理的两个方面。1991年，张岱年先生在《我为什么信持辩证唯物主义》文章中说：“在哲学方面，我对于哲学唯物主义之为真理深信不疑。……80年代中期，很多人高喊所谓‘主体性’、所谓‘实践本体’等等，如果脱离了唯物主义的前提来讲主体性或实践，事实上是改头换面地宣扬唯心主义，我认为是谬误的。”[④] 在《今年八十八》中又说：“王静安（国维）曾说：有的哲学可爱而不可信：有的哲学可信而不可爱。可信的哲学是唯物论、实证主义等；可

① 张岱年著：《晚思集》，北京：新世界出版社2002年版，第129页。
② 张岱年著：《通往爱智之门》，北京：北京大学出版社2011年版，第107页。
③ 张岱年著：《通往爱智之门》，北京：北京大学出版社2011年版，第144页。
④ 张岱年著：《通往爱智之门》，北京：北京大学出版社2011年版，第147页。

爱的哲学是唯心论、理想主义等。……我认为唯物论既是可信的，也是可爱的。辩证唯物论既肯定世界的统一性在于物质性，又肯定人的精神的作用，体现了客观真理。”[①] 关于中国文化的前景问题，张岱年先生指出：“社会主义新中国文化的建设，必须以马克思主义普遍真理为指导，发扬中国文化的优良传统，同时吸取近现代西方文化的先进成就。”[②] 即是说，在坚持“百花齐放、百家争鸣”的学术方针前提下，社会主义新文化建设，仍然要坚持以马克思主义为指导思想。坚持马克思主义普遍真理之道，伴随张岱年先生 70 年的风风雨雨的学术历程。总之，张岱年先生是一位坚定的马克思主义者。坚持用马克思主义普遍真理来研究学术问题，建构自己的哲学体系，是张岱年先生一以贯之的治学之道。

第二，“自强不息，厚德载物”的道德学问人生精神。“自强不息”“厚德载物”，是张岱年先生最喜欢的两句经典格言。张岱年先生认为：“《周易大传》的两句话‘自强不息’‘厚德载物’，是民族精神的集中表述。”[③] 自强不息就是中华民族积极进取、不甘落后、不向恶势力屈服的拼搏奋斗精神；厚德载物就是中华民族崇尚道德、爱好和平、容纳众物的博大宽容精神。“自强不息，厚德载物”，可以称为“中华精神”。自强不息、厚德载物，既是中华文化不断传承创新的精神源泉，也是中国优秀知识分子的精神品格。张岱年先生指出：“《象传》说：‘天行健，君子以自强不息。’天体运行，永无已时，故称为健。健含有主动性、能动性以及刚强不屈之义。君子法天，故应自强不息。”[④] 张岱年先生晚年老当益壮，致力于学术研究，把自强不息的精神品格深深地溶化在自己的独立人格和学术研究中。张岱年先生在《今年八十八》中说：“‘老骥伏枥，志在千里’。‘驽马十驾，功在不舍’。我愿意继续努力”；[⑤] 在《望九之年：无厌无倦，壮心不已》中说：“进入 90 年代，我虽是耄耋老人了，但求知的渴望并未衰减。……我发表了一系列的文章，主要讨论了四类理论问题：（一）关于价值观与新道德建设的问题，（二）关于中国传统哲学的基本问题与基本派别，（三）关于中国文化与中国哲学的优秀传统的分析，（四）关于中国文化与中国哲学的发展前景”；[⑥] 1990 年在《研

① 张岱年著：《晚思集》，北京：新世界出版社 2002 年版，第 128 页。
② 张岱年著：《通往爱智之门》，北京：北京大学出版社 2011 年版，第 159 页。
③ 《张岱年全集》（第 7 卷），石家庄：河北人民出版社 1996 年版，第 221 页。
④ 《张岱年全集》（第 5 卷），石家庄：河北人民出版社 1996 年版，第 420 页。
⑤ 张岱年著：《晚思集》，北京：新世界出版社 2002 年版，第 128 页。
⑥ 张岱年著：《通往爱智之门》，北京：北京大学出版社 2011 年版，第 150-151 页。

习哲学过程杂忆》中又说："吾今已届耄耋之年，渐就衰损，但生命不息，工作不止，还要向理论深处进行求索。"① 张岱年先生在学术上的不懈探索精神，是对儒家孔子"发愤忘食，乐以忘忧，不知老之将至"的积极进取的人生精神的继承与弘扬。张岱年先生认为，"有生之物都具生命力，而人的生命力最为旺盛。生命力即是能改造环境而不屈服于环境的内在力量。""人生之道，在于充实生命力，克服生命的矛盾，以达到合理的境界。"② 张岱年秉持"自强不息"的积极进取精神，就是致力于读书治学，充实生命力，克服人生中的矛盾，力求达到完美的道德学问人生境界。明末清初哲学家王船山晚年疾病缠身，但仍然著书立说，体现了自强不息精神。《姜斋公行述》记述道："迄于暮年，体羸多病，腕不胜砚，指不胜笔，犹时置楮墨于卧榻之旁，力疾而纂注。"张岱年先生晚年自称"渠山拙叟"（"渠"即横渠，"山"乃船山），表达了以北宋哲学家张载和明末清初哲学家王船山为学术人生楷模的意愿，凸显了"为天地立心，为生民立命，为往圣继绝学，为万世开太平"（张载《正蒙》）的神圣使命。终生勤奋，致思学问，笔耕不辍，为发展祖国学术事业做出毕生的贡献，此乃"自强不息"精神的真实写照。

有学者指出：厚德载物的"物"，"既指自然之物，也指社会存在。对于自然物，厚德之载，意味着滋生万物，顺承天意；对于社会存在，厚德之载，意味着继善成性，成为谦谦君子"。③ 因此，"物"之外延或具体对象不同，厚德载物就表现为不同的精神品格。对张岱年先生而言，厚德载物精神不仅体现为张先生宽厚仁慈的为人品质，而且也表现为张先生学术建构的治学品格。具体而言，对年轻学者而言，厚德载物就体现为对于年轻学者学术的热心帮助，即孔子所谓"己立立人、己达达人"的推己及人精神；对于不同学术观点而言，厚德载物就体为孔子所说的"和而不同"精神；对于不同学术派别而言，厚德载物就体现为"百花齐放、百家争鸣"的文化方针；对于自己的文化观而言，厚德载物就体现为"文化综合创新论"的方法论；对于自己的哲学观而言，厚德载物就体现为"兼赅众异而得其平衡"的"兼和"理念等。张岱年先生是当代一位哲人，是智者也是仁者。冯友兰说："张先生之木讷气质，至老不变。孔子曰：'刚毅木讷近仁。'"④ 平易近人，平等待人，以礼待人，宽容他人，是张先生处理人与人之间关系的基本准则。张岱年先

① 《张岱年全集》（第8卷），石家庄：河北人民出版社1996年版，第464页。

② 张岱年著：《通往爱智之门》，北京：北京大学出版社2011年版，第268页。

③ 张岂之主编：《中国优秀传统文化核心理念读本》，北京：学习出版社2012年版，第158–159页。

④ 冯友兰著：《三松堂全集》（第13卷），郑州：河南人民出版社2000年版，第489页。

生认为，“仁”是中国哲学中人生理想论的核心观念。孔子以“仁”为中心，建立了一个以“仁学”为核心的思想体系，并把“仁”的意谓解释为：“一，仁是一方自强不息，一方助人有成，是人己兼顾的。二，仁可以说包含对别人的尊重。三，仁是由己及人，仍以自己为起点。四，仁固包含情感上的爱，乃物质生活上的扶助，而更注重道德上的励导。仁固注意别人生活的维持，而更注意别人道德的提高。仁者对于别人之爱助，目的在于使其成为有德行有成就的人。”① 文如其人，张岱年先生对儒家孔子“仁”的意谓的解读，契合自己的仁者品格，体现了大家风范和气象。可见，“厚德载物”体现了张岱年先生宽厚仁爱的为人品质和学术建构的治学品格。总之，自强不息的进取精神，厚德载物的宽容品质，融入张岱年先生的为人与为学中，显现出张岱年先生的道德学问人生境界。

第三，“修辞立其诚”的立身治学宗旨。从人生修养角度看，“诚”即是为人处世要做到“诚实”“真诚”，仰不愧于天，俯不怍于人，堂堂正正。张岱年先生在评析儒家“五常”伦理时说，“五常”之中最单纯的是“信”，“信”即诚实，即说话符合事实，这是人与人之间相互对待的基本道德，是必须肯定的。张岱年先生说：“诚的本义是信。《说文》云：‘诚，信也。’说话符合事实谓之诚。”②《易传》讲“修辞立其诚”，即是说信念一方面要符合客观实际，一方面要表现于生活行动之中。简而言之，“修辞立其诚”就是强调立言为文要坚持“诚”，就是说发言立论要以事实为根据，达到真实可信。诚者实也，真也。现代所谓真，古代儒家谓之“诚”。张岱年先生说：“哲学乃所以求真。既已得真，然后可由真以达善。如无求真之诚，纵然聪明博辩，亦止于成为粉饰之学。”③ 著书立说，把自己真实的见解表达出来，乃是“修辞立其诚”的起码要求。张岱年先生以“修辞立其诚”作为自己的治学之道，始终注意将思想与生活统一起来，为自己的学术研究奠定坚实的生活基础。张岱年先生在《中国古典哲学概念范畴要论》中对此进一步解释道：《周易·乾卦·文言传》云：“子曰：‘君子进德修业，忠信所以进德也；修辞立其诚，所以居业也。’此以‘诚’与‘辞’联系起来讲，意谓辞的标准在于诚。诚即如实之意。《庄子·渔父》以‘精诚’解‘真’，足见‘诚’与‘真’是同一意义。”④ 张岱年先生于1992年4月发表在《人民日报》的一篇文章，对

① 《张岱年全集》（第2卷），石家庄：河北人民出版社1996年版，第288–289页。
② 《张岱年全集》（第4卷），石家庄：河北人民出版社1996年版，第554页。
③ 《张岱年全集》（第3卷），石家庄：河北人民出版社1996年版，第69–70页。
④ 《张岱年全集》（第4卷），石家庄：河北人民出版社1996年版，第690页。

“修辞立其诚”的含义作进一步阐释：“‘立其诚’可以说包括三层含义，一是名实一致，一是言行一致，一是表里一致。”“‘修辞立其诚’，包含端正学风的问题。据《汉书·儒林传》记载，齐诗的经师辕固曾对公孙弘说：‘务正学以言，无曲学以阿世。’所谓曲学阿世即是哗众取宠，曲解经典的原义以讨好于时尚，也就是背离了原则而顺风转舵，这就违反了追求真理的学术宗旨。”① “千磨万击还坚韧，任尔东西南北风”。在学术研究中，张岱年先生无论在逆境还是在顺境中，都能做到不唯书、不唯上，只唯实。张岱年先生说：“哲学家须有寻求客观真理之诚心。”② 张岱年先生晚年自号“渠山拙叟”，并以“直道而行”示其一生立身之则，又说：“‘修辞立其诚’是我的治学宗旨。”③ 可见，“修辞立其诚”既是张岱年先生的立身之道，也是张岱年先生一以贯之的治学宗旨。

《中庸》云：“诚者，天之道也；诚之者，人之道也。诚者不勉而中，不思而得，从容中道，圣人也。”真诚是天道的法则，做到真诚是人道的法则。具有真诚品德的人，无论在为人处世方面还是读书治学方面，都能达到中庸之道的境界，从而成为圣人。有学者指出：“先生为学真诚，为师热诚，为人坦诚，归根到底是一个‘诚’字。先生是我们治学做人的终身楷模。”④ “诚”，不仅是张岱年先生为人之道，还是张岱年先生读书治学之道。张岱年先生认为，“修辞立其诚”的治学宗旨与马克思主义倡导的实事求是的唯物主义原则是一致的。张岱年先生在《谈中国伦理思想史的研究方法》中说：“我们研究学术史，最要紧的是发扬实事求是的马克思主义学风，真正做到实事求是。首先要认真地研究原始材料。……其次不要进行主观性的总结，要根据客观事实来说话。”⑤ 历史学家范文澜曾说：“板凳宁坐十年冷，文章不写半句空”。张岱年先生还强调：“应该承认，‘修辞立其诚’是个唯物主义原则。唯物主义肯定事实，肯定客观真理。唯物主义者无所畏惧，敢于把自己的思想见解亮出来。”⑥ 敢于把自己的真实见解表达出来，乃是“修辞立其诚”的本质要求。“修辞立其诚”的治学精神已融会在张岱年先生的学术研究过程中。从《中国哲学大纲》到《中国哲学史史料学》，再到《中国伦理思

① 《张岱年全集》（第8卷），石家庄：河北人民出版社1996年版，第387-389页。

② 《张岱年全集》（第1卷），石家庄：河北人民出版社1996年版，第358页。

③ 李存山：《张岱年先生的学术方向》，王中江主编：《中国哲学的转化与范式——纪念张岱年先生九十五诞辰暨中国文化综合创新学术研讨会文集》，郑州：中州古籍出版社2006年版，第61页。

④ 陈来主编：《不息集——回忆张岱年先生》，北京：学习出版社2005年版，第252页。

⑤ 《张岱年全集》（第3卷），石家庄：河北人民出版社1996年版，第684-685页。

⑥ 《张岱年全集》（第8卷），石家庄：河北人民出版社1996年版，第389页。

想研究》；从20世纪30年代的“综合的创造”到八九十年代的“文化综合创新论”；从基本概念范畴的解析到中国哲学问题的解读，再到哲学体系的建构，都体现出其简易平实的学术风格。无论是为人处世还是著书立说，张岱年先生都坚持实事求是的原则，所表达的是自己的真实思想，绝对不会因环境的变幻而扭曲自己的内心世界，也不会讨好时尚而顺风转舵。简而言之，张岱年先生的所思、所想、所说、所做都是表里如一的，此乃“直道而行”“修辞立其诚”的实际体现。张岱年先生一生追求真理，其治学精神便是求真务实，不随波逐流，也不哗众取宠，一切以是否符合客观真理为标准。有学者记载：张岱年先生认为，哲学家有三种类型：一是散文型；二是诗歌型；三是戏剧型。散文型，平实而崇高；诗歌型，跳跃而浪漫；戏剧型，一生中有许多戏剧性的经历。又说，孔子是散文型，老子是诗歌型，墨子是戏剧型。并认为自己是散文型哲学家。① 张岱年先生作为散文型哲学家，具有平实而崇高的品格。总之，张先生是一个平实的人，生活平实，说话平实，文字平实，学术观点平实。“修辞立其诚”的治学精神，彰显出张岱年先生的学术品格和人格境界。

第四，“好学深思，心知其意”的读书治学座右铭。史学家司马迁在《史记·五帝本纪》说：“非好学深思，心知其意，固难为浅见寡闻道也。”张岱年先生借用“好学深思，心知其意”，作为自己治学的座右铭，表达了自己勤奋不倦、深刻理解学说中的奥蕴。理学家朱熹在《甲寅行宫便殿奏札》中说：“为学之道，莫先于穷理，穷理之要，必在于读书；读书之法莫贵于循序而致精，而致精之本，则又在于居敬而持志。”张岱年先生将“好学深思、心知其意”作为读书治学的座右铭，既是对史学家司马迁治学精神的继承，也是对理学家朱熹为学之道的弘扬。张岱年先生认为，学亦多术，其中一项是读书，书是前人经验的总结、前人思想的结晶。接受前人累积的知识，必须读书。张岱年喜欢读中国古典文献书籍，也喜欢读西方哲学名著，更喜欢读马列著作。就中国古典文献而言，张岱年先生特别推崇《论语》《孟子》《老子》《庄子》《周易》《荀子》，以及王充、周敦颐、张横渠、二程、朱熹、王守仁、王夫之和戴震的著作。但是，读书只是学之一术，学不限于读书。在广泛阅读中国古典哲学著作的基础上，还要把学与思结合起来。张岱年先生于1936年撰写成第一部学术著作《中国哲学大纲》。该书约50多万字，以中国哲学问题为纲，对自古以来的唯物论思想特别是王夫之的唯物论思想有较多的阐发，且建构起宏大而深邃的哲学体系。张岱年先生认为，研究中国古代

---

① 周桂钿：《中国哲学与张岱年先生》，《中国哲学史》2004年第3期。

哲学不能光读中国的古典文献，还必须读一些西方的哲学著作。不仅要读古希腊哲学家柏拉图、亚里士多德、赫拉克利特和德谟克利特的古典著作，而且还要读近代哲学家笛卡尔、斯宾诺莎、洛克、休谟、康德、黑格尔和费尔巴哈的著作。同时还要读西方现代哲学家罗素、穆尔、怀特海、柏格森、尼采等人的著作。此外更强调要读马克思、恩格斯、列宁的著作。张岱年先生在《我最喜读的十本书》中明确地说：《论语》《孟子》《老子》《庄子》《易传》《史记》《陶渊明集》《路德维希·费尔巴哈和德国古典哲学的终结》《自然辩证法》及《哲学笔记》等十本书，是我平生最喜读之书。传统儒道文化经典、马列著作及西方哲学名著，都是张岱年先生所喜读的作品。同时，张岱年先生强调读书至少要读三遍，先泛读一遍；再每字、每句精读一遍；然后通读，融会贯通，真正了解，即要做到“好学深思，心知其意”的治学境界。

古人云：“读书百遍，其义自见”。读书只有细加咀嚼品味，反复思量，才能真正领略其滋味。否则，就会“囫囵吞枣”“食而不知其味”。理学家朱熹在《朱子语类》卷十一指出，读书“先须读熟，使其言皆若出于吾之口，继以精思，使其意皆若出于吾之心。”特别是读义理深奥的哲学著作或中国古典哲学，更是如此。哲学离不开沉思和冥想，张岱年先生自从对哲学产生兴趣之后，就养成了一种沉思和冥想的习惯。张岱年先生曾回忆说：“吾昔少时，好作‘深沉之思’，不自量力，拟穷究‘天人之故’。思考哲学问题，常至废寝忘食。1942 年至 1944 年间，将平日致思所得整理成为《哲学思维论》《知实论》《事理论》《品德论》等论稿，1948 年又写成《天人简论》。”① 读书与思考是紧密联系的。孔子说：“学而不思则罔，思而不学则殆。”张岱年先生特撰写《好学深思，心知其意——如何步入中国哲学的殿堂》一文，总结自己的读书经验说：“我初读《老子》，感到莫明其妙，莫测高深。参阅了多种注解，加以反复思考，才对于《老子》的精义奥旨有所了解。读了《老子》《庄子》，再来读《论语》《孟子》，才能窥见孔孟学说中亦含有甚深义蕴，如‘子在川上曰：逝者如斯夫’；‘子绝四：毋意、毋必，毋固、毋我’，确实具有精湛的哲学涵义。”② 在《八十记述》中又说：“当时对于哲学有所了解后，于是对于宇宙人生的一些重大问题深感兴趣。常常独自沉思：思天地万物之本源，思人生理想之归趋。每日晚上经常沉思一二小时，养成致思

---

① 《张岱年全集》（第 8 卷），石家庄：河北人民出版社 1996 年版，第 82-83 页。
② 《张岱年全集》（第 8 卷），石家庄：河北人民出版社 1996 年版，第 385-386 页。

之习。”① 张岱年先生还说：“古代哲学必然有其时代的局限性，我们读书，一方面要虚心体会，努力研求其中的深湛意蕴；另一方面还有批评态度，要辨识古人思想的偏失。既要虚心，又要保持批评精神，才是正确的态度。……在读书的过程中勤于思考，在思考的过程中参阅古今中外的名著。这是研究学问的必由之路。”② 《在望九之年：无厌无倦，壮心不已》中，张岱年先生总结自己的为学之道说：“结合我数十年治学的经验，我认为对于传统哲学的优秀遗产，要做到司马迁所说的‘好学深思，心知其意’这八个字，这是步入中国哲学殿堂的必由之路，也应是一切求真知者的座右铭。”③ 总之，“好学深思，心知其意”，是张岱年先生一以贯之的读书治学精神。

（三）结语

为人与为学，是中国传统哲学反复讨论的一个重要理论问题。为人是为学的前提与基础，为学是为人的体现与提升。《大学》篇既讲如何为学，也讲如何做人。《大学》开宗明义云：“大学之道，在明明德，在亲民，在止于至善。”其中，“明德”即是讲个人修养，“自天子以至于庶人，壹是皆以修身为本”；从“明德”到“亲民”，就是如何处理好社会上的人际关系问题，即做到“正己正人”“成己成物”“推己及人”。对优秀的中国学者而言，为人与为学构成“两位一体”，如“鸟之两翼”“车之两轮”，共同彰显其道德学问人生境界。张岱年先生的为人与为学是相互联系、相互贯通的。“直道而行”“自强不息，厚德载物”，既彰显着张岱年先生的道德学问人生精神，也蕴涵着追求真理的读书治学品格；“修辞立其诚”“好学深思，心知其意”，既体现了张岱年先生求真务实的读书治学境界，也折射出张岱年先生的为人处世品质。可以说，张岱年先生的哲学著作或学术思想表现了他的为人品质或人格境界。周敦颐在《通书》中说：“天地间，至尊者道，至贵者德而已矣。至难得者人，人而至难得者，道德有于身而已矣。”张岱年先生终身以“弘道”为己任，以“道”立身治学，以学问与人格挺立于社会。“我们研究学问，第一要虚心，尊重前人已经取得的成就；第二要敢于独立思考，发扬创造性的思维，在前人成就的基础上有所创新。”④ 一位真正的学者，其品格应是为人与为学的合二为一、德性与问学的有机统一，两者缺一不可，不能

---

① 《张岱年全集》（第8卷），石家庄：河北人民出版社1996年版，第575页。
② 《张岱年全集》（第8卷），石家庄：河北人民出版社1996年版，第445页。
③ 张岱年著：《通往爱智之门》，北京：北京大学出版社2011年版，第166页。
④ 张岱年著：《通往爱智之门》，北京：北京大学出版社2011年版，第170页。

有所偏废。为人与为学合一、德性与问学统一，体现了张岱年先生道德学问人生的价值理性特征。

儒家孔子说："古之学者为己，今之学者为人。"（《论语·宪问》）荀子对此释道："君子之学也，以美其身；小人之学也，以为禽犊。"（《荀子·劝学篇》）即是说，君子之学目的是有益于身心，而小人之学只是作为玩弄之物或夸夸其谈之资或为外在的装饰品。在物欲横流的现代社会里，有的人读书做学问，或者为钱，或者为权，或者为卖弄，以求其名利或官位，可谓是地地道道的"伪学者"。对当代中国的年轻学者而言，面对如何为人，如何为学，如何面对急功近利、急于求成的"学术浮躁"及"学术腐败"等现实问题，时常感到茫然无措，热切期盼着有人能够指点迷津。现代新儒家牟宗三先生在《为学与为人》中论证了"为人不易，为学实难"的道理，指出"无论为人或为学，同是要拿出我们的真实生命才能够有点真实的结果。"[①] 张岱年先生认为，人生之大务：一曰"生力之充实"，二曰"品德之提高"。对张岱年先生而言，"生力之充实"，就是在于读书治学，建构哲学体系，提升学问人生境界；"品德之提高"，就是在于修身养性，增强独立人格意志，彰显学术道德境界。张岱年先生的为学，不仅在于提升自己的人格境界和成就自己的道德学问人生，而且体现为年轻时"学术救国"的雄心壮志和晚年时繁荣中国学术的文化情怀。中国古代哲学家把学术研究看做是"尊德性而道问学，致广大而尽精微，极高明而道中庸"（《中庸》）的崇高事业，其目的是"为天地立心，为生民立命，为往圣继绝学，为万世开太平。"（张载《正蒙》）数十年间，张岱年先生秉持立身处世与读书治学之道，弘扬中国古代优秀知识分子的精神境界，因此能够以书生与厚德而克平乱世与冤假不公，又能以自强与治学成就自己的道德学问人生。常言道："学高为师，身正为范"。张岱年先生的为人与为学境界，深得学人的敬仰，为当代中国学者树立了道德学问人生的楷模，对于端正当下的学术风气和推进学术研究有着极为重要的现实意义。

（原题为《论张岱年的为人与为学》，刊登于《北京社会科学》2014 年第 2 期，收入本书时略加修改或补充）

① 牟宗三：《为学与为人》，《中国大学教学》2003 年第 1 期。

三、张岱年人生信念的主要内容与现实意义

张岱年先生终生致力于学术研究，在哲学理论、中国哲学史及文化哲学等领域取得了丰硕的成果，其研究成果在国内外学术界有着十分重要的地位和影响。从一定意义上说，张岱年先生所取得的学术成就得益于自己的为人与为学。“张岱年先生的为人与为学集中体现为‘直道而行’的独立人格境界、‘自强不息，厚德载物’的道德学问人生精神、‘修辞立其诚’的立身治学宗旨及‘好学深思，心知其意’的读书治学座右铭。”[①] 而张岱年先生的为人与为学境界是由自己的人生信念决定的。因为人总是按照自己的信念，安排自己的人生轨迹，展示着自己的生存方式，彰显着自己的人生价值诉求。

张岱年先生在七十多年的教育教学和学术研究中有着坚定不移的人生信念。一个人有了坚定而正确的人生信念，就会以惊人的毅力和不懈的努力，成就事业，实现人生价值，对社会发展作出贡献。信念是人类特有的精神现象，是人对精神价值的追求。张岱年先生说：“人与其他动物不同，不但有物质生活，而且有精神生活，不但能追求本能的满足，而且追求真、善、美的精神价值。”[②] 追求真善美是人类特有的精神生活范畴。人只有确立崇高的精神生活或精神境界，才能挺立“人为万物之灵”的特有品格。坚定人生信念，追求真善美，成就学术人生，是张岱年先生社会生命和精神生命的真实写照。但不同的人会有不同的乃至截然相反的人生信念。张岱年先生终生坚定马克思主义信仰、社会主义信念、学术研究信念及民族文化复兴信念。坚定的人生信念，是张岱年先生成就自己学术人生的精神支柱和内在动力。

（一）张岱年先生人生信念的主要内容

坚定马克思主义信仰，坚定社会主义信念，坚定学术研究信念，坚定民族文化复兴信念，是张岱年先生人生信念的主要内容。其中，坚定马克思主义信仰，是张岱年先生人生信念的思想基础；坚定社会主义信念，是张岱年先生人生信念的社会取向；坚定学术研究信念，是张岱年先生人生信念的价值根基；坚定民族文化复兴信念，是张岱年先生人生信念的学术情怀。它们相互联系、相互渗透，彰显张岱年先生的人生精神价值取向。

---

① 迟成勇：《论张岱年的为人与为学》，《北京社会科学》2014 年第 2 期。

② 《张岱年全集》（第 7 卷），石家庄：河北人民出版社 1996 年版，第 485 页。

第一，马克思主义信仰——张岱年先生人生信念的思想基础。信仰是信念最集中、最高的表现形式。信仰是人类的存在方式，每个人都有自己的信仰，只是信仰的对象与信仰的程度不同而已。马克思主义深刻揭示人类社会发展规律，不仅是人们认识世界、改造世界的强大思想武器，而且是指引人民推动社会进步、创造美好生活的科学理论。所谓马克思主义信仰，就是人们对马克思主义的科学性与革命性坚信不疑并身体力行的心理态度和精神状态。马克思主义信仰是一种崇高的信仰，也是当代中国社会的主导信仰。坚定马克思主义信仰，是张岱年先生学术人生的思想基础，也是张岱年人生信念的最高表现形式。

张岱年先生坚定的马克思主义信仰，主要体现为四个方面：一是喜读马克思恩格斯的哲学著作。读书治学是张岱年先生学术人生的重要组成部分。张岱年先生说："20 年代末，我开始学习马克思主义哲学，阅读了马克思《费尔巴哈论纲》，恩格斯《费尔巴哈论》《反杜林论》，列宁《唯物论与经验批判论》的中译本。……从此，我对于唯物论深信不疑。"[①] 张岱年先生在广泛阅读古今中外的哲学著作基础上，将马克思主义的辩证唯物论与现代西方的实用主义、新实在论、生命哲学、尼采哲学及新黑格尔主义等做了比较，进而得出辩证唯物论是现代最伟大的哲学。在晚年撰写的《我最喜欢的一本书》中说："我喜读马克思、恩格斯合著的《德意志意识形态》，更喜读恩格斯的《反杜林论》《自然辩证法》，但是最喜欢读的是恩格斯所著《费尔巴哈与德国古典哲学的终结》。"[②] 张岱年先生喜读马列著作，既是形成马克思主义信仰的知识基础，也是坚定马克思主义信仰的生动体现。二是撰写论著阐释和弘扬马克思主义唯物论和辩证法。辩证唯物论是现代最伟大的哲学。早在 20 世纪三四十年代，张岱年先生先后撰写《辩证法》《辩证法的一贯》《关于新唯物论》《科学的哲学与唯物辩证法》《辩证唯物论的知识论》《辩证唯物论的人生哲学》等文章，从不同视角阐释和弘扬马克思的唯物论和辩证法精神。1991 年，张岱年先生在《我为什么信持辩证唯物论》一文中说："我自 30 年代之初即赞扬唯物论、推崇辩证法，迄今六十多年，对于唯物论的坚持，老而弥笃，这篇文章表述了我对马克思主义唯物论的态度。"[③] 阐释和弘扬马克思主义唯物主义与辩证法，既体现了张岱年先生学术研究的立场方法，也彰显张岱年先生的世界观和方法论取向。三是致力于马克思主义哲

① 《张岱年全集》（第 8 卷），石家庄：河北人民出版社 1996 年版，第 443–444 页。

② 张岱年著：《晚思集》，北京：新世界出版社 2002 年版，第 158 页。

③ 张岱年著：《通往爱智之门》，北京：北京大学出版社 2011 年版，第 260 页。

学中国化研究。马克思主义中国化，主要有两条路径：一是中国实践诠释，二是中国文化解读。从中国文化视角，实现马克思主义哲学中国化，是张岱年先生学术研究的重要内容。张岱年先生说，多年以来，我努力从事的是试图将现代唯物论与中国哲学的优秀传统综合起来，努力实现马克思主义哲学中国化。张岱年先生认为，“中国哲学中有一些精湛思想，与马克思主义现代唯物论是相通的。”如“（1）生生日新；（2）以气为本；（3）理在事中；（4）以和为贵。”① 还认为，中国哲学中的唯物论和辩证思维与马克思主义的唯物论和辩证法，儒家的“大同社会”与共产主义理想，自强不息精神与马克思主义的实践观等也是息息相通的。从中国哲学发展的源流来看，冯友兰先生是接着程朱理学讲的，其学统主要系唯心主义一脉，而张岱年先生则是接着张载和王夫之讲的，其学统主要系唯物主义一脉。中国传统哲学的唯物主义成分，是实现马克思主义哲学中国化的文化基因。张岱年先生坚持把辩证唯物论与中国传统哲学精华结合起来，为中国哲学研究开创了新的道路。张岱年先生从中国文化角度对实现马克思主义哲学中国化作出了卓越的贡献。

张岱年先生坚定马克思主义信仰，体现为对马克思主义基本原理和基本观点的科学性或真理性确信无疑，而且对之富有深刻的理解和深厚的情感。张岱年先生虽然没有把马克思主义理论作为自己的学术研究内容，但在学术研究和建构哲学体系中始终自觉坚持和运用马克思主义的立场、观点和方法。张岱年始终强调，坚持百家争鸣的方针，必须处理好一元主导与多元并存的关系，即新时代的中国哲学必须有一个主导思想，同时也容许不同学派的争鸣。新中国的占主导地位的哲学思想应是具有中国特点的唯物论，亦即马克思主义唯物论与中国古典哲学唯物论的结合。只有既确立一个主导思想而又兼容多元中外思想学说，才能促进中国哲学和文化的健康发展。张岱年先生坚定的马克思主义信仰，对于我们今天坚持马克思主义的指导地位，加强马克思主义信仰教育具有重要的启发意义。坚定马克思主义信仰是张岱年先生学术人生的思想基础，也是张岱年先生精神生命的不朽体现。

第二，社会主义信念——张岱年先生人生信念的社会取向。社会主义经历了一个从空想到科学的发展过程。1848 年《共产党宣言》的发表，标志着马克思主义的诞生，使得社会主义由空想变为科学。1917 年俄国十月革命的胜利，科学社会主义由理论变成现实。自马克思主义诞生以来的 160 多年里，国际共产主义运动经历一个波澜壮阔而又曲折多难的历史过程。所谓社会主

① 《张岱年全集》（第 7 卷），石家庄：河北人民出版社 1996 年版，第 539 页。

义信念，就是对社会主义的前途和命运充满信心，并坚信不疑社会主义必然会战胜资本主义，进而取得最后胜利的心理认识和精神状态。张岱年先生坚定的社会主义信念，是科学认识与主体情感的有机结合。坚定社会主义信念，是坚定马克思主义信仰的必然产物和具体表现。它是张岱年先生人生信念的社会取向。

张岱年先生的社会主义信念主要体现下列几个方面：一是早在 20 世纪 30 年代，提出了“社会主义”理念，表达了对社会主义的向往。十月革命之后，在中国思想文化界中，存在着形形色色的文化思潮，如民族主义、无政府主义、国家主义、自由主义及社会主义等。由于马克思主义在五四新文化运动中得到广泛的传播，科学社会主义得到广大爱国志士和先进知识分子的认同和接受。无疑，科学社会主义思潮对年轻的张岱年先生也产生了深刻的影响。张岱年先生说：“中国现在只有尽其量求工业化、科学化，求达到西洋的水平线，同时却不要执著于资本主义，而时时作转入社会主义文化的准备。”① 即是说，现在中国的文化工作，必是社会主义文化建设之准备的工作。同时，张岱年先生还主张进行社会主义革命。“现在，欲求良好的生活，只有进行社会主义革命，把劳苦大众从资本主义的锁链中解放出来，把弱小民族从帝国主义的宰割中解放出来，把人类从不平等、同类自残中解放出来，使人类能够过真正幸福的生活。”② 即通过社会主义革命，消灭资本主义社会，建立人人平等、真正幸福的社会主义社会。年轻的张岱年就表达了对美好社会主义的向往。二是自 1957 年至“文革”期间，在人生处于低谷时期，张岱年先生仍然拥护社会主义制度。1957 年，张岱年先生对一些工作提出批评，招来祸害。于是，张岱年先生在北大被划成“右派”，成为“专政”的对象。尽管被错误地划成“右派”，精神压抑，心情苦闷，但他初衷不改，仍然坚定社会主义信念。张岱年先生在晚年回忆道：“在划入另册的时候，我自信是拥护社会主义的，我仍然信持辩证唯物论，愿努力弘扬中国唯物论的光辉传统。”③ 儒学大师孟子引曾子所说：“彼以其富，我以吾仁；彼以其爵，我以吾义，吾何慊乎哉？”（《孟子·公孙丑下》）后世称之为“以德抗位”，体现了中国优秀知识分子的铮铮骨气。从心理学来看，任何有目的的活动，都有意志的控制力。如果没有主体的坚强意志，就不会有坚定的信念。可见，虽身处逆境也不改自己的人生信念，彰显张岱年先生刚健自强的人格意志和“直道而行”

① 《张岱年全集》（第 1 卷），石家庄：河北人民出版社 1996 年版，第 233 页。
② 《张岱年全集》（第 1 卷），石家庄：河北人民出版社 1996 年版，第 207-208 页。
③ 张岱年著：《通往爱智之门》，北京：北京大学出版社 2011 年版，第 107 页。

的立身处世品格。三是坚信“只有社会主义才能救中国”的真理。改革开放以来，由于西方思潮的影响，尤其是苏联解体、东欧剧变，国际共产主义运动遭受重大挫折。故有人据此宣扬“社会主义失败论”。对此，张岱年先生撰文指出：“近百年的历史证明中国必须走社会主义的道路，才能摆脱民族的危机。今天也必须走社会主义的道路才能使国家兴旺发达起来。‘只有社会主义才能救中国，只有社会主义才能发展中国’，这是必须肯定的彰明较著的真理。”① 正是因为有着坚定的马克思主义信仰和社会主义信念，张岱年先生在晚年毅然决然加入了中国共产党。“多年以来，我一贯信持辩证唯物论，又一贯拥护社会主义，我坚信只有社会主义才能救中国，没有共产党就没有新中国。参加中国共产党是我的必然的归向。”② 辩证唯物论，是社会主义建立的哲学依据。因此，坚定社会主义信念，是张岱年先生信持马克思主义哲学的必然结论。

任何信念都要以一定的认识为基础。张岱年先生坚定社会主义信念，既有经验的认识，又有科学的认识。其理论基础是马克思主义关于科学社会主义理论。马克思在批判资本主义腐朽的基础上，进一步揭示出资本主义必然灭亡，社会主义和共产主义必然胜利的客观规律。在经验基础上形成的是自发的社会主义信念；在科学认识基础形成的是自觉的社会主义信念。通过社会主义与资本主义社会比较，认为社会主义优越于资本主义，此乃科学的认识。应该说，张岱年先生的社会主义信念是一种自觉的人生信念，是对科学社会主义的理性认识和文化自觉。从年轻时对社会主义的向往，到中晚年对社会主义的坚信，彰显出张岱年先生对美好社会理想的执着追求。张岱年的社会主义信念，对于我们坚定中国特色社会主义道路自信、理论自信及制度自信具有重要的现实意义。坚定的社会主义信念，是张岱年先生人生信念的社会取向。

第三，学术研究信念——张岱年先生人生信念的价值根基。学术研究是探求宇宙自然和人类社会奥妙的精神活动，其本质意义在于追求真、善、美。学术研究是一种文化传承与创新的过程，也是学者人生信念的自我建构过程。学术研究呈现出学者的生存方式，展示着学者的学术信念与人生价值追求。所谓学术研究信念，就是学者对学术文化研究的坚定态度和担当学术研究重任的实际行动。学术研究信念是张岱年先生人生信念的价值根基，也是张岱

---

① 《张岱年全集》（第7卷），石家庄：河北人民出版社1996年版，第431页。
② 张岱年著：《通往爱智之门》，北京：北京大学出版社2011年版，第231页。

年先生安身立命的根本活动。如果说，坚定社会主义信念，是张岱年先生社会理想追求的体现，那么，坚定的学术研究信念，则是张岱年先生个人理想追求的彰显。

开展学术研究，建构哲学体系，成就学术人生，是张岱年先生的人生价值诉求。但是，张岱年先生的学术研究道路则是曲折坎坷的。具体而言，一是早年在求学期间，立志于学术研究，提出"学术救国"的主张。在初中毕业时，班主任老师要求每位学生写下个人的终生志愿，张岱年先生写道："'强中国，改造社会；成或败，退隐山林。'……我在中年以后，自知不是搞政治的材料，也就专心从事学术研究了。唯有爱国之心、报国之志是始终不变的。"① 在而立之前，张岱年先生的学术思想初步形成。在 1933 至 1937 年的四年间，张岱年先生不仅参加当时主要的哲学讨论，发表了一系列学术文章，还撰写了以哲学问题为纲的约 50 万字的《中国哲学大纲》，标志着张岱年先生哲学思想的初步形成。二是抗战至新中国成立初期，笔耕不辍，硕果累累。抗战爆发后，张岱年先生蛰居读书，研读大量古今中外的哲学著作，同时进行思考哲学问题，写一些思想札记即《哲学思维论》《知实论》《事理论》《品德论》及《天人简论》，总称为《天人五论》，确立了自己的思想要领。1945 年抗战胜利后至 1949 年，张岱年先生受聘清华大学任哲学系副教授；1952 年全国高等院校进行大调整，清华大学哲学系合并到北大，于是，张岱年先生又开始了北京大学的教学工作和学术研究。其间，1954 年撰写《王船山的世界观》，1955 年撰写《张横渠的哲学》，1956 年又撰写《张载——中国 11 世纪唯物主义哲学家》、完成宋明哲学史编著《宋元明清哲学史提纲》，1957 年相继撰写《中国伦理思想发展规律的初步研究》《中国古代哲学中若干基本概念的起源与演变》及《中国古典哲学的几个特点》等。学术研究乐此不疲，学术成就不断凸显。三是"文革"结束后，告别了"学术空白"期，焕发出"学术生涯的第二次青春"。自 1957 年秋至"文革"结束前的 20 年间，张岱年先生几乎没有发表论著。其间，张岱年先生只参加教研室组织的《中国哲学史教学资料汇编》的资料选注工作。而在史无前例的"文化大革命"中，流行"越有知识越反动"的口号，张岱年先生感到学术无望了。但"文革"结束后，党和政府肯定了知识的价值，肯定了教育的重要性，张岱年先生也得到平反昭雪，焕发出"学术生涯的第二次青春"。于是，张岱年先生改陈子昂的诗句："前既闻古人，后亦观来者（现在的青年人都是来

① 张岱年著：《通往爱智之门》，北京：北京大学出版社 2011 年版，第 22 页。

者)，念天地之长久，独欣然而微笑。”表达了对学术研究的乐观情趣。“进入80年代，我已到了孔子所谓‘从心所欲不逾矩’的古稀之年，仍以高兴的心情努力于教学工作。”① 具体而言，80年代的学术研究主要有三个方面：(一)关于中国哲学史的，着重研讨了孔子、孟子、老子、庄子、《易传》、宋明理学和中国古典哲学概念范畴的体系问题；(二)关于中国伦理思想和价值学说的，主要研讨了道德的阶级性与继承性、人性论、“三纲”“五常”、价值观及人的价值；(三)关于文化问题的，着重探讨了关于中西文化之异同、中国文化发展的基本规律、文化系统的分析与选择、民族精神及文化的综合创新。进入90年代，张岱年先生已是耄耋之年，但仍然研思不辍。具体而言，主要讨论四类理论问题：(一)关于价值观与新道德建设的问题，(二)关于中国传统哲学的基本问题与基本派别，(三)关于中国文化与中国哲学的优秀传统的分析，(四)关于中国文化与中国哲学的发展前景。总之，20世纪80年代以来，张岱年先生弘扬“老骥伏枥、志在千里”精神，以愉悦的心情和执着的精神从事学术研究工作，取得了丰硕的学术成果。

学术研究是张岱年先生社会生命和精神生命的有机组成部分。张岱年先生的学术人生道路，尽管是艰难曲折的，但仍然取得了辉煌的学术成就。其学术成就集中体现为“雄文四百万”的巨著8卷本《张岱年全集》(河北人民出版社1996年版)。张岱年先生在文化建设上，始终“主张兼综东西文化之长”而“融合为一”；在哲学体系建构上，始终将“唯物、理想、解析综合于一”。其学术思想体系，“为中国文化的更新、转型探索出一条新路，并建立了一个新的文化模式”；“为中国哲学的发展探索出一条新路，并建立了一个新的哲学模式。”② 简而言之，张岱年先生坚定自己的学术研究信念，在哲学理论研究、中国哲学史研究及文化研究等方面取得的学术成果，有力地推动当代中国哲学和学术研究的发展，为中国哲学和世界文化发展作出卓越的贡献。同时，张岱年先生坚定的学术研究信念，对于抑制当下的学术浮躁和学术腐败具有重要的启迪意义。

第四，民族文化复兴信念——张岱年先生人生信念的学术情怀。民族复兴的核心是文化复兴，文化复兴的核心是学术繁荣。从一定意义上说，没有中华文化的复兴，就不可能出现真正的中华民族的伟大复兴；没有学术的繁荣发展，也就没有真正的民族文化复兴。所谓民族文化复兴，实质是指中华

---

① 张岱年著：《通往爱智之门》，北京：北京大学出版社2011年版，第124页。

② 刘鄂培：《论张岱年的学术思想》，《人民日报》(海外版)2004-04-23。

民族文化的复兴。民族文化复兴信念，就是对中华文化的光辉前景和发展前途充满信心，并坚信中华文化在新世纪有巨大发展的心理认识和文化实践状态。2001 年 1 月 21 日，张岱年先生在中华孔子学会春节联谊会上的献辞说："19 世纪是中华民族饱受屈辱的世纪，20 世纪是中华民族站起来的世纪，21 世纪是中华民族复兴的世纪。"中华民族的复兴，首先是中华文化的复兴。民族文化复兴信念，是张岱年先生人生信念的学术情怀。

改革开放 30 多年来，随着国民生产总值和综合国力的逐年提升，中国在国际舞台上所扮演的角色愈来愈重要，民族的自尊心、自信心与自豪感也日益增强。于是民族复兴和民族文化复兴的理想诉求日益高涨。张岱年先生的民族文化复兴信念，主要体现在下列几个方面：一是在旧中国，提出"改造中国旧文化而创造中国新文化"的主张。在 20 世纪 30 年代，张岱年先生说："中国文化本来是先进的，不料以后停滞了，落后了。在此时代，中国应由西方文化给予的刺激，而大大地发挥固有的创造力，创造出新的文化，使之在将来的世界文化中有重要的地位，作出新的贡献。""中国旧文化的改造，同时就是新文化的创成，也可以说是中国文化的复兴。"[①] 张岱年先生始终认为，只有中华文化复兴，然后再有中华民族的复兴。二是改革开始时期，面对"全盘西化论"和"儒学复兴论"，提出了"文化综合创新论"的文化观。社会主义新中国，在文化建设上，既不是儒家文化的复兴，也不是全盘西化，而只能是社会主义新文化的创造。建设社会主义新文化，既是建设社会主义新中国的内在要求，也是实现民族文化复兴的目标诉求。在如何建设社会主义新文化的问题上，张岱年先生提出"文化综合创新论"："我反对中体西用论、国粹主义，更反对'全盘西化论'，提出了'文化综合创新'论。社会主义文化必然是个新的创造，同时又是多项有价值的文化成果的新的综合。"[②]"文化综合创新论"，超越了传统"体用二元论"的非此即彼的思维模式，比较正确处理还中、西、马三者之间的互动关系，是建设社会主义新文化的基本方针。三是要保持民族文化的主体性。如何复兴民族文化，张岱年先生又提出"民族文化主体性"问题。张岱年先生认为，建设社会主义新文化，既要批判继承民族文化的优秀传统，又要汲取外来文化的先进成果，但决不能丧失民族文化的主体性。"在接受外来文化时，有一个问题应该注意，就是要保持民族文化的独立性。民族文化的独立性，也可叫作'民族文化的主体意

① 《张岱年全集》（第 1 卷），石家庄：河北人民出版社 1996 年版，第 156－157 页。
② 张岱年著：《通往爱智之门》，北京：北京大学出版社 2011 年版，第 245 页。

识’。文化是为民族的生存服务的。民族是一个主体，吸收外来文化要为民族服务，使我们这个民族更加兴旺发达。但是不能丧失民族文化的独立性，不能完全跟着人家学，应该发挥自己的主动精神和创造精神。”① 如果全盘接受外来文化或西方文化，将会失去民族文化的独立性，进而会丧失民族独立，成为别国的附庸。因此，实现民族文化复兴，关键在于保持民族文化的主体性。四是要正确认识自己的民族传统文化。传统文化是一个民族生存和发展的根基。不过，民族传统文化是个精华与糟粕并存的矛盾文化体系，需要我们有辩证否定的态度。惟有认识自己民族传统文化的缺点，才能舍旧取新、继续前进；惟有认识自己民族传统文化的优良传统，才能保持高度的民族自信心和自尊心。如果不加分析地固守民族文化传统，必将陷于惨痛的失败。张岱年先生还强调，在现代化的宏伟事业中，需要变革传统，改造传统，但是不可能全面否定传统。我们要超越传统，首先也要理解传统。正确认识民族文化的优缺点，是实现民族文化复兴的前提和条件。

文化复兴是中华民族复兴的重要组成部分。历史和现实证明，中国的和平崛起，不仅需要经济富强，而且需要文化复兴。民族文化复兴，不仅需要国人的文化自觉和文化自信，而且需要党和政府的政策支持和努力推进，还需要学者专家的理论研究和学术建构。现代新儒家贺麟先生说：“民族文化的复兴，其主要的潮流、根本成分就是儒家思想的复兴，儒家文化的复兴。”② 而张岱年先生的民族文化复兴旨趣在于社会主义新文化的发展。张岱年先生在晚年更加关注祖国的学术发展和民族文化复兴问题，并满怀信心地预言：21世纪将是中华民族伟大复兴的世纪，也将是中国学术文化蓬勃发展的世纪。张岱年先生的民族文化复兴信念，对于当前繁荣发展社会主义文化，建设社会主义文化强国具有重要的现实意义。民族文化复兴信念，是张岱年先生人生信念的学术情怀。

（二）张岱年先生人生信念的现实意义

张岱年先生作为著名的哲学家、一代国学大师，其学术成就和人生信念具有重要的现实意义。哲学家冯友兰先生说：“一个哲人的哲学，不但是他的时代背景之反映，而且是他的独有品性之表现。”③ 张岱年先生坚定自己的人生信念，执着自己的精神追求，成就自己的学术人生，充分展示了当代中国

---

① 《张岱年全集》（第6卷），石家庄：河北人民出版社1996年版，第167页。

② 贺麟著：《文化与人生》，上海：上海人民出版社2011年版，第12页。

③ 冯友兰著：《哲学的精神》，西安：陕西师范大学出版社2008年版，第31页。

优秀哲人的价值诉求、独有品性和生命操守。张岱年先生的人生信念对于加强当代大学生的理想信念教育、推动当代中国学术研究及建设社会主义文化强国等都有着极为重要的现实意义。

第一，有利于加强当代大学生的理想信念教育。理想信念是人类特有的一种精神现象，是人的心灵世界的核心。有无正确的理想信念，决定了人生是高尚充实，还是庸俗空虚。不仅如此，理想信念还是人的思想和行为的定向器，从根本上制约着人的行为选择和价值取向。在当代中国，社会理想信念特指中国特色社会主义的共同理想和共产主义的坚定信念。具体而言，它包括马克思主义信仰、社会主义信念及中华民族伟大复兴信念等。其中，实现中华民族伟大复兴，是中华民族近代以来最伟大的梦想即“中国梦”。理想信念教育是大学生思想政治教育的核心内容，对于帮助大学生形成正确的世界观、人生观和价值观具有重要的意义。从人生历程来看，青年时期是人生理想信念确立和形成的关键时期或奠基时期。从教育功能来看，只有加强大学生的理想信念教育，才能促进大学生的健康成长，进而才能形成坚定的马克思主义信仰和社会主义信念。然而，当今社会，由于各种思想文化的相互激荡和多元价值观的并存，再加上拜金主义、享乐主义、个人主义及功利主义等不良社会思潮的影响，有相当一部分大学生所思所想、所学所求都过于现实化和功利化而忘记了人生的理想信念，对社会主义信念和共产主义理想的认识存在着模糊性和不坚定性，乃至对建设中国特色社会主义的前途感到渺茫，并且认为马克思主义已经过时了。习近平总书记说，理想信念是共产党人精神上的“钙”，没有理想信念，理想信念不坚定，精神上就会“缺钙”，就会得“软骨病”，就可能导致政治上变质、精神上贪婪、道德上堕落、生活上腐化。同样，对大学生而言，没有理想信念，理想信念不坚定，就会导致人生道路没有方向，学习上没有动力，精神上没有底气，道德上没有进取，进而也就不可能得到健康成长。可见，对大学生加强理想信念教育，既是大学生健康成长的内在要求，也是实现中华民族伟大复兴的时代要求。邓小平曾说，在革命战争年代，我们之所以能够克服各种困难，最终取得革命胜利，就是因为我们有理想，有马克思主义信仰，有共产主义信念。党的十八大报告要求“广泛开展理想信念教育，把广大人民团结凝聚在中国特色社会主义伟大旗帜之下”。当代大学生只有树立牢固的马克思主义信仰和坚定的社会主义信念，才能成为建设中国特色社会主义的合格接班人，也才能成为实现中华民族伟大复兴中国梦的主力军。如何加强大学生的理想信念教育，既要有适宜而可操作的方法路径，更需要有生动而具体的价值典范。张岱年先生人生历程艰难曲折，可谓是历经沧桑而不倒，饱经风霜而弥坚，靠的就是坚定的人生信念。在艰难的人生历程中，张岱年先生虽然身负“右派”之“罪名”，但并没有激起他对马克思主义的怀疑，仍坚信马克思主义是最具有价值的；虽然身处逆境，但并没有引起他对社会主义的迷惑，仍然坚信只有社会主义才能救中国，没有共产党就没有新中国，进而在晚年毅然决然地加入了中国共产党。可见，张岱年先生无论是作为一位功成名就的哲学家，还是作为一名从教70多年的人民教师，其人生信念是对当代大学生进行理想信念教育的极好素材。张岱年先生作为价值典范，其人生信念真实、具体地再现了跌宕起伏的人生历程和高尚的人生境界，给人们以鲜活、直观的印象，有助于深化人们对理想信念的理解与认同，也有助于构成个体在人生实践过程中的标准与参照。而且价值典范的典型形象能够带给人以极大的精神鼓舞与心理感染，对消解人们的精神危机或信仰危机具有重要的作用。因此，张岱年先生牢固的马克思主义信仰、坚定的社会主义信念及民族文化复兴的学术情怀等，对于帮助当代大学生树立坚定而正确的理想信念具有典型的教育意义。

第二，有利于推动当代中国学术研究。中华民族的伟大复兴即是民族文化的复兴。习近平总书记说：“一个国家、一个民族的强盛，总是以文化兴盛为支撑的，中华民族伟大复兴需要以中华文化发展繁荣为条件。”民族文化复兴，不是指恢复中国古代文化的辉煌，而是以民族文化优秀传统为根基来激发现代化主体的创造性力量，促进民族文化的发展和创新。而民族文化复兴的最根本的用力之处是学术研究的繁荣和发展。学术研究的繁荣和发展，是民族文化复兴的前提和基础。民族文化的复兴需要学术研究的推动，需要学术界知识分子的努力，还需要国人的文化自觉和文化自信。但是令人遗憾的是，当代中国学术研究存在一些不良现象，如论文只注重“量的扩张”而忽视了“质的提高”，追求“学术GDP”，或者说有的人以“形而上”之名，获取“形而下”之实，散发出浓厚的功利性和铜臭味；甚至还存在着“抄袭剽窃”“权学交易”“钱学交易”“学色交易”等学术腐败问题。如此的学术腐败将严重地影响了中国学术研究的健康发展和民族文化的复兴。对当代中国的年轻学者而言，如何为人为学，如何面对信仰危机，如何面对急功近利的学术浮躁和学术腐败等现实问题，时常感到茫然，热切期盼着有人能够指点迷津。张岱年先生作为著名的哲学家、一代国学大师，坚定自己的学术研究信念，始终心怀“为天地立心，为生民立命，为往圣继绝学，为万世开太平”的学术使命感，终生致力于以儒学为主要内容的学术研究。在治学方面，张岱年先生“好学深思，心知其意”，秉持“修辞立其诚”的治学态度，体现了一名哲学家求真务实的为人与为学境界。张岱年先生说：“哲学乃所以求真。既已得真，然后可由真以达善。如无求真之诚，纵然聪明博辩，亦止于成为粉饰之学。”[①] 张岱年先生又说：“我们研究学问，第一要虚心，尊重前人已经取得的成就；第二要敢于独立思考，发扬创造性的思维，在前人成就的基础上有所创新。”[②] 在《张岱年全集》的“自序”中，张岱年先生说：“虽已届耄耋之年，而一息尚存，当更有所撰述。”可谓是“生命不息”“学术不止”，彰显出儒家孔子“发愤忘食，乐以忘忧，不知老之将至”的自强不息的进取精神。在学术成就上，张岱年先生以唯物论哲学为基础，运用西方逻辑解析方法，重新诠释中国哲学，建立起以范畴和问题为中心的中国哲学研究范式和独具特色的哲学体系。在文化哲学上，张岱年先生既反对全盘西化论，也不赞成复古主义，而提出了融汇古今中西优秀文化精华的“文化综合创新论”，为中国哲学发展和民族文化复兴开辟了新的道路。从一定意义上说，张岱年先生既是民族传统文化的守望者，又是20世纪中国哲学文化的集大成者。张岱年先生曾说，19世纪是中华民族屈辱的时代，20世纪是中华民族站起来的时代，21世纪则是中华民族复兴的时代。改革开放30多年，我国经济社会取得了巨大的发展，已经成为世界第二大经济实体。经济的健康发展客观上需要文化学术的发展做支撑。促进学术研究，繁荣和发展社会主义文化，是当代中国的学术主流，是当代中国学者不可推卸的学术责任。著名社会学家费孝通先生说：“老一代学者有较广阔的学术底子，凭一己的天赋，在各自的专业里，执着坚持，发愤力行，抵得住疾风严霜，在苛刻的条件下，不求名，不求利，几十年如一日，无私奉献于学术和教育事业。”[③] 从学术研究视角看，张岱年先生的“修辞立其诚”的治学宗旨、自强不息的治学精神、以问题意识为导向的学术研究范式及哲学体系的建构等人生信念，对于推动当下中国的学术研究具有重要的现实导向意义。

第三，有利于建设社会主义文化强国。党的十八大明确提出了“建设社会主义文化强国”的奋斗目标，并指出文化创新是建设社会主义文化强国之关键。就建设社会主义文化强国与民族文化复兴的关系而言，建设社会主义文化强国是民族文化复兴的前提和基础，民族文化复兴是建设社会主义文化强国的目标和归宿，两者是辩证统一的。民族文化复兴信念，是张岱年先生的学术情怀，也是张岱年先生的文化情结。即是说，张岱年先生终生致力于学术研究，其终极目标在于实现民族文化的复兴。但如何实现民族文化复兴，自近代以来，不

---

① 《张岱年全集》（第3卷），石家庄：河北人民出版社1996年版，第60–70页。

② 《张岱年全集》（第8卷），石家庄：河北人民出版社1996年版，第367页。

③ 费孝通著：《文化与文化自觉》，北京：群言出版社2010年版，第296页。

同的学者提出了不同的文化哲学理论或文化模式。其中最有影响的有张之洞提出的“中体西用论”，梁漱溟提出的“中国文化复兴论”，陈序经、胡适提出的“全盘西化论”，陶希圣等人提出的“中国本位文化论”等，但他们都没有摆脱中西体用二元对立的思维方式，也没有正确处理好古今中西文化之间的关系，因而也就没有找到实现民族文化复兴的正确路径。早在20世纪30年代，张岱年先生针对全盘西化论和中国本位文化论鲜明地提出了“创造的综合”论，至80年代则将其发展为“文化综合创新论”，其目标在于建设中国特色社会主义新文化，实现民族文化复兴。北京大学王东教授认为，张岱年先生提出的“文化综合创新论”，“必须坚持马克思主义普遍真理的指导，必须坚持社会主义原则，必须弘扬民族主体精神，走中西融合之路，必须以创造的精神从事综合并在综合的基础上有所创造。”该论断提出了具有价值导向意义的六点内容：一是指导思想，即文化建设必须坚持马克思主义指导；二是文化性质，即文化建设必须是社会主义文化建设；三是文化的主体性，即必须保持民族文化的主体性或独立性；四是文化的开放性，即坚持面向世界、对外开放；五是建设方法，即综合创新，体现创造精神，综合是创新的基础，创新是综合的提升；六是文化内容，即马克思主义、中华优秀传统文化及西方文化先进成果的有机融合，其中，张岱年先生特别强调，文化综合创新论的核心内容是马克思主义与中国文化的优秀传统的结合。文化综合创新论对建设社会主义文化强国而言，马克思主义指导是建设社会主义文化强国的思想灵魂；继承和弘扬中华优秀传统文化，是建设社会主义文化强国的价值根基；西方文化或外来文化的先进成果，是建设社会主义文化强国不可或缺的重要资源。可见，“文化综合创新论”体现了一元性与多元性、继承性与创新性、民族性与世界性及传统性与时代性的理论特质，对于建设中国特色社会主义文化强国具有很大的适用性。文化综合创新，是中国文化发展的一条基本规律，也是增强文化软实力和建设文化强国的关键所在。如果没有文化的综合创新，就没有文化的发展，也谈不上增强文化软实力，更谈不上建设文化强国。习近平总书记说：“不忘本来才能开辟未来，善于继承才能更好创新。”人类文化实践证明，只有通过批判继承和综合创新，文化才能得到发展，才能建设文化强国。中国社科院方克立先生将张岱年先生的“文化综合创新论”称之为“马魂、中体、西用”论，同时还指出“文化综合创新论”，“不仅代表20世纪中国哲学和文化发展的正确方向，而且在新世纪仍具有重要的现实指导意义，是发展繁荣中国特色社会主义文化的必由之路。”①

---

① 方克立著：《中国文化的综合创新之路·自序》，北京：中国社会科学出版社2012年版，第3页。

可见，张岱年先生的“文化综合创新论”，为当代中国文化的转型和创新开辟了一条正确而光明的道路，对建设社会主义文化强国具有重要的现实意义。

（原文刊登于《理论与现代化》2015 年第 4 期，收入本书时略加修改或补充）

四、张岱年人生哲学思想的主要内容与现实意义

张岱年先生的人生哲学思想博大精深，涵盖人生理想、人生目的及人生创造价值等丰富内容，认为人生之道在于“充生以达理，胜乖以达和”；人生哲学的核心即是“生活理想之四原则”；“人生之目的，在于生之圆满”；人生哲学的最高境界在于“改变自然、变革社会及改善现实”的创造价值论。张岱年先生的人生哲学思想对当代中国的道德建设、人生哲学建构及青少年“三观”教育都具有重要的现实意义。

（一）张岱年人生哲学思想的理论渊源

任何一种理论体系或思想体系，都有其理论渊源或源头活水。从人生哲学视角来看，中国传统哲学是张岱年人生哲学思想的主要资源，马克思主义哲学是张岱年人生哲学思想的主导资源，西方哲学是张岱年人生哲学思想的重要资源。1935 年，张岱年在《国闻周报》上发表《论现在中国所需要的哲学》，提出了中国现在所需要的哲学，最少须满足如下的四个条件：“（1）能融会中国先哲思想之精粹与西洋哲学之优长以为一大系统。（2）能激励鼓舞国人的精神，给国人一种力量。（3）能创发一个新的一贯大原则，并能建立新方法。（4）能与现代科学知识相应合。”[①] 据此，张岱年的人生哲学思想，应该是中国传统哲学精华、马克思主义哲学与西方哲学优秀成果的综合创新，体现了“融合中西马、创造新文化”的文化观。

第一，中国传统哲学是张岱年人生哲学思想的主要资源。中国是一个具有悠久历史和优秀文化传统的国家，古典文献极为丰富。张岱年在早年求学时代，就广泛研读了《论语》《孟子》《老子》《庄子》《周易》《荀子》，以及王充、周敦颐、张横渠、程颢、程颐、朱熹、王守仁、王夫之和戴震等哲

① 《张岱年全集》（第 1 卷），石家庄：河北人民出版社 1996 年版，第 238 页。

人的著作。张岱年在《学术自传》中说："我在中学读书时，对于哲学发生深厚的兴趣，当时阅读了先秦诸子及宋明理学书，经常思考关于宇宙人生的理论问题。"① 关于中国传统哲学思想，张岱年作了四个方面的研究："（1）对于中国古代哲学的概念范畴的疏释；（2）发扬中国哲学中的唯物论传统与辩证法思想；（3）对于中国哲学史方法论的探讨，提出哲学史研究的理论分析方法；（4）开展对于中国哲学中价值论思想的考察与分析。"② 张岱年研读中国古典哲学，为建构自己的人生哲学思想奠定了深厚的传统基础。

在中国传统哲学中，人生哲学占有十分重要的地位。张岱年指出："人生论实是中国哲学所特重的。可以说中国哲学家所思所议，三分之二都是关于人生问题的。"③ 又说："今日中国的新哲学，必与过去中国哲学有相当的继承关系。我们所需要的新哲学，不只是从西洋的最新潮流发出的，更须是从中国本来的传统中生出的。本来的传统中，假如有好的倾向，则发展这好的倾向，乃是应当。"④ 例如，儒家创始人孔子"仁爱"与"和而不同"的思想，孟子"天爵""良贵"的价值论，荀子"人能群"的思想，董仲舒"三纲五常"的伦理思想，王充"德力俱全"的价值观，张载"民胞物与"的思想，程朱"存天理灭人欲"的思想，陈亮和叶适的功利思想，王夫之"珍生务义""依有生常"的思想；道家老子"尊道而贵德"的理念，庄子"天地与我并生，而万物与我为一"的思想；墨子"兼爱"的思想；法家韩非子的"重力轻德"观点；《易传》提出的"自强不息""厚德载物""日新之谓盛德，生生之谓易"的思想，《中庸》提出的"与天地参""参赞天地化育"的思想，《管子》提出的"仓廪实则知礼节，衣食足则知荣辱"的思想，《左氏春秋》提出的"正德、利用、厚生"的思想；等等，都是张岱年建构自己人生哲学思想的主要文化资源。

第二，马克思主义哲学是张岱年人生哲学思想的主导资源。五四新文化运动后，马克思主义在中国得以广泛的传播，受到当时国内青年的欢迎。年轻的张岱年在大学求学时，就阅读了恩格斯的《费尔巴哈论》《反杜林论》及列宁的《唯物论和经验批判论》等中译本，并完全接受了辩证唯物论和历史唯物论的观点。通过与西方哲学各流派的比较，张岱年认定"辩证唯物论

① 《张岱年自选集·学术自传》，重庆：重庆出版社1999年版，第1页。
② 张岱年著：《通往爱智之门》，北京：北京大学出版社2011年版，第262页。
③ 《张岱年全集》（第2卷），石家庄：河北人民出版社1996年版，第194页。
④ 《张岱年全集》（第1卷），石家庄：河北人民出版社1996年版，第271页。

既博大精深又切合实际，实为最有价值的哲学。”① 张岱年在《我最喜欢的一本书》中说：“虽然喜读分析学派的著作，但是我更喜欢读的是马克思、恩格斯的哲学著作。……我喜读马克思、恩格斯合著的《德意志意识形态》，更喜读恩格斯的《反杜林论》《自然辩证法》，但是最喜欢读的是恩格斯所著《费尔巴哈和德国古典哲学的终结》。”② 在20世纪三四十年代，张岱年还专门撰写了《关于新唯物论》《辩证唯物论的知识论》及《辩证唯物论的人生哲学》等论文。研读马克思和恩格斯的著作，撰写马克思主义哲学的论著，张岱年为建构自己人生哲学奠定了根本的路向。

就人生哲学层面而言，张岱年说：“马克思、恩格斯虽未正式提出过一个完整的人生哲学系统，但是他们的学说中却蕴含着伟大的人生哲学。”“马克思、恩格斯的人生哲学，可以说是唯物史观的人生哲学，也可以说是社会主义的人生哲学，乃是一种科学的、革命的人生哲学。”③ 马克思、恩格斯创立的历史唯物主义认为，资本主义社会必然灭亡，社会主义社会和共产主义社会必然胜利，这是不以人的意志为转移的客观规律。由此揭示了人生奋斗的终极目标就是实现共产主义社会的远大理想。对此，张岱年指出：“现在，欲求良好的生活，只有进行社会主义革命，把劳苦大众从资本主义的锁链中解放出来，把弱小民族从帝国主义的宰割下解放出来，把人类从不平等、同类自残中解放出来，使人类能够过真正幸福的生活。”④ 即是说，只有在社会主义社会里，人才能过上真正的幸福生活且能得到保证。总之，马克思主义的新唯物论人生哲学，是张岱年建构自己人生哲学思想的主导资源。

第三，西方哲学是张岱年人生哲学思想的重要资源。张岱年认为，研究中国哲学不能光读中国的古书，还必须研读一些西方哲学的著作。不仅要读古希腊哲学家柏拉图、亚里士多德、赫拉克利特和德谟克利特的著作，而且还要读近代哲学家笛卡儿、斯宾诺莎、洛克、休谟、康德、黑格尔和费尔巴哈的著作，同时还要读西方现代哲学家罗素、穆尔、怀特海、柏格森、尼采等人的著作。特别是在新实在论方面，在长兄张申府的引导下，张岱年阅读了英文版的罗素、摩尔、怀特海、搏若德等人的著作。早在20世纪三四十年代，张岱年已经广泛阅读了西方哲学中的新实在论、实用主义、生命哲学、突创进化论、新黑格尔主义及超人哲学等论著。无疑，西方哲学思想的大量

① 《张岱年全集》（第8卷），石家庄：河北人民出版社1996年版，第577页。
② 张岱年著：《晚思集》，北京：新世界出版社2002年版，第158页。
③ 《张岱年全集》（第1卷），石家庄：河北人民出版社1996年版，第200页。
④ 《张岱年全集》（第1卷），石家庄：河北人民出版社1996年版，第207-208页。

传入，为张岱年建构自己人生哲学提供了得天独厚的外来文化资源。西方哲学，尤其是新实在论和逻辑分析哲学，对张岱年的影响为最大。张岱年不仅吸收西方的逻辑解析法作为建构自己人生哲学的方法，而且也积极借鉴西方的道德学说和人生哲学的优秀成果，作为建构自己人生哲学的辅助资源。张岱年说："理性主义者仅知道德而不懂权力的作用；生命主义者仅知权力而不知道德的意义，都有所弊。""康德有见于善之所以为善而无见于生之所以为生；尼采有见于生之所以为生而无见于善之所以为善，皆一偏之论尔。"① 即是说，西方的理性主义与生命主义、康德哲学与尼采哲学等都对张岱年的人生哲学思想产生实际的影响。张岱年在 20 世纪三十年代初还撰写《斯辟诺萨》一文，专门讨论其人生哲学思想。总之，斯宾诺莎的人生哲学、柏格森的生命哲学、怀悌黑的教育哲学、康德的道德学说、费尔巴哈哲学、黑格尔哲学及尼采的人生哲学等，都是张岱年建构自己人生哲学不可或缺的辅助资源。

（二）张岱年人生哲学思想的理论建构

人生哲学思想是中国传统哲学的重要组成部分。"中国以前是有过伟大的人生理想的，但时代迁易，过去的理想已是过去了；而西洋的理想，又有其西洋的背景，随便移到中国来，是不会与实际生活合符节的。工具可取之于人，理想也追随他人，那便太可怜了。"② 因此，建构具有民族特色和体现时代精神的人生哲学是时代变迁的客观要求。张岱年顺应时代和社会发展的趋势，以辩证唯物论为指导，兼综中西人生哲学的优良传统，从人生理想、人生目的及人生创造价值等多层面来建构自己的人生哲学思想。

第一，"生活理想之四原则"的人生理想论——张岱年人生哲学思想的核心内容。人生理想是人生哲学的重要内容。理想能给人以力量和勇气。有了理想作为生活的方向标，人就能克服种种艰难险阻，使人生成为一个有意义有价值的历程；反之，如果没有人生理想，也就没有人生奋斗目标，其人生也是没有意义的。张岱年特别重视人生理想，在《生活理想之四原则》中说："无理想的人，必不会感到生活之意义；无理想的人，必没有与环境搏斗之勇气。唯理想能鼓舞人的精神，能坚定人的意志，能使人面对逆境而无所惧。"③ 为此，张岱年提出了一个"新的生活理想之纲领"，即"理生合一""与群为

① 《张岱年全集》（第 1 卷），石家庄：河北人民出版社 1996 年版，第 462 页。
② 《张岱年全集》（第 1 卷），石家庄：河北人民出版社 1996 年版，第 280 页。
③ 《张岱年全集》（第 1 卷），石家庄：河北人民出版社 1996 年版，第 280 页。

一”“义命合一”或“现实理想之统一”“动的天人合一”或“天人协调”的道德原则。

其一，“理生合一”。“生”是生命、生活；“理”是当然的准则或道德规律。“理生合一”，即“一方面培养生命力，发展生命力，充实生活，扩大生活；另一方面要实践理义，以理制裁生活，使生活遵循理。”“生活之最高境界，是与理为一；与理为一的生活，也便是达到了生之谐和的生活。”① 在20世纪三十年代撰写的《天人简论》中，张岱年将“理生合一”升华为“充生以达理”“胜乖以达和”的道德理想境界，即“人生之要谊，一言以蔽之，曰充生以达理。充生以达理，即扩充生力，克服生之矛盾，以达到理想境界。”“要而言之，人生之道，在于胜乖以达和。”②

其二，“与群为一”。“与群为一，便是与社会国家为一体，即觉得群己合为一体，社会、国家与个人融合无间，群即是我，我即是群。群的利益即是我的利益；群的生命即是我的生命。把整个的精神心思都注入于群，为群而工作，为群而努力。”“个人生活之最高境界，是与群为一。”③

其三，“义命合一”。“义”就是应当，“命”即是自然的限制；“义”是理想的当然，“命”是现实的必然；“义”是人事方面的，“命”是环境方面的。所谓“义命合一”是指：“人的生活须一方面适应环境，不适应环境则不能生活；一方面又要克服环境，不克服环境则生活不能提高。以此，理想要适应现实，又须克服现实；义须顺应命，又要改变命。”④ 简而言之，“义命合一”，就是理想的当然与现实的必然相统一、顺应命与改变命相统一。

其四，“动的天人合一”。所谓“动的天人合一”，是相对于“静的天人合一”而言的。“静的天人合一”是个人的，是由精神的修养而达到一种神秘的宁静的谐和；“动的天人合一则是社会的，是由物质的改造而达到一种实际的活动的协调。”“动的天人合一，即是以实践行动，克服天与人之矛盾冲突，使天人相适合，这是堪天与乐天之统一。”⑤ 张岱年认为：“人生的理想应是人的现实生活之趋于圆满，应是生活与世界之客观地改变，不应是内在的经验上的改变。”⑥ 因此，提倡“动的天人合一”，反对“静的天人合一”，以实

① 《张岱年全集》（第1卷），石家庄：河北人民出版社1996年版，第283页。
② 《张岱年全集》（第3卷），石家庄：河北人民出版社1996年版，第208–209页。
③ 《张岱年全集》（第1卷），石家庄：河北人民出版社1996年版，第284页。
④ 《张岱年全集》（第1卷），石家庄：河北人民出版社1996年版，第286页。
⑤ 《张岱年全集》（第1卷），石家庄：河北人民出版社1996年版，第287–289页。
⑥ 《张岱年全集》（第1卷），石家庄：河北人民出版社1996年版，第82页。

际行动促进社会状况的变革和现实生活的改善。“动的天人合一是人类生活之最高境界”[1]，也是人类生活的最高理想。

张岱年提出的生活理想之道德原则，既是美好的人生理想，又是新道德观的核心内容。其中，“理生合一”“群己一体”则是人生理想的根本原则，也是新道德观的根本精神。就“理生合一”而言，它既克服了中国传统哲学特别是宋明理学“重理轻生”的弊端，又矫正了现代西方哲学特别是尼采的唯意志主义和柏格森的生命主义“重生轻理”的偏差。就“与群为一”而言，张岱年指出：“自笛卡儿以来，西洋近世哲学，都是以个人为本位的，其中无论唯物论、主观唯心论、绝对唯心论、实证论，皆以个人观点为基本，所以谈知识只是谈个人的知识，谈人生亦是谈个人的生活。”[2] 中国的人生理想，虽不是个人本位，但却强调“与天为一”而不注意人群之为一体。因此，“与群为一”，既是对中国传统“与天为一”的矫正，也是对中国古代墨家兼爱学说的批判性改造，既是对中国古代社会本位的修正，也是对西方个人本位的矫正，更是对马克思主义为全人类谋福利思想的自觉运用和创造性阐释。张岱年在晚年时还说：“人的最高发展是将一己之‘小我’融入到社会的‘大我’之中，人的最高价值是与群为一。”[3] 就“义命合一”而言，它是儒家所为“知命”与墨家所谓“非命”的综合，而特别发挥了张载的“义命合一存乎理”的思想，同时也是把理想主义与现实主义有机地结合起来，体现了尊重客观规律与发挥人的主观能动性的统一。就“动的天人合一”而言，既克服了中国传统“静的天人合一”的神秘境界，又高扬了儒家提倡的“刚健”“自强”的积极进取精神，把荀子的“制天命而用之”的思想与《易传》的“裁成天地之道，辅相天地之宜”的天人协调观念融为一体，并给予马克思主义的批判性改造，从而发展了马克思主义的实践唯物主义，使人与自然的关系得到了合理的处理。可见，张岱年的“人生理想之四原则”，是以马克思主义的辩证唯物论为指导，在批判地继承中西传统人生哲学之精华的基础上而建构起来的。张岱年的人生理想论，反映了马克思主义的基本原理，体现了批判继承与综合创新的理论特征，标志着辩证唯物论人生哲学的正式形成。

第二，“生之圆满”的人生目的论——张岱年人生哲学思想的根本内容。人生目的是人生哲学的根本问题，它决定着人生的方向、人生的态度和人生

① 《张岱年全集》（第1卷），石家庄：河北人民出版社1996年版，第277页。
② 《张岱年全集》（第1卷），石家庄：河北人民出版社1996年版，第265页。
③ 《张岱年全集》（第8卷），石家庄：河北人民出版社1996年版，第513页。

价值取向。张岱年说："人生之目的，在于生之圆满。人生之归宿即在生活之中，即生活之圆满。然生活之圆满不是个人的。"① "生活之圆满不是个人的"，即是说，"生活之圆满"，不仅指"个人生活之圆满"，而且还有"人群生活之圆满"。人生之道就是争取合理的生存，即改善自然，克服生之冲突，以达到"生之谐和"即"生活之圆满"。"充生以达理，胜乖以达和"，可谓是张岱年道德人生哲学的核心。"充生以达理，胜乖以达和，也就是'增健以为公'，由扩充人的刚健的生命力，改善自然，克服生之冲突，以达到'公'的和谐境界，此即是生活之圆满。"② 张岱年还说："生活中行动之目的，不出生活之外，求人群之共同生活之发展而已。""所谓理，所谓当然准则之基本内容，即是：遂我之生，亦遂人之生；善我之生，亦善人之生；亦即，不独遂其生，不独善我生，更遂群之生，善群之生；而在遂群之生中遂己之生，在善群之生中善己之生。"③ 简而言之，人生之目的，就是"遂群之生""善群之生"，其境界在于"生之圆满"。张岱年又说："人是有生之物，所求在于生之圆满。必有人群生活之圆满，乃可有个人生活之圆满。然而如为求个人生活之圆满方求人群生活之圆满则不可。不可以人群生活之圆满为方法，以个人生活之圆满为目的。个人生活之圆满即在人群生活之圆满之中。二者为一事。杀身成仁者亦即在求人群生活之圆满之行为中达到个人生活之圆满。"④ 人生之目的，不仅在于求个人生活之圆满，更在于求人群生活之圆满，即要把个人生活之圆满与人群生活之圆满统一起来。张岱年进而认为，为求人群之圆满，而做到"杀身成仁""舍身取义"，则是坚持人格尊严达到"与群为一"的境界；"虽丧失小我，而得大我"，从而实现崇高卓越的精神境界，此乃"道德实践之至极。"⑤ 总之，人生之目的在于"生之圆满"，就是"个人生活之圆满"与"人群生活之圆满"的辩证统一。

马克思主义认为，人是社会的人，人的本质属性在于人的社会性，绝对的个人在现实中是不存在的。因此，每一个个体与社会之间是互动的、双向的辩证关系。张岱年说："个人皆系群体之一员，个人实无独立之存在。""个人实赖社会而存在。个人与群体之间实无对立，群己之间实无界限，群己关

---

① 《张岱年全集》（第 1 卷），石家庄：河北人民出版社 1996 年版，第 454 页。

② 刘鹗培主编：《综合创新——张岱年先生学记》，北京：清华大学出版社 2002 年版，第 131－132 页。

③ 《张岱年全集》（第 1 卷），石家庄：河北人民出版社 1996 年版，第 282 页。

④ 《张岱年全集》（第 1 卷），石家庄：河北人民出版社 1996 年版，第 458 页。

⑤ 《张岱年全集》（第 3 卷），石家庄：河北人民出版社 1996 年版，第 214 页。

系为全与分之关系。全由分会合而成，分之存在亦系于全。群己乃不可分离之一体。”① 亚里士多德曾说：能够不在社会里生存的人，不是禽兽就是神明。即是说，个人与社会的依存关系首先表现在个人依赖于社会，没有社会就没有个人。离开社会和他人，任何单独的个人都不可能生存。个人的存在与发展离不开社会，个人只有在集体和社会所提供的条件下才有机会发挥才能，实现自己的人生价值。当然，社会的发展和集体利益的维护也依赖于每一个成员的贡献和努力。人不论从事物质生产活动还是精神生产活动，都必然涉及社会和他人。因此，只有将社会发展目标与自我发展目标统一起来，才可能使个人的潜能和创造力得到更好的施展和发挥，也才能有个人幸福圆满的生活。如果只是一味地强调“自我实现”或者片面扩大“小我”，甚至与社会发展目标背道而驰，就不会有完整的自我实现，也就不会有个人幸福圆满的生活。张岱年还说：“作为一个人，不但要考虑个人的利益，而且要考虑别人的利益，考虑群体的利益。”② 因此，人生目的的设计必然要涉及他人与社会，就“生活之圆满”而言，就要做到“在遂群之生中遂己之生，在善群之生中善己之生”。社会和群体是个人存在和发展的前提和基础，决定着个人的利益和需求。因此，谋求个人生活之圆满和幸福，必须也谋求他人或群体生活之圆满和幸福。可见，“遂我之生，亦遂人之生；善我之生，亦善人之生”的“生之圆满”的人生目的，是对儒家孔子提出的“己欲立而立人，己欲达而达人”的批判继承与历史超越，也闪烁着“为人民服务的集体主义”的光辉。

第三，“改变自然、变革社会及改善现实”的创造价值论——张岱年人生哲学思想的最高境界。从价值哲学来看，人生价值是自我价值与社会价值的辩证统一。人生价值的选择应该是自我价值与社会价值的统一、物质价值与精神价值的统一、创造价值与享受价值的统一。无论是自我价值还是社会价值，无论是物质价值还是精神价值，都是人自己创造的，也都是人在社会中创造的。马克思主义历史唯物论认为，人是在创造和奉献中享受人生，人生价值是创造价值和享受价值的统一。创造价值是前提和基础，没有创造就没有享受；享受价值是目的和结果，没有享受也就失去创造的意义。但人生价值在于奉献和创造而不在于享受，人的创造和奉献，才是人生价值的核心和实质。因此，创造价值的发挥是人生价值的最高体现。张岱年说：“人之所以为人，在于能有所创造，在于自觉而有理想，在于能依理想而克服物质自然。

---

① 《张岱年全集》（第 3 卷），石家庄：河北人民出版社 1996 年版，第 223 页。

② 《张岱年全集》（第 7 卷），石家庄：河北人民出版社 1996 年版，第 567 页。

人应发挥其创造力，而日进无疆。”“人所以异于禽兽，在于能自觉的创造自己的生活。”① 又说：“人之作用在于自觉参加于宇宙创造大流中，而赞助自然的创造。”“人之工作在自觉的创造，调整自然，参赞化育，改造自然与人性，以达到理想境界。”“人求生之意义，亦即求自觉。人生意义由创造出，且在创造中。”② 即是说，创造是人之所以为人的内在特征。人无论是改造主观世界，还是改造客观世界，实际上就是发挥人的创造能力的活动，也是人生追求自由、实现自由的活动。“人的自由在于能自作主宰并能克服外物。”③人生就是在对自由创造活动的满足中，获得对自我价值的最高肯定。有学者指出：“人之创造性既本源于宇宙大化的‘生生日新”，又充分体现了人本身的自觉性与主动性，是人之‘性、能’，从而也是人之地位、人之价值形成与发展的根本源泉。”④ 总之，人的创造活动与创造价值，既是人生追求的最高境界，也是人生自我价值的最高体现。

唯物史观认为，价值是在改造主体和改造客体的过程中创造的。从主体方面来看，价值创造是人的本质力量的对象化，是人在实践活动过程及结果中所进行的自我肯定和自我实现。从客体方面来看，价值创造是客体在主体作用下所发生的形式变化，主体赋予客体以意义和价值。张岱年认为，创造价值对人生意义具有决定作用，人生的价值就体现在创造中。创造则包括改造自然、变革社会及改善现实。张岱年在《天人简论》中说：“昔《左氏春秋》以正德、利用、厚生为三事，……今亦言三事：一曰御天，二曰革制，三曰化性。御天者改变自然，革制者改革社会，化性者改变人生。三方俱改，然后可达人生之理想境界。”⑤ 其中，“御天”与“革制”体现了人生的创造价值，而“化性”则彰显出人生的道德价值。“化性”则寓于“御天”与“革制”的创造性活动过程中，即是说“御天”“革制”“化性”构成“三位一体”的人生实践活动。因此，“三事”实质就是“一事”。“人要变革世界，改造现实，不仅应认识世界发展变化的历程，而且在实践中应当充分地发挥能动作用。”⑥

首先，对自然的改造，使自然更适合人的生存和发展，是人生价值的生动体现。张岱年认为，人与自然是有矛盾和冲突的。只有克服它们之间的矛

---

① 《张岱年全集》（第 1 卷），石家庄：河北人民出版社 1996 年版，第 388-389 页。
② 《张岱年全集》（第 1 卷），石家庄：河北人民出版社 1996 年版，第 379-380 页。
③ 《张岱年全集》（第 1 卷），石家庄：河北人民出版社 1996 年版，第 385 页。
④ 周德丰、杜运辉：《张岱年人生价值论的重要特质》，《光明日报》，2009-06-23。
⑤ 《张岱年全集》（第 3 卷），石家庄：河北人民出版社 1996 年版，第 224 页。
⑥ 《张岱年全集》（第 1 卷），石家庄：河北人民出版社 1996 年版，第 204 页。

盾和冲突，才能真正达到天人合一的境界。故张岱年说："人生之价值即在能加入自然创造历程中，而作自觉的创造。"① "人的创造亦即是天的创造，人改造自然即是自然之自己改造。人克服天人之矛盾以得和谐，亦即是天克服其中之矛盾以得和谐。"② "天人合一" 是人生的最高境界。

其次，对社会现实的变革，使社会更适合人的生存和发展，是人生价值的具体体现。人与社会之间的关系是辩证统一的互动关系。个人的行为往往受社会环境的制约，个人的生活有赖于社会组织或制度的改善。但是，人在社会环境或社会组织制度面前不是被动，而是能够充分发挥自己的主观能动性以改善社会环境或社会组织制度。张岱年说："人生的问题之解决，基于社会问题之解决。良好的生活只有在良好的社会中方能实现。" "个人生活之改善，由于社会组织之改善。要改造人生，先要改造社会制度；改变生活，先要改变经济基础。"③ 因此，人要改善生活，就需要变革不合理的社会制度，进行社会主义革命。因为只有 "经过社会主义革命，人们才能恢复自然兄弟姊妹之谊，才能成为自己的社会组织的主人，才能有实际的自由与真正的全人类平等。"④ 变革不合理的社会制度，建立崭新的社会主义制度，人生就能达到 "生之圆满" 的理想境界。

总之，改造自然、变革不合理的社会制度，使群体获得圆满的生活，是人生价值的最高境界。

（三）张岱年人生哲学思想的现实意义

张岱年以马克思主义唯物论为指导，既批判继承中国传统人生哲学的优秀成果，又积极借鉴西方近现代人生哲学的先进成就，并把两者有机地结合起来进行自觉的综合创新，创造出既超越中国传统人生哲学又超越西方人生哲学同时体现中华民族特色和时代精神的新人生哲学。张岱年的人生哲学思想，对于当代中国的道德建设、人生哲学建构和青少年的 "三观" 教育都具有现实意义。

第一，在内容取向上，张岱年的人生哲学思想对当代中国道德建设具有借鉴意义。张岱年在《晚思集》中说："在文化方面，我们要建设有中国特色

① 《张岱年全集》（第1卷），石家庄：河北人民出版社1996年版，第288页。
② 《张岱年全集》（第1卷），石家庄：河北人民出版社1996年版，第394页。
③ 《张岱年全集》（第1卷），石家庄：河北人民出版社1996年版，第391页。
④ 《张岱年全集》（第1卷），石家庄：河北人民出版社1996年版，第208页。

的社会主义新文化，关于道德，我们应建设有中国特色的社会主义新道德。”①当代中国道德建设，是以为人民服务为核心、以集体主义为价值原则、以“五爱”和公民道德基本规范为基本要求，以社会公德、职业道德、家庭美德和个人品德为着力点，逐步形成与社会主义市场经济相适应的、与社会主义法律相协调的、与中华民族传统美德相承接的社会主义道德体系。就“理生合一”而言，社会主义义利观和理欲观，强调义与利的统一、理与欲的统一、物质生活与精神生活的统一。因此，“理生合一”与当代中国的社会主义义利观和理欲观是一致的。从道德追求的境界来看，“与群为一”包含了为他人服务、为群体服务、为集体服务、为民族国家利益献身的利他取向和奉献精神。因此，“与群为一”与当代中国提倡的为人民服务人生观和集体主义价值原则是相吻合的。毛泽东说：“社会主义制度的建立给我们开辟了一条到达理想境界的道路，而理想境界的实现还要靠我们的辛勤劳动。”② 即是说，我们应该把树立远大的理想与脚踏实地的实干精神结合起来。因此，“义命合一”与当代中国提倡的理想主义与现实主义相结合是一致的。德国生态哲学家萨克塞说：“如果我们对生态问题从根本上考虑，那么它不仅关系与技术和经济打交道的问题，而且动摇了鼓舞和推动现代社会发展的人生意义。”③ 马克思主义生态伦理学破解了生态伦理中的人类中心主义与非人类中心主义困境，强调人类要把认识自然与改造自然、合理利用自然与积极保护自然辩证统一起来，以实践为中介实现人与自然的和谐统一。因此，“动的天人合一”与当代中国提倡马克思主义生态伦理观是一致的。

1994 年，张岱年在《移风易俗与传统美德》中又提出了“社会主义新道德的主要原则”，即“我们现在要建设具有时代精神的新道德。新道德的主要原则应是爱国主义、集体主义和社会主义的人道主义。”④ 应该说，张岱年晚年提出的社会主义新道德的主要原则，是对早年提出的“生活理想之四原则”的逻辑延伸和时代拓展。张岱年提倡的“生活理想之四原则”，不仅体现了马克思主义的基本原理，而且具有前瞻性和时代性，对当代中国社会主义道德建设具有借鉴意义，为当代中国道德建设提供了直接有效的文化资源。

第二，在方法运用上，张岱年的人生哲学思想对当代中国人生哲学的建构具有启迪意义。马克思主义人生哲学已经成为当代中国主导的人生哲学。

---

① 张岱年著：《晚思集》，北京：新世界出版社 2002 年版，第 97 页。

② 《毛泽东文集》（第 7 卷），北京：人民出版社 1999 年版，第 226 页。

③ ［德］汉斯·萨克塞著：《生态哲学》，文韬，佩云译，北京：东方出版社 1991 年版，第 3 页。

④ 《张岱年全集》（第 7 卷），石家庄：河北人民出版社 1996 年版，第 488 页。

但由于我国还处于社会主义初级阶段，随着改革开放的不断扩大与深化，我们在吸收西方各国先进经验和文明成果的同时，西方的各种价值观念、生活方式及形形色色的人生哲学还会不断涌入。其中既有值得我们学习借鉴的合理成分，又有应该剔除的腐朽成分。为此，我们必须有选择地吸收借鉴西方现代人生哲学的先进成果，以增强当代中国人生哲学的时代性和世界性；同时，我们还要批判继承中国传统人生哲学的精华，以增强当代中国人生哲学的民族性和传统性。在人生哲学建构的方法上，张岱年对中西人生哲学的“综合创新”或“创造性转化”值得我们学习借鉴，具有启迪意义。张岱年在人生哲学思想建构上，体现了“综合创新论”的文化观。“我们不谈理想则已，谈理想便当着重于创造（当然，虽言创造，也必于过去有所承，于西洋有所取）。我们需要由实际生活深处发出的新的人生理想。”① 其中，所谓“创造”即是“综合的创造”，它包含以下三个层次：一是对唯物论与理想的综合创造。即是说，张岱年的人生哲学，既注重理想又强调实现理想的物质基础，既超越唯心论又克服了新唯物论所忽略的人生论。二是对中国传统人生哲学思想与西方近现代人生哲学思想的综合创造。有学者指出：“张先生综合唯物与理想，即在新的时代体现了‘宏大而平实’的精神，是对中国传统哲学之根本倾向的继承、发展和创新，亦是对西方哲学自然主义与理想主义（以及科学主义与人本主义）之截然对立的扬弃。”② 三是对中国传统儒道墨法等各家人生哲学思想的综合创造。张岱年说：“中国以前思想，弊于静而不知动，弊于家而不知群，弊于中庸而不知力；今后思想，应注重力、群、动，注重克服环境而利用之，注重自作主宰改造环境之理想。”③ 张岱年通过综合而创造出颇具特色的人生哲学思想。

就方法论而言，我们应该自觉地运用张岱年提出的“综合创新论”的方法论，立足改革开放和社会主义现代化建设，以马克思主义和中国特色社会主义理论体系为指导，批判继承中国传统人生哲学的优秀成果，积极借鉴西方人生哲学的先进成就，并把两者有机地结合起来予以创造性转换，赋予时代内涵，建构起具有民族特色和体现时代精神的人生哲学理论，为当代中华民族提供“面向现代化、面向世界、面向未来”的人生准则，为中华民族搭建起一个共有的精神家园。

第三，在思想教育上，张岱年的人生哲学思想对当代中国青少年的“三

① 《张岱年全集》（第1卷），石家庄：河北人民出版社1996年版，第280页。

② 李存山：《充生以达理，胜乖以达和——张岱年论人生之道》，《学术界》1999年第2期。

③ 《张岱年全集》（第1卷），石家庄：河北人民出版社1996年版，第239页。

观”教育具有启发意义。当代青少年能否树立马克思主义的世界观、人生观和价值观，是关系能否把他们培养成建设中国特色社会主义的可靠接班人和建设者，是关系中国特色社会主义事业兴衰成败的大事。因此，加强对青少年进行世界观、人生观和价值观教育，帮助他们树立马克思主义的世界观、人生观和价值观，是教育工作者义不容辞的历史责任。从总体上看，当代中国青少年的世界观、人生观和价值观主流是好的，广大青少年热爱社会主义中国，拥护中国共产党领导，维护祖国统一，积极践行社会主义核心价值体系，愿意为建设中国特色社会主义共同理想而努力奋斗。但改革开放以来，由于受到西方个人主义核心价值观、多元化价值观并存的影响，以及市场经济追求自身利益最大化的负面影响等，部分青少年在世界观、人生观和价值观方面出现了偏颇甚至错误，如有的质疑马克思主义指导，有的否定社会主义制度，有的信奉拜金主义、享乐主义和个人主义的人生观和价值观等。因此，如何加强对广大青少年进行世界观、人生观和价值观教育，帮助他们树立马克思主义的世界观、人生观和价值观，是一个亟待解决的重大问题。江泽民曾强调，哲学社会科学，主要是帮助人们解决世界观、人生观、价值观的科学。张岱年的人生哲学思想作为哲学社会科学的重要组成部分，对广大青少年的“三观”教育具有重要的启发意义。

在世界观方面，张岱年一生坚信马克思主义不动摇，认为马克思主义是“最有价值的哲学”。张岱年说：“有些青年人对于马克思主义理论缺乏真正理解，对于中国近百年来艰苦的斗争过程更缺乏明确认识，因而思想发生了动摇。在这种情况下，我感到更有坚持原则的必要。”① 因此，张岱年坚信马克思主义真理，对帮助青少年树立辩证唯物主义和历史唯物主义的世界观具有直接的现实意义。

在人生观方面，“生活理想之四原则”的人生理想论，有助于教育广大青少年正确处理好理想与现实的关系、个人与他人的关系、个人与社会的关系，以及人与自然的关系，进而为实现自己的人生目标、人生理想创造一个良好的人生环境；“个人生活之圆满”与“人群生活之圆满”的辩证统一的人生目的论，有助于教育广大青少年正确处理好个人利益与集体利益的关系、个人幸福与社会幸福的关系，进而帮助他们树立社会主义、集体主义价值观和正确的幸福价值观。

在价值观方面，“改变自然、变革社会及改善现实”的人生创造价值论，

---

① 张岱年著：《通往爱智之门》，北京：北京大学出版社 2011 年版，第 146 页。

有助于教育青少年树立正确的价值观，即要把自我价值与社会价值统一起来、把创造价值与享受价值统一起来，同时还要把发挥主观能动性与遵循客观规律统一起来，把改造客观世界与改造主观世界统一起来，不断提升自己的人生境界，不断创造个人幸福与国家幸福、社会幸福相结合的美好幸福的生活。

［原题为《论张岱年的人生哲学思想》，刊登于《南昌大学学报》（人文社会科学版）2013 年第 2 期，收入本书时略加修改或补充］

第五章　张岱年的文化哲学研究

文化哲学思想，是张岱年哲学体系的重要内容。早在20世纪三四十年代的文化讨论中，张岱年先生作为一名年轻的学者积极参与当时的文化问题探讨，相继撰写了《世界文化与中国文化》《关于中国本位的文化建设》及《西化与创造》等论文；至改革开放时期，在80年代的“文化热”和90年代的“国学热”中，张岱年又多次参加文化研讨会，不仅撰写了如《中国文化与中国哲学》《中国文化的发展道路》《中国文化的思想基础与基本精神》《文化传统与民族精神》《中华民族精神与中华民族的凝聚力》《爱国主义与民族精神》等近百篇的学术论文，而且还著有《文化与哲学》《中国文化概论》（与方克立合编）及《中国文化论争》（与程宜山合著）等专门论著，比较全面而深刻地表达了自己的文化哲学思想。张岱年先生的文化哲学思想，充分彰显其文化自觉与文化自信的内在品质，也鲜明表达其深厚的民族传统文化情结和坚定的民族文化复兴信念。

张岱年先生文化哲学思想的核心内容有二：一是文化综合创新论。张岱年先生在30年代提出“文化的创造主义”或“创造的综合”，至80年代发展为“文化综合创新论”，而当代中国著名的马克思主义学者、哲学家方克立先生将此深化为“马魂、中体、西用”论。方克立先生认为，“马魂、中体、西用”三流合一、综合创新，是五四新文化运动后近百年来中国哲学和文化发展的一条实现道路，且与党的文化方针高度契合，因而也是中国特色社会主义文化建设和发展之路。张岱年先生说：“在马克思主义普遍原理指导下，在社会主义原则基础上实现中西文化的综合，是一项伟大的创造性工作，它的成果——具有中国特色的社会主义文化也必将是一个伟大的创造。”① 二是中国文化的基本精神或曰中华民族精神论。张岱年先生认为，中国的民族精神

① 张岱年、程宜山著：《中国文化论争》，北京：中国人民大学出版社2006年版，第337页。

基本上凝结于《周易大传》的两句名言，即“天行健，君子以自强不息”“地势坤，君子以厚德载物”；并强调“自强不息”“厚德载物”是中华民族精神的核心和集中体现，也是中华民族在五千年的历史长河中历经磨难而不衰、饱经风霜而不倒的内在动力和思想基础。张岱年先生以文化问题为逻辑起点，致力于中华民族精神或中国精神研究，为中国精神建构作出了历史性贡献。

一、张岱年对民族精神的研究

在20世纪80年代的“文化热”和90年代的“国学热”中，国学大师张岱年率先提出和探讨了民族精神问题。不仅从总体上探讨了民族精神基本理论，而且还着力研讨了中国文化基本精神即中华民族精神理论，提出了相关的理论观点。其中，特别强调“自强不息”“厚德载物”是中华民族精神的核心和集中表现。“自强不息”“厚德载物”作为中华民族精神具有深厚的历史内涵和显著的历史价值。

（一）关于民族精神观的总体透视

何谓民族精神，中华民族精神的内涵是什么，为何要弘扬和培育中华民族精神等问题，始终是张岱年先生探讨的主要问题。张岱年从不同的角度对民族精神作了深入的探讨和研究，提出了相关的理论观点，归纳起来有下列几点：

第一，民族精神概念。关于民族精神的界定，理论界和学术界呈现出诸多不一致的说法。张岱年对民族精神概念作了多层面、细致入微的分析研究。张岱年认为，民族精神有广义和狭义之分，“广义的民族精神指一个民族所有的具有一定特色的思想意识；狭义的民族精神专指能起促进文化发展的积极作用的精粹思想。”① 另外，张岱年还从意义的层面来界定民族精神，认为民族精神有广泛的意义和严格的意义之分，“从广泛的意义讲，凡是民族的思想意识都可以说属于民族精神”，“严格意义的民族精神专指能促进民族发展的积极传统。”② 显然，张岱年所探讨和研究的民族精神，是指狭义的民族精神或严格意义的民族精神。如果从民族文化的角度界定，那就是“民族文化中

① 《张岱年全集》（第6卷），石家庄：河北人民出版社1996年版，第356页。
② 《张岱年全集》（第7卷），石家庄：河北人民出版社1996年版，第220页。

的优良传统也可以称民族精神”,[①] “民族文化中的主导思想，亦可简称民族精神。”[②] 可见，张岱年是从“褒性”的维度给民族精神下定义的。

第二，每个民族都有自己的民族精神。独立发展的民族文化必然有其民族精神。张岱年指出：“每一伟大的民族都有其民族文化；每一民族文化都有其基本精神，亦可称为民族精神。这民族文化和民族精神构成一个民族的生命之一部分。”[③] 张岱年曾经在比较中西文化之不同时指出：“西方虽然都是资本主义，但它的每个国家都有自己的民族精神，如法国强调法兰西精神，英国讲盎格鲁·萨克森精神，美国讲美利坚精神，德国对民族精神更为重视，大讲日尔曼精神，日本也大讲大和精神。”[④] 无疑，中华民族也有自己的伟大民族精神。张岱年引用古人的话说“国有与立”，就是说一个国家必有足以立国的基础。中华民族之所以能发展，中华民族之所以几千年自立自强于世界民族之林，中国的各个民族之间之所以能亲密无间，必然有其自己的民族精神，并反复强调“自强不息”“厚德载物”是中华民族精神的核心和集中表现，是中华民族延续发展的思想基础和内在动力。

第三，民族精神贯穿于时代精神之中，并随着时代的变化而不断变化。民族精神是一个历史范畴，有着丰富的历史内涵和与时俱进的品格，是历史性和时代性的有机统一。民族精神在不同的历史阶段表现为不同的时代精神。何谓时代精神？张岱年提出自己的独到见解，“所谓时代精神有广义和狭义之分。广义的时代精神指某一时代的所有的各种思想、思潮的总和。狭义的时代精神专指某一时代能促进社会发展的思想或思潮，而那些陈旧的落后的思想不算在内。”[⑤] 可见，民族精神与狭义的时代精神在内涵上是完全一致的。时代精神不同，民族精神也就不同。张岱年还指出，民族精神不是凝固不变的，它将随着时代的变化而不断变化，“民族精神不是一成不变的，随着时代的变迁而有消有长、有进有退。当民族精神发扬充盛之时，民族文化就发展前进；当民族精神衰微不振之时，文化也就处在停滞状态之中。这也是一条文化发展的规律。”[⑥] 民族精神具有鲜明的时代性，贯穿于时代精神之中，并随着时代的变化而变化。

第四，民族精神的积极作用。既然民族精神是专指能促进民族发展的那

① 《张岱年全集》（第 6 卷），石家庄：河北人民出版社 1996 年版，第 429 页。
② 《张岱年全集》（第 6 卷），石家庄：河北人民出版社 1996 年版，第 222 页。
③ 《张岱年全集》（第 6 卷），石家庄：河北人民出版社 1996 年版，第 153 页。
④ 《张岱年全集》（第 6 卷），石家庄：河北人民出版社 1996 年版，第 451 页。
⑤ 《张岱年全集》（第 6 卷），石家庄：河北人民出版社 1996 年版，第 356 页。
⑥ 《张岱年全集》（第 6 卷），石家庄：河北人民出版社 1996 年版，第 357 页。

种精神，那么民族精神无论在历史上，还是在现在或未来都将起着积极的作用。关于民族精神的积极作用，归纳起来主要有三点：其一，是文化发展的思想基础。张岱年指出："一个独立发展的民族文化，必有其不断发展的思想基础，必有其促进文化发展的主导思想。这种主导思想可以称民族精神。"① 其二，是推动社会发展的精神力量。张岱年指出，民族精神必须具备两个条件："一是具有比较广远的影响，为大多数人所接受。二是能促进社会的发展，是推动社会前进的精神力量。"② 其三，是民族凝聚力的思想基础，是一个民族延续发展的内在动力。民族精神，是民族凝聚力形成并发挥作用的思想基础。张岱年指出："没有民族文化基本精神，没有它的感召力，就没有真正的民族凝聚力。"③ 不仅如此，民族精神还促进了民族延续不断地发展。张岱年指出："民族文化的优秀传统乃是这个民族所以能够自立于世界的思想基础，也是这个民族所以能够发展进步的思想源泉。"④ 而民族文化的优秀传统可称为民族精神，也就是说，民族精神能够促进民族延续不断的发展。正如党的十六大报告中所说："民族精神是一个民族赖以生存和发展的精神支柱。"民族精神的积极作用是显而易见的，且是多方面的。

（二）关于中国文化基本精神或中华民族精神的解读

张岱年指出："中国文化持续发展，已有数千年之久，延续不绝，虽有时衰微而可以复盛，必然有其不断发展的精神文化支柱。这种精神支柱可以称为中国文化基本精神。"⑤ "所谓中国文化基本精神实质上就是中华民族的民族精神。"⑥ "中华民族的民族精神可称为中华精神。"⑦ "'中华精神'即是指导中华民族延续发展、不断前进的精粹思想。"⑧ 到了90年代，张岱年进一步指出："中国文化的基本精神也就是中华民族的民族精神，也可以称为中华精神。"⑨ 可见，"中国文化基本精神""中华民族精神""中华精神"，尽管称谓不同，但它们在内涵上是完全一致的。对中国文化基本精神即中华民族精

---

① 《张岱年全集》（第6卷），石家庄：河北人民出版社1996年版，第356页。
② 《张岱年全集》（第7卷），石家庄：河北人民出版社1996年版，第221页。
③ 张岱年、方克立主编：《中国文化概论》，北京：北京师范大学出版社1994年版，第359页。
④ 《张岱年全集》（第7卷），石家庄：河北人民出版社1996年版，第471页。
⑤ 《张岱年全集》（第6卷），石家庄：河北人民出版社1996年版，第62页。
⑥ 张岱年、方克立主编：《中国文化概论》，北京：北京师范大学出版社1994年版，第376页。
⑦ 《张岱年全集》（第7卷），石家庄：河北人民出版社1996年版，第328页。
⑧ 《张岱年全集》（第6卷），石家庄：河北人民出版社1996年版，第168页。
⑨ 《张岱年全集》（第7卷），石家庄：河北人民出版社1996年版，第555页。

神，张岱年从其意涵、主要内容和功能等几方面作了深刻的论述。

第一，中华文化基本精神的意涵。中国文化的基本精神，实质上是中华民族的民族精神。中华民族精神，“广义地讲，就是指中华民族延续、不断前进的精粹思想，是民族文化的主导思想。就其性质而言，它是一种伟大的卓越的精神；就其表现形式而言，它是民族文化的优秀传统。”因此，“我们所讲的中国文化基本精神，是指代表中国文化发展的正确方向、体现中华民族蓬勃向上精神的那些主要的思想观念。”① 后来，张岱年多次撰文指出，“中国文化基本的精神可以用‘自强不息’‘厚德载物’二语来表示，‘自强不息，厚德载物’可以称为‘中华精神’。”②

此外，张岱年还揭示中国文化基本精神的特点：“一是具有广泛的影响，感染熏陶了大多数人民，为他们所认同所接受，成为他们的基本人生信念和自觉的价值追求；二是具有维系民族生存和发展、促进社会进步的积极作用。”③ 张岱年强调，只有同时具备这两方面的特点，才可以称为中国文化的基本精神。

第二，中国文化基本精神的主要内容。关于中华民族精神的内容，学者们众说纷纭，莫衷一是。张岱年认为，中国文化基本精神不是单纯的，而是一个包含诸多要素的思想体系，但在不同的文章或不同的时间里，其表达的主要内容则有所不同。中国文化的基本精神主要有：“（1）刚健有为，（2）和与中，（3）崇德利用，（4）天人协调。我认为这些就是中国传统文化的基本精神之所在。”④ 或者说，中国的民族精神基本上凝结于《周易大传》的两句名言之中，这就是：“天行健，君子以自强不息”“地势坤，君子以厚德载物。”⑤“‘自强不息’‘厚德载物’这两点可以看作是中华民族精神的主要表现。”⑥ 或者说，“中国几千年来文化传统的基本精神的主要内涵是四项基本观念，即是（1）天人合一；（2）以人为本；（3）刚健有为；（4）以和为贵”⑦。或者说，“（1）人格意识；（2）有机整体观；（3）刚健自强思想；（4）爱国观念。这些都是有生命力的精粹思想，值得认真体会，大力发

① 张岱年、方克立主编：《中国文化概论》，北京：北京师范大学出版社 1994 年版，第 376 页。
② 《张岱年全集》（第 7 卷），石家庄：河北人民出版社 1996 年版，第 403 页。
③ 张岱年、方克立主编：《中国文化概论》，北京：北京师范大学出版社 1994 年版，第 376 页。
④ 《张岱年全集》（第 5 卷），石家庄：河北人民出版社 1996 年版，第 419 页。
⑤ 《张岱年全集》（第 6 卷），石家庄：河北人民出版社 1996 年版，第 223 页。
⑥ 《张岱年全集》（第 6 卷），石家庄：河北人民出版社 1996 年版，第 168 页。
⑦ 《张岱年全集》（第 7 卷），石家庄：河北人民出版社 1996 年版，第 379 页。

扬。”[①] 其中，“刚健自强”，是张岱年先生始终强调的一种文化基本精神。

第三，中国文化基本精神的功能。中国文化基本精神的功能，亦即中华民族精神的功能。张岱年指出，中国文化基本精神的功能主要表现在三个方面：“民族凝聚功能”“精神激励功能”和“价值整合功能”。

一是民族凝聚功能。中华民族精神是中华民族凝聚力的思想基础。中国文化基本精神，“它可以超越地域、阶级、种族、时代的界限，用中华民族优秀文化传统哺育每一个中华儿女，使其凝为一体，同心同德地为民族整体利益和长远利益而不懈奋斗。”[②] 在中国历史上，每当外族入侵时，中华民族都能够万众一心地抵御外侮；每当内乱出现之际，人们往往又在民族认同的基础上，捐弃前嫌，团结一致，变分为合，化乱为治，以及秦汉时建立大一统国家而带来的民族大融合等，这些都是与中华民族精神对人们的滋养而形成的民族凝聚力分不开的。

二是精神激励功能。民族精神还具有强烈的激励情绪感染力，可以激励中华儿女的斗志，成为我们克服前进道路上各种困难的精神动力。中国文化基本精神是我们民族文化优良传统的体现。因此，“它应该而且必然反映着中国文化的健康的发展方向，能够鼓舞人民前进，无论在历史上还是在当代中国的文化建设中，都具有激发民族自尊心、自信心和民族自豪感的伟大作用。”其中，“刚健自强”的精神，“在两千年的历史发展中，一直激励着人们奋发向上，不断前进，坚持与内部的恶势力和外来的侵略压迫者作不屈不挠的斗争。”“以人为本”精神，“激励人们尊重人的价值和尊严，努力在现实生活中去发现人，实现人的价值。”“天人合一”“以和为贵”的精神，“还激励着人们自觉地维护整体利益，坚持集体主义的价值取向。”[③]

三是价值整合功能。民族精神还具有价值整合功能，能够把分散的社会力量，不同的思想观点、价值观念以及价值取向进行价值整合，使之取得基本一致或服从于同一目标的思想融合。中国古代文化是在多元一体的格局下发展起来的。齐鲁文化、巴蜀文化、荆楚文化、吴越文化、岭南文化等各具特色的地域文化。“这些特色各异的地域文化，几乎都蕴涵着自强不息的奋进精神，都有中华一体的文化认同意识。正是在这种共同精神的烛照下，多元发展的地域文化，逐渐走向融合，成为中华民族文化大家庭的重要组成部

① 《张岱年全集》（第7卷），石家庄：河北人民出版社1996年版，第142页。
② 张岱年、方克立主编：《中国文化概论》，北京：北京师范大学出版社1994年版，第394-395页。
③ 张岱年、方克立主编：《中国文化概论》，北京：北京师范大学出版社1994年版，第396-397页。

分。”①“贵和尚中”“天人合一”，“这些，经过长期的实践，逐步深入人心，并演化为深厚的民族共同心理，以至成为集体的‘文化无意识’。”② 总之，这些思想观念的相互整合，塑造了中国文化博大、精进、宽厚、务实的精神风貌，进而有效地发挥价值整合的功能。

（三）关于自强不息、厚德载物的历史分析

中国文化基本精神来源于儒家，集中表现在《周易大传》中的两个命题，这就是“天行健，君子以自强不息”“地势坤，君子以厚德载物”。“自强不息”，就是永远努力向上，绝不停止，这句话表现中华民族奋斗拼搏的精神，表现了一种生命力，不向恶势力屈服。“厚德载物”，就是要有淳厚的德性，能够包容万物，这是中华民族的兼容并包精神。“自强不息”“厚德载物”是中华民族精神的核心或集中表现，具有特定的历史内涵和历史价值。

第一，“自强不息”“厚德载物”的历史内涵。一是作为民族精神，自强不息的历史内涵，集中表现在民族关系和个人生活中。在民族关系方面，“自强不息，就是坚持民族独立性，决不向外力屈服，对外来的侵略一定要抵抗，保持民族的主权和独立。自强不息用现在流行的话说，就是‘拼搏精神’。”③ 不仅如此，自强不息还表现在中国人民对内反抗暴政上，张岱年指出，仅从中国人民传统的共同心理结构来看：“一，中国人民有反对外来侵略的传统，对外来侵略不能容忍”；“二，中国人民对内有反暴政、反压迫的传统。”“这个优良文化传统，可以用《易传》中的四个字‘自强不息’来概括。”④ 在个人生活方面，自强不息则表现为独立的人格。张岱年运用孔子和孟子的名言来加以论证，孔子说：“三军可夺帅也，匹夫不可夺志也。”（《论语·子罕》）孟子说：“富贵不能淫，贫贱不能移，威武不能屈，此之谓大丈夫。”（《孟子·滕文公下》）这种独立人格的思想是中国文化中的优良传统内容之一。

二是作为民族精神，厚德载物的历史内涵，一方面表现在民族关系上，就是“胸怀广大，不去侵犯别人，保持国际和平”；⑤ 另一方面表现在中国文化对待宗教的态度上，“在西方有宗教战争，不同的宗教绝对不相容。佛教产生于印度，却不为婆罗门教所容。结果佛教在印度被消灭了。在中国，儒学、

① 张岱年、方克立主编：《中国文化概论》，北京：北京师范大学出版社 1994 年版，第 398 页。
② 张岱年、方克立主编：《中国文化概论》，北京：北京师范大学出版社 1994 年版，第 399 页。
③《张岱年全集》（第 6 卷），石家庄：河北人民出版社 1996 年版，第 137 页。
④《张岱年全集》（第 6 卷），石家庄：河北人民出版社 1996 年版，第 253 页。
⑤《张岱年全集》（第 6 卷），石家庄：河北人民出版社 1996 年版，第 137 页。

佛教、道教彼此是可以相容的，这种现象只有中国才有。”① 这种对宗教采取的态度，充分表现了中国文化的兼容精神。“厚德载物显示着以和为贵的兼容精神。”② 厚德载物含有“宽柔以教”的意味。“厚德载物，即待人接物，要具有宽容、宽柔的态度。既肯定自己的主体性，也承认别人的主体性；既要保持自己的人格尊严，也要承认别人的人格尊严。”③

第二，“自强不息”“厚德载物”的历史价值。张岱年不仅具体分析了“自强不息”“厚德载物”的历史内涵，而且从不同角度揭示了“自强不息”“厚德载物”的历史价值。一是对中国古代文化的影响。张岱年认为，中华民族的传统文化中，既有主动的思想，又有主静的思想。但是，能够引导、促进文化的发展还是主动的思想。仅仅靠“柔静”，是不可能创造光辉灿烂的文化业绩的。故张岱年指出：“‘刚健’‘自强不息’的观念就是中国传统文化中积极进取精神的集中表示，也就是古代文化发展的内在思想基础。”④ 古代许多思想家、科学家、艺术家在自强不息精神的鼓励下不断进行新的探索，从而把文化事业推向前进。“厚德载物”，对文化发展也是非常必要的。“在历史上，中国能接受外来文化。佛教东来，被中国人民所容纳；明末西学东渐，亦曾受到中国知识分子重视。清末顽固派拒绝西学，事实上是违背了中国文化兼容并包的精神。”⑤ 由此导致中国文化逐渐处于停滞状态，中国文化越来越落后。张岱年的这段精辟的论述，阐明了“厚德载物”精神对中国古代文化发展的积极推动作用。

二是对中国古代知识分子的影响。无疑，在中国文化的创造发展过程中，知识分子起了巨大的积极作用。张岱年指出，“知识分子之所以能在中国文化创造发展中起巨大的作用，主要是由于多数的知识分子表现了刚健有为、自强不息的精神，这是古代知识分子的优良传统。”⑥ 而且张岱年进一步指出，在“刚健”“自强不息”的思想的熏陶影响之下，“中国历代优秀的知识分子表现了三个方面的优良品格和作风：第一，诚挚热烈的爱国主义精神；第二，坚持不懈追求真理的精神；第三，刚强不屈与不良势力进行斗争的精神。”⑦ 可见，中国古代优秀知识分子在刚健自强精神的激励下，不断推进中国文化

① 《张岱年全集》（第6卷），石家庄：河北人民出版社1996年版，第168页。
② 《张岱年全集》（第7卷），石家庄：河北人民出版社1996年版，第329页。
③ 《张岱年全集》（第7卷），石家庄：河北人民出版社1996年版，第222页。
④ 《张岱年全集》（第6卷），石家庄：河北人民出版社1996年版，第425页。
⑤ 《张岱年全集》（第6卷），石家庄：河北人民出版社1996年版，第224页。
⑥ 《张岱年全集》（第5卷），石家庄：河北人民出版社1996年版，第667页。
⑦ 《张岱年全集》（第5卷），石家庄：河北人民出版社1996年版，第668页。

的发展。

三是对中国社会变革的影响。刚健有为、自强不息的精神还促进了“顺乎天而应乎人”的变革。《易传·系辞》提出“日新之谓盛德”“生生之谓易”等重要命题。《易传》重视“日新”“生生”，因而在政治上也强调社会变革。《易传·彖卦》赞美汤、武革命：“天地革而四时成，汤武革命，顺乎天而应乎人，革之时大矣哉！”这种革故鼎新的思想，成为中国历史上绵延不绝的改革、革命、维新、变法的理论依据，彰显了自强不息的积极进取精神。《易传》为中国古代的变革实践奠定了基础。

总之，“自强不息”“厚德载物”，作为民族精神的核心或主要表现，“在历史上起了推动文化发展，激励人们努力前进的积极作用。”“这是中华民族凝聚力的基础，是民族自尊心的依据，也是中国文化自我更新向前发展的内在契机。”①

（原题为《试析国学大师张岱年的民族精神观》，刊登于《江苏省社会主义学院学报》2006 年第 1 期，收入本书时略加修改或补充）

二、张岱年对爱国主义精神的阐释

爱国主义精神具有悠久的历史传统，是从古至今贯穿中华民族精神的一条极其鲜明而清晰的主线。张岱年是一位坚定的爱国主义者，他对爱国主义精神进行了深入的研究，如撰写《纪念“五四”发扬爱国主义》《中华民族精神与中华民族的凝聚力》《爱国主义与民族凝聚力的思想基础》及《爱国主义与民族精神》等多篇论文，既深刻地解读了爱国主义的丰富内涵，也鲜明地表达了深厚的爱国主义情怀。张岱年把爱国思想、爱国情感深深地融入在孜孜不倦的学术研究中。

（一）爱国主义的历史维度

爱国主义是一个历史范畴。不同时代或同一时代的不同发展阶段，爱国主义有着不同的时代内涵。从历史维度来看，张岱年认为，爱国主义主要体现为两个方面：一是爱国与忠君相结合，二是人民群众反对暴政和抗击外来

① 《张岱年全集》（第 7 卷），石家庄：河北人民出版社 1996 年版，第 246-247 页。

侵略。

第一，爱国与忠君相结合。爱国主义是人们对祖国的一种真挚情感。热爱祖国是每个公民应有的、最起码的品德。自古以来，中华民族就树立了“热爱祖国为荣，背叛祖国为耻”的荣辱观。张岱年认为，谈论爱国主义，首先要理解爱国主义的意义。“汉语中的‘国’字是个多义词，所谓爱国者，有时指祖国，有时指国家政权（国家机器），有时指民族而言。”“所谓爱国主义指的是热爱祖国，即热爱自己祖国的人民、土地及主权，而不是指爱护统治阶级的国家机器。国家政权可能是反动的，是镇压人民的，何可爱之有？社会主义的国家政权应是可爱的，已往封建主义的政权有何可爱？在以往历史上，爱国志士从事推翻反动政权的活动，正是爱国的活动。祖国与民族则是一回事。爱自己的祖国，也就是爱自己的民族，保卫本民族的独立主权。”①即是说，爱国即是爱祖国的人民、爱祖国的土地或山河以及维护国家的主权。而对于国家机器或国家政权是否值得爱，则要看国家机器或政权的性质是否代表和维护人民的利益。凡是代表和维护人民利益的国家政权，是值得爱的，反之，压迫和剥削人民的国家政权，则显然是不值得爱的。相反，通过暴力革命推翻之，则正是爱国的表现。无疑，社会主义中国是值得爱的。同时还可以看出，中国古代爱国主义具有明显的狭隘“华夏中心论”色彩。

爱国主义是中华民族的优良传统。张岱年说：“中国固有文化中有一个爱国主义的传统。孔子赞美管仲保卫华夏文化的功绩说：‘微管仲，吾其披发左衽矣。’这是爱国主义的滥觞，其后历代都有保卫民族政权、抵抗外来侵略的爱国志士、民族英雄。”②《战国策·西周策》有“周君岂能无爱国哉”的论断。荀悦《汉纪》亦云：“亲民如子，爱国如家。”从孟子的“乐以天下”“忧以天下”，到范仲淹的“先天下之忧而忧，后天下之乐而乐”，到“天下兴亡，匹夫有责”，再到林则徐的“苟利国家生死以，岂因祸福避趋之”等，无不彰显出中华志士仁人的爱国主义情怀。中国古代社会是个家国同构的宗法社会。所谓“家天下”就是一家一姓之天下，也就是中国古代皇帝或国君经常所说的“朕即国家”，因此，“爱国”自然而然地表现为“忠君”。“忠君爱国”一词出于明朝冯梦龙著《东周列国志》第四十四回云：“此人虽则商贾之流，倒也有些忠君爱国之心、排患解纷之略。”张岱年指出：“在封建制时代，爱国和忠君常常相互结合，但是爱国与忠君还是有区别的。忠君是忠

① 《张岱年全集》（第6卷），石家庄：河北人民出版社1996年版，第531页。

② 《张岱年全集》（第7卷），石家庄：河北人民出版社1996年版，第230页。

于一姓之君，爱国不一定是忠于一姓，而是忠于自己本民族。在历史上，爱国往往表现为忠君，这是当时的历史条件决定的。”① 如“精忠报国”的岳飞，高唱“人生自古谁无死，留取丹心照汗青”的文天祥等。特别是当外敌入侵时，忠君与爱国的融合表现得尤为突出。当然，随着辛亥革命的胜利和中华民国的建立，两千多年的封建帝制被推翻，由此爱国与忠君彻底脱钩。可见，爱国是绝对的，不可移易的，而忠君则是相对的，只是一定历史阶段的产物。孙中山先生说：“我们在民国之内，照道理上说，还是要尽忠，不忠于君，要忠于国，忠于民，要为四万万人去效忠。为四万万人效忠，比较为一人效忠，自然是高尚得多。故忠字的好道德还是要保存。”② 不过，“忠”作为中华传统美德在新时期应该进行创造性转化和时代提升，即倡导忠于社会主义新中国，忠于中国共产党，忠于人民，忠于中华民族。

第二，人民群众反对暴政与抗击外来侵略。中国古代爱国主义突出表现为对内反抗暴政，对外抗击外来侵略。张岱年指出，“仅从中国人民传统的共同心理结构来看：一、中国人民有反对外来侵略的传统，对外来侵略不能忍受。在历史上有过无数的爱国志士和民族英雄，他们为了捍卫国家、民族，不惜抛头颅洒热血，与外来侵略者不妥协地斗争，在我国历史上写下了可歌可泣的篇章。”“二、中国人民有对内反暴政、反压迫的传统。从陈胜、吴广揭竿而起，直至太平天国起义，上下两千多年风起云涌的农民起义，无不反对暴政、反对压迫。”③ 具体而言，其一，反抗暴政是人民群众爱国的生动表现。中国古代的每个王朝都是所谓的“家天下”，实际上是统治阶级统治被统治阶级广大劳动人民的工具，在本质上都是压迫、剥削人民群众的暴力机器。恩格斯说，国家在一切典型的时期毫无例外的都是统治阶级的国家，并且在一切场合在本质上都是镇压被压迫被剥削阶级的机器。自秦朝起，中国封建社会实行封建专制制度，至明清时期则变本加厉。马克思说：“专制制度的唯一原则就是轻视人类，使人不成其为人。”“君主政体的原则总的来说就是轻视人、蔑视人，使人不成其为人。”④ 在中国封建社会，广大人民群众备受封建专制制度的压迫。但是在专制制度的高压之下，仍然存在着誓死对抗与坚决斗争。封建专制企图“使人不成其为人”，但中国人民却有不甘心受奴役而不屈不挠的誓死反抗精神。张岱年说：“在中国历史上，多数农民战争就是人

---

① 《张岱年全集》（第6卷），石家庄：河北人民出版社1996年版，第531页。
② 《孙中山文选》，北京：九州出版社2012年版，第50页。
③ 《张岱年全集》（第6卷），石家庄：河北人民出版社1996年版，第253页。
④ 《马克思恩格斯全集》（第1卷），北京：人民出版社1995年版，第411页。

民群众反抗‘使人不成其为人’的专制制度的斗争。在士大夫、知识分子则有一个‘以天下为己任’的传统。所谓‘以天下为己任’，就是对于天下大事有自己的见解，而且对于天下大事进行积极的参与并企图发挥主导的作用。既然怀抱‘以天下为己任’的宏伟意志，当然具有坚强不屈的独立人格。这都是应该承认的。”① 历史唯物主义认为，人民群众是社会历史的真正主体，是推动社会前进的决定性力量。因此，人民群众反抗统治阶级的暴政，客观上推动了中国社会历史不断地向前发展。故人民群众对内反抗暴政，是爱国主义精神的生动体现。

其二，抗击外来侵略者，也是人民群众爱国的悲壮行为。中华民族具有强烈的爱国情感，决不能忍受外来的侵略。中华民族历来就是一个不屈不挠、敢于抗击外来侵略的民族，彰显出“杀身成仁”“舍生取义”或曰“精忠报国”的牺牲精神。张岱年说：“保持或争取国家民族之独立，实为人生之第一要义。道德之至要在于当民族能独立之时维护其独立，当民族独立受威胁之时争取其独立。杀身成仁、舍生取义，在平时实无其因缘，有之惟当民族受凌侮而争取其独立之时。可为之杀身、可为之舍生者，吾民族之独立为首要。”② 在中国历史上，国内各族人民对于国内异族的入侵都进行过猛烈的抗争，对于异国的入侵更是坚决抵抗，决不屈服。在中国历史上尤其是自汉魏以来，存在着汉族与匈奴、鲜卑、契丹、女真等少数民族的斗争，到现代而逐渐融合为中华民族大家庭。不过历史上，各族之间曾经有过不同形式的矛盾或斗争，如宋辽之争、满汉之争等，在今天看来，都属于国内的民族矛盾或民族斗争，但在历史上各族人民都在为保卫本民族政权而斗争，而且其间存在着正义与非正义的区别。如宋代抗金、反清复明等都具有爱国的意向。张岱年说：“明清之际，顾炎武、王夫之、吕留良等思想家宣扬‘华夷之辨’，虽然含有轻视少数民族的狭隘民族主义的倾向，但以维护民族主权的爱国思想为主要内容。他们坚决反对异族入侵，但决不赞同对外侵略。他们是主张不同民族和平共处的。应该承认，中国历代知识分子和劳动人民有一个爱国主义的传统。”③ 特别是自近代以来，爱国主义成为感召中华儿女团结奋斗、救亡图存的重要精神动力。从林则徐、谭嗣同、邓世昌，到赵一曼、杨靖宇、张自忠等无数中华民族英雄，都用自己的爱国壮举和献身精神谱写了一曲抗击外来侵略的爱国主义新篇章。从鸦片战争、太平天国运动、中法战争、甲

① 《张岱年全集》（第7卷），石家庄：河北人民出版社1996年版，第21页。
② 《张岱年全集》（第1卷），石家庄：河北人民出版社1996年版，第480页。
③ 《张岱年全集》（第7卷），石家庄：河北人民出版社1996年版，第146页。

午战争、戊戌变法、义和团运动、辛亥革命、五四运动，直到中国共产党领导的新民主主义革命，都表现出中国人民不屈服于帝国主义及其走狗的顽强反抗精神。毛泽东说："中国人民百年以来，不屈不挠、再接再厉的英勇斗争，使得帝国主义至今不能灭亡中国，也永远不能灭亡中国。"① 可见，不屈不挠抗击外来侵略所表现出来的爱国主义精神，是中华民族自立于世界民族之林的精神支柱和精神动力。

（二）爱国主义的文化向度

热爱民族文化是爱国主义的固有内涵。从文化向度来看，爱国主义主要体现为：一是优秀知识分子追求真理与传承创新民族文化，二是正确认识民族文化的优秀传统与提高民族自尊心和自信心。

第一，优秀知识分子追求真理与传承创新民族文化。中国古代优秀知识分子具有深厚的爱国情结，可谓是中华民族的"脊梁"。张岱年先生说："中国历代知识分子表现了三个方面的优良品质和作风：第一，诚挚热烈的爱国主义精神；第二，坚持不懈追求真理的精神；第三，刚强不屈与不良势力进行斗争的精神。"② 中国历代优秀知识分子作为爱国的主体，其爱国具有独特的内涵，即孜孜不倦地追求真理和传承创新民族文化。如战国时期伟大诗人屈原是一位杰出的爱国知识分子和政治家。他以"路漫漫其修远兮，吾将上下而求索"的探索精神，不断地追求真理。不畏权贵、忧国忧民、矢志报国的赤子情怀，"虽九死而犹未悔"的宁死不屈精神，构成屈原爱国主义精神的主要内涵。汉代史学家司马迁克服了常人难以想象的痛苦和困难，忍辱负重，发愤著书，历时十六载，终于在公元前 91 年完成历史巨著《史记》，它是一部闪烁着中华人文精神的伟大著作，被鲁迅先生赞誉为"史家之绝唱，无韵之离骚"。司马迁在创作《史记》的过程中所表现出来的求实精神、探索精神、创新精神及自强不息精神，可谓是中国古代知识分子追求真理和传承创新民族文化的光辉典范。明末清初思想家、哲学家戴震，面对清初大兴文字狱，揭露当时统治者"以理杀人"的残暴罪行；对宋明理学家的"理欲之辨"进行了尖锐的批判，提出"理存乎欲"的观点；在自然观、认识论及伦理学等方面作出了唯物主义的贡献。戴震可谓是中国古典唯物主义的最后的重要代表人物。中国近代知识分子第一人梁启超说："今天下之可忧者，莫中

① 《毛泽东选集》（第 2 卷），北京：人民出版社 1991 年版，第 632 页。
② 《张岱年全集》（第 5 卷），石家庄：河北人民出版社 1996 年版，第 668 页。

国若；今天下之可爱者，亦莫中国若。吾愈益忧之，则愈益爱之；愈益爱之，则愈益忧之。”① 由此表达了强烈的忧国忧民的责任意识和真挚的爱国情感。党的创始人李大钊在1919年撰写的《牺牲》一文中说：“人生的目的，在于发展自己的生命，可是也有为发展生命必须牺牲生命的时候。因为平凡的发展，有时不如壮烈的牺牲足以延长生命的音响和光华。……高尚的生活，常在壮烈的牺牲中。”② 既是赞美革命的人生哲学，也是表达大无畏的牺牲精神。张岱年总结道：“就汉族知识分子而论，爱国志士，史不绝书。忧国忧民的仁人，为国捐躯的烈士，以其可歌可泣的自我牺牲的精神，树立了崇高卓越的典范，至今日犹能激动人心，令人仰慕。”③ 总之，中国历代优秀知识分子在探索真理和传承创新民族文化的过程中，往往表现出“刚健自强”的独立人格意志和“士可杀不可辱”的悲壮精神。

北宋哲学家张载提出“为天地立心，为生民立命，为往圣继绝学，为万世开太平”的学术宗旨，经典地表达中国古代知识分子追求真理的责任担当精神。就人文科学知识分子而言，先秦时期儒家学派创始人孔子、孟子和荀子，道家鼻祖老子、庄子，法家思想集大成者韩非子，墨家创始人墨子；秦汉时期的儒学大师董仲舒、王充；魏晋时期的玄学家王弼、郭象；隋唐时期的慧能、韩愈；宋明时期的张载、二程、朱熹、陆九渊、王阳明；明末清初的哲学家王夫之、思想黄宗羲及清代的戴震等，他们都站在时代的高度，批判性总结了前人的学术文化思想，对传承创新中华人文文化和古典人文精神作出了卓越的贡献。张岱年在评价哲学家王夫之时说：“船山当明清之际民族矛盾激化的时期，遁迹深山，不与当权派合作，不与投降派同流，在艰难困苦的条件下，努力阐扬真理，从事学术著述，表现了坚苦卓绝的崇高人格，这是值得高度赞扬的。”④ 就自然科学知识分子而言，如发明浑天仪和地球仪的东汉科学家张衡，发明活字印刷术的北宋发明家毕昇，世界上第一个把圆周率的数值精确到小数点后七位的南朝数学家祖冲之，被誉为“药王”“医神”的唐代医学家孙思邈，制定当时世界上最先进历法《授时历》的元代天文学家、水利专家郭守敬，被誉为“东方医药巨典”的《本草纲目》的明代医学家李时珍，明朝旅行家、地质科学家徐霞客等。可见，中国古代科学家不仅传承和创新了中国古代的科学文化，而且对人类文明进步作出了重大的贡献。张岱年总结道：“历代知识

① 《梁启超论人生》，北京：九州出版社2012年版，第75页。
② 《李大钊文集》（下），北京：人民出版社1984年版，第118页。
③ 《张岱年全集》（第5卷），石家庄：河北人民出版社1996年版，第668页。
④ 《张岱年全集》（第7卷），石家庄：河北人民出版社1996年版，第200页。

分子都在孜孜不倦地寻求真理。科学家和唯物主义哲学家努力向客观世界寻求真理；宗教家和唯心主义哲学家虽然主要是为统治阶级‘制造幻想’，但也探索了一些理论问题，可以启发后人进一步思考。多数知识分子可称为进行精神生产的脑力劳动者。这些知识分子虽然没有直接参加物质生产劳动，但是确实努力于精神生产的劳动，因而对于文化的进步、学术的繁荣作出了积极的贡献。"① 简而言之，中国古代优秀知识分子在探索真理过程中，对传承创新中华人文文化或自然科学文化作出了历史性的贡献。追求真理和传承创新民族文化，是中国古代知识分子爱国的生动体现。

第二，正确认识民族文化的优秀传统与提高民族自尊心、自信心。热爱民族的优秀文化传统是爱国主义的固有内涵，民族自尊心与自信心则是爱国主义的思想基础。而民族自尊心、自信心则集中表现为：一是对祖国悠久历史和灿烂文化的高度自豪，二是对祖国未来光明前途的高度自信。民族自尊心、自信心要求在任何情况下，都要维护民族尊严和民族气节，绝不容许任何损害民族尊严和有辱国格的言行发生。提高民族自尊心、自信心，则需要正确认识民族文化的优秀传统。张岱年指出："爱国主义有其思想基础。爱国主义的思想基础就是民族的自尊心与自信心。而民族的自尊心自信心又有其思想根源。民族自尊心自信心的根源在于对民族文化的优秀传统有一定的认识。"② "正确认识民族文化的优秀传统是提高民族自信心的主要依据，是增强民族凝聚力的思想基础，是培育民族创造力的智慧源泉。如果一个民族不具备文化优秀传统，或者虽有文化优秀传统而本民族的人民对之无所认识，那么这个民族的人民是不可能具备民族自信心的，而如果一个民族的人民缺乏民族自信心，也就不可能具有民族的自尊心自豪感，那么这个民族的前途是没有希望的。"③ 从文化视角来看，张岱年强调爱国须有民族自尊心和自信心，主要是针对"全盘西化论"而言的。早在 20 世纪 30 年代，张岱年就批判"全盘西化论"，认为他们在骨子里充满被殖民的情结，是一种奴化的表现；在 20 世纪 80 年代的"文化热"中"全盘西化论"沉渣泛起，粉墨登场，张岱年斥责"全盘西化论"者完全丧失了民族气节，宣扬的是一种"奴才哲学"。历史证明，坚定的民族自尊心和自信心，是一个民族和国家得以生存和发展的心理基础。一个缺乏民族自尊心和自信心的民族，是不可能自立于世界民族之林的。要提高民族自尊心和自信心，就要正确认识自己民族文化的

---

① 《张岱年全集》(第 5 卷)，石家庄：河北人民出版社 1996 年版，第 668 页。
② 《张岱年全集》(第 7 卷)，石家庄：河北人民出版社 1996 年版，第 553 页。
③ 《张岱年全集》(第 7 卷)，石家庄：河北人民出版社 1996 年版，第 456 页。

优秀传统。正确认识自己民族文化的优秀传统是爱国主义的文化向度。

文化问题是影响一个民族、国家的生死存亡的根本问题。对民族文化传统要坚持历史的辩证的分析，既要充分认识民族文化的优秀传统，又要正确认识落后病根之所在。中华传统文化是一个精华与糟粕并存的文化体系。故对民族传统文化需要进行批判继承，即“吸取其民主性精华，剔除其封建性糟粕”。张岱年认为，“‘刚健自强’与‘以和为贵’的思想可以称为中国文化优秀传统的核心，可以称为中国文化的基本精神。中国文化的基本精神也就是中华民族的民族精神，也可以称为中华精神。”[①] 张岱年在《中国文化的发展道路》一文中又指出：“中国传统文化有四长四弊：四长是：（1）摆脱神学独断的生活信念；（2）重视相反相成的思维方法；（3）肯定道德自觉的人格观念；（4）爱国爱族的牺牲精神。四弊是：（1）尚通忽别的致思心习；（2）不重实际探求的学术方向；（3）忽视个性自由的人际观念；（4）尊尊亲亲的传统陋习。”[②] 民族传统文化中精华应该继承和弘扬，其封建性糟粕应该彻底否定或清除。“只有认识其中的‘良好的健康的部分’并加以维护与发扬，才能奠定文化再生的深厚土壤和进步契机，才能够增强民族自信而避免妄自菲薄；只有认识其中的‘不好的病态部分’并加以矫正与克服，才能清除文化复兴的历史负担和消极影响，摆脱流弊之拖累而避免重蹈覆辙。”[③] 在当今经济全球化、政治多极化和文化多元化的时代背景下，正确认识民族文化优秀传统，继承和弘扬中华优秀传统文化，不断增强文化价值认同感，既是建设社会主义文化强国的内在需要，也是应对西方文化霸权主义挑战的客观需要。张岱年还指出：“在现今时代，做一个中国人，最重要的是具有爱国意识，而爱国意识有一定的思想基础。必须感到祖国的可爱，才可能具有爱国意识。而要感到祖国的可爱，又必须对于中国文化的优秀传统有正确的理解。”[④] 总之，正确认识民族文化的优秀传统是爱国主义的具体表现，也是提高民族自尊心和自信心的思想基础。弘扬爱国主义精神有助于提高民族自尊心和自信心。

（三）爱国主义的现实取向

爱国主义是社会主义的一项道德原则。从现实取向来看，爱国主义作为一项社会主义道德原则，主要体现为：一是拥护社会主义制度，二是保持民族主

---

① 《张岱年全集》（第7卷），石家庄：河北人民出版社1996年版，第555页。
② 《张岱年全集》（第7卷），石家庄：河北人民出版社1996年版，第53页。
③ 杜运辉著：《张岱年文化哲学研究》，北京：中国社会科学出版社2014年版，第81页。
④ 张岱年著：《国学要义》，北京：北京大学出版社2012年版，第3页。

体性。拥护社会主义制度、保持民族主体性，是新时期爱国主义的现实取向。

第一，拥护社会主义制度。马克思主义认为，资本主义必然灭亡，社会主义、共产主义必然胜利，这是人类社会发展的必然规律。早在 20 世纪 30 年代，张岱年在《世界文化与中国文化》一文中说："中国人固有的崇高理想，考察起来，主要有三个：一是生活的合理，二是参赞化育，三是天下大同。……要实现天下大同，则舍社会主义别无它途。""中国久以天下大同为理想，所以将来世界性的社会主义文化之创成，亦正是中国固有理想之实现。"① 同时认为只有通过社会主义革命，才能建立美好的社会主义制度。1956 年随着社会主义改造的基本胜利，党领导人民最终走上了社会主义的康庄大道。张岱年向往的社会主义制度，最终由理想变为现实。然而，就个人命运而言，自 1957 年秋季开始，张岱年却遭受到曲折的命运，被打成"右派分子"，20 年间不许"乱说乱动"，教学和科研的权利也统统被夺了。尽管身处逆境，张岱年却也不改变自己的人生信念。张岱年后来回忆说："在划入另册的时候，我自信是拥护党拥护社会主义的，我仍然信持辩证唯物论，愿努力弘扬中国唯物论的光辉传统。"② 以党的十一届三中全会为标志，中国进入建设中国特色社会主义新时期。中国特色社会主义是科学社会主义理论逻辑和中国社会发展历史逻辑的辩证统一，既是历史的选择，又是人民的选择。热爱社会主义新中国，拥护社会主义制度，是张岱年坚定的人生信念。

爱国主义既是一个永恒的时代主题，又是一个动态的历史范畴。我们今天讲爱国，就是爱共产党领导的社会主义新中国。在当代中国，爱国主义与社会主义本质是一致的。但是，改革开放以来，由于西方社会思潮的影响，尤其是苏联解体、东欧剧变，国际共产主义运动遭受了重大挫折，故有人据此宣扬"社会主义失败论"。为此，张岱年先生多次撰文论证社会主义制度的优越性，倡导我们要坚持走中国特色社会主义道路。1990 年，张岱年在《中国文化发展的道路》一文说："鸦片战争以来，中国受到资本主义列强的侵略凌辱，遭遇到历史上空前的民族危机。爱国的革命志士运用马克思主义为武器，进行英勇的斗争，取得了伟大的胜利，解决了救亡问题。'唯有社会主义能救中国'，这是历史证明了的真理。"③ 1993 年在《建设社会主义的科学纲领》一文中又说："近百年的历史证明中国必须走社会主义的道路，才能摆脱民族的危机。今天也必须走社会主义的道路才能使国家兴旺发达起来。'只有

---

① 《张岱年全集》（第 1 卷），石家庄：河北人民出版社 1996 年版，第 156-157 页。

② 《张岱年全集》（第 8 卷），石家庄：河北人民出版社 1996 年版，第 606 页。

③ 《张岱年全集》（第 7 卷），石家庄：河北人民出版社 1996 年版，第 64 页。

社会主义才能救中国，只有社会主义才能发展中国’，这是必须肯定的彰明较著的真理。”① “多年以来，我一贯信持辩证唯物论，又一贯拥护社会主义，我坚信只有社会主义才能救中国，没有共产党就没有新中国。参加中国共产党是我的必然的归向。”② 正是因为有着坚定的马克思主义信仰和社会主义信念，张岱年先生在晚年毅然决然地加入了中国共产党。从现实看，中国特色社会主义的选择和实践，一方面丰富和发展了爱国主义的科学内涵，另一方面也引领和塑造了爱国主义的时代品质。从一定意义上说，社会主义在中国的不断发展和日趋完善的过程中，它自身所具有的内在规定性对爱国主义的内在属性提出了新的要求，规定了弘扬和培育爱国主义精神的时代走向。简而言之，热爱社会主义中国，既是新时期爱国主义的内在要求，也是中国社会历史发展的逻辑要求。拥护社会主义制度是新时期爱国主义的时代内涵。

第二，保持民族主体性。改革开放以来，西方文化再度进入中国。于是，在思想文化领域里，又出现了“全盘西化论”和“儒学复兴论”的两股思潮。针对“全盘西化论”宣扬“中国百事不如人”的“奴性哲学”，张岱年提出了“民族的主体性”问题，所谓“民族的主体性即是民族的独立性、自主性、主体能动性。个人的主体性包含所属民族的主体性。爱国主义就是为保卫民族的主体性、提高民族的主体性而斗争。”③ “独立性即是肯定自己的独立存在；自觉性即是具有自我意识，自己能认识自己；主动性即是具有改造环境的能动力量而不屈服于环境。一个民族，必须具有独立性、自觉性、主动性，才能立足于世界众多民族之林。”④ 保持民族主体性，是爱国主义的时代内涵。在当今经济全球化、政治多极化和文化多元化的时代背景下，能否保持民族的主体性，成为是否具有爱国主义立场的试金石。其实，在鸦片战争之后的百余年时间里，救亡图存成为时代的主题，中华民族主体性就遭受到前所未有的挑战和危机。许多爱国志士纷纷登上历史舞台，提出了各种挽救民族危亡的方案，从洋务运动，到戊戌变法和辛亥革命，再到五四新文化运动和新民主主义革命；从太平天国运动，到义和团运动等，实际上都是不同的阶级或阶层对民族主体性的强调和捍卫。从文化向度看，面对西学东渐的挑战，从清末封建官僚张之洞提出的“中体西用论”，到现代新儒家主张的“儒学复兴论”，再到张岱年提倡的“文化综合创新论”等，实际上都是

① 《张岱年全集》（第7卷），石家庄：河北人民出版社1996年版，第431页。
② 张岱年著：《通往爱智之门》，北京：北京大学出版社2011年版，第231页。
③ 《张岱年全集》（第6卷），石家庄：河北人民出版社1996年版，第532-533页。
④ 《张岱年全集》（第6卷），石家庄：河北人民出版社1996年版，第206页。

保持民族主体性的文化观照。从社会结构看，中华民族主体性主要体现为几个方面：一是从政治前提看，民族的独立发展和国家主权的完整统一；二是从经济基础看，社会主义市场经济体制的发展和完善；三是从文化角度看，高度的民族文化自觉，即对本民族传统文化的历史、现状和未来发展有比较全面的、客观的正确认识。可见，所谓民族主体性，实际上就是以民族的理性认识为基础，从经济、政治和文化各方面保障本民族独立发展和国家主权完整的能动精神。张岱年从哲学的高度将民族主体性问题提升为爱国主义的本质内涵，并着力从民族主体性的时代内涵中去把握爱国主义的具体的和历史的内涵，以此来显示学术方式和哲学智慧相融合的爱国情感表达。张岱年从保持民族文化主体性角度来表达自己的爱国主义情感和价值诉求。

民族主体性，最突出的表现是文化的民族主体性。因为一个民族的存在与否是以该民族文化的存在与否为标志的。即是说，一个民族文化的消亡，即是该民族的消亡。只有保持民族文化的主体性，才能保持民族屹立于世界民族之林。因此，民族文化的主体性，实际上是民族主体性的根本性标志，它表现为民族文化的独立性、自觉性和主动性。文化的特质是民族性与世界性的统一。从一定意义上说，没有民族性，也就没有世界性。世界上任何一个独立发展的民族文化，都是民族性与世界性的统一。张岱年认为，民族的消亡是一个长期的历史过程，只要民族还存在，就必须保持文化的民族主体性。如果一个民族失去了民族文化的主体性、丧失了民族的自尊心和自信心，那么它就必然丧失其民族独立性而亡国灭种。民族的独立与民族文化的独立性具有不可分割的内在关联。故张岱年还说："一个健全的民族文化体系，必须表现民族的主体性。民族的主体性就是民族的独立性、主动性、自觉性。一个民族，如果丧失了主体性，就沦为别国的殖民地。如果文化不能保证民族的主体性，这种文化是毫无价值的。匍匐于古人之下是奴性，匍匐于外人之下也是奴性。"① 由此可见，保持民族主体性，是爱国主义的内在精神特质。现实发展证明，强调民族主体性，是东西方国家的共同文化价值取向。人类历史发展表明，现代化的过程内在地包含传统和现代、全球化和本土化或民族化的深刻矛盾。如何使它们保持一种良性互动的张力，始终是各民族和国家所面临的重大问题。毋庸置疑，唯有保持民族主体性，才能确保现代化才是中国式的现代化。在当今经济全球化、政治多极化及文化多元化的时代背景下，西方发达国家借此推行文化霸权主义政策，试图把自己的文化价值观和制度模式强加到

① 《张岱年全集》（第7卷），石家庄：河北人民出版社1996年版，第64页。

他国的头上，鼓吹所谓的普世价值观，试图瓦解发展中国家的民族传统价值观，淡化其民族国家意识，进而达到“西化”“分化”的图谋。因此，加强中国特色社会主义文化建设，不断增强民族文化的主体性，是当代中国文化建设的着力点。提出保持民族主体性，是张岱年对新时期爱国主义建构的独特贡献。

（四）结语

张岱年对爱国主义精神的研究，既是建构自己道德哲学体系的客观需要，也是表达自己爱国主义情感诉求的学术路径。从年轻时的“学术救国”的宏大志向，到博大精深的学术体系的时代建构；从对社会主义制度的美好向往，到对社会主义新中国的无比热爱；从20世纪30年代提出的“创造的综合”，到八九十年代发展为“文化综合创新论”等；无不彰显出张岱年深厚的爱国主义情感和价值诉求。

阐释张岱年对爱国主义精神的研究，具有重要的现实意义。一方面为当下国内学者的学术研究提供了鲜明的价值指向。张岱年认为，社会责任意识是爱国主义的重要内容。作为有良知的学者或知识分子须有责任担当精神，即为繁荣发展社会主义学术文化而努力开展学术研究。另一方面为当代大学生的爱国主义教育提供了极好的德育素材。张岱年尽管遭受了长达20年的不公正待遇，但仍然不改一颗赤诚的爱国之心。因此，把张岱年的爱国思想作为德育素材，有助于激发当代大学生的爱国热情，引导大学生为实现中华民族伟大复兴中国梦而努力学习。

（原题为《简析张岱年对爱国主义精神的诠释》，刊登于《唐都学刊》2016年第5期，收入本书时略加修改或补充）

三、张岱年对自强不息与厚德载物精神的解读

国学大师张岱年认为，中国文化基本精神或中华民族精神基本上来源于儒家，集中表现在《周易大传》中的两个命题，这就是“天行健，君子以自强不息”“地势坤，君子以厚德载物”。张岱年先生在《学术自传》中特别强调，“中华民族的民族精神的核心内容是‘自强不息’‘厚德载物’。”① “‘自

① 《张岱年自选集》，重庆：重庆出版社1999年版，第5页。

强不息’‘厚德载物’这两点可以看作是中华民族精神的主要表现”。[①]“自强不息”“厚德载物”，作为中华民族精神的核心和主要表现，有其独特的历史内涵和历史价值。

（一）自强不息、厚德载物的历史内涵

作为中华民族精神，“自强不息”“厚德载物”，有其独特的历史内涵，主要表现在下列几个方面：

第一，自强不息的历史内涵。自强不息是指一个民族所有的独立自主、奋发向上、不断进取的精神。它既是个人应有的文化素质，也体现着国家和民族独特的精神品格。张岱年认为，作为中华民族精神，自强不息具有独特的历史内涵，主要表现在政治生活、个人生活及生活态度上。在政治生活上，自强不息表现为对外反抗侵略、对内反抗暴政。张岱年指出，仅从中国人民传统的共同心理结构来看：“一、中国人民有反抗外来侵略的传统，对外来侵略不能容忍。”“二、中国人民对内有反暴政、反压迫的传统”。“这个优良文化传统，可以用《易传》中的四个字‘自强不息’来概括。”[②]此外，自强不息在政治生活上，还表现为“革故鼎新”精神，即除旧布新、不断进行社会变革和社会革命的精神。“革故鼎新”精神，是自强不息精神的升华，离开了革故鼎新精神，自强不息精神就成为一句空话。

在个人生活方面，自强不息则表现为独立的人格。“人格”是近代名词，在中国古代称之为“为人”。一个人的“为人”即一个人的人格。在个人生活或个人行为上，自强不息，“就是坚持人格独立，肯定人格的价值”。[③]如，孔子说：“三军可夺帅也，匹夫不可夺志也”（《论语·子罕》）；还极力称赞伯夷、叔齐“不降其志，不辱其身”（《论语·微子》），以保持自己的独立人格。又如，孟子不仅提出“富贵不能淫，贫贱不能移，威武不能屈”（《孟子·滕文公上》）的大丈夫人格，而且还提出“天爵”“良贵”的观念，从而更明确地肯定人的价值。孟子说：“有天爵者，有人爵者。仁义忠信，乐善不倦，此天爵也；公卿大夫，此人爵也”。“欲贵者，人之同心也。人人有贵于己者，弗思耳矣。人之所贵者，非良贵也。赵孟之所贵，赵孟能贱之。诗云：‘既醉以酒，既饱以德’。言饱乎仁义也，所以不愿人之高粱之味也；令闻广誉施于身，所以不愿人之文绣也。”（《孟子·告子上》）“天爵”对人爵而言，

① 《张岱年全集》（第6卷），石家庄：河北人民出版社1996年版，第168页。
② 《张岱年全集》（第6卷），石家庄：河北人民出版社1996年版，第253页。
③ 《张岱年全集》（第6卷），石家庄：河北人民出版社1996年版，第227页。

人爵即世间的爵位，天爵即高尚的道德品质。“人人有贵于己者”，即人人都有自己固有的价值。“良贵”对“人之所贵”而言。人之所贵，是权势者给予的爵位，是可以剥夺的。而“良贵”是人人固有的，天赋的、不可剥夺的价值。南宋哲学家陆九渊声称：“不识一个字，亦须还我堂堂正正地做个人”；“堂堂正正地做个人”，即是具有独立的人格。坚持人格的独立，肯定人格的价值，这是中国文化中的优良传统内容之一。

在生活态度上，自强不息则表现为积极乐观向上的生活态度。孔子说：“知其不可而为之”（《论语·宪问》）；“发愤忘食，乐以忘忧，不知老之将至。”（《论语·述而》）这两句话是孔子用来勉励自己的，意思是说，人关心现实，努力实践，为理想而不懈奋斗，却鄙视饱食终日、无所用心的人生态度，其中蕴涵着一种积极进取的乐观主义精神。儒家经典《中庸》提出“博学之、审问之、慎思之、明辨之、笃行之”的治学之道，主张刻苦学习，积极进取，努力做到“人一能之，己百之；人十能之，己千之。”这也体现了积极进取的乐观生活态度。

第二，厚德载物的历史内涵。厚德载物，即宽厚之德包容万物。这与“和同之辨”有一定联系。西周末年史伯区别“和”与“同”，史伯在《国语·郑语》中说：“夫和实生物，同则不继。以他平他谓之和，故能丰长而物归之。若以同裨同，尽乃弃矣”。所谓“和”，就是不同事物相互配合而保持一定的平衡。“和”才能产生新事物。如果把相同的事物放在一起，就只有数量的增加而不会发生质的变化，也就不会产生新事物，事物的发展就停止了。《左传·昭公二十年》记载了齐国大夫宴婴与齐景公一段对话，反映了宴婴对“和”的理解，晏婴用“相济”“相成”的思想来丰富“和”的内涵，并将其运用到君臣关系上，主张通过“济其不及，以泻其过”的综合平衡，使君臣之间保持一种和谐统一的关系。儒家有子强调“和为贵”（《论语·学而》），孔子宣扬“和而不同”（《论语·子路》），表现了“重和去同”的价值取向，“和”体现的是多样性的统一。

厚德载物，体现的也是一种宽容精神、和谐精神，抱定“万物并育而不相害，道并行而不相悖”（《中庸》）的信念。张岱年认为，作为中华民族精神，厚德载物具有独特的历史内涵，主要表现在国家民族关系、中国文化对待外来文化的态度及人际关系上。在国家民族关系上，厚德载物，就是“胸怀广大，不去侵犯别人，保持国际和平”。[①] 这是一种“协和万邦”“和平共

① 《张岱年全集》（第6卷），石家庄：河北人民出版社1996年版，第137页。

处”的精神。《尚书·尧典》赞颂古代圣王的德行时说：“克明俊德，以亲九族，九族既睦，平素百姓；百姓照明，协和万邦。”这是以道德修养和教化为本，先治好自己的民族、国家，并以此去感化其他国家和民族，进而实现“协和万邦”的理想。它反对一切形式的侵略战争，反对“以强凌弱”，主张国家不分大小，都应该平等相待、和睦共处。

在文化价值观上，厚德载物提倡在主导思想的规范下，以宽容的精神对待域内各种文化和外来宗教文化。张岱年多次撰文指出：“在西方有宗教战争，不同的宗教绝对不相容。佛教产生于印度，却不为婆罗门教所容，结果佛教在印度被消灭了。在中国，儒学、佛教、道教彼此是可以相容的，这种现象只有中国才有。”① 域内各种文化的交相渗透，特别是对外来宗教文化采取的宽容和吸收态度，充分表现了中国文化的兼容并包精神，“有容乃大”的伟大气魄。只要对中华民族的发展是有益的，就乐于移植、引进和吸收。

在人际关系上，厚德载物，强调“和为贵”。厚德载物含有“宽柔以教”的意谓。“厚德载物，即待人接物，要具有宽容、宽柔的态度。既肯定自己的主体性，也承认别人的主体性；既要保持自己的人格尊严，也要承认别人的人格尊严。”② 可见，“厚德载物显示着以和为贵的兼容精神”③。这种“和为贵”的精神，体现了儒家的“己欲立而立人，己欲达而达人”（《论语·雍也》）和“己所不欲，勿施于人”的“忠恕”之道，蕴涵着一种人文关怀。

在治国之道上，厚德载物的宽容精神，则表现为善于听取、正确地对待不同意见。张岱年指出，在治国之道上，厚德载物表现为“以君子长者之道待天下，善于听取不同意见”。④ 在中国历史上，确有某些贤明政治家，如唐太宗李世民等在一定程度上能做到善于听取、正确地对待持不同意见，容纳与自己政见分歧的人，容纳不同政治势力或政治派别。“兼听则明，偏听则暗”的成语，正反映了治国之道上的宽容精神。

（二）自强不息、厚德载物的历史价值

作为中华民族精神，“自强不息”“厚德载物”，有其独特的历史价值，主要表现在下列三个方面：

---

① 《张岱年全集》（第6卷），石家庄：河北人民出版社1996年版，第168页。
② 《张岱年全集》（第7卷），石家庄：河北人民出版社1996年版，第222页。
③ 《张岱年全集》（第7卷），石家庄：河北人民出版社1996年版，第329页。
④ 张岱年、方克立著：《中国文化概论》，北京：北京师范大学出版社1994年版，第391页。

第一，促进中国古代文化的发展。在中华民族的传统文化中，既有主动的思想，又有主静的思想。儒家孔子重视“刚健”，而道家老子提出“虚静”“柔弱”之学。但是，在中国文化发展中发挥主要作用的还是《易传》所宣扬的“刚健”学说，仅仅靠“柔静”，是不可能创造光辉灿烂的文化业绩的。道家的“柔静”学说，则是“刚健”思想的一种补充，两者相互对峙，相互引发，构成了中国传统文化的独特面貌。宋儒周敦颐汲取道家观点，宣扬“主静”思想，但后来程、朱、陆、王等都讲“动静合一”，反对片面的“主静”说。尤其是明末清初著名思想家王夫之更强调“动”的重要性，提出了“动中有静”的观点，肯定“动”是绝对的，“静”是相对的。王夫之也极力肯定、宣扬“刚健”学说，并说：“惟君子积刚以固其德，而不懈于动。”（《周易内传·大壮》）张岱年指出：“《周易大传》中的‘刚健’‘自强不息’的观念就是中国传统文化中积极进取精神的集中表示，也就是古代文化发展的内在思想基础。”① “《易传》‘刚健’‘自强不息’的思想对于中国文化的发展起了积极的推动作用。”② 古代许多思想家、科学家、艺术家在自强不息精神的鼓励下不断进行新的探索，从而把中国古代文化事业推向前进。

厚德载物，对文化发展也是非常必要的。“在历史上，中国能够接受外来文化。佛教东来，被中国人民所容纳；明末西学东传，亦曾受到中国知识分子重视。清末顽固派拒绝西学，事实上是违背了中国文化兼容并包的基本精神。”③ 清朝统治者顽固守旧，拒绝西学，从而导致中国文化逐渐处于停滞状态，中国文化越来越落后。“历史证明，容纳外来文化，可以促进本国文化的发展；拒绝外来文化，本国文化也将停滞下来。这是一条客观的规律。”④ 张岱年的这段精辟的论述，阐明了厚德载物的兼容并包精神对中国古代文化发展的积极推动作用。总之，“在传统思想中，广泛流传而又具有推动文化发展的积极作用的，是《周易大传》的‘自强不息’‘厚德载物’的精湛思想。这些思想激励着人们奋发向上、不断前进。”⑤

第二，铸就中国古代知识分子的优良品格。无疑，在中国文化的创造发展过程中，知识分子起了巨大的积极作用。张岱年指出：“知识分子之所以能

① 《张岱年全集》（第6卷），石家庄：河北人民出版社1996年版，第425页。
② 《张岱年全集》（第6卷），石家庄：河北人民出版社1996年版，第501页。
③ 《张岱年全集》（第6卷），石家庄：河北人民出版社1996年版，第224页。
④ 《张岱年全集》（第6卷），石家庄：河北人民出版社1996年版，第356页。
⑤ 《张岱年全集》（第6卷），石家庄：河北人民出版社1996年版，第224页。

在中国文化创造发展过程中起巨大的作用，主要是由于多数的知识分子表现了刚健有为、自强不息的精神，这是古代知识分子的优良传统。”① 司马迁在《史记·太公自序》中记载道：“西伯拘而演《周易》；仲尼厄而作《春秋》；屈原放逐，乃赋《离骚》；左丘失明，厥有《国语》；孙子膑脚，《兵法》修列；不韦迁蜀，世传《吕览》；韩非囚秦，《说难》《孤愤》；《诗》三百篇，大抵圣贤发愤所作也。”这段有名的记载，反映了中国古代知识分子愈是遭受挫折，愈是奋发抗争、不断进取的精神状态和坚忍不拔的意志，也体现了中国古代知识分子的优良品格。正如张岱年所指出，在“刚健”“自强不息”的思想的熏陶影响之下，“中国历代优秀的知识分子表现了三个方面的优良品格和作风：第一，诚挚热烈的爱国主义精神；第二，坚持不懈追求真理的精神；第三，刚强不屈与不良势力进行斗争的精神。”②

第三，推动中国社会绵延不断的变革。自强不息精神，最突出的表现，就是“革故鼎新”精神。或者说，刚健有为、自强不息的精神促进了“顺乎天而应乎人”的社会变革或社会革命。《易传·系辞》提出“日新之谓盛德”“生生之谓易”等重要命题。《易传·杂卦》说：“革，去故也；鼎，取新也”。“革故鼎新”命题由此而出，即要求除旧布新。《易传》重视“日新”“生生”“革新”，因而在政治上也强调社会变革或革命。所以，《易传·象卦》赞美汤、武革命：“天地革而四时成，汤武革命，顺乎天而应乎人，革之时大矣哉！”这种革故鼎新的思想，“不仅深刻地影响此后发生的历次‘革命’和重大的社会改革，而且成为中国近代改良和革命运动的重要推动力。”③ 古往今来的许多仁人志士，包括政治家、革命家、改革家等，在自强不息精神的鼓舞下，不畏艰难，开拓进取，或变法，或革命，从而推动社会前进。《周易》提出的“自强不息”精神、“革故鼎新”思想为中国社会绵延不断的变革、革命奠定了思想基础。

自强不息精神，是中西文化所共有的，而厚德载物的宽容而爱好和平精神，则是中国文化所特有的。在国学大师张岱年的视野中，“自强不息”“厚德载物”，是中华民族精神的核心和主要表现，在历史上起了推动文化发展，激励人们努力前进的积极作用。“自强不息”“厚德载物”精神，是中华民族延续发展，虽历经磨难而巍然屹立于世界东方的内在精神动力。“这是中华民

① 《张岱年全集》（第5卷），石家庄：河北人民出版社1996年版，第667页。
② 《张岱年全集》（第5卷），石家庄：河北人民出版社1996年版，第668页。
③ 张海鹏，臧宏著：《中国传统文化论纲》，合肥：安徽教育出版社1996年版，第61-62页。

族凝聚力的基础，是民族自尊心的依据，也是中国文化自我更新向前发展的内在契机。”① 自强不息、厚德载物的历史价值是显而易见的。

[原题为《自强不息、厚德载物——国学大师张岱年的民族精神观的解读》，刊登于《南京工业大学学报》（社会科学版）2006年第1期，收入本书时略加修改或补充]

四、张岱年对中国精神建构的历史性贡献

张岱年先生的学术贡献主要体现在三个方面：一是中国哲学史的阐释，二是哲学问题的探索，三是文化问题的研讨。其中，关于文化问题，张岱年先生不仅提出“文化综合创新论”的文化观，而且以文化问题为逻辑起点，结合中国社会的发展和时代的变迁，着力从中华传统文化、中华原典《周易大传》及中西文化比较中，致力于中国精神建构。张岱年先生一生致力于文化问题研究，为中国精神建构作出了历史性贡献。

（一）中国精神建构的逻辑起点

党的十八大以来，习近平同志提出“实现中国梦必须弘扬中国精神”的科学命题。中国精神就是指中华民族全体成员在五千年的历史长河中形成的共同的理想信念、价值理念、道德取向、思维方式及精神品格，具体涵盖以爱国主义为核心的民族精神与以改革创新为核心的时代精神。从民族与国家的关系看，民族是国家的主体，国家则是民族的载体。中华民族是中国的主体，中国则是中华民族的载体。中国是一个统一的多民族的主权国家。因此，中国精神就是中华民族的整体精神或曰整个中华民族的精神。从此意义上讲，中国精神也可称之为中华民族精神，中国精神与中华民族精神可互通。

从目前现有的文献资料来看，早在20世纪30年代，张岱年先生就明确提出“中国精神”概念。当时，国内理论界、学术界，围绕“全盘西化论”与东方文化优越论或中国本位文化论的两种对立的文化思潮，掀起了一场关于文化问题的大讨论。此时，年轻的张岱年先生也积极参与其中，相继撰写了《世界文化与中国文化》《关于中国本位的文化建设》《西化与创造——答沈昌晔先生》及《哲学上一个可能的综合》等有关文化方面的论文。其中在

① 《张岱年全集》（第7卷），石家庄：河北人民出版社1996年版，第246-247页。

1935年发表的《关于中国本位的文化建设》一文中说：“主张兼综东西两方之长，发扬中国固有的卓越的文化遗产，同时采纳西洋的有价值的精良的贡献，融合为一，而创成一种新的文化，但不要平庸的调和，而要作一种创造的综合。”又说：“惟有信取‘文化的创造主义’而实践之，然后中国民族的文化才能再生；惟有赖文化之再生，然后中国民族才能复兴。”[①] 也就是说，一方面提出了“创造的综合”或“文化的创造主义”的方法论，另一方面提出了“创成一种新的文化”的目标指向。张岱年先生认为，每一个独立的民族文化或国家文化，都有自己特殊的民族精神或国家精神；中国文化要保持独立性，就必须要有自己的“特殊精神”即“中国的特殊精神”。张岱年先生在《关于中国本位的文化建设》一文又说：“一切都是在创造中的，一切都不是固定不变的。我觉得，中国的特殊精神，也仍是在创造之中。中国的过去文化虽也是这特殊精神之表现，这特殊精神虽已有其具体的显现，然而这特殊精神也是在发展之中。我们不只要不失固有的特殊精神，我们且应加以发展改进，使之以新的姿容表现出来。”[②] 而“中国的特殊精神”，“使之以新的姿态表现出来”，实际上就是“创造新的中国精神”。1935年在《西化与创造——答沈昌晔先生》一文又说：我们“不一定要执着旧的中国精神，而应从新创造新的中国精神。”“文化创造主义之目标，是社会主义的新中国文化的创成。”[③] 既要扬弃“旧的中国精神”，又要“创造新的中国精神”。质言之，“新中国文化的创成”“创造新的中国精神”，既是中华文化逻辑发展的体现，也是挽救民族危机、争取民族独立的需要。

在中国改革开放的八九十年代，在学术文化领域中，又出现了“全盘西化论”和“儒学复兴论”的两股思潮，于是又掀起了关于文化问题的大讨论。从一定意义上说，20世纪80年代的“文化热”与历史上30年代的文化论争是一脉相承的。其争论的焦点在于如何处理中国传统文化和外来文化的关系问题，以及如何建构中国精神问题或把握时代精神问题。张岱年先生积极参与文化问题和民族精神的讨论，既反对民族虚无主义的“全盘西化论”，又不赞同文化保守主义的“儒学复兴论”。就论著而言，张岱年相继撰写了如《中国文化的思想基础与基本精神》《文化传统与民族精神》《炎黄传说与民族精神》《中华民族精神与中华民族的凝聚力》《中国文化的基本精神》《爱国主义与民族凝聚力的思想基础》及《爱国主义与民族精神》等近百篇有关民族

① 《张岱年全集》（第1卷），石家庄：河北人民出版1996社年版，第229-236页。
② 《张岱年全集》（第1卷），石家庄：河北人民出版社1996年版，第232-233页。
③ 《张岱年全集》（第1卷），石家庄：河北人民出版社1996年版，第248-261页。

文化与民族精神的著论，既深刻地解析了民族精神概念，又阐释了中国精神的主要内容。但在不同的著论中，中国精神有着不同的称谓，如“中国文化的基本精神”“中国的民族精神”“中华民族的民族精神”或“中华精神”等。其中在1987年撰写的《综合、创新，建立社会主义新文化》一文中，明确提出“文化综合创新论”的命题，并提出“建设社会主义的新文化”[①]的时代使命。1993年，张岱年先生在《中华民族精神与中华民族的凝聚力》一文中总结道：“近几年来，我多次著论，提出民族精神与中华精神的问题，认为任何一个文明民族都有其民族精神，而中华民族的民族精神可称为中华精神。”[②]张岱年先生积极参与文化问题的探讨，其目的在于揭示中国文化的时代走向，建构中国精神。

综上所述，文化问题，是张岱年先生自觉建构中国精神的逻辑起点。从文化观看，张岱年先生把30年代提出的“创造的综合”或“文化的创造主义”，发展提升为“文化综合创新论”；把“社会主义的新中国文化的创成”明确为“建设社会主义的新文化”。从称谓看，把“中国精神”又称之为“中国文化的基本精神”“中国的民族精神”“中华民族的民族精神”或“中华精神”等。总之，建设新的中国文化，建构新的中国精神，是张岱年先生探讨文化问题的基本价值指向。

（二）中国精神建构的传统底蕴

中华传统文化源远流长，博大精深，它是我们中华民族的“根”和“魂”，蕴含着丰富多彩的优秀价值理念和深层的精神追求，如“民为邦本”“和而不同”“知行合一”“天人合一”“仁者爱人”“为政以德”“自强不息”“厚德载物”“天下为公”“道法自然”“无为而治”“兼爱非攻”等等。张岱年先生有着深厚的民族传统文化情结，可谓是民族传统文化的守望者。他在耄耋之年总结自己的学术研究时说，关于文化问题，我提出了“综合创新论”和“中华精神论”。其中，就中华精神或中国精神而言，张岱年先生以文化问题为逻辑起点，结合中国社会的发展和时代的变迁，着力从中华传统文化层面来建构中国精神的。具体而言，发掘中华传统文化，强调爱国主义是中华民族的优秀传统；解读中华原典《周易大传》，认为“自强不息”“厚德载物”是中华民族精神的核心和集中表现。爱国主义精神、自强不息精神及厚

① 《张岱年全集》（第6卷），石家庄：河北人民出版社1996年版，第251–254页。
② 《张岱年全集》（第7卷），石家庄：河北人民出版社1996年版，第328页。

德载物精神彰显了中国精神的传统底蕴。

第一，发掘中华传统文化——爱国主义是中华民族的优秀传统。爱国主义是中华民族的优秀传统。热爱祖国、忠于祖国、报效祖国是中华民族的传统美德，是贯穿于中国精神自古至今的一条极其鲜明而清晰的主线。张岱年先生说："中国固有文化中有一个爱国主义的传统。"① 张岱年先生认为，谈论爱国主义，首先要理解爱国主义的意义。"汉语中的'国'字是个多义词，所谓国者，有时指祖国，有时指国家政权（国家机器），有时指民族而言。（这在英语中分别为 country，state，nation）所谓爱国主义指的是热爱祖国，即热爱自己祖国的人民、土地及主权，而不是指爱护统治阶级的国家机器。国家政权可能是反动的，是镇压人民的，何可爱之有？社会主义的国家政权应是可爱的，已往封建主义的政权有何可爱呢？在以往历史上，爱国志士从事推翻反动政权的活动，正是爱国的活动。祖国与民族则是一回事。爱自己的祖国，也就是爱自己的民族，保卫本民族的独立主权。"② 即是说，爱国就是爱祖国的人民、爱祖国的土地或山河，以及维护国家的主权。而对于国家机器或国家政权是否值得爱，则要看国家机器或政权的性质亦即是否代表和维护广大人民群众的利益。凡是代表和维护广大人民群众利益的国家政权，是值得爱的，反之压迫和剥削人民的国家政权，则显然是不值得爱的。相反通过暴力革命推翻之，则正是爱国的表现。无疑，社会主义中国，是值得爱的。张岱年还指出："在封建制时代，爱国与忠君常常相互结合，但是爱国与忠君还是有区别的。忠君是忠于一姓之君，爱国不一定是忠于一姓，而是忠于自己本民族。在历史上，爱国往往表现为忠君，这是当时的历史条件决定的。"③ 如"精忠报国"的岳飞，高唱"人生自古谁无死，留取丹青照汗青"的文天祥等，即是把爱国与忠君结合起来。当外敌入侵时，忠君与爱国往往就合二为一。鸦片战争之后，随着救亡图存斗争实践的深化与西方文化价值观念的输入，以"君权至上""朕即国家"为核心的传统国家观念，受到以"民本君末""民为国本"为基本内容的近代国家观念、政治观念的极大冲击与挑战。近代爱国人士对"朕即国家"的封建君权思想开展了激烈的学术抨击，并用近代的新的国家观、政治观取而代之，不再把"国"与"君"相联系，而是把"国"与"民"联系起来；"国家"不再是君主的"私产"，而是被看做全体国民的"公产"，由此实现了传统国家观念向近代国家观念的历史

① 《张岱年全集》（第7卷），石家庄：河北人民出版社1996年版，第230页。
② 《张岱年全集》（第6卷），石家庄：河北人民出版社1996年版，第531页。
③ 《张岱年全集》（第6卷），石家庄：河北人民出版社1996年版，第531页。

性转变。随着辛亥革命的胜利和1912年中华民国的建立，两千多年的封建帝制被推翻，由此爱国与忠君彻底脱钩。总之，爱国是绝对的，不可移易的，而忠君则是相对的，只是一定历史阶段的产物。不过，在近代中国社会的文化语境中，当时人们使用的词汇除了“爱国主义”外，还大量使用“爱国心”“中国魂”“民族魂”等专用词汇。

爱国主义是一个永恒的时代主题，又是一个动态的历史范畴；在不同时代抑或在同一时代的不同历史阶段，其内涵是不尽相同的。张岱年先生指出，仅从中国人民传统的共同心理结构看，爱国主义表现为：一是中国人民有反对外来侵略的传统，对外来侵略不能忍受；二是中国人民有对内反抗暴政、反压迫的传统。从现实看，爱国主义则表现为拥护社会主义制度，维护祖国统一。热爱社会主义制度，维护祖国统一，建设中国特色社会主义，是当代爱国主义的时代主题。在当代中国，爱国主义与社会主义本质是一致的。新时期爱国主义不仅内含传统爱国主义的优秀品质，而且还赋予拥护社会主义制度与维护祖国统一的时代意蕴。张岱年先生认为，现阶段爱国就是要拥护社会主义制度。20世纪80年代末90年代初，苏联解体，东欧剧变，国际共产主义运动遭受重大挫折。故有人借此宣扬“社会主义失败论”。为此，张岱年先生挺身而出，奋笔疾书，大力宣扬“只有社会主义才能救中国”的颠扑不破的真理，表达了鲜明的爱国主义情怀。1990年，张岱年先生在《中国文化发展的道路》一文说：“鸦片战争以来，中国受资本主义列强的侵略凌辱，遭遇到历史上空前的民族危机。爱国的革命志士运用马克思主义为武器，进行英勇的斗争，取得了伟大的胜利，解决了救亡问题。‘唯有社会主义能救中国’，这是历史证明了的真理。”① 1993年，张岱年先生在《建设社会主义的科学纲领》一文又说：“近百年的历史证明中国必须走社会主义的道路，才能摆脱民族的危机。今天也必须走社会主义的道路，才能使国家兴旺发达起来。‘只有社会主义才能救中国，只有社会主义才能发展中国’，这是必须肯定的彰明较著的真理。”② 还说：“多年以来，我一贯信持辩证唯物论，又一贯拥护社会主义，我坚信只有社会主义才能救中国，没有共产党就没有新中国。参加中国共产党是我的必然的归向。”③ 可见，张岱年先生，从中国社会的发展逻辑和自身的人生经历，强调现阶段，爱国就是热爱社会主义新中国，拥护社会主义制度。1993年，张岱年先生在《建设新道德与弘扬传统美德》一

① 《张岱年全集》（第7卷），石家庄：河北人民出版社1996年版，第64页。
② 《张岱年全集》（第7卷），石家庄：河北人民出版社1996年版，第431页。
③ 张岱年著：《通往爱智之门》，北京：北京大学出版社2011年版，第231页。

文中说："我认为，我们今天必须肯定的三个基本原则，（1）爱国主义；（2）为人民服务的集体主义；（3）社会主义人道主义，应该是今日必须确立的新三纲。"[①] 可见，爱国主义，是社会主义新道德的"第一个基本原则"或"第一个新纲领"。总之，现阶段，热爱社会主义新中国，拥护社会主义制度，是公民必须遵循的一项基本道德原则。

张岱年先生堪称当代爱国知识分子的典范。1984 年，张岱年先生在《中国古代知识分子与刚健有为、自强不息的优良传统》一文中说："中国历代优秀的知识分子表现了三个方面的优良品格和作风：第一，诚挚热烈的爱国主义精神；第二，坚持不懈追求真理的精神；第三，刚强不屈与不良势力进行斗争的精神。"又说："作为新时代的知识分子，我们要努力提高思想觉悟，认识并发扬古代知识分子的优良传统，为社会主义祖国的四化建设作出更大的贡献。"[②] 其实，张岱年先生就是一位身体力行的爱国知识分子。从少年立"强中国"之志向，到中年选定"学术救国"之道路，再到晚年秉持"只有社会主义才能救中国"之信念等，自始至终彰显深厚的爱国主义情怀。在当今经济全球化、政治多极化和文化多元化的时代背景下，我们要坚持走中国特色社会主义道路，中华民族要屹立于世界民族之林，实现中华民族伟大复兴中国梦，就必须要大力弘扬爱国主义精神。总之，拥护社会主义制度，建设中国特色社会主义，是新时期爱国主义的时代内涵，也是对中华爱国主义优秀传统的历史继承和时代提升。

第二，解读中华原典《周易大传》——"自强不息""厚德载物"是中华民族精神的核心和集中体现。在 20 世纪 80 年代的"文化热"与 90 年代的"国学热"中，国内理论界、学术界再次掀起了关于文化问题与民族精神理论研究的热潮。张岱年先生首当其冲，对文化问题与民族精神理论进行了深刻的研究。张岱年先生说："我们现在正在努力争取实现'现代化。'在力求实现'现代化'的过程中，认识、理解民族文化中固有的'民族精神'还是非常必要的。"[③] 古人云："国有与立"，一个国家必有足以立国的基础。中华民族屹立于世界民族之林，延续发展了几千年，必然有其足以自立的思想基础。中华民族在五千年的历史长河中，历经磨难而不倒，饱经风霜而不衰，此根本原因就在于"中国精神"。在 20 世纪八九十年代，张岱年先生多次著文阐释中国精神，但在称谓上多有变化，如"中国文化的基本精神""中国的民族

---

① 《张岱年全集》（第 7 卷），石家庄：河北人民出版社 1996 年版，第 427 页。

② 《集张岱年全》（第 5 卷），石家庄：河北人民出版社 1996 年版，第 668–669 页。

③ 《张岱年全集》（第 6 卷），石家庄：河北人民出版社 1996 年版，第 435 页。

精神”“中华民族的民族精神”或“中华精神”，而且反复强调“自强不息”“厚德载物”是中国的民族精神的主要内容。他说：“我认为，中国的民族精神基本上凝结于《周易大传》的两句名言之中，这就是：‘天行健，君子以自强不息’。‘地势坤，君子以厚德载物’。”“‘自强不息’是奋斗精神，‘厚德载物’是兼容精神。这是中国文化的基本精神，可以称为‘中华精神’。”① 1997年在《我与北大》一文中继续强调：“我认为，《周易大传》的两句话，‘天行健，君子以自强不息’‘地势坤，君子以厚德载物’。就是中华民族的民族精神的集中表述。”② 同时还阐释其历史作用和时代价值。张岱年先生说：“这是中华民族凝聚力的基础，是民族自尊心的依据，也是中国文化自我更新向前发展的内在契机。”③ 1997年在《根的赞颂》一文中又强调，这两句名言，“在历史上有广大而深远的影响，激励着中国人民永远向前，决不屈服。这就是中华民族文化的根。”④ 总之，《周易大传》提出的“自强不息”“厚德载物”的精湛思想，既是推动中华文化不断发展的内在动力或精神力量，也是中华民族延续发展、不断前进的思想基础和内在动力。

张岱年先生还着力阐释“天行健，君子以自强不息”与“地势坤，君子以厚德载物”的历史文化内涵。张岱年先生说：“这两句话有深厚的哲学基础和丰富的理论含义，这需要加以解释。自强不息的哲学基础是重视人格的以人为本的思想。厚德载物的哲学基础是重视整体的以和为贵的理论。”⑤ 作为民族精神，自强不息集中表现在民族关系和个人生活上。在民族关系方面，“自强不息，就是要坚持民族独立，决不向外力屈服，对外来的侵略一定要抵抗，保持民族的主权和独立。”⑥ 在个人生活方面，自强不息则表现为独立的人格意志。比如，孔子说：“三军可夺帅也，匹夫不可夺志也”（《论语·子罕》）；孟子说：“富贵不能淫，贫贱不能移，威武不能屈，此之谓大丈夫”（《孟子·滕文公下》）；南宋理学家陆九渊说：“不识一个字，亦须还我堂堂正正地做个人”（《陆九渊集》卷三十五）。“不可夺志”“大丈夫”“堂堂正正地做个人”，都是坚持独立人格意志的表现。自强不息精神内含“刚健”品德。《周易·彖传》云：“大有，其德刚健而文明，应乎天而时行。”“大蓄，

① 《张岱年全集》（第8卷），石家庄：河北人民出版社1996年版，第624页。
② 张岱年著：《晚思集》，北京：新世界出版社2002年版，第137页。
③ 《张岱年全集》（第7卷），石家庄：河北人民出版社1996年，第246-247页。
④ 张岱年著：《晚思集》，北京：新世界出版社2002年版，第114页。
⑤ 《张岱年全集》（第7卷），石家庄：河北人民出版社1996年版，第221页。
⑥ 《张岱年全集》（第6卷），石家庄：河北人民出版社1996年版，第137页。

刚健笃实辉光，日新其德。”可见，《周易》极力赞扬“刚健”品德。“刚健”即积极进取、奋勇前进。在中国历史上，“自强”“刚健”精神对古代优秀知识分子或志士仁人确实产生了强烈的激励作用。儒家学派创始人孔子可谓是自强不息的典范。孔子自己评价自己曰：“发愤忘食，乐以忘忧，不知老之将至云尔。”（《论语·述而》）后来南宋学者杨简对此评析道：“发愤乃孔子自发愤，学乃孔子自学，忘食不厌，即孔子之自强不息。”（《杨氏易传》卷一）近代大儒曾国藩认为，传统儒家要求个人和国家都要遵循“自强之道”。他说：“从古帝王将相，无人不由自立自强做出，即为圣贤者，亦各有自立自强之道，故能独立不惧，确乎不拔。”（《曾国藩文集·修身篇》）特别是自近现代以来，自强不息精神不断得以丰富发展和时代提升。从洋务运动到戊戌变法与辛亥革命；从太平天国运动到义和团运动；从五四新文化运动到中国共产党领导的革命、建设及今天的改革开放等，无不表征自强不息的伟大民族精神。从一定意义说，五千多年的中华文明史，就是一部中华民族自强不息的奋斗史。

“自强不息”与“厚德载物”，两者是相辅相成、相互影响的。“‘自强不息’必须进升到‘厚德载物’，否则，就会局限于‘只顾自扫门前雪，休管他人瓦上霜’，甚至还会走向逞能要强好斗称霸的极端。”“‘厚德载物’必须以‘自强不息’为基础，否则就无从谈起，只能成为空话。”[①] 可见，中国文化在提倡自强不息的进取精神同时，还提倡厚德载物的宽容精神，使其相互补充，相得益彰。“厚德载物”的思想基础是以和为贵的价值观。张岱年先生说：“厚德载物就是以宽厚的态度兼容不同的事物，也即以和为贵的兼容精神”。在人与人的关系上，“厚德载物，即待人接物，要有宽容、宽柔的态度。既肯定自己的主体性，也承认别人的主体性；既要保持自己的人格尊严，也要承认别人的人格尊严。”[②] 在处理民族关系上，厚德载物表现为“胸怀旷大，不去侵犯别人，保持国际和平”[③]。在文化问题上，即是以宽容精神对待各种思想文化。首先是中国境内各民族文化的融合。从先秦诸子百家争鸣以来，各种文化相互碰撞与融合，共同铸就了中国文化的基本精神。其次是对待外来文化的自觉吸收。在历史上，中国文化积极接受外来文化。佛教东来，被中国人民所容纳，逐渐形成儒释道“三教并尊”；明末西学东渐，亦被中国知识分子重视。清末顽固派拒绝西学，事实上是违背中国文化兼容并包的基

① 钱耕森：《解读“自强不息”与“厚德载物”及其统一性》，《孔子研究》2006年第1期。
② 《张岱年全集》（第7卷），石家庄：河北人民出版社1996年版，第222页。
③ 《张岱年全集》（第6卷），石家庄：河北人民出版社1996年版，第137页。

本精神。有学者指出，在当今急剧转型的中国社会，“我们有必要重新认识‘厚德载物’理念及其所彰显出来的精神价值。现在价值观的重建，依然需要‘厚德’，即对自身道德的长养、积累和培固；需要‘载物’，即对自然的认知，对社会的宽厚和包容。可以想象，如果人人能努力做到‘厚德载物’，就能推进和谐社会的构建和公平正义价值的实现。”① “厚德载物”是中华文化特有的伦理理念，显示出“海纳百川、有容乃大”的特有品格，具有永恒的伦理智慧和人文价值。

总之，在张岱年先生的心目中，“自强不息”“厚德载物”，是中华民族精神的核心和集中体现。“弘扬‘自强不息’‘厚德载物’的中华精神，这是张岱年从事文化问题研究的基本出发点，也是他关于中国文化问题研究的理论观点所围绕着的核心。”② “自强不息”是我们中华民族自力更生、发愤图强的优良传统，它体现了中华民族精神的“刚性”品格。“厚德载物”是我们中华民族“以和为贵”“和而不同”的优良传统，它体现了中华民族精神的“柔性”品格。张岱年先生还说：“我们论述中华民族的民族精神，着眼于几千年来中国文化延续发展的思想源泉，而不是考察中国文化与外国文化的异同问题。‘自强不息’的精神可以说是中国文化与西方文化共同具有的，并非中国文化的特点。‘厚德载物’的宽容而爱好和平的精神，却是中国文化所独有的特点。”③ 即是说，“自强不息”精神，是中西文化精神所共有的，而“厚德载物”精神，则是中国民族精神所特有的。简言之，“自强不息”“厚德载物”，刚柔并济，相得益彰，体现了中华民族特有的精神品格和道德取向。习近平同志说：“自强不息、厚德载物的思想，支撑着中华民族生生不息、薪火相传，今天依然是我们推进改革开放和社会主义现代化建设的强大精神力量。”④ 总之，自强不息、厚德载物作为中华民族精神的核心和集中体现，具有永恒的生命力、创造力和凝聚力。

（三）中国精神建构的时代走向

文化比较是文化研究的重要方法。已故哲学家汤一介先生说：“每种文化对自身文化的了解都会有局限性，‘不识庐山真面目，只缘身在其山中’，如

① 张岂之主编：《中华优秀传统文化核心理念读本》，北京：学习出版社2012年版，第169页。
② 范学德：《综合与创造——论张岱年的哲学思想》，北京：教育科学出版社1989年版，第316页。
③ 《张岱年全集》（第7卷），石家庄：河北人民出版社1996年版，第223页。
④ 《习近平谈治国理政》，北京：外文出版社2014年版，第158页。

果从另外一个文化系统看，也就是说从他者看，也许会更全面地认识这种文化的特点。”① 诚然，中西文化之比较，是张岱年先生探讨文化问题和建构中国精神的一个重要方法论原则。张岱年先生在充分发掘中华传统文化优秀价值理念的基础上，主张积极吸取和借鉴西方文化的优秀成果为我所用，以补中华文化之缺陷，为中国精神建构嵌入新的时代元素。通过中西文化之比较，张岱年先生认为应积极借鉴西方的民主精神、科学精神和法治精神的合理性因素，使其成为中国精神的有机组成部分。民主精神、科学精神和法治精神是时代精神范畴，体现了中国精神的时代走向。

第一，比较中西文化——应吸取借鉴西方的民主精神和科学精神。自西学东渐以来，中西文化之比较，成为学者们乐此不疲而又不可回避的学术课题。不过，不同的学者，由于立场不同或学术背景不同，中西文化比较的具体内容和结论往往亦有所不同。如有人认为，中国文化是主静的，西方文化是主动的；也有人认为，中国文化是精神文明，西方文化是物质文明；还有人认为，中国文化是向内的，西方文化是向外的；等等。中国古代虽有“民为邦本”思想，但民本思想不等于民主精神，最多也只是民主思想的胚胎，甚或成为封建君主专制集权统治的掩饰或“点缀”。中国古代虽有“四大发明”，但它只停留在“形而下”的技术操作层面，而没有上升到“形而上”的科学精神层面，也就是说，中国古代有技术而无科学精神。简言之，与西方文化相比，中国传统文化缺乏西方近代民主精神与科学精神，是毋庸置疑的。民主、科学是近代中国文化的核心内容，也是鸦片战争以来中国志士仁人梦寐以求的理想追求。特别是五四新文化运动，以陈独秀、胡适等为代表的先进知识分子，提出了“拥护德先生”和“拥护塞先生”的口号。陈独秀说：“只有这两位先生，可以救治中国政治上、道德上、学术上、思想上一切的黑暗。”② 科学与民主已作为一种价值观扩展到社会各个领域，其内涵也不断得到提升。尽管五四先驱对“民主”与“科学”的认识还存在着某些不足，但他们主张积极借鉴或学习西方近代的科学与民主，以培育中国的民主精神和科学精神，揭示了中国文化的前进方向，开启了中国精神现代转型的历史进程，对于中华民族的进步起了非常重要的推动作用。不过，由于文化、政治等种种原因，民主精神与科学精神，还没有完全契合到民族文化心理结构中，因此民主精神与科学精神还不够彰显。改革

---

① 汤一介著：《瞩望新轴心时代——在新世纪的哲学思考》，北京：中央编译出版社 2014 年版，第 30 页。

② 《陈独秀文章选编》（上），北京：三联书店 1984 年版，第 317 页。

开放之后，张岱年先生明确指出："中国传统文化中有两个最大的缺点：一个是缺乏实证科学，中国古代确实有科学，但没有近代的实证科学。""中国传统文化的另一个缺点是缺乏民主传统。在中国封建社会后期，虽然有过资本主义萌芽，但始终没有比较成熟的资本主义生产关系。因此，在中国历史上也缺乏民主传统，占统治地位的始终是专制主义、家长制。"① 张岱年先生著文反复强调，我们应该理性认识民族传统文化之不足，虚心学习或积极借鉴西方近现代文化的合理性因素，取其之长以补己之短。总之，我们要正确认识民族传统文化的优点与缺陷，既要学习西方的实证科学，培育科学精神；又要借鉴西方近代民主的合理因素，培养民主精神。民主精神和科学精神，是时代精神的鲜明体现。

培育民主精神和科学精神，是经济社会转型和时代发展的客观要求。张岱年先生认为，由于中国过去缺乏民主传统，缺乏近代科学，所以发扬社会主义民主，学习近代科学，都是十分必要的。1989 年，张岱年先生在《纪念"五四"发扬爱国主义》一文中又说："西方近代历史的特点就在于民主制度的建立和科学的发达。纵观西方各国以及日本，他们近代化的过程有一个共同之点，即尊重知识，提倡科学，容许学术自由，大力兴办教育。这是世界各国现代化过程的一般规律。现代化的进程与提倡科学、健全民主制度是完全一致的，西方各国及日本都是如此。"因此，"我们今天纪念'五四'，要继续高举民主与科学的旗帜，完成发扬民主、振兴科学的历史任务。"② 适应社会主义现代化建设和发展社会主义市场经济的客观需要，我们要大力弘扬和培育社会主义民主精神和科学精神。如果从文化的体用问题来看，"社会主义的基本原则是'体'，科学技术、文学艺术是'用'。社会主义的根本原则就是社会主义民主。我们要健全社会主义民主，可以说民主为体，科学为用。"③ 总之，适应经济社会和政治文明的发展，我们应该将民主精神和科学精神纳入到中国精神之中，使之成为中国精神的有机组成部分。民主精神与科学精神，是中国精神建构的时代体现。

第二，比较中西文化——应吸取借鉴西方的法治精神。法治在人类社会发展历程中具有悠久的历史。西方有着源远流长的法治传统。"法治"是个古老的概念。据考证，古希腊毕达库斯最早提出"法治"概念，雅典城邦在梭伦改革后进入了"法律统治"时期。亚里士多德在其名著《政治学》提出法

① 《张岱年全集》（第 6 卷），石家庄：河北人民出版社 1996 年版，第 138 页。

② 《张岱年全集》（第 6 卷），石家庄：河北人民出版社 1996 年版，第 530 页。

③ 《张岱年全集》（第 6 卷），石家庄：河北人民出版社 1996 年版，第 170–171 页。

治包括两个方面的含义，一是已成立的法律获得普遍的服从；二是大家所服从的法律又应该本身是制定得良好的法律。应该说，亚里士多德对法治本质作出了精辟的概括。近现代以来，有英国的“法的统治”，美国的“宪法主治”，德国的“国家依法进行统治”等。法治精神是西方文化精神的突出表现。中国在春秋战国时代，以商鞅、韩非为代表的法家也提出鲜明的法治政见，实现了中国历史上短暂的“以法治国”，但此所谓的“法”只是一种惨无人道的刑法，不具备现代意义的法治精神特质。与法家法治思想相对应，儒家则提出“德治”“人治”的治国理政主张。儒家学派创始人孔子曰：“道之以政，齐之以刑，民免而无耻；道之以德，齐之以礼，有耻且格。”（《论语·为政》）也就是说德治优越于法治。故儒家提倡“为政以德”“德主刑辅”，强调“为政在人”“其人存，则其政举；其人亡，则其政息。”（《礼记·中庸》）在中国古代，人的权力作用远远大于法律，法律从属于道德与政治权力。因此，从本质上看，中国古代社会是一个典型的人治社会，法律蜕变为人治的工具。人治与法治，是两种对立的治国理政方略。无疑，西方有着源远流长的法治传统，中国有着深厚久远的人治传统。两者相比较，法治传统优越于人治传统。

探讨法治精神，首先要理清法制与法治的关系。具体而言，法制是法律制度的简称，属于制度范畴；法治是法律统治的简称，是与人治相对立的一种治国方略。法制是法治的前提和基础，要实现法治，必须具有完备的法制；法治是法制的价值指向和归宿。由此可见，法治精神是法制精神的发展和提升。提倡民主精神，与此相应的就要提倡法治精神。现代意义上的法治，是在西方社会特别是西方近代文明的土壤中培育和发展起来的。西方资本主义在几百年的历史发展中，与民主精神相适应，形成比较完备的法律体系，法治精神较彰显。与西方文化相比，中国传统文化还有一个重要欠缺即缺乏法制传统。张岱年先生说：“几千年的专制主义的官僚政治，更养成了若干根深蒂固的腐朽作风，诸如独断专行、以权谋私、因情枉法、特权思想等等。中国向来缺乏民主传统，法制又不健全，这确实构成了社会主义建设中的重大问题。如何发扬民主，健全法制，不能不是今天的一项严肃的任务了。”① 市场经济是道德经济，也是法治经济。随着社会主义市场经济的确立和发展，客观上需要健全社会主义法制。张岱年先生还说：“市场经济需要健全的法制，同时也需要优良的道德风尚。没有健全的法制，市场经济将会出现混乱。

① 《张岱年全集》（第6卷），石家庄：河北人民出版社1996年版，第160页。

没有优良的道德风尚，法制也难以充分推行。道德与法制是相辅相成的。古代儒家重视道德而忽视法制；古代法家主张‘以法治国’而否认道德教化，都是陷于片面。”① 道德与法制是相辅相成的。质言之，建构中国精神，不仅需要发展社会主义民主，弘扬社会主义民主精神，而且需要健全社会主义法制，弘扬社会主义法治精神。在当代中国，依法治国是党领导人民治理国家的基本方略。法治作为当代中国的核心价值理念，是历史与现实的必然，也是国家治理转型的价值诉求，还是现代国家实现善治的必然要求。与依法治国相适应，客观上需要培养国民的法治精神。从改革开放初期邓小平提出的“健全社会主义法制”，到党的十五大提出的“依法治国，建设社会主义法治国家”，再到党的十八届四中全会提出的“全面推进依法治国，建设社会主义法治中国”等，都彰显社会主义法治精神的价值诉求。从法制精神到法治精神，既是建设法治中国的逻辑结果，也是建构中国精神的时代提升。

民主精神、科学精神和法治精神，应成为中国精神的有机组成部分，体现了中国精神的时代走向。1999 年在《二十一世纪中国学术发展前景》一文中，耄耋之年的张岱年先生满怀信心地预言：“中国近代以来，虽然在科学技术、民主法治方面落后了，然而仍有其优秀传统。中国人民正是在优秀传统的激励之下勇猛奋斗、争取民族独立的。我认为，《易传》所谓‘自强不息’‘厚德载物’就是中国文化优秀传统的集中表述。‘自强不息’即是勇敢前进的精神，‘厚德载物’即是宽容和谐的精神。到二十一世纪，中国文化的科学落后、缺乏民主法治的缺点必将得到纠正，科学发达了，社会主义民主法治建立起来了，同时中国文化的优秀传统必然得到进一步的发扬。”② 在此论断中，我们看出张岱年先生对概念使用的变化，即由过去强调“法制”转换为“法治”，体现了从健全法制到建设法治中国的逻辑发展；同时还可看出，民主精神、科学精神和法治精神之时代精神，与“自强不息”“厚德载物”之优秀民族传统精神，是“并行不悖”“合一并进”的，彰显中国精神建构既有承继历史的传统底蕴又有面向时代的精神气质。可见，中国精神是静态与动态相结合的文化理念体系，它在历史进程中随着社会实践的发展、时代主题的转换及社会文化的变迁，其内涵不断丰富、外延不断拓展。

---

① 《张岱年全集》（第 7 卷），石家庄：河北人民出版社 1996 年版，第 578 页。

② 张岱年著：《晚思集》，北京：新世界出版社 2002 年版，第 162-163 页。

（四）结语

从总体上看，张岱年先生对中国精神建构，有如下几个方面特色：一是坚持马克思主义指导，以建设社会主义新文化为主题；二是扬弃中国传统文化或“中国的旧精神”；三是借鉴西方文化或时代精神之精华；四是综合中西文化精神之所长，进行综合创新。而“文化的综合创新有一个理论基础，这就是马克思主义的普遍原理。文化综合创新的核心是马克思主义理论与中国文化的优秀传统的结合”①。质言之，中国精神建构，就是以马克思主义基本原理为价值指导，以社会主义新文化为主题，以中华文化精神的优秀传统为价值根基，积极借鉴西方文化精神的合理因素，着力建构体现民族性与世界性、传统性与时代性、继承性与创新性之有机统一的中国精神，使其具有深厚的传统底蕴和鲜明的时代特质。张岱年先生对中国精神建构作出了历史性的贡献。

建构中国精神，既是一种文化自觉，也是一种文化自信。张岱年先生，以文化问题为逻辑起点，从中华传统文化与西方近现代文化的相互映照、传统民族精神与时代精神的融合会通，自觉建构中国精神，从而提升了中国精神的文化意涵，彰显了张岱年先生深厚的文化情怀和文化自信。张岱年先生说：“在历史上，民族精神得到发扬的时代就是治世或盛世；民族精神因种种原因而不能发扬的时代就是乱世或衰世。现在我们奋发努力、齐心协力，建设具有中国特色的社会主义，中华民族必然达到高度的昂扬。随着时代的前进，民族精神必然会更新的发展。”② 中国精神是中华民族安身立命的共有的精神家园，也是中华民族自尊心和自信心的内在根源。弘扬和培育中国精神，有助于增强人们的自尊心和自信心，增强中华民族的凝聚力和向心力，亦即增强中国文化软实力，进而为实现中华民族伟大复兴中国梦提供精神动力和价值支撑。

（原题为《论张岱年对中国精神建构的历史性贡献》，刊登于《当代中国价值观研究》2017 年第 2 期，收入本书时略加修改或补充）

---

① 《张岱年全集》（第 8 卷），石家庄：河北人民出版社 1996 年版，第 628 页。

② 《张岱年全集》（第 7 卷），石家庄：河北人民出版社 1996 年版，第 555 页。

五、张岱年对社会主义文化观的时代建构

从某种意义上说，张岱年先生也是一位文化哲学家，在20世纪30年代和八九十年代的文化问题讨论中，提出自己的深刻而独到的文化哲学观，对文化哲学理论作出了历史性贡献。在中国新文化的时代走向上，张岱年先生于20世纪30年代提出“社会主义文化”理念，至改革开放时期则明确地提出“建设社会主义新文化”命题，建设社会主义新文化，既是一种文化理论的主张，也是一种文化实践的路向。

在中国新文化的如何建设上，张岱年先生于20世纪30年代提出“创造的综合”，至改革开放时期则发展为“文化综合创新论”，文化综合创新论是社会主义新文化建设之基本方针。在中国新文化的价值指向上，社会主义新文化观，不仅丰富和发展了中国特色社会主义文化思想的理论宝库，而且探索和开辟出中国特色社会主义文化建设的现实道路。

（一）中国新文化的时代走向——从“社会主义文化”到“建设社会主义新文化”

文化具有民族性与世界性、传统性与时代性的特质。任何民族文化总是随着社会实践的发展和时代的变迁而不断向前发展的。不同的时代，不同的思想家或哲学家总是站在自己的立场上提出自己的文化主张或文化观。在“中国文化向何处去”的问题上，早在20世纪30年代，张岱年先生初步提出“社会主义文化”理念，至改革开放时期则明确提出“建设社会主义新文化”命题。

第一，20世纪30年代初步提出“社会主义文化”理念。1840鸦片战争以来，特别是1919年五四新文化运动以来，中国社会的政治经济发生了剧烈的变迁，其实质是文化转型，主题是现代化。20世纪三四十年代，国内掀起了文化问题探讨的热潮。其中，1934年11月，陈序经发表《中国文化的出路》一文，主张全盘西化。其主要的理由有两点：一是过去事实上一直在西化，二是以后世界的趋势是西化。此观点得到胡适的赞同和支持。针对当思想界的西化思潮，1935年1月，王新命、陶希圣、萨孟武等十位教授联合发表《中国本位文化建设宣言》一文，主张现在中国应建设中国本位的文化观点，提出对中国传统文化要“存其所当存，去其所当去”，并强调既要做到“不守旧”，又要做到“不盲从”。“根据中国本位，采取批评态度，应有科学方法来检讨过去、把握现在、创造未来。”有赞赏之，也有贬斥之。于是，在

国内学术界掀起了关于文化问题的大讨论。

期间，年轻的张岱年先生也参与到文化问题的讨论中。1935 年 3 月发表于《国闻周报》上的《关于中国本位的文化建设》一文中，张岱年先生在理性分析“文化建设宣言”观点基础上提出了“社会主义文化”理念：“讲中国本位文化建设，只空言是不成的，必有实践的努力。在实践的努力上，又应分工合作，只笼统地说一齐努力建设中国本位文化，也是不成的。”并且指出，现在中国想要建立起一个健全的资本主义的国家，是列强所不能容许的；要想转化为一社会主义国家，也是列强所不容许的。因此，“要之，中国现在必须踏入文化的新阶段，而处在现在世界环境之下，想建设成一健全的资本主义文化，是不可能的，想建设社会主义文化，此时也不可能，然而却有可能之日。中国现在只有尽其力量求工业化、科学化，求达到西洋的水平线，同时却不要执着资本主义，而时时作转入社会主义文化的准备。”① 可见，张岱年先生提出“社会主义文化”理念，不是一种“偶尔的学术冲动”，而是立足于中国社会现实国情，在理性分析“中国本位文化论”的基础上论证了“社会主义文化”的合理性和时代走向。“社会主义文化”是中国近现代历史发展与文化逻辑的必然结果。

针对“全盘西化论”，1935 年 5 月发表于《国闻周报》上的《西化与创造》一文中，张岱年先生明确指出，全盘西化是不可能的，也是没有必要的：“我们说全盘西化不可能，即是说在现在中国的情形下妄想建立起一个资本主义文化是不可能的。”“全盘西化不惟不可能，且亦不必要。西洋文化中许多东西，我们根本不必采纳过来。”“我们在现在想建立起一个资本主义文化固是不可能，而在这全世界资本主义没落之日，我们还妄想建立一个新的资本主义国家，根本也不必须。”“在现在谈全盘西化，不过作了资本主义侵略的先锋队而已。”但张岱年先生对西方文化不是采取全盘否定的态度，而是要作辩证地分析，有选择地汲取。故张岱年先生又说：“对于西洋文化，我们不应该笼统的随便的摹仿，我们应选择的批判的把握几项要紧的，作深入的学习。我们不要全盘西化，我们要有选择而深入的学习。”② 可见，张岱年先生提出“社会主义文化”理念，也不是一种“纯粹的学术思辨”，而是立足于世界资本主义侵略扩张的事实，在揭示资本主义文化弊端的基础上批判“全盘西化”论，进而提出“社会主义文化”理念。社会主义文化是对资本主义文化的反

---

① 《张岱年全集》（第 1 卷），石家庄：河北人民出版社 1996 年版，第 229–236 页。

② 《张岱年全集》（第 1 卷），石家庄：河北人民出版社 1996 年版，第 253–256 页。

动，是对资本主义文化的批判继承和历史超越。

20 世纪三四十年代的文化问题的讨论，主要是探讨中国社会和中国文化的走向问题。在当时，既有全盘西化论与中国本位文化论的激烈论争，也有全盘西化论内部之间的微妙纷争。国学大师胡适先生认为，“中国本位文化论”是“中体西用”论的“现代翻版”，有“复古保守”的倾向，同时还将“全盘西化”改为“充分世界化”，即“为了避免许多无谓的文字上或名词上的论争起见，与其说‘全盘西化’，不如说‘充分世界化’。‘充分’在数量上即是‘尽量’的意思，在精神上即是‘用全力’的意思。”① 张岱年先生极力反对“全盘西化”论的主张，但“没有简单地肯定或否定‘本位文化’论，而是发展和超越了‘本位文化’论。”② 应该说，张岱年先生在全盘西化论与中国本位文化论的张力中，在正确分析中国社会现实国情和西方资本主义文化弊端的基础上提出“社会主义文化”理念，从而揭示了中国近现代文化发展的必然趋势。在《西化与创造》中，张岱年先生说：“现在中国的文化问题，已不是东西文化问题，而是资本主义文化与社会主义文化的问题。”③ 因此，“社会主义文化”理念的提出，在理论上正面回答了“中国文化向何处去”的问题，表达了对中国文化走向的积极期盼。社会主义文化理念，是张岱年先生坚信马克思主义世界观和方法论的产物，体现了张岱年先生具有深刻的洞察力和理论的前瞻性，是建设社会主义新文化的理论雏形。

第二，改革开放时期明确提出“建设社会主义新文化”命题。在 20 世纪 80 年代，面对全盘西化论和儒家文化复兴论的浪潮，国内又掀起了“文化热”，出现了有关中国文化问题的激烈讨论。“1983 年以来，国内出现了讨论文化问题的热潮，这是 80 年代学术思想界的一件大事。关于文化问题的讨论，在 20 年代至 30 年代曾经发生过，因抗日战争的爆发而停顿。现在又引起了人们的浓厚兴趣，这是值得高兴的。几年以来，我参加过几次文化讨论会和文化学习班，发表过一些管见。”④ 张岱年先生老当益壮，以饱满的热情投入到文化问题的讨论中，在全盘西化论与儒家文化复兴论的张力中，站在马克思主义立场上鲜明地提出自己的社会主义文化观，即“中国文化发展的前途，既不能是固有封建主义文化的继续，也不可能是西方资产阶级文化的

① 胡适著：《中国文化的反省》，上海：华东师范大学出版社 2013 年版，第 311 页。
② 何少林：《“综合创新论”与“本位文化论”》，《理论探索》2007 年第 4 期。
③ 《张岱年全集》（第 1 卷），石家庄：河北人民出版社 1996 年版，第 260 页。
④ 《张岱年全集》（第 8 卷），石家庄：河北人民出版社 1996 年版，第 102 页。

移植，只能是社会主义文化的创造。"① 在新时期的文化讨论中，张岱年先生强调中国文化的发展前途只能是社会主义新文化，是对全盘西化论和儒家文化复兴论的正面回应和无情反击。

"中国新文化是什么""中国新文化如何建设"，是当代中国文化问题中不可分割的两个方面。无疑，"中国新文化"，即是社会主义新文化抑或中国特色社会主义文化。早在 1982 年撰写的《论中国文化的基本精神》中，张岱年先生就提出了"建设社会主义新文化"命题："新中国的成立，使中国历史进入社会主义的新时代，不但要批判封建主义文化，也要批判资产阶级的文化，我们的任务是建设社会主义的新文化。"② 1987 年在《文化建设的方向》中再次强调："社会主义文化是对于封建文化与资本主义文化的否定，但是又必须建立在封建时代和资本主义时代已经取得的文化成就之上。建设社会主义的新文化，必须继承、发扬中国固有文化的优秀传统，更必须吸收、引进近代西方资本主义文化中的有价值的成果。但是，方向是明确的，我们所要建立的是社会主义的新文化。"③ 社会主义制度优越于资本主义制度，社会主义文化高于资本主义文化，建设社会主义新文化，是当代中国在文化问题上的不可逆转的方向。张岱年先生，一方面从文化发展逻辑角度，强调中国新文化只能是社会主义新文化；另一方面从方法论角度，揭示如何建设社会主义新文化。

"建设社会主义新文化"，是建设中国特色社会主义的客观要求。张岱年先生提出"建设社会主义新文化"命题，是 30 年代提出的"社会主义文化"理念的历史延伸和深化拓展，是马克思主义文化实践观在中国的具体运用。从"社会主义文化"理念到"建设社会主义新文化"命题，是从理论预设到现实安排的逻辑发展，明确地回答了"中国新文化是什么"的问题，充分体现了张岱年先生对中国文化建设规律的历史性把握，同时也折射出张岱年先生反对全盘西化论和东方文化优越论的理论旨趣，进而彰显出张岱年先生鲜明的文化价值观和新中国文化重建的价值诉求。文化问题的讨论，实质上是关系到民族和国家发展前途的重大问题。社会主义新文化建设，是中国社会主义建设的重要方面。在改革开放时期，张岱年先生撰写文章反复阐述"建设社会主义新文化"的问题，反映出张岱年先生作为优秀知识分子对民族国家的一种强烈的历史责任感和使命感。建设社会主义新文化，既是一种文化

① 《张岱年全集》（第 6 卷），石家庄：河北人民出版社 1996 年版，第 64 页。
② 《张岱年全集》（第 5 卷），石家庄：河北人民出版社 1996 年版，第 426 页。
③ 《张岱年全集》（第 6 卷），石家庄：河北人民出版社 1996 年版，第 269 页。

理论的主张，也是一种文化实践的路向，体现了文化发展逻辑与社会发展趋势的有机统一。

（二）中国新文化如何建设——从“创造的综合”到“文化综合创新论”

20世纪三四十年代的文化讨论，所要解决的问题即中国社会和中国文化走向何处问题，已随着新中国的建立和社会主义制度的确立已经得到解决，因此，现在文化讨论的问题应该是如何把握时代精神，建设社会主义新文化。面对“中国新文化如何建设”问题，张岱年先生明确地提出了“文化综合创新论”的基本方针。早在20世纪30年代，张岱年先生就提出“创造的综合”的方法论原则；时隔半个多世纪，即在八九十年代国内掀起的“文化热”中，张岱年先生反复强调建设社会主义新文化必须遵循“文化综合创新论”的基本方针。

第一，30年代提出“创造的综合”的方法论原则。张岱年先生提出的“创造的综合”文化观，是在与中国近现代的“中国文化复兴论”“全盘西化论”及“中国本位文化论”等多种文化思潮的辩驳中产生的。有学者指出：“《中国本位文化的宣言》的出现可谓是一时之必然。而随着本位文化问题的讨论的展开，西化派和中国本位文化派之间开始了新的论争，与此同时，以张申府和张岱年兄弟为代表的综合创新的文化观开始出场。”① 张申府先生曾提出“孔子、列宁、罗素三流合一”的主张，表达了“辩证的综合”的新设想。1933年6月15日，《大公报》发表了张岱年先生的《世界文化与中国文化》一文，首次提出了“发挥固有的创造力，创造中国新的文化”的基本思想。1935年，张岱年先生在《关于中国本位的文化建设》中，将自己的文化观概括为“文化的创造主义”，即“主张兼综东西两方之长，发扬中国固有的卓越的文化遗产，同时采纳西洋的有价值的精良的贡献，融合为一，而创成一种新的文化，但不要平庸的调和，而要作一种创造的综合。”② 在此精辟的论断中，张岱年先生主张文化通过“综合”和“创造”的方法途径而“创成一种新的文化”。因此，有的学者将张岱年先生30年代的文化观称之为“创造的综合”文化观。后来在《西化与创造》中，张岱年先生又说：“创造的综合即对旧事物加以‘拨夺’而生成的新事物。一方面否定了旧事物，一方面又保持了旧事物中之好的东西，且不惟保持之，而且提高之，举扬之；同

---

① 干春松著：《超越激进与保守——张岱年与综合创新文化观》，郑州：中州古籍出版社2009年版，第87页。

② 《张岱年全集》（第1卷），石家庄：河北人民出版社1996年版，第229页。

时有所新创，以新的姿容出现。凡创造的综合，都不只综合，而是否定了旧事物后出现的新整体。创造的综合决非半因袭半抄袭而成的混合。”① 在《哲学上一个可能综合》中，张岱年先生进一步明晰了“创造的综合”的具体内容，即“现在所说的综合，是唯物、理想、解析的综合，也即是唯物论、理想主义、实证论之新的综合，而也可以说是中国哲学与西洋哲学之新的扩大，实际上则更可以说是唯物论之新的扩大。”② “创造的综合”文化观，初步表达了“综合”的文化内容是“唯物论、理想主义、实证论”，“创造”的价值目标是“社会主义文化”。因此，它是对“中国文化向何处去”问题的积极回应。

在20世纪30年代，面对东方文化优越论的文化保守主义和全盘西化的激进主义的矛盾和紧张，张岱年先生提出的“创造的综合”，超越了激进和保守的对峙，是寻求中国文化出路的一种时代突破和积极尝试。从哲学层面看，“创造的综合”，既是“和而不同”的传统哲学智慧的生动体现，也是自己独创的“兼和”哲学理念的具体运用。1987年张岱年先生在《文化与哲学》一书的自序中写道：“我对文化问题深感兴趣。30年代曾经参加当时关于文化问题的讨论。我反对东方文化优越论，也反对全盘西化论，主张兼取中西文化之长而创新的中国文化。我这种主张可称为‘综合创新论’。”③ “创造的综合”文化观，蕴含着马克思主义的唯物辩证法精神，既凸显了强烈的民族主体意识，又具有显著的世界眼光；既不盲目排外，也不赞成全盘西化，是后来的“文化综合创新论”的理论雏形，“文化综合创新论”是“创造的综合”文化观的逻辑发展。

第二，改革开放时期提出“文化综合创新论”的基本方针。时隔半个多世纪，即20世纪80年代，中国社会主义建设进入到改革开放的历史新时期。在八九十年代的“文化热”中，既有反传统的“全盘西化论”的论调，也有固守传统的国粹主义的论说。对此张岱年给予有力地反驳说：“五四运动以来，出现了‘反传统’的思潮，反对民族传统，鼓吹全盘西化。反对腐朽传统确实有必要。……但是，不加分析地全面反传统，鼓吹全盘西化，就陷于严重的偏颇了。”“近几十年来，与反传统思潮对峙的是国粹主义，很多港台学者提出所谓儒学复兴论，认为民族的复兴还要依靠儒学。事实上，儒学是适应过去时代的思想体系，时异势易，儒学不可能提供从根本上解决当代问

① 《张岱年全集》（第1卷），石家庄：河北人民出版社1996年版，第257页。
② 《张岱年全集》（第1卷），石家庄：河北人民出版社1996年版，第274页。
③ 张岱年著：《文化与哲学》，北京：中国人民大学出版社2006年版，第2页。

题的方案。五四运动以后，儒学作为主导思想的时代已经一去不复返了。"[①]面对当时的文化讨论中所流行的"全盘西化论""儒学复兴论"等文化论调，尤其是民族虚无主义思潮的甚嚣尘上，张岱年先生觉得有必要提出一个新的文化主张，于是"文化综合创新论"文化观应运而生。张岱年先生说："我反对中体西用论、国粹主义，更反对'全盘西化论'，提出了'文化综合创新'论。社会主义文化必然是个新的创造，同时又是多项有价值的文化成果的新的综合。"[②] 1987 年在《综合、创新，建设社会主义新文化》中明确地指出："我们建设社会主义的新文化，一定要继承和发扬自己的优良文化传统，同时汲取西方在文化上的先进贡献，逐步形成一个新的文化体系。这个新的文化体系，是在马克思列宁主义原则的指导下，以社会主义的价值观来综合中西文化之长而创新中国文化。它既是传统文化的继续，又高于已有的文化。这就是中国的、社会主义的新文化。"[③] 张岱年提出的"文化综合创新论"文化观，其价值目标在于"形成一个新的文化体系"即"中国特色的社会主义新文化"。

"文化综合创新论"是建设社会主义新文化的基本方针。1990 年在《文化的综合与创新》中指出："我们认为，新中国文化的建设的基本方针是综合中西文化之长而创建新的中国文化。这个观点，针对'东方文化优越论'与'全盘西化论'，可以称为'综合创新论'。……'综合创新论'要求正确认识中国传统文化与西方的古代文化以及近代文化，正确认识人类文化的全部成就，同时更要发挥创造性的思维，进一步探索自然界与人类生活的奥秘，有所发现，有所发明，建立新的文化体系。"[④] 1996 年，张岱年先生在《中国文化发展的趋势》中明确地指出："我所谓综合，包含几个层次。第一层次是马克思主义普遍真理与中国文化优秀传统的综合。……第二层次的综合是中国文化的优秀传统与近代西方文化的先进成就的综合。……第三次的综合是，就中国本身的文化传统而言，应注意儒、道、墨、法四家的综合。"[⑤] 该论断具体而清晰地回答了"综合"的具体内容，应该说是个总结性的学术论断。在 90 年代，已是耄耋之年的张岱年先生多次撰文反复阐释"文化综合创新论"的文化观，彰显出中国优秀知识分子的强烈忧患意识和文化担当精神。总之，在当代中国，文化综合创新论是

---

① 《张岱年全集》（第 7 卷），石家庄：河北人民出版社 1996 年版，第 195-196 页。

② 张岱年著：《通往爱智之门》，北京：北京大学出版社 2011 年版，第 245 页。

③ 《张岱年全集》（第 6 卷），石家庄：河北人民出版社 1996 年版，第 253-254 页。

④ 《张岱年全集》（第 7 卷），石家庄：河北人民出版社 1996 年版，第 14-15 页。

⑤ 张岱年著：《晚思集》，北京：新世界出版社 2002 年版，第 95 页。

社会主义新文化建设的基本方针。社会主义新文化是在马克思主义指导下的古今中外文化综合创新的结晶。

总之，从 30 年代的“创造的综合”，到八九十年代的“文化综合创新论”，体现了张岱年先生的一以贯之的文化观，明确地回答“中国新文化如何建设”的问题。马克思主义、儒学复兴论、全盘西化论三大文化思潮，它们分别回答了中国现代化道路的三种不同选择。但“我们认为，无论是‘中体西用’还是‘西体中用’，也无论是国粹主义还是‘全盘西化’，都走不通，只有辩证地综合创造，才是中民族文化复兴的坦途。”[①] 应该说，“文化综合创新论”，比较妥善地处理不同学术思想派别、不同思想文化之间的互动关系，是学术文化发展的动力机制和基本规律。“文化综合创新论”，是建立在马克思主义唯物辩证法的基础上，既克服“全盘西化论”和国粹主义的中西对立的文化观偏失，又超越了“中体西用论”和“西体中用论”的体用二元对立的文化观，主张在批判地吸收各民族文化的优点的基础上，创立一种符合社会发展和体现时代精神的新文化。有学者对“文化综合创新论”作了高度的评价：“文化综合创新论”，“以建设具有中国特色的社会主义新文化为目的”，“超越了近代百年来中国的文化观‘体用’说”，“体现出中国思想文化发展的基本规律。”[②] 复古主义是不可取的，全盘西化论也是不可能的。张岱年先生反复阐述“文化综合创新论”，既是对当时的“全盘西化论”和“东方文化优越论”的有力回应，也是对自己一以贯之的文化观的自觉建构，同时更为重要的是为建设社会主义新文化确立了基本方针和奠定了基本路向。后来，中国社科院方克立先生将其提升为“马学为魂、中学为体、西学为用，三流合一，综合创新”的新论断，“‘马魂、中体、西用’的概括也比‘中体西用’或‘西体中用’更准确地揭示了当代中国文化发展的实质内容。”[③] 张岱年先生提出的“文化综合创新论”的文化观，生动而鲜明地彰显出中、西、马“三流合一”的文化价值取向，在国内理论界被视为马克思主义文化观的典型代表，为马克思主义学派树立起了一面鲜明的文化旗帜。

---

① 张岱年、程宜山著：《中国文化论争》，北京：中国人民大学出版社 2006 年版，第 390 页。

② 刘鄂培主编：《综合创新——张岱年先生学记》，北京：清华大学出版社 2002 年版，第 162–163 页。

③ 方克立：《“马魂、中体、西用”：中国文化发展的现实道路》，《北京大学学报》（哲学社会科学版）2010 年第 4 期。

（三）中国新文化的价值指向——社会主义新文化观的现实价值

张岱年先生提出的社会主义新文化观，是马克思主义文化思想中国化的结晶。诚然，从历史比较视角看，张岱年提出的社会主义文化观，既不同于五四时期陈独秀、李大钊的激进主义文化观，也不同于现代新儒家梁漱溟的保守主义文化观，更不同于胡适的自由主义文化观。有学者指出："未来的文化走向取决于今天的选择，今天的选择首先取决于知识分子的选择，知识分子的选择中，那些先进知识分子、居于领导岗位的知识分子的选择尤其重要。"① 张岱年先生作为一代杰出的先进知识分子，其社会主义新文化观，充分体现了文化自觉与文化自信的文化哲学情怀，它不仅具有显著的理论价值，而且具有现实的实践价值。从理论层面看，社会主义新文化观，丰富和发展了中国特色社会主义文化思想的理论宝库；从实践层面看，社会主义新文化观，探索和开辟出中国特色社会主义文化建设的现实道路。

第一，丰富和发展了中国特色社会主义文化思想的理论宝库。中国特色社会主义文化思想具有丰富的内容体系。毛泽东是中国特色社会主义文化理论的奠基者。早在新民主主义革命时期，毛泽东提出的"民族的科学的大众的新民主主义文化"，应该是社会主义文化理论的雏形。毛泽东曾预言："随着经济建设高潮的到来，不可避免地将要出现一个文化建设的高潮。中国人被认为不文明的时代已经去过了，我们将以一个具有高度文明的民族出现于世界。"② 新中国成立后，毛泽东提出了繁荣和发展社会主义文化的思想，并提出"为人民服务、为社会主义服务"和"百花齐放、百家争鸣"的"二为双百"方针。在社会主义文化建设经过了曲折发展之后，党的十一届三中全会的胜利召开，标志着中国迎来了文化自觉和社会主义文化发展繁荣的新时代。首先，邓小平提出"建设社会主义精神文明"的科学命题，强调既要加强思想道德建设，又要发展教育科学文化事业。党的十三届四中全会后，江泽民明确提出"党始终代表中国先进文化的前进方向"的科学论断。党的十六大以后，胡锦涛提出"建设社会主义和谐文化"和"建构社会主义核心价值体系"的光辉命题，在党的十八大报告中又提出了"践行社会主义核心价值观"和"建设社会主义文化强国"的思想，从而进一步发展中国特色社会主义文化理论。张岱年先生作为一位坚定的马克思主义哲学家，提出的社会

① 周溯源：《文化的未来走向与今天的选择》，《南通大学学报》（社会科学版）2013 年第 1 期。
② 《毛泽东选集》（第 5 卷），北京：人民出版社 1977 年版，第 6 页。

主义新文化观，是中国特色社会主义文化理论的重要组成部分。

张岱年先生认为，社会主义新文化建设，主要包括马克思主义中国化、社会主义新道德建设、社会主义价值观重构及中华传统思维方式变革等内容。关于马克思主义中国化问题，张岱年先生指出："在今天的中国，马克思主义的普遍真理与中国的优秀传统的基本真理必将融为一体，共同构成社会主义中国新文化的理论基础。这是我的信念。"① 关于社会主义新道德建设，张岱年先生认为，我们今天建设具有中国特色的社会主义，更需要创建有中国特色的社会主义新道德，"建立适合于社会主义市场经济体制的新道德乃是当务之急。"并且提出社会主义新道德的三个基本原则："（1）爱国主义；（2）为人民服务的集体主义；（3）社会主义人道主义。"② 关于社会主义价值观重构，张岱年先生认为，"文化的核心在于价值观，道德的理论基础也在于价值观。新文化的发展的关键在于价值观的批判继承、革旧立新。"③ 在价值观的基本问题上，张岱年先生认为，社会主义价值观应该批判和克服重义轻利、重理轻欲、重德轻力的传统价值观偏失，而应该建构义与利统一、理与欲统一、德与力结合的价值观。在价值观的根本问题上，张岱年先生认为，适应社会主义市场经济的发展，在正确处理个人与集体的关系上，我们应该倡导社会主义集体主义价值观；在正确解决物质生活与精神生活的关系上，我们应该提倡社会主义人道主义和共产主义道德原则。关于中华传统思维方式变革，张岱年先生指出："在创建中国新文化的过程中，必须致力于思维方式的变革更新。""我们致力于传统哲学辩证思维的提高与改进，致力于辩证思维的进一步条理化"，"我们应该学习西方的分析方法，致力于分析思维的精密化。"④ 总之，张岱年先生提出的社会主义文化观，不仅与中国特色社会主义文化建设的指导思想和基本方针相一致，而且与党提出建设社会主义文化强国的主要内容和价值目标也有着高度的契合。因此，从理论层面，张岱年先生提出的社会主义新文化观，大大丰富和发展了中国特色社会主义文化思想的理论宝库。

第二，探索和开辟出中国特色社会主义文化建设的现实道路。文化作为一种价值形态，具有"以文化人""以文育人"的功能，进而为经济社会健康发展提供价值导向和主体精神力量。因此，在社会转型和多元文化相互激

① 张岱年著：《通往爱智之门》，北京：北京大学出版社 2011 年版，第 148 页。
② 《张岱年全集》（第 7 卷），石家庄：河北人民出版社 1996 年版，第 425-427 页。
③ 张岱年著：《晚思集》，北京：新世界出版社 2002 年版，第 13 页。
④ 《张岱年全集》（第 7 卷），石家庄：河北人民出版社 1996 年版，第 421 页。

荡的历史时期，文化问题的讨论，是不可回避的时代主题。自鸦片战争以来，“中国向何处去”“中国文化向何处去”的道路之争一直贯穿于中国近现代社会和近现代文化的整个历史过程，至今也没有停止。在中国近现代文化发展历史上，“全盘西化论”“儒学复兴论”“中体西用论”“西体中用论”等文化模式，都是有很大影响力的文化道路和选择模式，即使在今天，也仍然以不同的形式来表现和坚持自己的文化主张。自近代100多年来，“中体西用论”“西体中用论”“全盘西化论”“儒学复兴论”等文化主张，实际上是树立起一面文化旗帜，力图引导甚至决定中国文化发展的方向和道路。改革开放以来，“中国文化的走向问题”再次备受关注，马克思主义文化派、儒家文化复兴派及全盘西化派的学者各畅其言，分别发表了许多很有见地的文化主张。其中，“全盘西化论”，主张中国文化应该走西方资本主义文化道路；“儒学复兴论”，主张中国文化应该是儒家文化复兴之路。但是，最具有影响的且在文化实践中进行的是马克思主义文化派即主张中、西、马“三流合一”、综合创新之路。著名学者方克立先生说：“‘马魂’‘中体’‘西用’论既肯定了马克思主义在中国新文化建设中的指导思想地位，又突出地强调了民族文化的主体性，同时坚持面向世界、对外开放的方针，我认为是一种比较符合今天中国实际的文化发展方针和理论模式。正是由于有马克思主义的科学世界观和方法论作为指导，所以才能激活传统文化中的优质资源，充分吸收外来文化的营养，使中国文化走上‘综合创新’的康庄大道。”①

关于中国文化的走向问题和如何建设社会主义中国新文化问题，张岱年先生始终强调，我们应该在马克思主义普遍真理的指导下，综合东西方文化的贡献，创造社会主义的新文化。并且说：“现在不应该以中西分体用，无论讲中体西用或西体中用都是错误的。”“摆在我们面前的唯一正确的道路，就是要主动吸收世界先进的文化成就，同时保持民族文化的独立性，认识本民族优秀的文化传统，发扬创造精神，创造自己的新文化。……这是我们唯一正确的道路。”② 可见，张岱年先生提出的社会主义文化观，比较准确地界定马克思主义、中国传统文化与西方文化在中国特色社会主义文化建设中的地位和相互关系，突破了中西对立、体用二元的僵化思维模式，为中国特色社会主义文化建设探索和开辟出一条现实的发展道路。历史实践证明：只有社会主义才能救中国，只有中国特色社会主义才能发展中国；只有马克思主义

---

① 方克立：《“马魂、中体、西用”：中国文化发展的现实道路》，《北京大学学报》（哲学社会科学版）2010年第4期。

② 《张岱年全集》（第6卷），石家庄：河北人民出版社1996年版，第171页。

为我们指明了救亡图存、振兴中华的道路，只有实现马克思主义中国化，才能取得革命、建设和改革的胜利。从文化视角看，只有社会主义文化，才是近现代中国文化发展的必然趋势；只有中国特色社会主义文化，才有社会主义文化的大发展大繁荣，也才有中华文化的伟大复兴。现代新儒家梁漱溟先生曾预言，世界未来文化就是中国文化的复兴，尤其是孔子所创立的儒家文化的复兴。然而，从文化发展逻辑角度看，20 世纪是中国由衰转盛、由弱转强的世纪；21 世纪应是中华民族伟大复兴的世纪。中华民族的复兴包括中华文化的复兴。中华文化的复兴即是中国特色社会主义文化的兴起，而不是儒家文化的复兴。中国特色社会主义文化建设，是中国文化发展的现实道路。因此，从现实来看，张岱年先生提出的社会主义文化观，是中国特色社会主义文化建设的现实道路，也是实现中华文化伟大复兴的永续发展之路。

（原题为《论张岱年的社会主义文化观》，刊登于《张申府张岱年研究集刊》第 3 辑，河北人民出版社 2014 年 11 月出版，收入本书时略加修改或补充）

六、张岱年对国学研究的思考

在 20 世纪 80 年代的“文化热”和 90 年代兴起的“国学热”中，张岱年先生撰写了大量的有关研究中华传统文化的论著，其中有关国学研究的专门论文有《说国学》《如何研究国学》《漫谈国学》《国学与时代》等，体现了张岱年先生致力于国学研究和弘扬民族优秀传统文化的学术情怀。

（一）国学名称的流行

从词源学上看，“国学”一词，古已有之。《周礼·春官·乐师》曰：“乐师掌国学之政，以教国子小舞”；《周礼·正义》曰：“国学者，在国城中王宫左之小学也”；《礼记·学记》曰：“古之教者，家有塾，党有庠，术有序，国有学。”“国学”，最早乃指国家开办的学校。西周设于王城及诸侯设于国都的学校称为“国学”。据《礼记》《周礼》等记载，西周国学分大学与小学，礼、乐、射、御为“大学”，书、数为“小学”，两者合称“六艺”。国学在汉代称“太学”，是国家设立的最高学府，晋代称“国子学”，隋朝至明清时期称“国子监”，至清光绪三十一年（1905）废除科举学部时才最终废止。可见，我国古代典籍中所指称的“国学”是指国家所办的“贵族子弟学校”。随着朝代更替，国学逐步由“小学”演变为高等学府，到了清朝末年，国学成为国家最高层次的学校。

事实上，传统中国文化中没有“现代民族国家”的观念，只有“天下”的观念。因此，人们并不把中国的学术称为“国学”，而是称为“天下学”。作为现代意义上的“国学”概念，是晚清以来逐渐形成的。1840年鸦片战争后，中西文化发生激烈碰撞，中国学者以西学为参照系，对中西学术加以比较，才逐渐形成“国学”概念。在近代早期，学者们把中国学术叫做“中学”，把西方学术叫做“西学”。同时，国内学者又把“西学”称为“新学”，相对于“新学”而言，中国学术又称为“旧学”。“旧学”“中学”“国学”，三者尽管称谓不同，但在外延上则是一致的。而且作为现代意义的“国学”之名不是国产的，而是来自日本的借词。曹聚仁说：“‘国学’，乃是外来语，并非国产。日本人原有‘支那学’‘汉学’这样的名词，因此，十九世纪后期，留学日本归来的学人，译之为‘国学’，也就是‘中国学术’之意。日译章师的《国学概论》，便是《支那学概论》。”① 20世纪初开始，“国学”名称就提出来，章太炎“独欲任持”，影响昭著。至1922年北京大学国学门成立和清华大学国学研究院之设立，国学概念就开始流行起来了。张岱年先生也认为，“国学”之名，兴起于民国初年。章太炎先生著《国故论衡》，又作《国学概论》的讲演（由曹聚仁先生笔录），是关于国学的代表。20世纪初，即在西学东渐、文化转型的历史时期，“当时国内一些研究经史的学者编印《国粹学报》，其后章太炎著《国故论衡》，又作了《国学概论》的演讲，于是国学的名称逐渐流行起来。”② 总之，国学名称流行于民国初年。

（二）国学概念的考究

“国学”是当代中国的一个热门话题，然而人们对国学概念的理解可谓是仁者见仁，智者见智。事实上，自晚清以来，对“国学”概念或名称使用是否切当，有人提出质疑。钱穆先生在《国学概论》中说：“学术本无国界。国学一名，前既无承，将来亦恐不立。特为一时代的名词。”马一浮也从学理上论证说：“国学这个名词，如今国人已使用惯了，其实不甚恰当。照旧时用国学为名者，即是国立大学。今人以吾国固有的学术名为国学，意思是别于外国学术之名。此名为依他起，严格说来，本不可用。”③ 国学概念是“亦恐不

---

① 曹聚仁著：《中国学术思想史随笔》，北京：三联书店2003年版，第3页。
② 《张岱年全集》（第8卷），石家庄：河北人民出版社1996年版，第181页。
③ 《马一浮集》（第1册），杭州：浙江教育出版社1996年版，第9页。

立”抑或“不甚恰当”姑且不论，但就国学概念本身而言，“学术”则是国学的内在意蕴。学术是“学”和“术”的复合词。国学大师梁启超说：“学也者，观察事物而发明其真理者也；术也者，取其所发明之真理而致诸用者也。”[①] 严复也对学与术的关系进行明确的界定，在《原富》中说：“盖学与术异。学者考自然之理，立必然之例。术者据既知之理，求可成之功。学主知，术主行。”[②] 可见，所谓学术是“发明真理”与“运用真理”的统一，或者是“据既知之理”与“求可成之功”的统一。”而“学术思想则是人类理想认知的系统化，而且须有创辟胜解，具备独到性的品格。既系统又独到，属于思维的成果，具有形而上的特点，这才是学术思想。”[③] 国学作为传统学术思想，既是一个民族思维智慧的结晶，也是一个民族精神的理性之光。

纵观张岱年先生的学术论著，对国学概念或名称的使用则没有提出质疑。相反则顺应“国学热”的掀起而更加自觉地使用国学概念并不断地加以阐释。一般而言，国内多数学者都从“传统学术”或“传统学问”来界定国学的内涵。吴宓认为：“国学者，乃指中国学术文化之全体而言。”[④] 也有学者认为：“国学指未曾染指西学的中国学问。晚清学者讲‘中体西用’的与西学相对而言的中学应当是国学。”[⑤] 张岱年先生也是从传统学术的视角来界定国学概念的。张岱年先生说：“关于国学，首先应了解所谓国学的意义。所谓国是本国之意，国学即本国学术，亦即中国学术之意。从这个意义来说，每一个文明民族都有自己的国学。”[⑥] 张岱年先生又说：“所谓国学即中国学术之意。20年代至30年代，在大学、中学的课程中，中文成为国文，汉语成为国语，所谓国俱指本国，事同一例。在西方有sinology的名称，直译应是支那学，一般译为汉学，现在定译为中国学。”[⑦] “国学是中国传统学术的简称。所谓国是本国之意。外国人研究中国学术，就不能说是研究国学了，应该说研究汉学或中国学。”[⑧] 总之，张岱年先生认为，国学是“中国学术”或“中国传统学术”的简称，外国人研究中国学问，只能称之为“汉学”或“中国学”。并

---

① 梁启超著：《饮冰室合集文集之第二十五（下）》（第3册），北京：中华书局影印版，第12页。

② 王拭主编：《严复集》（第4册），北京：中华书局1986年版，第885页。

③ 刘梦溪著：《中国现代学术要略》，北京：三联书店2008年版，第8页。

④ 吴宓：《清华开办研究院之旨趣及经过》，载《清华大学史料选编》（第1卷），转引自罗志田主编《国家与学术：清末民初关于“国学”的思想论争》，北京：三联书店2003年版。

⑤ 金景芳、吕绍纲：《关于孔子及其思想的评价问题》，《哲学研究》1995年第1期。

⑥ 《张岱年全集》（第7卷），石家庄：河北人民出版社1996年版，第561页。

⑦ 《张岱年全集》（第6卷），石家庄：河北人民出版社1996年版，第522页。

⑧ 《张岱年全集》（第7卷），石家庄：河北人民出版社1996年版，第520页。

且认为，每个文明民族国家都有自己的国学。

关于国学概念之内涵与外延，张岱年先生进行了多方面的考察与论证，提出自己对国学概念的具体理解。张岱年先生认为，国学范围很广，往日的目录学将古籍分为四大类：经、史、子、集。此种分类方法到今天已经过时了。“明清时代有些学者将学术分为三类，即义理之学、考据之学、词章之学。有的学者又加上一类，即经世之学。从其内容性质来看，义理之学即是哲学，考据之学即是史学，词章之学即是文学，经世之学即是政治经济学。今日看来，应更加上一类，即科学技术，可简称科技之学。与哲学相联系的是宗教（佛教、道教等）；与文学相联系的是艺术（书法、绘画、雕刻等）；与政治相联系的是兵法（军事学）；科学技术更包括天文算学、地理、医学、农学、工艺等。这些都是国学的内容。”① 在《<国学通览>序》中，张岱年先生又指出，在古代著作中最能显示中国学术的丰富内容的是《汉书·艺文志》。“《汉书·艺文志》是班固依据刘向、刘歆的《七略》而撰成的，著录了汉代皇室所收藏的学术书籍。《艺文志》包含‘六艺略’‘诸子略’‘诗赋略’‘兵书略’‘数术略’‘方技略’。‘六艺’是上古经典，即上古的历史文献，其中包含六经及《论语》《太史公书》（即《史记》）与‘小学’（即文字学）。‘诸子’是哲学、政治学。‘诗赋’是文学。‘兵书’是兵法之书，即军事学。‘数术’包含天文学及占卜书信。‘方技’指医学。这明确表示了中国古代学术的多方面的内容，也显示了军事学、天文学、医学在中国古代学术中的地位。”② 在《漫谈国学》一文中又说：“传统学术范围很广，哲学、文学、史学是最重要的，自然科学、政治经济思想、军事学、各种艺术，都值得研究。自然科学包括医学、农学、天文算学；艺术包括音乐、建筑、绘画、书法，都有其独到的特点。”③ 在《说“国学”》中，张岱年先生进一步指出：“中国学术，照传统的说法，包括义理之学、考据之学、词章之学、经世之学。义理之学是哲学，考据之学是史学，词章之学是文学，经世之学是政治学、经济学。其实传统学术的领域不止于此。此外还有天算之学（天文学、数学）、兵学（军事学）、法学、农学、地学、水利学、易学等等。”④ 在《喜见<国学丛书>出版》中，张岱年先生又说：“中国传统学术包罗万象，既包括以往学者经常提到的义理之学、考据之学、词章之学、经世之学，也包

---

① 《张岱年全集》（第7卷），石家庄：河北人民出版社1996年版，第469页。

② 《张岱年全集》（第8卷），石家庄：河北人民出版社1996年版，第309页。

③ 《张岱年全集》（第7卷），石家庄：河北人民出版社1996年版，第521页。

④ 《张岱年全集》（第6卷），石家庄：河北人民出版社1996年版，第523页。

括天文、地理、算学、农学、医学以及宗教学等等。中华学术具有多方面多层次的丰富内容，在世界上是自成体系的。”① 张岱年先生既从中国传统学术分类，解析国学概念的内涵与外延，又运用西方学科分类法阐释国学概念的内涵与外延。

从学术思想的发展来看，中国传统学术源远流长，学术思想颇为发达且最具特色，先后经历了先秦诸子学、两汉经学、魏晋玄学、隋唐佛学、宋明理学、清代汉学和晚清新学等不同的学术发展时期。可见，中国历史上不同的阶段都有作为阶段性标志的学术思想，各个时代的学术各有特色。张岱年先生认为，国学不能仅仅限于中国古代的学术领域，而且还要延伸到当代中国的学术领域。“不但近日以前的中国学术是国学，当代中国的学术思想也属于国学的范围。五四新文化运动开始了中国文化的大转变的时代，30 年代曾经出现短期的学术思想活跃。新中国成立后，又经过了波澜壮阔的曲折道路。从‘五四’到现在的七十年间的学术演变，还是值得研究的。”② “今天讲国学，所谓国指民族而言，不限于过去时代的学术。国是指地域而言，不是指时代。……在今天，所谓国学不等于国故。国学不等于旧学。”③ 可见，张岱年先生考究国学概念，既有历史的维度，又有现实的向度；既有纵向的梳理，又有横向的比较。在具体内容上，张岱年先生把“科技之学”纳入到国学概念之中，从而丰富了国学的内涵，凸现了时代精神；在外延上，张岱年先生把“五四到现在的七十年间的学术演变”也纳入到国学概念之中，从而拓宽了国学的外延。张岱年先生秉持与时俱进的理论品格，紧密结合学术研究的时代走向，继承和发展了国学概念。具体而言，国学，既包括哲学人文社会科学，也包括自然科学；既包括传统儒家学说，也包括历史上各家各派学说；既包括古代中国和近代中国的学术，也涵盖现代中国和当代中国的学术。但有一点特别指出，张岱年先生在考究国学概念时，始终没有明确区分国学概念与传统文化概念。在特定的语境中，张岱年先生有时把国学与传统文化放在一起同时使用。其实，国学不等于传统文化，国学只是传统文化的一部分。有学者指出：“国学”指称“学术”，而“学术”包含在“文化”之内，但并非所有的文化现象都称为“学术”。故国学不等于传统文化。传统文化是一个“大文化”概念，不仅涵盖哲学、史学、文学、医学、民族学、人类学、考古学及音乐、绘画、书法、伦理、道德、教育、社会习俗、宗教信仰等精神方

---

① 《张岱年全集》（第 8 卷），石家庄：河北人民出版社 1996 年版，第 427 页。

② 《张岱年全集》（第 6 卷），石家庄：河北人民出版社 1996 年版，第 524 页。

③ 《张岱年全集》（第 7 卷），石家庄：河北人民出版社 1996 年版，第 562 页。

面的内容，而且也包括诸如农业、手工业、商业、建筑、交通乃至饮食、服饰等外显或内隐的行为特征和现象。从广义角度看，中国传统文化就是指中国传统社会中华民族的整体生活方式和价值系统，其精神学术层面，应该包括知识、信仰、艺术、宗教、哲学、法律、道德等等。国学则指的是中国固有的学术。我们谈学理的时候，不应该把国学和传统文化混淆起来或者等同起来。[①] 也有学者指出，国学是指“研究中国传统文化的‘学问’和‘学术’。所谓‘学问’侧重于有关传统文化知识体系的积累与梳理；所谓‘学术’，侧重于有关传统文化研究方法的继承与创新。”[②] 《易传·系辞》云：“形而上者谓之道，形而下者谓之器。道不离器，犹之影不离形。”从“道”与“器”的关系审视，传统文化既包含“形而上之道”，又含括“形而下之器”，而国学作为传统学术思想，特指“形而上之道”。可见，国学不等同于传统文化，国学内涵于传统文化之中。

（三）国学研究的文化背景

自五四新文化运动以来，中国传统文化受到剧烈的冲击。在三四十年代，以胡适代表的“西化”派信仰西方文化中心论，主张走“全盘西化”的道路；以梁漱溟为代表的“国粹”派则以中国传统文化为优越，提出“中华文化复兴”的路向。中国改革开放后，西方文化再度涌入国门，形成了对本土文化和现实问题的严峻挑战。在应对西方文化的挑战过程中，国内理论界出现两种对立的文化观：一是民族虚无主义的全盘西化论，二是国粹主义或儒学复兴论。20 世纪 80 年代的全盘西化论，实际上一种毫无掩盖的崇洋媚外意识，在文化立场上主张抛弃民主体意识，不加选择地“全方位引进”西方文化。儒学复兴论认为，中国社会出路的解决在于文化出路的解决，而文化出路的根本解决在于儒学的复兴。只要复兴儒学，就可以解决当代中国包括信仰危机、道德建设、政治民主及经济发展等各种问题。在 20 世纪 80 年代的“文化热”中，国内盛行民族虚无主义的“反传统”的思潮，甚至认为中国传统文化中还没有关于“人”的观念，把祖国民族文化看作一团漆黑。面对民族虚无主义和历史虚无主义的挑战，张岱年先生明确指出：“中国古代哲学本来重视人、重视人的价值，却有人认为中国几千年来根本没有产生人的观念。约在 1988 年前后，反传统的浪潮风起云涌，黄河长城都成为诅咒的对

① 杜悦：《什么是国学，什么是传统文化——中国文化研究所刘梦溪所长访谈录》，《中国教育报》，2007-05-23。

② 詹杭伦主编：《国学通论讲义》，北京：中国人民大学出版社 2007 年版，第 4-5 页。

象，不少人丧失了民族的自尊心、自信心，甚至愿当外国殖民地的顺民。有些讲哲学的专门从希腊讲起，根本不提中国的哲学，好像中国几千年来是一片荒漠。在这种情况下，提出弘扬中国文化的优秀传统，是具有重要的意义。于是国学又引起了人们的注意。”① 中华民族屹立于世界东方五千年，创造丰富多彩的中国文化。中国文化虽然经历了盛衰变迁，但始终延续不绝，充分证明中国文化必然有其优秀传统。但从十六七世纪以来，中国的科学技术落后了，中国人没有能够创造出近代实证科学，也足以说明中国文化具有显著的缺陷。中国文化在近代的落伍既有其经济、政治的原因，也必然有其思想文化的根源。中国传统文化是自给自足的自然经济和家国同构的政治制度的产物，具有显著的历史局限性和封建性的糟粕，但中国文化也是中华民族生存智慧和社会实践的理论结晶，也必然有其民主性的精华。即是说中国传统文化是精华和糟粕并存的矛盾文化体系。因此，不加分析地全盘否定民族传统文化或不加分析地全盘肯定民族传统文化，在理论上是错误的，在实践上也是有害的。张岱年先生在80年代提倡国学研究，弘扬民族优秀传统文化，是应对民族虚无主义的全盘西化论的严峻挑战，借此捍卫民族传统文化的固有价值与应有地位。

在90年代的“国学热”中，既有反传统的“全盘西化论”，也有固守传统的国粹主义或儒学复兴论。针对90年代的全盘西化论和国粹主义或儒学复兴论，张岱年先生给予有力地反驳：“五四运动以来，出现了‘反传统’的思潮，反对民族传统，鼓吹全盘西化。反对腐朽传统确实有必要。中国旧社会的一些陈腐观念、陈规陋习，如等级观念、特权思想、大家庭制度、重男轻女等等，确实应大力加以批判，努力肃清有害影响。但是，不加分析地全面反传统，鼓吹全盘西化，就陷于严重的偏颇了。事实上，西方的发达国家都是重视本国的优秀传统，如英、法、德、意、美各国。莫不重视弘扬其本国的民族传统与民族精神。全盘西化论者却无视这一点，全面鄙弃本民族的传统，这是民族自卑的奴性思想的表现。”同时“近几十年来，与反传统思潮对峙的是国粹主义，很多港台学者提出所谓儒学复兴论，认为民族的复兴还要依靠儒学。事实上，儒学是适应过去时代的思想体系，时异势易，儒学不可能提供从根本上解决当代问题的方案。五四运动以后，儒学作为主导思想的时代已经一去不复返了。”② 张岱年先生结合历史与现实，通过中西比较尖锐

① 《张岱年全集》（第7卷），石家庄：河北人民出版社1996年版，第520页。
② 《张岱年全集》（第7卷），石家庄：河北人民出版社1996版，第195-196页。

地批判了全盘西化论的“反传统叙事”和儒学复兴论的“传统叙事”的两极对立的思维方式。相比较而言，在20世纪80年代的“文化热”中，基本上反传统，具有显著的西化色彩；在90年代的“国学热”中，明确使用“国学”概念，高举弘扬传统文化的旗帜，具有鲜明的保守色彩。但在西化与保守之间的张力中，张岱年先生提倡国学研究，弘扬民族优秀传统文化，克服传统主义和西化主义的单向度立场，彰显出一位哲学家浓厚的爱国情怀和应有的理性精神。

张岱年先生认为，任何民族文化具有民族性与世界性、主体性与时代性的特征。全盘西化论只看到文化的时代性和世界性而忽视了文化的民族性和主体性；国粹主义或儒学复兴论只强调文化的民族性和主体性而忽略了文化的时代性和世界性。故“我们一方面反对民族虚无主义和历史虚无主义，另一方面也要反对国粹主义和文化保守主义。对于中国传统学术的种种欠缺，也应有明确的认识。这也是国学研究的应有之义”。[①] 在保守与西化对立的两极文化背景下，张岱年先生提倡国学研究，主张在批判继承民族传统文化的价值精髓同时，也主张大力吸收现代学术思想，并加以综合创新，从而建构体现时代精神的现代学术范式。因此，张岱年先生提倡国学研究，但不等同于文化保守主义者。

（四）国学研究的方针与方法

研究国学不是发思古之幽情，而是要深知领会微言大义。而要深知领会国学的深奥意蕴，还要探讨“怎么研究”的问题，即国学研究的方针与方法问题。研究方法直接关系到研究的成果或效果。研究方法得当，事半功倍；研究方法不当，事倍功半，甚至还会影响学风建设和学术走向。

关于国学研究的方针就是坚持“百花齐放、百家争鸣”的方针。从学术史来看，春秋战国时代是第一次百家争鸣的时代。到汉代转入到经学时代，在经学时代，立言必以经典为据，从而结束了学术思想的自由发展。新中国年成立后，1956年党和政府宣布“百花齐放，百家争鸣”的正确方针，虽然以后走了曲折的道路，但是百家争鸣的方针还是被肯定下来。张岱年先生从学术史演进的角度，强调国学研究必须坚持“百家齐放、百家争鸣”的方针，“在文化学术的领域中，仍应贯彻百家争鸣、百花齐放的方针。”[②] 百家争鸣

① 《张岱年全集》（第8卷），石家庄：河北人民出版社1996年版，第428页。
② 《张岱年全集》（第7卷），石家庄：河北人民出版社1996年版，第126页。

是促进学术发展的唯一正确的方针。张岱年先生还说："探求真理的道路是宽广的，百家争鸣的方针必然引致学术的繁荣，追求真理的勉力永无止息，愿中华国学日益昌盛。"[①] 同时也特别强调"每一时期必然有一个占主导地位的思想，同时又应容许不同学派的争鸣。只有既确定一个主导学说，而又容许百家争鸣，学术思想才能顺利发展"[②]。"学术思想的自由与承认马克思主义哲学的指导作用是没有矛盾的。"[③] 张岱年先生认为，国学研究还要"树立优良的学风"，"百家争鸣是促进学术发展的方针。为了保证百家争鸣的正常运行，还需要树立优良的学风。优良的学风，一要真诚，具有追求真理的真心实意，不哗众取宠，不趋炎附势。二要谦虚，要相互尊重，不要自以为'不可以加矣'。树立优良学风，然后百家争鸣可以历久不衰。"[④] 因此，专家学者研究国学要树立真诚、谦虚的优良学风，有利于百家争鸣方针有效而弥久的贯彻执行。张岱年先生在《晚思集》中继续强调学术研究必须遵循"百家争鸣"的方针，并说："我们今天实行'百家争鸣'的方针，对于学术思想，我们仍应承认'天下同归而殊途，一致而百虑'。"[⑤] 国学大师梁启超在《论支那独立之实力与日本东方政策》云："认定方针，一贯以行之，必有能达其目的之时。"张岱年先生提倡"百家争鸣"的方针，一以贯之，对促进国学研究及其繁荣昌盛有着积极的意义。

关于国学研究的方法，吴宓曾说："兹所谓国学，乃指中国学术文化之全体而言，而研究之道，尤注重正确精密之方法。"[⑥] 方法得当，事半功倍；方法不当，事倍功半。在五四新文化运动时期，胡适等人就主张运用"科学方法"来整理国故，研究国学，但所谓的"科学方法"不是指清朝学者所运用的考据学、训诂学，而是指西方的实验主义、实证方法等新的分析方法。在国学研究的具体方法上，张岱年先生首先强调分析方法，"研究国学，最重要的是对于传统学术思想采取分析的态度。古代思想，是在当时的历史条件下提出的，不可避免地具有一定的时代局限性。但是，古代思想家也确实提出一些深沉的智慧，即是在一定程度上符合客观实际的相对真理。……盲目地尊古是不对的，盲目地反古也是不足取的。"[⑦] "我们研究国学，要运用分析

① 《张岱年全集》（第6卷），石家庄：河北人民出版社1996年版，第524页。
② 《张岱年全集》（第7卷），石家庄：河北人民出版社1996年版，第358页。
③ 《张岱年全集》（第6卷），石家庄：河北人民出版社1996年版，第450页。
④ 《张岱年全集》（第7卷），石家庄：河北人民出版社1996年版，第533页。
⑤ 张岱年著：《晚思集》，北京：新世界出版社2002年版，第66页。
⑥ 吴宓：《清华开办研究院之旨趣及经过》，《清华周刊》第351期，1925-09-18。
⑦ 《张岱年全集》（第7卷），石家庄：河北人民出版社1996年版，第470页。

的方法，要去粗取精，去伪存真；同时也要有虚心的态度，因为古代哲人的深湛智慧也不是容易理解的。”① 同时，在研究方法上还提倡以唯物史观为指导。“虽云百家争鸣，但是也有一个主导思想。新中国是在唯物论的指导之下建立起来的，今后的建设也应以唯物论为指导。”② 张岱年先生在《谈中国伦理学史的研究方法》一文中提出学术史研究的基本要求：“一是革命性和科学性的统一；二是资料与观点的统一；三是阶级分析与理论分析的结合。”③ 其中，所谓革命性，就是指批判性；科学性就是实事求是，对事物作具体的分析。革命性与科学性的统一，就是把批判性与具体分析统一起来。观点是马克思主义观点，就是辩证唯物主义与历史唯物主义观点。资料就是积累下来的许多历史资料。观点与资料的统一，就是要运用马克思主义立场、观点与方法来研究历史资料。阶级分析与理论分析的结合，就是把分析理论观点的阶级性和揭示理论观点蕴含的真理性颗粒结合起来。总之，“今天研究国学，应以马克思主义的普遍真理为指导，以实事求是为基本原则，以唯物史观为基本观点，以辩证分析为基本方法，这都是没有疑义的。”④ 坚持以唯物史观为基本观点，以实事求是为基本原则，以辩证分析为基本方法来推进国学研究。

提倡国学研究坚持“百花齐放、百家争鸣”的方针，坚持以唯物史观为基本观点，以辩证分析为基本方法，对当前国学研究的健康发展是大有裨益的，对端正当下的学术研究风气乃至遏制学术腐败具有现实的指导意义。张岱年先生提出的国学研究方针与方法，不仅凸现了民族文化的主体性建构，而且表现出中国学者研究国学的理论范式。在当前“国学热”的背景下，张岱年先生倡导的国学研究的方针与方法，对于如何处理好国学与传统文化的关系问题，如何处理好传统文化与马克思主义的关系问题，如何处理好传统文化与现代化的关系问题，乃至推动文化创承创新都具有重要意义。

（五）结语

国学是中华传统文化的重要组成部分。民族传统文化与现代化建设有着不可分割的内在关联。我们应当从当代中国文化建设的现实需求出发，从全球化的战略高度审视，研究国学，扬弃国学精粹思想，使国学为中华民族的

---

① 《张岱年全集》（第 7 卷），石家庄：河北人民出版社 1996 年版，第 521 页。
② 《张岱年全集》（第 7 卷），石家庄：河北人民出版社 1996 年版，第 537 页。
③ 《张岱年全集》（第 3 卷），石家庄：河北人民出版社 1996 年版，第 674 页。
④ 《张岱年全集》（第 7 卷），石家庄：河北人民出版社 1996 年版，第 562 页。

伟大复兴服务。张岱年先生说："今天研究国学，不但要整理前人做出的成绩，还应推陈出新，在前人成果的基础上更向前进。"① 张岱年先生还说："民族自尊心自信心的根本在于对民族文化的优秀传统有比较明确的认识。在这个意义上，对于国学有所了解，确实是必要的。"② 中国人大校长纪宝成教授说："就形式而言，国学是中华文化的主要载体，它像纽带一样，将形形色色、方方面面的传统文化串在一起，形成一个完整统一体。就内涵而言，国学是中华民族精神的体现，它像土壤一样，培育中华民族的文化意识，使中华文化以特有品质与风貌自立于世界民族之林。"③ 可见，在今天深入研究国学，对于文化创承创新、增强民族自尊心与自信心及弘扬中华民族精神都具有重要的现实意义。

（原文刊登于《张申府张岱年研究集刊》第1辑，河北人民出版社2013年1月出版，收入本书时略加修改或补充）

七、张岱年与现代新儒家

张岱年从事学术研究，无论是对中国哲学史的阐释，还是对哲学理论问题的探索，抑或是对文化建设问题的研讨，都是以儒家思想为主要学术文化资源的。简而言之，儒学是张岱年先生建构哲学体系的主要学术文化资源。张岱年先生对传统儒学进行创造性的研究，提出自己独到的儒学观。在改革开放时期，张岱年先生对儒学的研究，有力地推动现代新儒学的发展。

从哲学流派来看，张岱年先生是马克思主义哲学家，既反对全盘西化论，也反对文化保守主义；既不赞同儒学复兴论，也不否定儒学的现实价值。从与现代新儒家交往来看，张岱年先生与熊十力、梁漱溟、冯友兰等大陆现代新儒家有着较深的友谊和深度的学术交流。张岱年先生是中国改革开放时期研究儒学的杰出代表，但却不归属于现代新儒家学派。与现代新儒家的唯心主义研究立场、方法和"返本开新"的价值取向和重建儒家文化体系的文化向度不同，张岱年先生坚持以马克思主义为指导来研究以儒学为核心的中国传统文化，并主张借鉴汲取西方文化的优良成果，将它们的精华融会贯通，

① 《张岱年全集》（第6卷），石家庄：河北人民出版社1996年版，第524页。
② 《张岱年全集》（第8卷），石家庄：河北人民出版社1996年版，第310页。
③ 纪宝成：《辩证认识国学的价值和意义》，《人民日报》，2011-07-14。

结合时代精神进行创造性转化，综合创新，建设中国社会主义新文化。

（一）当代中国学术流派解读

从严格意义上说，中国学术思潮或学术流派发轫于改革开放时期。因为在新中国成立之后至改革开放之前，由于强调“政治挂帅”和批斗反动学术权威，导致学术话语限制在政治话语中，进而导致学术研究滞涩的历史悲剧，因此就无所谓学术思潮或学术流派了。改革开放之后，由于提倡解放思想，各种不同的学术观点或思想以十分鲜明的形态登场，中国学术思想领域开始仿效西方学术体系建构方式，开始重建自己研究体系，培养自己的学术研究队伍，进而形成自己的学术思想流派。在当代中国，社会矛盾错综复杂，各种思想流派竞相争雄，学术思潮此消彼长，学术流派五彩纷呈。从宏观视角看，国内学术界普遍认为，当代中国学术流派，首推马克思主义派、全盘西化派和现代新儒学。它们构成“三足鼎立”的当代中国学术文化格局，是近现代以来“中国向何处去”的文化主题在当代的历史延伸和逻辑发展。其中，马克思主义学派，是指五四以后马克思主义传入中国后，致力于从事马克思主义基本原理阐释，并在此基础上运用马克思主义的立场、观点和方法来研究中国传统文化、借鉴西方文化的优秀成果，并进而建构现代中国文化的学术派别。马克思主义学派既反对全盘西化的民族虚无主义，也反对现代新儒家的文化保守主义。全盘西化派，是指主张抛弃中国传统文化，向西方文化寻求出路的思想流派，故又称之为自由主义学派或自由主义西化派。其代表人物从五四时期的胡适、陈序经到当代的殷光海、李敖、林毓生等。全盘西化派既反对马克思主义，又反对现代新儒家。所谓现代新儒家，是指“在20世纪20年代产生的以接续儒家‘道统’为己任、以服膺宋明儒学为主要特征、力图用儒学学说融合、会通西学以谋求现代化的学术思想流派。”[①] 从地域和文化政治背景上来看，现代新儒家可分为大陆新儒家、台港新儒家和海外新儒家。其中，大陆现代新儒家的代表人物有梁漱溟、熊十力、贺麟、冯友兰等；港台现代新儒家代表人物有方东美、钱穆、唐君毅、牟宗三、徐复观等；近年来活跃的海外现代新儒家有杜维明、成中英、余英时等。从主要内容和价值取向看，现代新儒家主张“保守”中国文化，返回传统儒家心性之学的根本，学习西方文化的某些长处，以达到“返本开新”的目标即开出现代科学民主之新。它们既反对马克思主义，又反对全盘西化。甚至还有少

① 方克立：《要重视对现代新儒家的研究》，《天津社会科学》1986年第5期。

数新儒家提出“儒化马克思主义”“儒化共产党”的学术论调。从学术派别的主张来看，三大学术流派都主张中国应该而且也必然能够现代化。但是三种学术文化流派在中国现代化的路径选择则是截然不同的。“马克思主义者坚持社会主义现代化，并在实践中日益强调‘中国特色’，断然拒斥西方资本主义的现代化；自由主义者主张照搬西方资本主义发达国家现代化的老套，实际上相信的是‘现代化就是西化’；现代新儒家徜徉的是坚持中国本位文化，在抱定着坚定的‘中国文化在本原上没有任何不足’的信念的前提下，吸收西方的科学民主，走工业东亚式的‘儒家资本主义’道路。”① 三大学术派别代表着三种不同的现代化选择模式，反映着不同学术派别之间的交融与冲突。从主流学术价值取向来看，展望21世纪，我们一方面要坚持和发展马克思主义，进一步促进马克思主义中国化，另一方面要大力弘扬民族优秀文化传统，繁荣发展社会主义先进文化。也就是说如何正确处理马克思主义与儒学之间的关系就成为一个不可回避的时代主题。我们要在传统与现代之间寻找结合点，既要抵制全盘西化论学派的民族虚无主义影响，又要排除儒学复兴论的文化保守主义偏颇理论的干扰，以推动中国特色社会主义现代化的历史进程。此乃是当代马克思主义学派所肩负的不可推卸的历史使命。

（二）张岱年先生致力于儒学研究，但不认同现代新儒家的儒学复兴论

张岱年先生是改革开放后中国学界研究儒学的杰出代表，但却旗帜鲜明不认同现代新儒家倡导的儒学复兴论。在20世纪80年代的“文化热”中，既有全盘西化论的激进主义浪潮，也有儒学复兴论的文化保守主义情结。张岱年先生既反对全盘西化论，也并不赞成儒学复兴论。张岱年先生明确指出：“约在1988年前后，反传统的浪潮风起云涌，黄河长城都成为诅咒的对象，不少人丧失了民族的自尊心、自信心，甚至愿当外国殖民地的顺民。有些讲哲学的专门从希腊讲起，根本不提中国的哲学，好像中国几千年来是一片荒漠。”② 张岱年先生结合当时的反传统思潮，批判西化论者丧失了民族自尊心和自信心，进而提出要大力弘扬民族优秀传统文化。同时还说：“近几十年来，与反传统思潮对峙的是国粹主义，很多港台学者提出所谓儒学复兴论，认为民族的复兴还要依靠儒学。事实上，儒学是适应过去时代的思想体系，时异势易，儒学不可能提供从根本上解决当代问题的方案。五四运动以后，

① 李宗桂著：《传统与现代之间——中国文化现代化的哲学省思》，北京：北京师范大学出版社2011年版，第400-401页。

② 《张岱年全集》（第7卷），石家庄：河北人民出版社1996年版，第520页。

儒学作为主导思想的时代已经一去不复返了。”[①] 1989 年，台湾《鹅湖》月刊分两期连载学者蒋庆撰写的长达三万五千字的论文《中国大陆复兴儒学的现实意义及其面临的问题》，有人将之与 1958 年在香港《民主评论》杂志上发表的题为《港台新儒学宣言》相提并论，称之为“大陆新儒家宣言”。自此儒学复兴论颇有一定的学术市场和学术影响。自 20 世纪 90 年代后，现代新儒家杜维明先生，极力关注于儒学的创造性转化，不仅提出谋求“儒学第三期发展”的愿望或前景，而且着力描绘“文化中国”的设想和展望。从总体上看，儒学复兴论者试图论证中国传统哲学与后现代主义颇相契合，借此发掘儒学的后现代价值，或者说在回应西方文化或现代化的过程中，在批判中试图重建儒家思想系统。现代新儒家致力于复兴儒学，其价值取向就是“返本开新”，即返传统儒学之本，开科学民主之新。或者说“内圣之王”可以开出适合现代民主政治的“外王之道”，儒家“心性之学”可以发展出认识论的系统。其实，任何一种学说都是在一定历史条件下形成的，它本身不可能完全解决人类社会今天和明天的全面问题。同样，儒学是封建时代自给自足的自然经济和家国同构的时代产物，在今天，它已经失去赖以存在的社会经济基础和政治依托，复兴儒学显然是不可能的，而且也不可能从根本上提供解决当代问题的方案，而只能作为文化学术传统为当代学者予以批判继承，启发我们用儒学的思维方式和历史智慧，为现代化建设提供可资利用的有价值的文化资源。张岱年先生说：“进行现代化建设，复兴儒学固然不能解决问题；全盘否定儒学，便将丧失立足的基础。我们努力创造中国新文化，只能在已有的文化成就上继续前进，对于传统的儒学还应批判继承。”[②] 张岱年先生致力于儒家文化的研究，弘扬儒家文化的优秀传统而不赞成“儒学复兴论”，足以表明张岱年先生对儒学的历史地位和现实价值有着一种理性的认识，而不同于现代新儒家的儒学立场。从如何对待儒家文化来看，在“全盘西化”与“全盘肯定”的学术张力中，张岱年先生，一方面继承儒学优秀传统而又不为旧的传统思想所束缚，另一方面汲取西方文化思潮的文化成果而又不为新的唯心论所迷惑。从方法论角度讲，张岱年先生对儒学作了“全面的辩证的解析”，既着力于传统儒学精华的发掘与弘扬，也注重其缺陷或腐朽成分的发现与批判，同时还结合改革开放和市场经济的实际进行创造性转化和时代提升。可见，张岱年先生侧重于儒学研究，但又不等同于现代新儒家学派。但张岱年运用马克思主义观点诠释儒家文化，开拓了研究儒家文化的

① 《张岱年全集》（第 7 卷），石家庄：河北人民出版社 1996 年版，第 195-196 页。
② 《张岱年全集》（第 7 卷），石家庄：河北人民出版社 1996 年版，第 79 页。

新境界，进而有力地推动了现代新儒学思潮的发展。

（三）张岱年先生是新时期儒学研究的杰出代表，但明确表示自己不是现代新儒家

自孔子开创儒家学派之后，凡是传承儒家之“道统”者，都是儒者或归属儒家学派。五四以来，形成了以传承宋明理学为己任的儒者，称之为“现代新儒家”。从总体上看，现代新儒家的学术特征主要体现为：一是自觉地继承宋明儒学的“道统”，二是认定儒家文化为中国的本位文化，三是以儒学价值为终极关怀，四是以重建儒家思想系统为学术使命，五是以“返本开新”为学术价值取向。张岱年先生致力于弘扬以儒学为核心的民族传统文化，但明确表示自己“不是新儒家”。北师大周桂钿教授在《散文型哲学家张岱年先生》中记叙道：“在一次中华孔子学会的前身中国孔子研究所的会议（北京孔庙）上，我问张先生：‘学术界有人想将您也列入当代新儒家。您有什么看法？’张先生大声说：‘我不是新儒家！’又指着我说：‘你也不是新儒家！’我说：‘我们都是用马克思主义观点方法来研究儒家思想，并不是新儒家。也像宗教研究者不是宗教信徒那样。’张先生同意我的意见，只是说了一声‘是’。”[①] 张岱年先生认为，现代中国哲学家熊十力、梁漱溟、冯友兰、贺麟等人，都是继承了中国哲学、特别是宋明理学中的程朱陆王的唯心主义思想。冯友兰先生接着程朱讲，贺麟先生则倾向于陆王。熊十力、梁漱溟两位还兼采佛学。总之，他们的哲学体系都是唯心主义的。张岱年先生说：“冯友兰著《新理学》，自称是‘接著’程朱讲的，而不是‘照著’程朱讲的。……‘新理学’是程朱学说与新实在论的结合。”“金岳霖著《论道》，提出‘道示能’的本体论体系，以为道是哲学上的最高概念，而道的内容是‘示’与‘能’。”熊十力“著《新唯识论》，提出自己的哲学体系。《新唯识论》宣称‘实体非是离自心外在境界’，‘境识同体，本无内外’，实为一种唯心论。”[②] 而张岱年先生强调自己注重中国的唯物主义传统，如张载、王夫之等唯物论和辩证法思想。从弘扬儒学的路径或方法来看，张岱年先生既不“照著程朱讲”也不“接着程朱讲”，而是有所“损益”，即在批判继承儒学优秀传统的基础进行综合创新，建构起“以辩证唯物论为基础，与中国传统哲学中的唯物论、辩证思维相结合，并吸取中国的传统道德和人生哲学，以及西方的历

① 陈来主编：《不息集——回忆张岱年先生》，北京：北京大学出版社 2005 年版，第 324-325 页。

② 《张岱年全集》（第 7 卷），石家庄：河北人民出版社 1996 年版，第 535-536 页。

史唯物论和逻辑解析方法，使之融为一体”① 的哲学体系。在儒学研究的立场、方法和路径方面，张岱年先生强调，我们要“运用辩证唯物主义与历史唯物主义的观点和方法，对孔子及其学说进行实事求是的考察和评论。”② 可见，张岱年先生对儒学的研究，显然区别于梁漱溟、熊十力、冯友兰等现代新儒家的研究立场、方法和学术旨趣。张岱年先生在对孔子和儒家思想的研究中，不同于现代新儒家完全采取的正的方法，而是既有正的方法也有负的方法，既充分肯定儒学的正面历史价值和现实的理论价值，也明确指出了儒学的历史局限和思想欠缺。由于张岱年先生在儒学研究的方法路径和对儒学价值的评价上显然不同于现代新儒家学派。因此，张岱年先生在学术派别上显然不能归属于“现代新儒家”。有学者指出：“张岱年可以说是新的历史时期运用马克思主义观点诠释儒学的杰出代表。”③ 简而言之，张岱年先生是运用马克思主义立场、观点和方法来研究儒学，发掘儒学的现实价值，既不是以儒学价值为终极关怀，也不是以重建儒学为根本的学术使命，而是为建构自己独具特色的哲学体系服务的，更是为社会主义现代化建设提供历史智慧和文化资源。无疑，张岱年先生不是现代新儒家学派，而是当代中国杰出的马克思主义学派。

（四）张岱年先生对现代新儒家是否存在经历了从否定到肯定的认识过程，强调对儒学研究要坚持马克思主义指导

现代新儒家是自五四新文化运动之后而形成的一个学术流派，但张岱年先生站在自己的学术立场上，对现代新儒家是否存在曾经提出质疑甚或予以否定，其间经历了从否定到肯定的认识过程。张岱年先生在《中国传统哲学的批判继承》中说：“西方人所说的‘新儒家’有两个意思：一个是指宋明理学，另一个是指所谓儒学的第三期发展。在国内又有人把‘五四’运动到解放前的四位重要学者梁漱溟、熊十力、冯友兰和贺麟先生说成是‘新儒家’。这个观点我不赞成。”④ 1988 年 7 月在《谈中国传统哲学与自我实现》中又说：“近年海外一些华裔学者谈论儒学新发展的可能性，国内也有人把几个老学者称为‘新儒家’。我不同意儒学新发展的议论，也不同意把一些老学者称为‘新儒家’。”⑤ 张岱年先生之所以不同意把几位老学者称为“新儒

① 刘鹗培主编：《综合创新——张岱年先生学记》，北京：清华大学出版社 2002 年版，第 14 页。
② 《张岱年全集》（第 6 卷），石家庄：河北人民出版社 1996 年版，第 306 页。
③ 宋志明：《张岱年对现代新儒学的推动》，《张申府张岱年研究集刊》2013 年第 2 辑，第 246 页。
④ 《张岱年全集》（第 6 卷），石家庄：河北人民出版社 1996 年版，第 212 页。
⑤ 《张岱年全集》（第 6 卷），石家庄：河北人民出版社 1996 年版，第 305 页。

家”，是因为新中国成立后冯友兰、贺麟在不同程度上转变了学术研究的立场和方法，即对待马克思主义的态度由过去的同情理解转向认同和接受，贺麟还加入了中国共产党。但是后来在《关于新儒学研究的信》和《现代新儒家思想的展示——评介<当代新儒学八大家集>》等文章中又修正了自己关于“不同意儒学新发展”的观点。尤其是随着现代新儒学队伍的不断扩大和学术论争的深化，张岱年先生改变了自己的看法或认识。在《关于新儒学研究的信》中说：“我现在认为，‘五四’以后确实形成了一个新儒家学派，这个学派的形成和发展有一个过程。”“对新儒家的研究还是要坚持以马克思主义的立场、观点和方法为指导，对新儒家学派的思想理论和学术成果，应当给予客观的分析和公正的评价，应当肯定新儒家不是顽固派，他们对西方哲学也很了解，对西学并不一般地采取排斥的态度；另一方面，对他们主张唯心主义，反对马克思主义，反对唯物史观和唯物辩证法的立场和观点，我们当然不能同意。”① 在《现代新儒家思想的展示——评介〈当代新儒学八大家集〉》中又说：“十几年前，旅美学者杜维明曾著文论述儒学第三期发展的可能性。在现在看来，儒学的第三期发展不仅可能，已成为历史事实了。30年代以至80年代，确有一批学者可以称为现代新儒家。”“冯友兰于30年代著《新理学》，自称是接着程朱理学讲的。程朱是宋代新儒学，接着程朱讲的当然可以称为现代新儒家”。现代中国新儒家，在梁漱溟、熊十力、张君劢、冯友兰、方东美、唐君毅、牟宗三、徐复观八大家之外，“还有马一浮、贺麟，也都是值得研究的。”② 当然，出于地域政治的缘故或者学术立场的信念，大陆新儒家与港台、海外新儒家对待马克思主义的态度是截然不同的。港台和海外新儒家，面对儒学“花果飘零”的局面，在坚持复兴儒学的价值立场上，在哲学思想上拒斥马克思主义，存在着把新儒家思想与马克思主义截然对立起来的鲜明倾向。总之，对现代新儒家学派是否存在经历了从否定到肯定的过程，反映了张岱年先生作为哲学家尊重学术研究的新进展，勇于修正自己观点的求实精神，更体现出“修辞立其诚的”的治学精神。同时强调要坚持马克思主义为指导开展儒学研究，则体现出张岱年先生与现代新儒家对儒学研究的方法立场和对儒学的历史地位及现实价值的原则区别。

① 张岱年：《关于新儒学研究的信》，《哲学研究》1990年第6期。

② 《张岱年全集》（第8卷），石家庄：河北人民出版社1996年版，第435-436页。

（五）张岱年先生与大陆现代新儒家有着较深的友谊和深度的学术交流，高度评价现代新儒家的学术贡献

尽管对儒学研究的立场、方法及价值取向不同，但张岱年先生始终与同时代的新儒家熊十力、梁漱溟、冯友兰三位先生保持较深的友谊和深度的学术交流。与新儒家的友谊是学术交往的前提和基础，与新儒家的学术交流则是友谊的深化和提升。无疑，与大陆现代新儒家的交往，对张岱年先生的哲学体系建构和学术研究具有不可忽视的积极影响。张岱年与熊十力之间的友谊和学术交流，最早可追溯到 1931 年。其时，张岱年在《大公报》上发表了 20 多篇论文，熊先生看后对张申府说："我想找你弟弟谈谈"。于是，在兄长张申府的介绍下，张岱年拜访了熊十力先生。后来张岱年先生在《研习哲学过程杂忆》中写道："1931 年开始，我常常向他请教关于中国古代哲学的问题，很佩服他创立'新唯识论'的理论勇气。但我不同意他的'境不离识'的观点。"① 此后，只要熊十力先生在北京，张岱年大约每半年去拜访一次，主要探讨有关佛学和宋明理学的问题。1956 年，党宣布了"百花齐放、百家争鸣"的方针，张岱年先生非常高兴，欢欣鼓舞。后来张岱年先生记叙道："嗣后，我访问熊十力先生，谈到'双百'方针令人鼓舞。熊先生告诫我：你要注意！情况是复杂的，你如不注意，可能有人以最坏的污名加在你的头上。"② 可见，张岱年先生一直保持着与熊先生的友谊和学术交流，也体现出熊先生对后辈学者的关切。1985 年撰写《忆熊十力先生》一文，认为熊十力先生是现代中国著名哲学家之一，早在 30 年代就提出自己独特的哲学理论"新唯识论"，构筑了"融合儒佛"的哲学体系；在 50 年代至 60 年代，熊先生又进一步提出了"摄体归用"的实体学说。张岱年先生称赞熊先生，"著作丰富、内容宏博奥渊，确有甚深意蕴。"③ 1988 年撰写《悼念梁漱溟先生》一文，认为梁漱溟先生，不仅是"蜚声中外的著名思想家、教育家"，而且"是为民族自救、为弘扬中华文化而积极奋斗的爱国思想家"，"更是一个特立独行、坚持独立思考的严肃思想家"；"梁先生始终坚持独立思考，能坚持所认识的真理，无所畏惧，此种坚强不屈、敢于坚持真理的态度，更是令人敬佩。"④ 在与现代新儒家的学术交往中，张岱年先生与冯友兰先生关系最密切。早在 20 世纪 30 年代，在兄长张申府的引介下，张岱年与冯友兰初识。1935

① 《张岱年全集》（第 8 卷），石家庄：河北人民出版社 1996 年版，第 463 页。
② 张岱年著：《通往智慧之门》，北京：北京大学出版社 2011 年版，第 218 页。
③ 《张岱年全集》（第 8 卷），石家庄：河北人民出版社 1996 年版，第 460 页。
④ 《张岱年全集》（第 8 卷），石家庄：河北人民出版社 1996 年版，第 461–462 页。

年，经冯友兰和张申府的介绍，张岱年与冯友兰先生的堂妹冯让兰结婚。在学术方面，张岱年先生说："我在哲学思想方面，与吾兄是同调；在中国哲学史研究方面，则与冯友兰先生同调。"① 冯友兰先生去世后，张岱年先生先后撰写《悼念冯友兰先生》《哲人其萎　遗范永存——沉痛悼念冯友兰先生》《冯友兰先生二三事》《怀念冯友兰先生》等文章，以表达自己对冯友兰先生的深切怀念之情和学术敬仰之意。张岱年先生认为，冯友兰先生著《贞元六书》的思想体系，总起来说，可以称为"新理学"体系，从其内容来看，是中国的程朱理学与西方柏拉图主义的结合。"冯友兰先生是中国20世纪最有影响的哲学家之一"，"冯先生在50年代转向唯物论，从主张'理在事先'转到'理在事中'，具有重大的历史意义"，称赞冯友兰晚年著《中国哲学史新编》，"是当代的哲学史研究的最高成就。"② 此外，张岱年先生还高度赞扬冯友兰先生的哲学思想转变即由唯心主义哲学立场转为唯物主义哲学立场，具有重大的理论意义与历史意义："一方面表明马克思主义唯物论的强大的说服力，一方面也表明冯先生追求真理的虚心态度。"③ 应该说，大陆现代新儒家熊十力、梁漱溟及冯友兰的学术思想，对张岱年先生的学术研究和哲学体系建构有着不可忽视的影响。但张岱年先生始终坚持自己的学术研究立场和学术研究价值取向而没有倒向现代新儒家的学术阵营。

（六）张岱年先生坚持以马克思主义为指导来研究以儒学为核心的中国传统文化，并主张借鉴汲取西方文化的优良成果，将它们的精华融会贯通，结合时代精神进行创造性转化，综合创新，建设中国社会主义新文化

从文化建设向度来看，现代新儒家，主张以儒家文化为本位，汲取西方文化优秀成果，试图运用"中体西用"论的文化模式融合中西方文化，进而创建适合新时代需要的新的儒家文化体系。而张岱年先生学术研究的文化向度在于建设中国社会主义新文化。张岱年先生是一位坚定的马克思主义哲学家。有学者指出："他虽然后来没有把马克思主义作为自己的专业工作，但他从来没有中断过对马克思主义的信仰。"④ 即是说，张岱年先生始终自觉地坚持马克思主义的立场、观点和方法来研究以儒学为核心的传统文化。张岱年先生认为，儒学有一部分与马克思主义是矛盾的、不相合的，但也有一部分

---

① 《张岱年全集》（第8卷），石家庄：河北人民出版社1996年版，第463页。
② 《张岱年全集》（第8卷），石家庄：河北人民出版社1996年版，第561－563页。
③ 《张岱年全集》（第8卷），石家庄：河北人民出版社1996年版，第485－486页。
④ 陈来主编：《不息集——回忆张岱年先生》，北京：北京大学出版社2005年版，第19页。

内容与马克思主义并不矛盾，可以相合和相互补充。并说：“中国古典哲学中有许多思想观念与马克思主义有相通相近之处。中国哲学中有一个唯物主义的传统，又富有辩证思维，这与马克思主义辩证唯物论有相互契合之处，这是应该深入理解的。”“在中国，有一个马克思主义与中国固有的优秀文化传统相结合的问题。马克思主义必须与中国的优秀传统相结合，才能在中国土地上生根，生根后才能开花结果；中国的文化传统也必须与马克思主义的普遍真理密切结合，才能提升到更高的水平。”① 从学术研究的内容和旨趣来看，张岱年先生既阐释和弘扬马克思主义辩证唯物论，又着力批判和发掘以儒学为核心的传统文化的现代价值，力图把马克思主义的辩证唯物论与中国传统的唯物论和辩证思维结合起来，实现马克思主义哲学中国化。有学者指出：“张岱年先生在30年代就致力于以辩证唯物论为指导，去发掘中国古典哲学中的唯物论和辩证法思想传统的工作，在40年代写的‘天人五论’中，又力图建构一个对中国传统哲学中的‘天人’‘理事’‘心物’‘知实’等问题给以辩证唯物主义的回答的中国现代新唯物论体系，为马克思主义哲学中国化作出了重要贡献。”② 可见，张岱年先生对儒学的研究，可谓是把马克思主义与传统儒学有机地融合在一起，一方面促进了马克思主义哲学中国化，另一方面开拓传统儒学研究的马克思主义方法路径。从而打破现代新儒家研究儒学的理论架构和方法路径的窠臼，开辟了儒学研究的新境界，为弘扬中华儒家文化的优秀传统作出了卓越贡献。有学者指出：“张岱年先生的学术思想，也有一条明晰可辨的思想主线，这就是‘融会中西马，创造新文化’的综合创新论，就是中国特色社会主义的综合创新文化观。”③ 具体而言，张岱年先生提出的“文化综合创新论”，就是指以马克思主义为指导，综合中西文化之所长而建设社会主义新文化。其中，“中国文化之所长”，主要指儒家文化的精华；“西方文化之所长”，是指西方文化的优秀成果。可见，“文化综合创新论”，就是运用马克思主义的立场、观点和方法来批判性继承儒家文化的精华，借鉴和吸收西方文化的精良因素，把它们融汇贯通建构具有中国特色的新文化模式。当代著名学者方克立先生将张岱年先生提出的“文化综合创新论”进一步提升为“马魂、中体、西用”的文化观。其中，“魂”作为一种普遍性的“精神指导原则”，代表的是“与中国实际相结合的马克思主义”，或者说是马克思主义中国化的理论成果，是渗透在当代中国文化的新创造之

① 《张岱年全集》（第7卷），石家庄：河北人民出版社1996年版，第159页。
② 陈来主编：《不息集——回忆张岱年先生》，北京：北京大学出版社2005年版，第146页。
③ 王东主编：《时代精神与马克思主义创新》，北京：人民出版社2011年版，第353页。

中的“活的灵魂”；“体”作为“中国文化生命整体”，是体现和服务于民族生存和发展中的“亘古亘今，亦新亦旧”的中华文化；“用”则是世界其他民族文化中的一切合理因素或优良成果。[①] 2007年4月，方克立先生在纪念张岱年先生逝世三周年座谈会上再次指出：“综合创新文化观所要解决的就是近代以来的古今中西问题和中、西、马关系问题。面对古今中外问题，我曾将它概括为‘古为今用，洋为中用，批判继承，综合创新’四句话；面对中、西、马关系问题，去年我又讲了‘马学为魂，中学为体，西学为用，三流合一，综合创新’几句话。我认为‘马魂、中体、西用’说是符合张张先生对文化体用问题的全面看法的。”总之，“马魂、中体、西用”说，是将文化体用论与民族主体性思想结合起来的一种有益的尝试，也是对张岱年先生“文化综合创新论”的重新解读和理论提升，是一种马克思主义文化观的系统表述，其终极价值目标是建设中国特色社会主义新文化。

（七）余论

张岱年先生尽管与大陆现代新儒家保持着较深的友谊和深度的学术交流，但对现代新儒家是否存在经历从否定到肯定的认识过程，其间不仅蕴含着学术体系建构的立场方法之不同，而且体现着学术流派纷争及其价值取向之区别。有学者指出：“判断一个思想家的思想属于何种流派、何种性质，不在于其思想包含多少种成分，而是看其主要倾向。”[②] 从学术研究的立场和方法来看，张岱年先生坚持马克思主义辩证唯物主义和历史唯物主义；从学术研究的主要倾向或主要内容来看，张岱年先生无论是建构自己的哲学体系，还是创立“文化综合创新论”文化模式，抑或是研究马克思主义哲学中国化，都侧重于对以儒家思想为核心的传统文化的批判继承；从学术研究的价值取向来看，张岱年先生致力于从文化视角实现马克思主义哲学中国化，其学术价值取向在于建设具有中国特色社会主义新文化。张岱年先生作为马克思主义哲学家，致力于儒家文化研究，力图实现马克思主义哲学中国化，开拓儒学研究的新境界。故中国人大宋志明教授说：“用马克思主义的方法研究儒学，可以称‘马克思主义新儒学’。”[③] 宋志明教授将张岱年先生创立的学术流派称之为“马克思主义新儒家”。

---

① 方克立：《关于文化体用问题》，《社会科学战线》2006年第4期。

② 李宗桂：《传统与现代之间——中国文化现代化的哲学省思》，北京：北京师范大学出版社2011年版，第413页。

③ 周桂钿：《我的三个疑惑谁来解》，《博览群书》2009年第8期。

张岱年先生去世后，他的弟子们也致力于探讨恩师开创的学派归属问题。张岱年先生的弟子清华大学刘鹗培教授在纪念恩师的文章中记述道：2004 年元月去看望岱年师和师母，当先生提及身后的学术传承问题时，刘鹗培教授诚恳地表明自己的心迹：“这个学派的思想是您的，理应称为张岱年学派。至于我，作为您的学生做一些整理、阐发的工作，这是我乐意的，而且是应尽的责任。在今天，一个学派的成立，不是少数几个人可以支撑起来的，它需要众多的学者共同的努力。”岱年师笑着说：“你说的也有道理，还是由历史来作决定论吧。”[①] 刘鹗培教授把张岱年先生开创的学派称之为“张岱年学派”。张岱年先生的另一个弟子陈来教授在纪念恩师的文章中说：“张先生门下可以说有两派，一派是综合创新派，一派是心知其意派，我算是心知其意派。”[②] 陈来教授把张岱年先生开创的学派分解为“综合创新派”和“心知其意派”。无论是“张岱年学派”，还是“综合创新派”，抑或是“心知其意派”，都没有能够明确界定张岱年先生所开创的学术流派的归属问题。张岱年先生开创的学派属于何种性质、何种流派还是“悬而未决”。但从哲学派别来看，张岱年先生无疑是马克思主义哲学家。

[原题为《论张岱年与现代新儒家》，刊登于《江南大学学报》（人文社会科学版）2015 年第 1 期，收入本书时略加修改或补充]

① 陈来主编：《不息集——回忆张岱年先生》，北京：北京大学出版社 2005 年版，第 77 页。
② 陈来主编：《不息集——回忆张岱年先生》，北京：北京大学出版社 2005 年版，第 268 页。

附　录

“马魂、中体、西用”论的现实意义与时代价值
——访中国社会科学院学部委员方克立教授

方克立，1938 年生，湖南湘潭人，中共党员，当代中国著名马克思主义学者，哲学家，文化哲学大师。1962 年毕业于中国人民大学哲学系，先后在中国人民大学、南开大学、中国社会科学院研究生院任教。现任中国社会科学院学部委员、中国哲学史学会名誉会长、马克思主义理论研究和建设工程首席专家。长期从事中国哲学和文化方面的教学研究工作，是中国现代三大思潮对立互动说和“马魂、中体、西用”综合创新文化观的倡导者。

方先生您好！“马魂、中体、西用”论，是您在 2006 年提出的一种文化观或主导性的学术范式，应该说属于“接着讲”，即接着张岱年先生的“文化综合创新论”讲的，是对“文化综合创新论”的一种深化与发展，进一步明晰了中、西、马三种文化资源在综合创新中的地位及其相互关系。在中国特色社会主义进入新时代，在推动社会主义文化繁荣兴盛的新征程中，在阔步迈向社会主义文化强国的历史进程中，越发凸显了“马魂、中体、西用”论的现实意义与时代价值。下面就几个问题，请教于您！

问题 1：明年（2019 年），是五四新文化运动 100 周年，您在多篇论著中反复强调，自五四新文化运动以来至今的 100 年间，中国社会始终存在着自由主义的西化派、保守主义的儒学复兴派及马克思主义的综合创新派三大文化思潮的对立互动。那么，在五四新文化运动 100 周年即将来临之际，请您对三大文化思潮的对立互动作一个总结与回顾，我深信这也是国内学术界及学者们的共同期盼。

方克立：你出了一个大题目：三大思潮对立互动的百年总结与反思。这个题目可能需要写一本书才能讲清楚，这里只能简要地讲几点我的思路。

（一）五四运动是中国思想史上的一个重要转折点。在此之前的四百年，新学与旧学之争，西学与中学之争，即所谓古今中西之争一直是中国思想界关注和争论的焦点。“十月革命一声炮响，给我们送来了马克思列宁主义。”从根本上改变了上述思想格局。五四运动标志着中国工人阶级登上历史舞台，他们手里掌握的思想武器，就是作为无产阶级世界观、历史观、价值观和方法论的马克思主义。此后一百年，古今中西问题继续存在，但马克思主义已经是不可忽视的一个重要维度了，时代的中心问题已经从古今中西之争转换为中、西、马的关系问题，后者实际上已经把前者包含于其中。围绕着中、西、马的关系问题，五四后出现了自由主义西化派、文化保守派和中国马克思主义派三大思潮对立互动的格局。它们各占有一定的资源优势，但在处理三大资源的相互关系问题上态度根本不同，尤其是在以谁为“魂”、为指导思想、为“一元主导”的问题上，可以说是唱起了“三岔口”，形成了“三足鼎立”之势。三大思潮之间既互相对立、互相竞争、互相论战，又互相渗透、互相吸摄、互相补充，而且都在一定程度上表现出了“兼容”“综合”的趋向，但在坚持“一元主导”这一点上，哪一家都是毫不含糊的。这不仅是由于文化道路选择不同，而且显然有一个争夺文化领导权的问题。

（二）三大思潮对立互动贯穿于百年中国思想史之始终。这要看历史事实，不能主观随意地做出这个论断。百年思想史大体上可以分为三个阶段。第一个阶段是从 1919 年的五四运动到 1949 年中华人民共和国成立，是三大思潮形成和激烈较量，相互之间发生过多次思想文化论战，马克思主义与中国革命实践和历史文化相结合，最后取得决定性胜利的阶段。从五四时期的问题与主义论战开始，经过东西文化论战、科学与玄学论战、中国社会性质和中国社会史问题论战、中国本位文化论战、唯物辩证法论战，到马克思主义对新理学和新心学的批评，以及对民主个人主义的批评等，都是在三大思潮之间展开的，而且马克思主义都没有缺席，它往往是其他各种思潮批评、攻击的对象，但在这些论战中锻炼得更加成熟和坚强，产生了越来越广泛的影响，以至 30 年代有人惊呼：“赞成唯物辩证法的书籍，现在大有满坑满谷之势。”这个时期，毛泽东以《实践论》《矛盾论》《新民主主义论》《论人民民主专政》等马克思主义中国化的积极成果，对这些论战作了科学总结，也成为中国革命取得胜利的思想先导。

第二个阶段是从 1949 年建国到 1978 年党的十一届三中全会。马克思主义在摆脱了三座大山重压的新中国占有绝对统治地位，自由主义西化派代表人物胡适和文化保守派代表人物梁漱溟，在新中国成立初期都曾受到过有组织的思想批判。虽然毛泽东在 1956 年提出了促进社会主义文化发展繁荣的

“百花齐放、百家争鸣”方针，但在意识形态领域里还是强调只有无产阶级和资产阶级两家，“兴无灭资”一度成为纲领性的口号。发展到“文化大革命”时期，更是把一切非无产阶级思想文化皆视为“封、资、修”，一概列为“破除”和“扫荡”的对象。把马克思主义与中外文明隔绝开来的做法严重损害了它的创造性、科学性和现实性的品格，我们走了一段教训颇为深刻的弯路。这个时期，自由主义西化思潮和以新儒学为代表文化保守主义在港台地区继续得到发展，60 年代在台湾也发生过自由派与传统派之间的思想论战。

第三个阶段是改革开放后的 40 年。1978 年召开的党的十一届三中全会开启了改革开放的历史新时期，中国重新融入世界现代化的潮流。在思想文化领域，党重新确立了实事求是的马克思主义路线，否定了“以阶级斗争为纲”的口号，把工作重心转移到社会主义现代化建设上来。同时强调必须坚持四项基本原则，反对资产阶级自由化①。事实上这个时期马克思主义同资产阶级自由化思潮和崇儒反马思潮等进行了反复的斗争。在 80 年代文化热中，有人重新提出了“全盘西化”的口号，政论片《河殇》则主张要用蓝色海洋文明来取代中国的黄土文明。在一定意义上说，1989 年的政治风波就是资产阶级自由化思潮泛滥的结果。90 年代末，有人借北大百年校庆宣传“自由主义是最好的最具普遍性的价值”；到新世纪，“零八宪章”彻底暴露了这股思潮反对党的领导、企图推翻现行政权的根本目的。改革开放后，港台海外新儒学在中国大陆也有较大影响，文化保守主义思想有所抬头，特别是有少数坚持崇儒反马立场的大陆新儒家，公开提出了要用儒学、儒教取代马克思主义的“王官学”地位，把中国重新变成一个政教合一国家的“儒化中国”方案。1989 年蒋庆发表的《中国大陆复兴儒学的现实意义及其面临的问题》就是一篇代表作。2004 年大陆新儒家通过贵阳儒学会讲公开集体亮相，宣称文化保守主义已经“从边缘到了中心”；2016 年出版的《中国必须再儒化》一书，更是把他们的政治、经济、文化纲领全面系统地表达出来。无论是资产阶级自由化思潮，还是崇儒反马思潮，都不能撼动马克思主义在当代中国的指导思想地位，从邓小平理论、“三个代表”重要思想、科学发展观到习近平新时代中国特色社会主义思想，中国化马克思主义以其与时俱进的品格和在实践

---

① 1979 年 3 月 30 日，邓小平在理论工作务虚会上作了题为《坚持四项基本原则》的讲话，提出“第一，必须坚持社会主义道路；第二，必须坚持无产阶级专政；第三，必须坚持共产党的领导；第四，必须坚持马列主义、毛泽东思想。”1986 年 9 月，在中共十二届六中全会上，邓小平指出：“搞自由化就是要把我们引导到资本主义道路上去，所以我们用反对资产阶级自由化这个提法。看来，反对自由化，不仅这次要讲，还要讲十年二十年。”

上取得的巨大成功，最有力地说明了“只有社会主义才能救中国和发展中国”的道理。在现当代中国文化发展道路问题上，马克思主义派学者提出的“综合创新”和“马魂、中体、西用”的文化方针，也明显地优于“全盘西化”“复兴儒学”等文化选择。正如陈先达先生所指出的，当代中国的道路之争，可以概括为“西化”“儒化”和“马克思主义中国化”的三“化”之争①，这正是三大思潮对立互动在新时期的典型表现。

（三）三大思潮对立互动在中国现当代思想史上具有历史的必然性。19世纪末20世纪初，世界已经进入了帝国主义和无产阶级革命的时代。“十月社会主义革命不只是开创了俄国历史的新纪元，而且开创了世界历史的新纪元”，科学社会主义由理想变成了现实。在这个时代，任何殖民地半殖民地国家发生的反对帝国主义即反对国际资本主义的革命，就不再属于旧的资产阶级民主主义革命的范畴，而是成为无产阶级领导的世界社会主义革命的一部分了。所以，五四运动也标志着中国革命已经由资产阶级旧民主主义革命进入到了无产阶级领导的新民主主义革命的历史时期。五四后三大思潮对立互动，是在无产阶级领导人民大众进行反对帝国主义、封建主义、官僚资本主义的斗争中，为了实现国家独立、民族复兴、社会进步的目标，在如何对待传统、如何引介西方、如何建设中国的新文化等问题上产生的三种不同态度，或者说三派不同观点。正如美国学者史华慈所说的，它们是“在许多共同观念的同一架构里运作”② 的，三派思想从起源来说就有许多共同点。比如他们都带有强烈的民族主义情绪，救亡图存、振兴中华是共同的中心主题；他们都向西方寻求真理，但又想避免西方文明发展中出现的种种矛盾和弊端；他们都希望中国走出中世纪，迈向现代化，在思想上都具有文化启蒙的性质和特点。不过三派所选择的具体道路和表现的方式不同，它们在同一层面上所形成的对立和紧张，事实上对推动上述问题的解决是起了积极作用的。这三派都是主张中国要现代化的，不过各自选择的道路不同：自由派认为西方工业文明即西方资本主义发达国家走过的道路具有普世意义，所以主张中国也要走这条发展道路；现代新儒家则批判了“现代化即等于西化”的口号，向往一条东方式工业文明即所谓“儒家资本主义”的道路。看到了社会主义战胜和取代资本主义是人类社会历史发展必然趋势的中国马克思主义者，一直坚持社会主义现代化的方向和道路，并在实践探索中把“中国特色”放到了

---

① 陈先达：《历史唯物主义与中国道路》，《光明日报》，2016年-09-07。

② 史华慈：《论保守主义》，《近代中国思想人物论·保守主义》，台北：台湾时报文化出版公司1980年版，第20页。

越来越重要的地位。三条道路之争不仅贯彻于百年思想史之始终，而且在社会主义现代化在中国取得决定性的胜利之前，这种思想分野还会存在相当长一个时期。另外我们还要看到，自由主义、保守主义、社会主义“三分”的思想格局并不只是中国一国的现象，当今世界上许多国家都有这种现象，从起源来说可以追溯到19世纪。在世界已经联系成为一个整体的时代，中国思想界也不可能不受到国际思潮的影响。

（四）三大思潮既然是对立互动的，相互关系本来就比较复杂，而且在发展演变过程中三派内部都有左、中、右的分化，内外错综复杂地交织在一起，使当代中国的思想图谱变得更加丰富多彩，也更加难以把握，思想史研究者切忌简单化的归类思维方式。我们只要看一下改革开放以来中国的思想界就明白了。上个世纪90年代后期有所谓自由派与新左派之争，我读了一篇台湾学者写的文章，他认为这个争论实际上是自由主义的右翼与左翼之争，对我有所启发。当然“新左派”这个概念很难界定，其中成分比较复杂，但主要成分是自由主义的左翼。还有一些人在学理上是认同自由主义理念的，但是并不热心于讨论社会现实问题和参与左右派的争论，是为中翼。今天有一些人自称“大陆新儒家”，其共性是在考虑中国社会和文化的前途问题时，不但以儒学为主要资源，而且以儒学为主导思想，并且都有强烈的续统意识，不论是接着现代新儒学讲，还是接着康有为和公羊学讲，都是自觉充当儒家道统的现代传人。其右翼公开举起了崇儒反马、复古更化、儒化中国的旗帜，其中、左翼则崇儒而不反马，至少是不公开反马，有人还提出了“儒马二元并立”论。前者政治保守主义的色彩更浓厚一些，后者主要是文化保守主义。凡是以马克思主义为指导来研究儒学和新儒学的，无论对其作用、地位、价值、意义评价有多高，都不会自称“新儒家”，都属于儒学研究中的马克思主义派。不能否认马克思主义队伍也是有分化的，“不走封闭僵化的老路”就是指向过“左”的、不能与时俱进的传统马克思主义派，他们甚至肯定“文革”的理论，看不惯改革开放后“资本主义复辟”的种种现象；“民主社会主义”则是右翼马克思主义提出的一个代表性口号，他们中的一些人也是“零八宪章”的签名者，实际上已与自由右派合流。我们党既反对“左”，也反对右，坚持科学社会主义与中国国情相结合，成功地走出了一条中国特色社会主义道路，也巩固了马克思主义的主导意识形态地位。了解三大思潮对立互动中的这些变化着的复杂情况，可以更好地总结它的百年发展历程和预计其未来走向。

问题2：从学术层面看，早在20世纪30年代，张申府先生就提出“孔子、列宁、罗素，三流合一”的观点；张岱年先生在1936年《哲学上一个可能的综合》一文中又提出“将唯物、理想、解析，综合于一”的主张，被学者们称之为“综合的创造”；至80年代，张岱年先生将此发展为“文化综合创新论”，而您又将此深化和发展为“马魂、中体、西用”论。应该说，从张申府先生，到张岱年先生，再到您老，“综合创新论”经历了一个合乎理论逻辑与历史逻辑相统一的不断深化过程，它揭示了中国文化的时代走向。

对此，请您具体谈谈“马魂、中体、西用”论对21世纪中国文化发展的现实意义。

方克立：正如你所说的：“马魂、中体、西用”论是接着张申府、张岱年先生的中、西、马“三流合一”（30年代）、“综合创新”（80年代）文化思想讲的。之所以说是其发展与深化，主要是对中、西、马三种文化资源在“综合创新”的社会主义文化中的地位和相互关系做了明确的界定，即把马克思主义的指导思想地位、中国文化的主体地位和西方（外来）文化的“他山之石”地位，分别用“魂”“体”“用”三个概念来定性和定位，并且把三者有机统一起来了。它突破了中国传统的体用二元思维模式，用“魂、体、用”三元模式来说明中、西、马“三分”这一类的事物现象，可以说是一种理论上的范式创新。其实这一点我也受到了张岱年先生的启发。张先生是最重视研究文化体用问题的哲学家之一，他早就注意到用传统体用范畴来研究文化问题，要区分两种含义：一是实体与作用的关系，二是原则与应用的关系。这实际上就是“器体道用”与“道体器用”之别。从两种不同含义他曾提出过“社会存在是体，社会意识是用”“社会主义的基本原则是体，科学技术、文学艺术是用”“民主为体，科学为用”“今中为体，古洋为用”等多个命题，并且试图将两种含义的“体”统一起来，把它们放到同一个中国新文化建设的公式中去。他说：“应该承认，中华民族是建设社会主义中国新文化的主体，而社会主义是中国新文化的指导原则。科学技术等等都是为这个民族主体服务的，也都是为社会主义服务的。”① 在这个比较完整的表述中，中华民族是主体性之“体”，即“器体道用”之“体”；社会主义原则是主导性之“体”，即“道体器用”之“体”；而科学技术之“用”则是为这两个“体”服务的。在我看来，这个表述与“马魂、中体、西用”论已经相当接近了，只是还没有从体用二元模式中摆脱出来，所以不得不借助于体用范畴的多重

---

① 张岱年：《试谈文化的体用问题》，《张岱年全集》（第6卷），石家庄：河北人民出版社1996年版，第129页。

含义。我曾一再指出二张先生实际上是“马魂、中体、西用”论的先驱，后来读张申府先生的著作，就更证明了这一点。他在讲“孔子（中）、罗素（西）、列宁（马）三流合一”时，多次讲要以以辩证唯物论为“中心”、“指导”和“主宰”，在《民主原则》一文中还有“以中国为体以中国为本位”①的提法。中、西、马三者在他们心目中的位置，应该说一直是清楚的，我不过是在他们思想的基础上把问题进一步明晰化了，从理论逻辑来说，这个发展与深化确实是有其必然性的。

关于“马魂、中体、西用”论的现实意义，我在一些文章和访谈中都讲到过，主要是从总结百年思想史的角度，着重讲了以下四点：（一）与“全盘西化”“复兴儒学”“中体西用”“西体中用”等文化主张比较，“马魂、中体、西用”是现当代中国唯一正确的、现实可行的文化发展道路；（二）“马魂、中体、西用”论与我们党一贯的文化建设指导方针高度一致，代表了当代中国先进文化的前进方向；（三）“马魂、中体、西用”也是一些成就卓著的中国马克思主义学者自觉选择的学术道路，他们的成功实践，对后辈学人有很强的示范意义；（四）“马魂、中体、西用”是当代中国哲学社会科学的主导学术范式，对哲学社会科学各个学科的建设和发展都有重要的指导和引领作用。你提的问题是“马魂、中体、西用”论对21世纪中国文化发展的现实意义，显然更加注重它的前瞻性方面。当然，上面讲的四点，在21世纪还会继续起作用，继续具有现实意义，但是我们应该更加重视习近平新时代中国特色社会主义文化思想，更加重视党的十九大为实现第二个百年奋斗目标所制定的文化蓝图。这些显然是更加针对当今和指向未来的。习近平同志2013年8月19日在全国宣传思想工作会议上讲话后，我发表了《“马魂、中体、西用”是习近平文化思想的宗纲》一文；2016年5月17日他在哲学社会科学工作座谈会上讲话后，我又写了《铸马学之魂　立中学之体　明西学之用》一文谈自己的学习体会②。可以说，在我们党的历史上，习近平同志把“马魂、中体、西用”的文化旗帜举得最高，论述得最全面、系统、深刻、精当，最有现实针对性和创造性。比如他说：“坚持以马克思主义为指导，是当代中国哲学社会科学区别于其他哲学社会科学的根本标志”，“不坚持以马克

① 张申府：《民主原则》，《张申府文集》（第1卷），石家庄：河北人民出版社2005年版，第473页。

② 方克立：《“马魂、中体、西用”是习近平文化思想的宗纲》，《思想理论教育导刊》2015年第5期；《铸马学之魂　立中学之体　明西学之用——学习习近平在哲学社会科学工作座谈会上讲话的体会》，《理论与现代化》2017年第3期。

思主义为指导，哲学社会科学就会失去灵魂、迷失方向”①。这不仅是对“马学为魂”的明确表达，而且以是否坚持以马克思主义为指导为根本标志，把“当代中国哲学社会科学”与资产阶级自由化思潮、崇儒反马思潮等“其他哲学社会科学”区别开来了，对百年中国思想文化领域里的道路之争作了高度概括与总结，也是列宁的“两种文化”思想在当代中国的运用和发展。他提出的思想舆论领域的三个地带理论，指出在“红色地带”（包括“当代中国哲学社会科学”）和“黑色地带”（“其他哲学社会科学”等）之间，还有广大的中间地带（“灰色地带”），我们要多做工作，将其引导到拥护中国特色社会主义方面来，也有很强的现实意义。习近平对当代中国哲学社会科学的主体性建设非常重视，强调要同时重视继承性和民族性、原创性和时代性、系统性和专业性三大特点，在内容上则把中华优秀传统文化、革命文化和当代中国社会主义先进文化都看作是民族文化主体性的体现。生生不息的中华文化既是运作主体、生命主体和创造主体，也是外来文化的接受主体，所以它在“马魂、中体、西用”论中的地位极其重要，可以说具有基础性的地位。我们重视学习借鉴世界各民族创造的一切有价值的思想文化成果，但是在讲“西学为用”“洋为中用”的时候，也始终不能忘记“以我为主”的主体性原则。在当今中国和世界，我觉得这些思想都特别有现实意义，是进行中国特色社会主义文化建设的重要遵循。按照十九大设计的蓝图，到本世纪中叶，我国将建成一个富强民主文明和谐美丽的社会主义现代化强国，不仅是经济强国、科技强国、综合国力与国际影响力领先的国家，而且也是社会主义文化强国，全民族的文化创造创新活力得到激发，人民的文化获得感、幸福感更加充实。要达到这个目标，就必须坚持以马克思主义为指导，坚守中华文化立场即坚持民族文化的主体性，坚持面向现代化、面向世界、面向未来，借鉴吸收世界优秀文化成果为我所用。也就是说，我们要更加自觉和毫不动摇地坚持“马魂、中体、西用”的文化方针，让它在建设社会主义文化强国中发挥更大、更加积极的作用。

问题3：2010年您在《“马魂、中体、西用”：中国文化发展的现实道路》一文中说：“中国文化发展的现实道路就是中国特色社会主义文化的建设和发展之路。它的实质内容就是要解决中、西、马三种文化传统、三大文化思潮的关系，其核心是马克思主义与中国文化的关系问题。”而我们大家都知道，中国特色社会主义文化的建设和发展客观上需要国民有高度的文化自觉和坚

① 习近平：《在哲学社会科学工作座谈会上的讲话》，《人民日报》，2016-05-19。

定的文化自信。2011 年您又撰写《中国共产党的文化自觉是中华民族之福》一文，文章实际上就是谈文化自觉与“马魂、中体、西用”的关系。

那么，在今天学术界大谈文化自信的时代背景下，请您谈谈文化自信与“马魂、中体、西用”的关系。

方克立：从文化自觉到文化自信，这也是一个好题目。我想以自己对这个问题的认识过程来做一个简要的说明。

在世纪之交，费孝通先生提出了著名的文化自觉理论，我在中华炎黄文化研究会的工作中有机会直接向费老请教并与之交流。我体会文化自觉的涵义主要有两个方面：一是对自己的文化要有“自知之明”，就是费老讲的：“文化自觉，意思是生活在既定文化中的人对其文化有‘自知之明’，明白它的来历、形成的过程、所具有的特色和它发展的趋向。自知之明是为了加强对文化转型的自主能力，取得决定适应新环境、新时代文化选择的自主地位。”① 也就是说，文化自觉是对文化的自我反思、理性审视和自我觉醒，我们一方面要有忧患意识，一方面还要有文化自信。二是正确处理自己的文化与其他民族文化之间的关系，这就是他的“和而不同”理论。费老说：“我用‘和而不同’来概括我国文化传统中人文价值的基本态度，也用‘和而不同’来展望21世纪的人文世界可能出现的面貌。”② 他提出“和而不同”的文明关系理论，在当时是有很强的针对性的，就是为了抵制、批评、消解“自我中心主义”和“文明冲突论”，推动世界上各种文明能够互相尊重、互相沟通、取长补短，共同发展。费老有著名的“美美四句”：“各美其美，美人之美，美美与共，天下大同。”表达了他对人类社会和文明发展的未来愿景。我曾从文化发展永远不可能只有“同”而没有“异”的角度，将其第四句“天下大同”改为“和而不同”，作为“美美四句”的第二个版本。这个意见与美国威斯康辛大学周策纵教授的看法不约而同。费老认为“美美与共”虽然只有在“天下大同”的社会才能真正实现，但将其实质概括为“和而不同”是对的，把文化问题与所有制问题适当区别开来也是有道理的③。这是我关注文化自觉问题的第一阶段。

第二阶段是2011 年党的十七届六中全会通过《中共中央关于深化文化体

---

① 费孝通：《中华文化在新世纪面临的挑战》，《中华文化与二十一世纪》（上卷），北京：中国社会科学出版社 2000 年版，第 2 页。

② 费孝通：《进入二十一世纪时的回顾和前瞻》，《费孝通文集》（第 15 卷），北京：群言出版社 2001 年版，第 409 -410 页。

③ 方克立：《费孝通与“和而不同”文化观》，《中国社会科学院研究生院学报》2006 年第 6 期。

改革推动社会主义文化大发展大繁荣若干重大问题的决定》后，我写了你提到的《中国共产党的文化自觉是中华民族之福》一文，指出正是党的文化自觉带动了整个民族的文化自觉，这是中华民族能够真正掌握自己的命运、走上伟大复兴之途的关键。正如你所说的，这篇文章实际上就是讲文化自觉与“马魂、中体、西用”的关系。中国共产党的文化自觉突出地表现为坚持以马克思主义为指导，强调社会主义核心价值体系是“兴国之魂”，把中华民族五千多年博大精深的传统文化、马克思主义指导思想和党领导人民在革命、建设、改革实践中创造的奋发向上的革命文化，都看作是我们党自身固有的宝贵文化资源，同时以开放的胸襟对待外来文化，也就是不忘本来、吸收外来、着眼将来，这样才能真正建成面向现代化、面向世界、面向未来的，民族的科学的大众的社会主义文化。这个时期还有一篇重要文章，就是连载于《红旗文稿》2010 年第 15、16、17 期的云杉的《文化自觉　文化自信　文化自强——对繁荣发展中国特色社会主义文化的思考》一文，对我们深刻理解党的文化建设指导方针很有帮助。最早将中国传统文化的思想精华概括为“讲仁爱、重民本、守诚信、崇正义、尚和合、求大同”几句话的，就是这篇文章。

第三阶段是学习习近平同志的文化自信思想。他在中国特色社会主义道路自信、理论自信、制度自信的基础上，又加上了一个文化自信，并且强调文化自信是“更基础、更广泛、更深厚的自信”，“是一个国家、一个民族发展中更基本、更深沉、更持久的力量”。“四个自信”理论有着丰富的内容和很强的现实性，涉及到文化自信的精神内涵，文化自信与道路自信、理论自信、制度自信的关系，文化自信与文化自觉的关系等多个方面，我还是想主要讲一下文化自信与“马魂、中体、西用”的关系问题。我们今天讲的文化自信是有时代内涵的。与中国特色社会主义道路自信、理论自信、制度自信相一致，文化自信本质上也是对中国特色社会主义文化的自信，实际上就是对“马魂、中体、西用”这条文化发展道路的自信。一百年前的中国，我们也有灿烂辉煌的传统文化，但是在备受帝国主义的欺凌，割地赔款、丧权辱国的时代，在中国人被称为慵懒麻木的“东亚病夫”，我们也自称“百事不如人”、视自己的文化为“黑色染缸”的时代，我们还有多少文化自信？百年中国的历史巨变，中国共产党人找到了马克思主义这个救国救民的真理，把它与中国革命实际相结合，在领导人民实现民族复兴的伟大斗争中激活了传统文化中的优质基因和丰厚思想资源，成为中华优秀传统文化的忠实继承者和弘扬创新者。中华优秀传统文化，党领导人民创造的革命文化，以马克思主义指导思想、中国特色社会主义共同理想、以爱国主义为核心的民族精神和以改革创新为核心的时代精神、社会主义核心价值观为主要内容的当代中国社会主义先进文化，共同彰显了民族文化的主体性，是我们今天文化自信的三个主要来源。所以习近平同志说：当今世界，“中国共产党、中华人民共和国、中华民族是最有理由自信的”。这一百年，我们选择了“马魂、中体、西用”三流合一、综合创新的文化发展道路，把马克思主义的指导思想地位、中华民族文化的主体地位和西方（外来）文化的“他山之石”地位有机结合起来，把三大文化资源的优长都充分调动起来，“兼和”、融通、聚集起来，综合创新成为中国特色社会主义的新文化，所以我们对这条文化发展道路及其取得的累累硕果是充满自信的。与这种文化自信比较，自称“百事不如人”、主张“当三百年殖民地”的西化派有什么文化自信？新中国成立后退居台港的新儒家，不时发出中国文化“花果飘零”之叹，自称“寂寞的新儒家”，那时他们还有多少文化自信？全盘否定中国近现代革命传统，把一百多年来中国人民救亡图存、艰苦奋斗的历史，说成是一部“亡文化”的历史、“文化歧出”的历史，说什么“国保了，‘种’保了，但是‘教’亡了，文化亡了”的大陆新儒家有什么文化自信？文化自觉是文化自信和文化自强的前提，所以要加强对“马魂、中体、西用”文化发展道路的自觉和自信，还必须反对民族文化虚无主义和历史虚无主义。

问题4：您在“马魂、中体、西用”论的学术范式中将中华文化的主体性创造性解读为“生命主体”“创造主体”“运作主体”及“接受主体”，凸显中华文化在“马魂、中体、西用”学术范式中的地位和作用，彰显了民族文化的主体性。党的十八大以来，习近平总书记高度重视中华优秀传统文化，并将其作为治国理政的重要思想文化资源。习近平总书记反复强调，中华优秀传统文化是中华民族的突出优势，中华民族伟大复兴需要以中华文化繁荣发展为条件，必须结合新的时代条件传承和弘扬好中华优秀传统文化。

请您谈谈在中国特色社会主义新时代如何传承和弘扬好中华优秀传统文化？

方克立：党的十八大以来，习近平同志关于为什么要传承和弘扬中华优秀传统文化、传承和弘扬哪些中华优秀传统文化、怎样传承和弘扬中华优秀传统文化，有一系列重要论述。有的学者做了仔细深入的研究，比如第一个问题，就从①中华民族的“根”与“魂”，②中华民族的文化基因和精神家园，③中华民族生生不息、发展壮大的丰厚滋养，④中华文明五千年连续不断的精神血脉和纽带，⑤中国特色社会主义植根的文化沃土，⑥涵养社会主义核心价值观的重要源泉，⑦治国理政之古为今用的思想资源，⑧推行和平外交战略的文化基石，⑨在激烈国际竞争中最深厚的软实力，⑩实现中华民族伟大复兴中国梦的重要精神支撑等多个方面进行了系统阐发，使我们对这个问题的认识提高到了一个新境界。

2011 年党的十七届六中全会通过的《决定》，就提出要“建设中华优秀传统文化传承体系”。2014 年 3 月，教育部印发了《完善中华优秀传统文化教育指导纲要》的通知。2017 年 1 月，中共中央办公厅、国务院办公厅又印发了《关于实施中华优秀传统文化传承发展工程的意见》，指出中华优秀传统文化的内容主要包括核心思想理念、中华传统美德、中华人文精神三个方面，并且提出了研究阐发、教育普及、保护传承、创新发展、传播交流等方面协同推进，到 2025 年基本建成中华优秀传统文化传承发展体系的目标。在学习过程中，我觉得有一个问题，就是“中华优秀传统文化”似乎是一个无需界定的、不言自明的既定概念，既不界定清楚它与上位概念、属概念“中国传统文化”的关系，也不说明它与同位的否定性概念、相反概念“中国传统文化糟粕”的区别和界限，大家都可以现成地拿来使用。是没有界定的必要吗？很多人的看法不是这样。因为几千年积淀下来的中国传统文化内容丰富复杂，其中精华与糟粕并存，资源与负担同在，界限并非一清二楚，要真正做到扬精弃糟其实是很不容易的。在现实生活中，把糟粕当作精华、化腐朽为神奇的情况也时有发生，这说明把“中华优秀传统文化”这个概念界定清楚还是很有必要的。我在一次谈话中说：“中华优秀传统文化不是笼统地指中国传统文化，而是指用马克思主义科学扬弃观筛选过了的，排除了封建性糟粕的，‘与当代社会相适应、与现代文明相协调’的中国传统文化中的优秀部分或精华部分。”① 就是试图对这个概念做一个简明的界定。首先强调了马克思主义科学扬弃观对于区分传统文化中的精华与糟粕的重要意义，其次是强调其古为今用的价值即坚持实践标准。关于中华优秀传统文化的评价标准，实际上是学术界长期关注和讨论的一个问题，张岱年先生早年和晚期都有许多论述。他一贯主张用唯物辩证法来对待中西文化，一方面吸收、弘扬其中积极优秀的部分，一方面批判、清除其中消极鄙陋的部分，“且扬举且抛弃、且擢拔且摈除、且吸纳且扫荡”就是他的辩证扬弃观。毛泽东有“清理古代文化的发展过程，剔除其封建性的糟粕，吸收其民主性的精华”的经典论述，习近平也说：“对我国传统文化，对国外的东西，要坚持古为今用、洋为中用，去粗取精、去伪存真，经过科学的扬弃后使之为我所用。”坚持“有鉴别的对待、

① 杜运辉：《从“三大思潮对立互动”说到“马魂中体西用”论——访中国社会科学院学部委员方克立教授》，《马克思主义文化研究》2018 年第 2 辑。

有扬弃的继承"，已成为中国马克思主义者的共识。关于评判中华优秀传统文化的标准，张岱年先生经常强调两条：一是要符合客观实际，二是要能促进社会发展。前者是肯定其科学性、客观真理性，后者是肯定其历史进步性、人民性。现在有的学者把这一研究进一步细化，提出了①适应时代需求、②推动社会发展、③经受实践检验、④有助文化认同、⑤促进民族团结、⑥提供精神支撑、⑦助力民族复兴、⑧有益世界文明八条评价标准①。这些研究都说明，对中国传统文化的科学清理，对"中华优秀传统文化"的准确界定，是正确传承和弘扬的认识前提。

在中国特色社会主义新时代传承和弘扬中华优秀传统文化，有许多事情需要我们去做。除了上面讲的对中华优秀传统文化要有正确的、科学的认识之外，我认为另一个重点和难点，就是怎样对它进行创造性转换和创新性发展，使之能够"与当代社会相适应、与现代文明相协调"，推动马克思主义中国化和中国特色社会主义文化的发展与繁华。其实在这个问题上，我们党在领导人民进行革命、建设、改革的实践中，有许多成功的经验值得总结和鉴取。毛泽东总结研究了中国哲学史上的知行问题，创造性转换和创新性发展出了辩证唯物论的知行统一观即"实践论"，他还总结研究了中国古代的阴阳矛盾学说，创造性转换和创新性发展出了唯物辩证法的"矛盾论"，就是最好的范例。众所周知毛泽东对"实事求是"命题的转换和改造，把它从朱熹解释的"即物穷理"改造成为一个彻底唯物主义的命题，以后又发展成为我们党的马克思主义思想路线。我们今天对"大同""小康"概念的运用，都来源于古代经典，但是都赋予了新的时代内涵。毛泽东说"康有为写了《大同书》，他没有也不可能找到一条到达大同的路"，"唯一的路是经过工人阶级领导的人民共和国"。邓小平设想的小康社会是从温饱到现代化之间的一个中间阶段，"从国民生产总值来说，年人均达到八百至一千美元"，"不穷不富，日子比较好过"。这些都是中国马克思主义者对传统文化的创造性转换和创新性发展。除了党的领袖人物之外，我们也要重视马克思主义学者在这方面所做出的贡献。比如张岱年先生提出的"兼赅众异而得其平衡""兼容多端而相互和谐"的"兼和"学说，就是对中国古代"和而不同"思想的创造性继承和发展，在今天得到广泛认同的"综合创新"文化观，就是建立在"兼和"哲学基础之上的。又如冯契先生的"转识成智"学说，独具特色地回答了"性与天道"问题、知识与智慧的关系问题、人的自由与真善美统一的问题，对

---

① 李宗桂：《试论中国优秀传统文化的评价标准》，《社会科学战线》2017 年第 8 期。

马克思主义哲学做出了富有中国特色的贡献。它借用了佛教的“转识成智”概念，显然对其做了创造性的转换和新的诠释。

上述“两创”的范例都发生于五四后的百年思想史中，大家都比较熟悉，对于我们在中国特色社会主义新时代更好地传承和弘扬中华优秀传统文化，自然具有示范作用，极富启迪意义。今天无论是我们党、学术界还是广大人民群众，对中华优秀传统文化的价值和意义，在民族复兴和国际软实力竞争中的重要作用，都比上个世纪的认识要深刻多了，情感认同也要亲近多了。从“站起来”到“富起来”到“强起来”的中国人民，从来没有像今天这样对自己的文化充满自豪和自信，这是我们进一步做好“两创”工作的有利条件。采取由“两办”发文件的形式，来部署中华优秀传统文化的传承发展工作，就是要在全国各地区各部门、各行各业都把它作为一个长期战略任务来抓，作为一项基本国策来抓，比如提出要贯穿国民教育始终，融入生产生活各方面，将传统文化的标志性元素纳入文艺创作、城乡建设、旅游、对外交流中去，其所产生的积极效果是显而易见的，也是十分令人鼓舞的。最近我看中央电视台的中华诗词大会节目，看到一些年龄很小的中小学生就能背诵几百首甚至上千首古典和现代诗词，快递小哥夺得了大赛冠军。在这种文化氛围下成长起来的一代新人，已经把中华优秀传统文化融入血脉之中，同时他们的生活和思想又是非常时尚的，把传统与现代很自然地结合起来了。“两办”印发的文件已经把实施中华优秀传统文化传承发展工程的重要意义、指导思想、基本原则、总体目标、实施路径、重点任务、组织领导、政策保障等都讲清楚了，关键是要全党动手、全社会参与，把这个系统工程中的各项任务落到实处。关于中华文化的核心思想理念、传统美德、人文精神如何准确把握，以及如何创造性转换、创新性发展的问题，“两办”文件已经明确了指导思想和基本原则，具体内容和转换形式就可以交给学术界去深入研究和讨论，让人民群众去实践和创造，可以见仁见智，不必定于一尊。只要认真贯彻“双百”方针、“二为”方向、三个“面向”和“两创”原则，就一定能够促进中国特色社会主义文化的大发展大繁荣。

（原文刊登于《东方论坛》2018 年第 6 期，收入本书时略加修改或补充）

后　　记

张岱年先生的学术贡献主要有三个方面：一是中国哲学史的阐释，二是哲学理论问题的探索，三是文化问题的探讨。张先生博古通今，学贯中西，致力于“究天人之际，通古今之变，成一家之言”，着力“将唯物、理想、解析，综合于一”，即融马克思主义辩证唯物论、中国传统哲学的优秀成分与西方近现代哲学的先进成果于一体，不仅继承和弘扬了中国优秀传统哲学思想，而且创新和发展了马克思主义哲学思想，进而建构起意蕴深厚、独具特色的中国化马克思主义哲学体系。张岱年先生，对中国哲学史的阐释是精湛而深奥的，对哲学理论问题的探索是独特而精深的，对文化问题的探讨是深刻而前瞻的。其中，张岱年先生在三十年代提出的“文化的创造主义”或“综合的创造”，至八十年代发展为“文化综合创新论”，明确地提出了我们的文化主张，高高举起了我们的文化旗帜，备受国内外学者的关注与认同，而中国社会科学院学部委员、当代著名马克思主义学者、哲学家、文化哲学大师方克立教授又将此深化发展为“马魂、中体、西用”论，对中、西、马在文化综合创新中的地位及其相互关系进一步清晰定位。“马魂中体西用”综合创新论，可谓是当代中国文化发展的现实道路或基本路径。

明年（2019 年），是张岱年先生诞辰 110 周年。为此，笔者将 10 多年撰写的有关研究张岱年先生哲学思想的论文汇集成书，以此纪念张岱年先生 110 周年诞辰。在整理、出版论文集的过程中，笔者通过邮件向方克立教授说明了自己的想法，方先生回信说：“出文集纪念张先生 110 周年诞辰的想法很好，我一定支持。”为此，我至北京登门拜访了方先生，一是请教，请教有关论文集出书方面的问题，如论文归类、论文集书名等；二是访谈，提出“‘马魂、中体、西用’论的现实意义与时代价值”的访谈题目。方先生亲切平易，厚德博学，奖掖后学，不仅欣然同意或“破例答应”给本论文集写序，而且还给本论文集起了书名即《张岱年伦理与文化思想研究》。在这里我还需要特别说明的一件事，那就是正值炎夏，已届八十高龄的方先生正忙于马克思主义理论研究和建设工程重点教材《中国哲学史》（上下册）修订本的最后定稿工作。可谓是在百忙之中，审阅书稿电子文本，给本论文集写序，且精辟而深刻地回答了我提出的访谈问题（见本书附录），实在令我感动和钦佩！在此向令人敬仰的学术前辈方先生表示衷心的感谢和深深的敬意！

自2006年以来，我的研究兴趣集中在张岱年先生的学术思想上。博士论文《中华民族精神的文化观照与历史嬗变》（南京大学出版社2013年版），无疑是受张岱年先生的文化哲学观和民族精神观的启发而撰写的，文中大量引用了张岱年先生的文化哲学观点或有关民族精神的重要论述。张岱年先生的哲学思想博大精深，意蕴深厚，而就本论文集而言，主要侧重于张岱年先生伦理与文化思想研究，具体涵括道德哲学、价值哲学、人生哲学及文化哲学等内容，所收录的研究成果均在国内中文期刊和《张申府张岱年研究集刊》上公开发表。其中，有的侧重其学术观点的梳理与解读，有的侧重其学术思想的架构与学理论证，有的侧重其哲学思想的现实意义和时代价值的探究或阐释。不过，对所收录的论文都做了些微的修改或变动。但是由于本人功底浅薄，没有能力研究出精深的成果，在材料运用、观点表达、理论架构及研究方法等方面不足之处在所难免，恳请专家、学者予以批评指正！

张岱年先生在近70年的教学与研究生涯中建构起广大深微的哲学体系，皇皇巨著8卷本《张岱年全集》（河北人民出版社1996年版）有400多万字，其思想蕴涵着极为深邃的哲理智慧与学术精粹，从学术文化层面为马克思主义中国化做出了历史性贡献，不是笔者的几篇浅尝辄止的论文所能诠释了的。不过，方先生在序文中对拙著不吝赞美之词，如“研究细致深入且具有一定的系统性”“是近年来不可多得的一本关于张先生伦理和文化思想研究的学术专著”等，几乎找不到批评性话语，实在受之有愧，权当是对我的鼓励与鞭策吧！因此尽管笔者水平有限，仍将继续深化张岱年先生哲学思想的研究，为阐发其学术思想做出自己应有的努力。

在谋划出版论文集的过程中，河北师范大学马克思主义学院杜运辉教授也提出一些中肯的建议，在此表示衷心地感谢！同时，对合肥工业大学出版社朱移山博士担任责任编辑所付出的辛勤劳动，对两位老同学原安徽《志苑》杂志社管怀发社长、安徽大学西亚北非研究中心主任王泽壮教授的热心帮助，谨表真诚地感谢！

在研究张岱年先生哲学思想的过程中，我也吸收或借鉴了学术界、理论界相关研究成果，在此谨向有关专家、学者表示由衷地感谢！最后，对原期刊出版者表示真诚地谢意！

教学与科研，是高校教师的两大基本任务。其中，教学是基础，科研是提升，而教学和科研的价值取向在于育人，即是说，教学与科研都是为育人服务的。从两者关系看，教学与科研是相互联系、相互影响的。没有科研作支撑的教学，那是不可想象的。著名科学家钱伟长曾说："教学没有科研做底蕴，就是一种没有观点的教育。"反之，不以教学为取向的科研，那是没有实际意义的。作为一名高校教师既不能只搞教学而忽略科研，也不能专心科研而轻忽教学，而要自觉地把教学与科研有机结合起来，使其相辅相成、相互促进、相得益彰，共同服务于育人。教书育人、科研育人，是高校教师应有的教育品格。

迟成勇

2018 年 10 月于铁道学院人才公寓

图书在版编目(CIP)数据

张岱年伦理与文化思想研究/迟成勇著.—合肥:合肥工业大学出版社,2018.9

ISBN 978-7-5650-4164-8

Ⅰ.①张… Ⅱ.①迟… Ⅲ.①张岱年(1909—2004)—伦理思想—研究②张岱年(1909—2004)—文化思想—研究 Ⅳ.①B261.5

中国版本图书馆 CIP 数据核字(2018)第211347号

张岱年伦理与文化思想研究

迟成勇 著　　　　责任编辑 朱移山

出　版	合肥工业大学出版社	版　次	2018年9月第1版
地　址	合肥市屯溪路193号	印　次	2018年11月第1次印刷
邮　编	230009	开　本	710毫米×1010毫米　1/16
电　话	人文编辑部:0551-62903310	印　张	19
	市场营销部:0551-62903198	字　数	338千字
网　址	www.hfutpress.com.cn	印　刷	安徽昶颉包装印务有限责任公司
E-mail	hfutpress@163.com	发　行	全国新华书店

ISBN 978-7-5650-4164-8　　　　定价:45.00元